白氏六帖事類集 (一)

神鷹德治・山口謠司 解題

古典研究會叢書 漢籍之部 40

汲古書院

原本所藏

白氏六帖事類集

靜嘉堂文庫

第三期　刊行の辭

古典研究會は、影印による叢書漢籍之部第二期の事業として、平成八年春から始めて國寶、南宋黃善夫版刻の史記竝びに後漢書の刊行を圖り、十二年末に至る五年間で、二史計十五巻の刊行を無事完了した。幸いにしてこの第二期の事業も第一期に續いて好評を博し、所期以上の成績を收めることが出來た。これひとえに原本所藏の國立歴史民俗博物館のご好意によることはもちろん、また學界・圖書館界等各方面から絶大なご支援・ご協力を頂いた賜で、まことに感銘に堪えないところである。

ここに第二期の完了に伴い、引き續いて第三期の事業を發企することとなった。すなわち第三期においては、別記のように、王維・李白・韓愈・白居易の唐代、四文人に關する著作六種を、現存最善の宋・元刻本中から選んで影印覆刊することとした。珍藏祕籍の使用を許可された諸機關の盛意に對し、また繁忙の中、解題執筆を賜った諸先生に對し、深甚の謝意を表する。この第三期の事業が第一期・第二期におけると同樣、幅廣いご支援、ご鞭撻を得られるよう願ってやまない。

この影印叢書の制作・發行の事業は、もとより汲古書院によって擔當推進されるが、汲古書院においては、事業開始當初から率先ご盡瘁を頂いて來た坂本健彦氏が平成十一年に社長の職を退かれ、石坂叡志氏がその後を襲がれた。ここに坂本初代社長の永年にわたるご功勞に對し衷心から御禮を申し上げるとともに、石坂第二代社長によってこの事業が立派に繼承され、更に一層の伸張發展が導かれるよう期待するものである。

平成十四年五月一日

古典研究會代表

米山寅太郎

古典研究會叢書　漢籍之部　第四十卷　目　次

白氏六帖事類集 全三冊 總目次

凡例

一、本書は、靜嘉堂文庫所藏北宋版『白氏六帖事類集』（重要文化財）を影印收錄するものである。

一、影印にあたり原書を約七十七％に縮小した。

一、本書には、少なからず判讀に不鮮明な箇所があるが、敢えてそれを示す表は作らない。それは、版木の摩滅によることが主な理由である。もし、これを翻字すれば、かえって誤る恐れがある。なお、こうした版木摩滅等のことについては、第三冊目卷末の解題に詳述することとする。

白氏六帖事類集 (一)

177
12
4 55

天祿琳瑯　孔氏六帖　二十冊
宋孔傳撰傳字世文孔子四十七代孫中奉道輔之孫從孔端友南
遷居衢州官朝散大夫知撫州書三十卷凡一千三百七十
一條前有乾道丙戌韓仲通序稱紹興之初書始成余
守泉南集此郡儒士同於雅齋暇余宗黃氏林壽仁
相與校讎刊于郡齋
宋筠字蘭揮犖之子康熙己丑進士曾任山西按察
使官至奉天府尹

白氏六帖事類集一部凡三十卷目錄

白氏六帖事類集卷第一 凡九十三門 内已十六門附

天第一　地第二 地理土附　日第三 慶瑞災異食附　月第四 慶瑞災異食附　星第五 慶瑞災異食附

明天文第六　晝夜第七　律曆第八　律呂第九　雲第十 慶瑞附

雨第十一　雪第十二　風第十三 災附　霰第十四　霰第十五

雷十六 霹靂電附　雹十七　虹十八　天河十九　霜二十 災異附

露二十一 瑞露附　霧二十二　冰二十三 藏冰開冰附　火二十四 火災救火禳祭　炭二十五

塵二十六　敘四時二十七　春二十八 立春春分正二三月　夏二十九 立夏夏至四五六月

秋三十 立秋秋分七八九月　冬三十一 立冬冬至十月十一月十二月　歲陽三十二　歲名三十三

月陽三十四　寒三十五　熱三十六　陰陽三十七 望氣　元日三十八

人日三十九　正月十五四十　晦日四十一　社日四十二　中和節四十三

寒食四十四 清明附　三月三四十五　五月五四十六　伏日四十七

七月七四十八　七月十五四十九　九月九五十　歲除五十一

閏月五十二　臘五十三

天第一

高明柔克 高明天也柔克寒暑不干 陰騭下人 言天默定下人之命 天尊 天尊地卑 成象 在天成象

觀天之道 而四時不忒 天垂象 見吉凶聖人則之 天行健 資始 至哉乾元萬物資始 上浮爲天

下降 天氣下降 高遠 窮高極遠 貞觀 天地之道貞觀 無私不息 天者 清明 天象 天何言哉 四時行焉

不可階而升 天秉陽 垂日星 無私覆 高也明也懸也久也 天之道 昭昭 今夫天昭昭之多及其無窮日月星辰繫焉萬物覆焉注云昭昭小明也本生小而成大

覆盆 之狀 圓蓋 之形 轉轂 之狀 設位 石

補 女媧氏鍊五色石補天 惡盈 天道惡盈 易知 立天之道曰陰與陽 俾彼昭回 天步艱難 焉知 天裨竈焉知天道

恒象 天事恒象 以會天位 馮相氏辨其敘事以會天位 爲大 唯天爲大 天得一 天得一以清 恐裂 天無以清將恐裂

憂崩 杞國人憂天崩墜身無所寄 輕清 九天 [illegible]八州[illegible]中央 顥穹 紛紜 六幕

天合 九重 圓則九重孰營度之 八柱 八柱何當西北何傾 傾西北 日月星辰就焉 浩浩元氣 蒼蒼蒼蒼正色

莊子曰天之蒼蒼其正色邪以其遠而無所至極也 上玄 彼蒼 者天 大清 持滿 范蠡曰天以持滿 言天道盈而不溢 天[illegible]

天大 老子曰域中四大天[illegible] 斷鼇 斷鼇足立四極 大圓 無覆 無爲而成 不言而信 張弓 天道[illegible]

張弓乎 窺牖 不窺牖見天道 訢合 覆燾 得一以清 吹萬 以生 蒼蒼 其[illegible] 悽悽 無聲無[illegible]

或成 剛德 天爲剛德 覆物無私 臨下有赫 垂象 千時 天[illegible]千[illegible] 氣如雲 橐籥 物爲芻狗 其[illegible]

必踴鯫鞬章尸居而龍興淵默而神聲莊子開雲霧衞瓘見樂彥輔曰每見此人瑩然若開雲霧覩青天
圓不中規文子曰至大者無形故天圓不中規無端文子曰天圓而無端故不可觀父天王者父天母地左旋天道左旋日月
頹之西傾見上注生三道生一一生二二生三三才也得一見上注既階升而莫致豈側管而可窺蜀吳
使張溫來聘問秦密曰天有頭有口有耳有足鶴鳴九皐聲聞于天張重荅漢昭帝渾
天乘天氣而立載水而浮天轉如車蓋之運銅渾以察天也蓋天宣夜渾天晉書曰古言天有三家一蓋天二宣夜三渾天蔡邕
周髀即蓋天說也唯渾天近而得上書言宣夜之學絕無師法周髀術數多所違失周髀即蓋天說也唯渾天近得其情今候臺銅儀則其法也立八尺圓體具天地之
形正黃道以行日月以步五緯精微深妙百代不易周髀術即蓋天蓋天說天圓如張蓋地方如棊局天旁轉如推磨石而左行而日月右行而隨天左轉
辭如蟻行磨上天之居如倚空也宣夜學宣夜學云天了無質日月衆星自然浮生虛空之中相駁張平子作渾天儀旋璣所加其星集皆如合符
王仲任據蓋天之說以駁渾儀桓君山謂仲任之徒曰吾待奏報暴背月西廊下頃之日光出去是應渾天也維秬維秠詩云誕降嘉種又孫氏瑞圖曰帝舜時
后稷播植天降秬秠文虹竟天傅玄陽春賦丹霞播景文虹竟天昊天上帝其佐曰五帝五經通義曰天神之
大者設位易曰天地設位而易行其中來麰大麥也始自天降見漢書天方授楚左傳曰公孫歸父會楚子於宋宋人告急於晉
晉侯欲救之伯宗曰不可天方授楚未可與爭雖晉之彊能違天乎車蓋九辯云仰觀天形如車蓋渾儀郭緣生述征記云長安宮南有靈臺高十
五仞上有銅渾儀蒼天之威之怒詩戴盆多謝悠悠子瞻天如戴盆圓天為蓋大言

地第二地理土附

地卑天尊地卑成形在地成形上隮地氣上隮深厚不測厚德載物變盈流謙地道育生
萬物曰柔與剛立地之道沉潛剛克不動者地無疆德合無疆廣大象地博厚
地秉陰竅於山川地載萬物取財於地是以親地無私載地之道博也厚也一撮土之
多今夫地一撮土之多及其廣厚載華嶽而不動振河海而不洩萬物載焉注云地之博厚本由撮土持載無不持載坤元五土大司
徒掌土地之圖知九州之地域廣輪之數辨五土之物得一以寧地無以寧將恐發貴貞漢書地道貴貞方輿宋玉大言詩曰圓天
為蓋方地為輿大舟河圖曰地恒動不止譬人在大舟中閉牖而坐舟行不覺牝馬地類銅儀張衡作銅儀以察天地敵樹禮地
道敵樹注云樹謂植草木東傾地傾東南百川歸焉右動元命苞天左旋地右動生植之功直方之德不知厚子貢
曰終日履地不知地之厚地道坤儀節事范蠡曰地以節事言不至不可彊生地久天長地大域中四大重濁
大方無隅方不中矩至大者無形故地方不中矩文子方而無涯文子曰地方而無涯故莫能闚其門生三道生一
生二二生三三才也得一貞上注廣莫莫大地媪漢書地媪地維絕列子云共工與顓頊爭帝觸不周山天柱折地維絕演
地絡振天維政之本管子曰地政之本養材以地任地動儀後漢張衡字平子造候風地動儀以精銅鑄成圓徑
八寸合蓋隆起形似酒尊飾以篆文山龜鳥獸之形中有都柱傍行八道施關發機外有八龍首銜銅丸下有蟾蜍張口承之牙機巧制皆在尊中覆蓋周密無際如有
地動尊則振龍機發吐丸而蟾蜍承之振聲激揚因此覺知雖一龍發機而七首不動尋其方面乃知震之所在驗之以事合契若神自書典所記未嘗有也嘗一龍發

[illegible][illegible]不覺咸怪其無徵數日驛至果地動隴西人皆伏其妙

萬物祖白虎通曰地者萬物之祖元氣所生　九州八柱淮南子曰天有九部八紀地有九州八柱　四荒五土三壤四海皆四海之總名爾雅曰東至于泰遠西至于邠國南至于濮鉛北至于祝栗謂之四荒山林川澤丘陵墳衍原隰謂之五土上中下有三壤九夷八狄七戎六蠻謂之四海　辨五土周官辨五地之物生一曰山林其動物宜毛物其植物宜皂物二曰川澤其動物宜鱗物其植物宜膏物三曰丘陵其動物宜羽物其植物宜覈物四曰墳衍其動物宜介物其植物宜莢物五曰原隰其動物宜贏物其植物宜叢物　恒動見上舟注　大地祇地神曰黃地祇亦曰神州亦曰后土　湛濁神農書曰湛濁為地　積陰黃帝素問曰積陰為地故地者濁陰　上地揚泉物理論曰凡居地有大利而無害者此上地也　總名蔡邕月令章句曰總丘陵原隰阪險曰地　易也春秋元命包曰地者易也言養物懷信交易變化含吐應節故其字力於一者為之　廣河圖括地象曰地廣東西二萬八千南北二萬六千有君長之州州有九限中土之文德及而不治　量里山海經曰帝令豎亥步自東極至于西極五億十萬八千二十四頃磽埆不步者千五百萬二千頃　下元樂緯稽耀嘉曰下元者地氣也為萬物始生育長養蓋藏之主　右轉春秋元命包曰地所以右轉者氣濁精所含陰而起遲故轉右迎天左其道也　仁墨子曰禽子問天熟與地仁墨子曰翟以地為仁太山之上則封禪焉培塿之隈則生松柏下生黍苗莞蒲水生黿鼉魚龜民衣食焉家焉死焉地終不責德焉翟以地為仁　經緯家語曰子夏曰商聞山書曰地東西為緯南北為經山為積德川為積形高為生下為死丘陵為牡谿谷為牝○

地理門附地　周禮大司徒掌建邦之土地之圖周知九州之地域廣輪之數辨山林川澤丘陵墳衍原隰之名物制畿疆而溝封之以土會之法辨五土之物史秦孝公作咸陽築冀闕徙都之秦韓天下

之樞也形相錯如繡便利漢書曰秦形勝之國地勢便利沛公從杜南入蝕中太史公曰
自太山屬蜀之瑯邪北被之海膏壤二千里其人闊達多匿其天性
張儀紿楚曰秦商於之地六百里沃野千里李熊說公孫述曰蜀沃野千里果實所生無穀而飽○
土附地門一撮今夫地一撮土之多五色徐州厥貢惟土五色稼穡作甘土爰稼穡土微則草木不長配五行
而攸序備六府而允修一抔漢張釋之曰盜長陵一抔土抔音蒲侯反土厚水深居之不疾土薄水淺其惡易觀捧朱浮
與彭寵書曰亦猶河濱之人捧土以塞孟津十仞韓詩見玉部與塊重耳乞食於野人野人與之塊子犯受而戴之注有土之象篩土築阿房
土被朱紫

日第二慶雲瑞災食附

日麗乎天易日中則昃貞明日昃之
離日居月諸胡迭而微詩日昃離月朝日禮云冕而朝日東門之外冬日趙衰可愛夏日趙遁可畏三足
烏日中有陽烏三足陽德之母出自東方照臨下土大明曜靈東君並日名
實也說文云日實也太陽之精大明生東無私照在天成象瞻仰夫日月人所瞻仰方中日之方中
杲杲出日遲遲春日未融明而未融無二天無二日並明天子與日月並明明照四海代明日月之代明扶桑虞泉
淮南子曰日出暘谷登于扶桑入于虞泉桑榆暮景葵藿下傾心向日麗天上見出地文子炎精陽德寸
晷文選分陰陶侃曰聖人惜寸陰至於凡俗惜分陰晨明日出扶桑入虞泉是謂晨明問日近遠晉明帝少時言長安遠近

ヨ如日之升我日斯邁日云暮ム矣致日馮相氏冬夏致日春秋致月以齊四時之序正日協時月正日書
乃日鯱月乃日書十日淮南子云堯時十日並出羿射九烏死揮戈魯陽與韓戰酣日暮援戈揮日反三舍踆烏土圭
測景不盈不縮若木日所出長繩繫日金烏懸象著明莫大乎日月雙麗文選夕
淪濛谷朝隮嵎夷魯陽揮后羿射昭昭揭行如揭日月赤羽若日白駒過隙日過隙之景冬
日之陽夏日之陰萬物歸之文子羲和之景爲日御王者以日爲兄火德明暉陽精正氣冠
三光之首具瞻皆仰人皆仰之王宮祭日在北陸出東方棄杖夸父競走虧盈畏愛暴
儒士之腹郝隆炙野人之背負日之暄人莫知之寅賓寅餞賓迎也餞送也禋宗齊七政天
子日官諸侯日御厎日厎平居卿日官大如車蓋列子曰一見日日初出大如車蓋及其中如盤此豈不爲遠者小近者大乎一
見曰初出蒼蒼涼涼及其中如探湯此不爲近者熱而遠者涼乎孔子不能決笑曰孰爲汝多知乎東方未晞是下土冒師尹惟日黄
道烏景久照日月得天而能久照就之如日堯翽日虞父與夏戰日欲落公以翽者日日退不落走日山海經云夸父與日爭走
乃渴死於道棄其杖而成鄧林〇慶瑞附日門垂曩其五色並委日合璧日月若合璧政太平則日五色至德
之萌則日月如連璧重輪亦瑞兩珥讖吉再中漢文帝時新垣平候日再中三舍魯陽揮戈日反三舍有王字
日中有王字論玄德動天禪堯生日重光晝鈞古今注曰漢明帝作太子樂人歌四章以贊太子一曰日重光〇[illegible]食附日門

鼓用牲于社（春秋六月日食鼓用牲非禮也得常鼓之月用牲非禮也）天子不擧（凡日食天子不擧去盛饌）伐鼓于社（責羣陰也）諸侯用幣于社（請救社尊於諸侯不敢責）伐鼓於朝（退自責也）以昭事神訓民事君（天子不擧諸侯用幣所以事神尊卑異制所以訓民）昭公十七年六月日食祝史請用幣季平子不許太史曰日過分而未至（過春分未夏至謂四月正陽月）三辰有災（日月相侵又犯星宿故三辰皆爲災）於是百官降物（素服）君不擧避移時（避正寢過日食時）樂奏鼓（伐鼓）祝用幣（用幣於社）史用辭（用辭自責）故夏書曰辰不集于房（集安房舍也日月不安其舍則食）瞽奏鼓嗇夫馳庶人走此月朔之謂也（今之四月）正月之朔慝未作（正陽之月慝陰氣也）非日月之眚不鼓（月侵日爲眚陰陽逆順聖賢所重故特鼓）二至二分日有食之不爲災日月之行也分同道也（日夜等故至相過也長短極故相過日月同道）至相過也（長短極故日月相過）何損於明亦孔之醜于何不藏不用其行（詩曰日月告凶不用其行）能無旱乎（日食孫叔昭子曰日過分而陽猶不克克必甚能無旱乎）吳入郢乎（日食史墨曰六年及此吳其入郢）雲如赤烏夾日以飛白虹貫日（漢書云荊軻慕燕丹之義）君子之過（如日月之食）麟鬪（淮南子曰麟鬪日月食）如月之初（蜀中日食黃瓊曰日食之餘如月之初）草焦木枯（[illegible]草木焦枯）流金爍石（招魂曰十日並出流金爍石）曷喪（書曰時日曷喪言比桀於日何時將喪）日月薄食（[illegible]）

天禮曰男教不脩陽事不得謫見於天日爲之食故曰食則天子素服而脩六官之職蕩天下之陽事災傳曰叔輒哭日食注意存救憂災也昭子曰子叔將死非所
哭也言天災常道不是憂也子叔輒字也外壞内壞穀梁曰有食之也吐者外壞食者内壞注凡所吐出者其壞在外所吞者其壞入於内闕然不見其壞
有食之者注今日闕損不知壞所在必有物食之

月第四　慶瑞災食附

其爲月　[illegible]切　月者太陰之精淮南子　月
生于西禮　夜光月名　望舒　朔月出皎兮　如月之緪緪上弦而就盈　照臨下土　三辰
三光七曜並月居其一　盈必毀天之道也　三五而盈三五而缺　成象在天成象　無私照
代明日月代明　三日成魄鄉飲酒禮三讓象月三日而成魄　金精陰靈月賦以陰靈　蓂莢舜朔應月而生落
桂華月中有仙桂樹　玉鉤金波蛾眉纖纖似玉鉤娟娟若蛾眉謂初月　破環破鏡飛上天謂殘月　如圭缺月
如圭　隨灰之暈淮南子畫隨灰而月暈闕注云以蘆灰環月缺其一面則月暈亦缺　西園游曹植詩云清夜游西園明月澄清景　北堂
寢陸機詩云安寢北堂上明月入我牖照之有餘暉攬之不盈手　紈扇班婕妤詩曰新裂齊紈素鮮潔如霜雪裁爲合歡扇團團似明月　牛喘吳
牛見月而喘　鵲飛魏武帝歌曰月明星稀烏鵲南飛　恒娥奔羿妻竊藥奔月乃爲月中仙　麗天日月麗乎天　懸象
著明莫大於日月　離畢月離于畢俾滂沱矣　夢月入懷元后母李夫人夢月入懷　魚腦減淮南子月虛而魚腦減
月以爲量禮記　從星月之從星則有風雨書　哉生魄書　卿士惟月　得天日月得天而能久照易　九行
天文志月有九行　玉兔陰兔玄兔金兔　蟾蜍瑶兔蟾蜍光耀素月蟾魄素娥圓魄金魄素光月名　王者姊事月

瞻昔仰蚌蛤 月望則蚌蛤實 斯征 詩云而月斯征 月將 日就 春秋致月 馮相氏以春西時之序 連璧 日月如連璧
璧 一月之光 百星之明不如一月之光 水德之明輝 金精之正色 入懷 盈手 闕也 釋名云月闕也言滿則復闕也
以方諸見月 則津而爲水淮南子云高誘注云方諸陰燧大蛤也熟摩拭令熱向月則水生 月道 漢書云月立夏夏至行南方赤道曰西陸立
冬冬至行北方黑道曰北陸分則同道至則相過 朔 月初之名也朔蘇也月死而復蘇 晦 月盡之名也晦灰也月光盡似之也 弦 月半之名弦也上下弦
望 月滿之名也日月遙相望也 蕃觀其英 以知月抱朴子云帝軒候鳳鳥以調律度堯二者 龍袞月 慶忌猛勇之將被要離謀殺以劍自刎者死處
蕃星覽月 夢月 夏禹未遇夢乘舟月中過 ○慶瑞 附月門 陰靈 月賦 合璧 漢書至德之萌日月若合璧 重輪 王者慶
爲太子也 三珥 天下喜 委照而吳業昌 淪精而漢道融 月賦並夢月入懷生子爲帝王 德聞皇天 見
瑞月 ○災食 附月門 不明其行 行道也日月告凶 何損於明 麟鬭 元命包麟鬭則日月薄食 則維其常 彼月而食 詩云
君子之過 如日月之食 月盈則食 與時消息 日月薄食 謫見於天 禮曰婦順不修陰事不得謫見
於天月爲之食故月食則后素服修六宮之職蕩天下之陰事 胡亥立 說苑云秦胡亥立日月薄食熒惑襲月

星第五

慶瑞災附 庶
人惟星 星有好風 星有好雨 天象陽垂 日星成象 在天成象 歷候不
忒 無失經紀 七曜爲經二十八宿爲紀 天文 觀乎天文以察時變 天垂象 玄象 明星煌煌 詩 詩
嘒彼小星 子興視夜明星有爛 在戶 三星在戶 保章氏 掌天之日月星辰之變動以觀天下

之遷辨吉凶以星土辨九州之地所封之域皆有分星以觀妖祥 天宗歲星在紀而淫于玄枵 在于虛危之次星紀吴越之分 火

中寒暑乃退 火心星 懸象在霤 三星在霤 經星 經恒也穀梁 攝提失方 星名隨斗杓指 攝提

直方五星如連珠 景星無常老人星 以能分時候之星 拱北辰 語爲政以德辟如北辰居其所衆星

拱之 德星 陳仲弓從諸子造荀季和德星聚太史奏賢人聚 二使 後漢逯使者二人入蜀李郃曰有二使星入蜀分野 仙查犯牛

占客星於蜀郡 寃氣衝斗識寶劍於豐城 箕畢 春秋緯月離于箕風揚沙詩云月離于畢俾滂沱兮 歷歷

古詩天上何所有歷歷種白楡 焞焞 天策焞焞無光貌 躔次盈縮五緯流行 經八方而正天文著四

時而歲功成 明不惛之色 天道不惛惛疑也 垂有爛之文 上天設象 下土具瞻 道雖玄遠 象則

昭明 仰止瞻之 六物三辰 並日月星 有嘒宿離不忒 維南有箕不可簸揚 北斗

載翕其舌 有捄天畢 畢所以掩兔 維北有斗不可以挹酒漿 西柄之揭

服箱 睆彼牽牛不以服箱 啓明 東有 長庚 西有 幽禜 祭星也 散也 釋名云星者散也言列位布散 陽之榮

也 春秋說題云星星爲言精也 布 爾雅云祭星曰布 連貝 九辯曰仰觀天形如車蓋衆星累累如連貝 ○慶瑞 附星門 聚於

東井 漢王入關五星聚東井此高祖受命之符 連珠 五星連珠至德之萌 虹流華渚 河圖曰大星如虹下流華渚女節感而生白帝金

天氏 電繞斗樞 少典妃附寶見大電光繞北斗樞星耀郊野附寶感而孕黃帝軒轅氏 熒惑三舍 宋景公熒惑守心子韋曰禍當君可

移於相公曰相所與理國家不可曰可移於百姓公曰不可曰可移於歳公曰不可子韋曰君有至德之言三天必三賞熒惑必徙三舍後果徙三舍 有道則見

無道則隱 玄德 動天 德動天道瑞見星文德至天文 祥開星見 五星同色 天下偃兵百姓

謂也 歸邪 如星非星如雲非雲出必有歸國也 格擇 如炎火之狀見則不種而穫不有土功必見大害 朓月 景星如半月生於晦朔爲明 瑞

星 漢書音義曰瑞星曰景星亦曰德星 ○災異 附星門 隕石于宋五 隕星 不見 恒星不見 如雨 星隕如雨 孛

妖星也傳曰孛于北斗宋齊晉之君皆將死亂 禳彗 齊有彗星公欲禳之晏子曰彗所以除穢也君無穢德又何禳焉若德之穢禳之何益 太白食

昴 漢書儀光生爲秦畫長平之事太白食昴昭王疑之 熒惑襲月 見上注 處士憂死 月犯少微少微處士星其遠名著於

謝數時人憂達然而數死會稽人嘲曰吳中高士求死不得 三台坼 張華死 彗 淮南子鯨魚死而彗星出注云彗所以除舊布新 陰陽

之事 星隕於宋叔興曰是陰陽之事 五星 文子曰政失於春歳星盈縮政失於夏熒惑逆行政失於秋太白出入無常政失於冬辰星不動其鄉 星

搖則人勞 光武元年 如月如爪 時 飛星如缶 元帝時 如千盂流 晉書白流星天使也 枉矢妖

星 漢書音義曰妖星曰孛星彗星長星亦曰欃槍絶跡而去曰飛星光跡相連曰流星

天文第五

觀乎天文以察時

變焉知 子產曰裨竈焉知天道是亦多言矣豈不或信 恒象 天垂恒象言恒以象示人 羲和湎淫廢時亂日

俶擾天紀昏迷于天象天經星太一常居也 旁三星三公也餘三星後宮也 文昌宮

六星 上將次將貴相司命司錄司史 王梁 策馬車騎滿野 上天垂象 下土具瞻 察有爛之文 詳不摘之色

璇衡齊政授時刑於虞典銅渾設象致用於漢朝二儀剖判見若卵之肇分七曜迴旋如璣之環博考乾象眺覽星辰稽日月之度考其盈縮推星辰之躔審其次舍式觀玄象洞曉祕奧精微妥度變通周或差忒業習談天識乖窺管興而視夜仰而觀天天無遁形星無遺象七紀五緯躔次如契於心四海九州分野若指諸掌道雖玄遠象則昭明藝精窺躔業著俯察仰觀下學上達漢志天文志周官保章氏掌觀日月星辰之變辨其吉凶以觀妖祥史士秦始皇宿中外官凡百一十八伏見蚤晚邪正存亡虛實闊狹及五星所行合散犯守歷淩鬭蝕暈適背穴抱珥虹蜺者本在地而上發於天管輅八九歲將鄰兒戲土壤中輒畫天文及日月星辰語皆不常父母禁之不令出自言家雞野鵠猶知況人乎歷代人高陽南正天帝倚式敘三辰唐虞羲和夏昆吾殷巫咸周史佚魯梓慎晉卜偃鄭裨竈宋子韋齊甘德楚唐昧趙尹皋魏石甲皆掌著天文巫咸石甘之說後代所宗暴秦焚書天官星占存而勿毀司馬談父子劉向廣鴻範作星極論馬續述天文蔡邕譙周各有撰録司馬彪采之又桓君山奏事坐西廡下以寒故暴背有頃曰光去不復暴背乃吉信蓋天日如推磨天左轉而日西行光景當照此廡下移而東耳不當迭去迭去乃應渾天也日若繞西及北故應如月在雲之狀不得夜便暗渾天信而有徵也天遠人邇曾不戒於多言復考書參累致尤於私習雖躔次遙行可徵於漢史而吉凶占候有犯於國章氣衝斗牛晉書吳之未滅斗牛之間常有紫氣術者皆云吳可圖張華獨以不然及吳平後紫氣愈明華聞雷煥妙達緯象乃邀煥宿共尋天文知將來吉凶登樓仰觀煥曰唯斗牛之間有異氣耳寶劍之精上徹於天在豐城獄屋下

晨夜七

旭日始旦雞既鳴矣朝既盈矣匪雞則鳴蒼蠅之聲顛倒衣裳顛之倒之不能晨夜
不夙則暮夜如何其夜未艾未央向晨日云暮矣暮夜有戒日旰晝爾
已上毛詩卜晝未卜其夜日入虞泉桑榆暮景辨色晨夜夜時莊子見卵而求時夜

律曆第八

君子以理曆明時易羲和欽授咨汝羲曁和以閏月定四時成歲洪範五紀五日
曆數正歲年周禮太史正歲年次以敘事頒于官府都鄙宿離不忒無失經紀厎日日官以厎日厎致也諸侯有日御
不失日以授百官於朝司曆哀公十二月螽仲尼曰火伏而後蟄者畢今火猶西流司曆過也火伏十月漢藝文志會日月五星之辰以考寒暑生殺之實聖人必
以曆數定三統服色之制又探知日月五星之會凶阨之患吉隆之喜此聖人知命之術非天下至精孰能與焉小人彊欲知天道壞大以為小削遠以為近是以破碎而難知推曆
生律制器規圜矩方重黎悼曜堯命天之曆數在爾躬秦推五勝五行相勝漢
習秦正黃帝合而不死曆始終無窮故曰不死三統曆漢考步小學太史之職漢書夫推
曆生律制器規圜矩方權重衡平準繩嘉量探賾鉤深莫不用焉紀行於一術於萬其術在算為天下小學職在太史羲和掌之分天部漢造太初曆業民間治曆者方
士唐都洛下閎與焉都分天部而運算轉曆八益部耆舊說曰巴郡落下閎漢武時改顓頊曆為太初曆曰後八百歲此曆差一日當有聖人定之八十一分
漢昭用鄧平所造八十一分律曆罷廢尤疎者十七家覆曆又使校律曆昬明官者淳于陵渠復覆太初曆晦朔弦望皆最密日月如連珠陵渠奏狀遂用鄧平曆晦朔曆
正少皞官鳳鳥氏曆正

律呂第九

萬事根本望敵知吉凶史記六律萬事根本其於兵械尤重故云望敵知吉凶聞聲

賢貴首王不易之道　娶妻生子　黃鍾初九律之首陽之變也因而六之以九為法得林鍾注以六乘黃鍾之九得六十四也初九呂之首陰之變也皆參天兩地之法也注三

三而九二三而六參兩之義也上生六而倍之下生六而損之皆以九為法九六陰陽夫婦子母之道也注異類為子母謂黃鍾生林鍾也同類為夫婦謂黃鍾以大呂為妻也律娶妻注謂黃

鍾生林鍾也而呂生子注謂林鍾生太蔟也天地之情也　統氣類物　陽六為律以統氣類物　振陽宣氣　陰六為呂以振陽宣氣　六律　黃鍾

太蔟姑洗蕤賓夷則無射　六呂　林鍾南呂應鍾大呂夾鍾仲呂　嶰谷之竹　黃帝使伶倫自大夏之西崑崙之東取竹之嶰谷生其竅厚均者斷兩節間而吹之為

黃鍾之宮律之最長者制十二筩以聽鳳皇之鳴其雄鳴六雌鳴六比黃鍾之宮而皆可以生之是為律本注比合也可以生之謂上下初生也比音頻寐反　予欲聞

六律五聲八音在治忽以出納五言汝聽　書和律呂也　辨六氣　和八音　玉律竹律

候氣之法為室三重戶門塗釁周密布緹幔室中以木為案每律各如之內卑外高從其方位加律其上以葭莩灰實其內端案曆而候之氣至者灰去其為氣所動者其灰散之及

風所動者其灰聚殿中候用玉律十二靈臺用竹律　吹灰　楊泉記云弘農宜陽縣金門山竹為管河內葭莩為灰或云以律著通十二辰理之上與地平以灰實律中以

穀飛律氣至則灰動穀亦動為和夫動君弱臣彊不動君嚴臣暴之應　忽微　漢書云黃鍾為宮則太蔟姑洗林鍾南呂皆以正聲應無有忽微忽微細於髮者謂正聲無殺

吹律生氣　燕有寒谷不生黍稷鄒衍吹律於其間煖氣乃至草木發生　相生　晉書周於十二辰在六律為陽當位自得而下生陰在六呂則得其所衍而上

生陽於推算之術無重上生下生之法所謂律娶妻呂生子陰陽升降律之本經　京房法　晉書京房知六律五音之數六十律相生之法以上生下皆三生二以下生上皆三生四

陽下生陰陰上生陽經於仲呂而十二律畢矣仲呂上生執始執始下生去滅上下相生終於南事六十律畢矣夫十二律之變至於六十猶八卦之變為六十四也

雲第十

陽氣　雲從龍　易　山川出雲　天降時雨　密雲不雨　黃帝雲紀　故為雲官而雲名　必書雲物　分至

[illegible]不待族 廣成子謂黄帝自屬治天下雲氣不待族而雨 雲中君 漢志巫言祠雲中君 白雲起 後漢劉子訓到府見公卿數処白雲起 [illegible]

霏承宇 楚辭 薈蔚朝隮 詩薈兮蔚兮南山朝隮薈蔚雲興皃 屛翳 雲師名 油然 作雲 然下雨 英英 白雲[illegible]

淒淒祁祁 詩有渰淒淒興雲祁祁 垂天 大鵬翼若垂天之雲 觸石 公羊曰觸石而出膚寸而合不崇朝而徧天下者唯太山爾 潤礎 [illegible]

于山雲蒸柱潤礎 出蒼梧 歸藏曰有白雲出自蒼梧入于大梁 至帝鄉 莊子曰乘彼白雲至于帝鄉 陽臺 朝雲 奇峯 夏雲多奇峯

赤鳥 楚有雲如衆赤鳥夾日以飛三日太史曰其當王身乎 飛揚 高祖歌大風起兮雲飛揚 五雲 周禮保章氏以五雲之物辨吉凶水旱豊荒之祲象注云五雲色有五以別

水旱豊凶也 同雲 上天同雲雨雪紛紛 干雲 文選干雲霧而上達狀亭亭以迢迢 無心 而出岫 不興 文選朝雲不興而黄潦獨臻 陰陽聚

春秋元命苞 山川氣 說文云雲山川氣也從雨 保章氏 周官見上鄭司農注云二分二至觀雲色青爲虫白爲喪赤爲兵荒黒爲水黄爲豊 望 堯望如雲 ○

瑞雲 附雲門 黄帝雲紀 黄帝受命有雲瑞故以雲紀官 矞雲 瑞應圖矞雲慶雲也其狀外赤内黄一曰矞雲 金枝玉

葉 黄帝與蚩尤戰於涿鹿之野常有五色雲氣金枝玉葉止於帝上有花蘤之象故因之作華蓋 慶雲 卿雲瑞雲景雲 覆鼎 陰

寶鼎 帝天子祠之黄雲覆焉 干呂 青雲干呂連月不散 若煙非煙郁郁紛紛 史記若煙非煙若雲非雲郁郁紛紛蕭索

輪囷是謂慶雲 五色呈祥 氤氳 泱漭 德動天心 瑞開雲物 起封中 漢武封山雲起封中 青

色 魏書曰文帝生有雲氣青色如車蓋其上終日望氣者以爲貴之證非人臣之氣

雨第二

雨以潤之 遇雨若濡

雷雨作解 雨我公田 遂及我私 天降時雨 山川出雲 月離于畢 俾滂沱矣 滂沱

霢霂（益之以霢霂既優既渥既霑既足生我百穀注霢霂小雨也）三日（凡雨三日以往為霖）九旬十夜（皆雨）故事　朝隮于西

崇朝其雨　不節（禮　去風雨不節則飢）天作淫雨（害於粢盛）膏雨（百穀仰之）時雨（不降）淫雨（旱降）霈沛然

下雨　密雨（如散絲）膏澤（多豐年）霖雨（若歲大旱用汝作霖雨）祁祁（甘雨）膏之（芃芃黍苗陰雨膏之）驟

雨日不終　零雨其濛　如膏（陰雨如膏）五政（管子曰五政苟時春雨乃來）一旬（太平時五日一風十日一雨）休應而時

若（休徵曰肅時雨若）咎徵（曰狂恒雨若）將降（時雨將降）秋無（苦雨）霑服（諸侯朝天子雨霑服失容則止）墊巾（郭林宗雨

中行墊其角巾時人效之遂為折角巾）商羊鼓舞（家語童謡曰天將大雨商羊鼓舞一足鳥也）鸛鳴（于垤言將雨也）救成都

火（欒巴噀酒為雨救蜀中火災）少女風（管輅曰天將雨則樹上有少女風）降不破塊（鹽鐵論周公之時風不鳴條雨不破塊旬而一雨雨則

必夜）至　陽臺（巫山神女暮為行雨）注必隨車（漢百里嵩為徐州刺史境旱行車所經甘雨輒降）假蓋（孔子將行雨無蓋不

假蓋於子夏吝其短也）伐紂（搜神記武王伐紂至河上雨甚雷疾）討邢（傳曰衛大旱卜討邢邢師興而雨）洗兵（武王伐紂大雨洗兵）流麥

（高鳳讀書不覺天雨至盡流其麥）蟻封穴（易占曰蟻封穴戶雨將至）鸛巢（苦雨詩曰不鸛巢曾莫崑山雲潤往擾）鸞鳥飛（湘川記零

陵有石燕遇雨則飛如生燕）蛟躍（淮南子曰黑蛟神虬潛泉中而居天將雨則躍）逃雨（文子曰若與俗遽走猶逃雨無之而不濡濕也）沮

澤之龍（蜀都賦潛龍蟠於沮澤應鳴鼓而興雨）近壬子日（管輅過清河見太守曰天旱輅曰今夕當雨傳曰近壬子日直觜星中巳有水氣丁卯夜

雨必至）有窘（陰雨）雨汗（雨雲雜下）雨行（義將飲酒而已雨行）雲不待族而雨（廣成子謂黃帝）灌枝（風雨

記曰六月大雨名 倒井晉傅玄詩 愁霖文選愁霖賦序 玄冥風俗通謂雨師 屏翳雲師亦曰呼號 赤松子
神農時雨師列仙傳云 土龍淮南子云土龍致雨許愼注云湯遭旱作土龍以象雲從龍 焚身請謝承後漢書戴封字平仲爲西華令大旱請雨
無獲乃積薪坐其上以自焚火起而大雨至遠近歎伏乃遷中山相 漂粟鄒子曰朱買臣書修學業不常其家乃暴粟令臣守之不覺雨流粟
其雲湧雨雪其雲湧 靉靆雨雪靉靆 紛紛上天同雲雨雪紛紛 霏霏瀌瀌 曀曀見晛雨雪瀌瀌見晛
日消 平地尺爲大雪傳 三月雨雪書失時也 密雲微雪霢霂密雲下 牛目孟子魏文公葬
雲甚至牛目 龍沙千里渡龍沙 入隙雪賦 照書孫康映雪讀書 囓雪蘇武漢書匈奴中囓雪與氈毛 絳雪內傳西王
母上藥玄霜絳雪 朔雪古詩胡風吹朔雪千里渡龍沙 大摯爾雅雪大摯摯傷也 飛雪千里楚辭 甲子武王伐紂甲子日大
雪 六出韓詩外傳凡草木花多五出雪花獨六出 玉樹銀花 五穀之精氾勝之書曰雪爲五穀之精 委積淋漓
素華瑤華 時雪不降月令不時 不時雨雪不時 海神來朝太公謀曰武王伐紂大雪十餘日甲子朝有五車兩騎止
于王門師尚父曰南海北海東海西海河伯之神來受命 屨穿而行東郭先生久待詔公車貧困其履有上無下行雪中而足踐地 門閉而
臥洛陽大雪丈餘洛陽令出見袁安門無行跡謂已死入見安僵臥問何以不出安曰大雪人皆乏食不宜干人令賢之遂舉爲孝廉 幽蘭楚辭以幽
蘭儷曲宋玉賦曰援琴而鼓之爲幽蘭白雪之曲 宮雪宮達子見齊宣王有雪宮 國 山雪山峙于西域傳曰天山冬夏有雪 盈尺盈尺則呈
瑞於豐年詩傳曰豐年之冬多積雪 玄冰丈玄冰丈結氣凝…貫之餘 瑩珪璧瑩珪亦遇圓而成璧 巖巖山則千巖俱白

肌膚 莊子曰姑射之山有神人肌膚若氷雪綽約若處子 田 種王之田原隰則萬頃同縞 雪救火 高士傳焦光爲野火燒盧遭大雪焦光臥不移

人爲之死視之如故 乘舟訪戴 王子猷雪夜乘舟訪戴安道既至造門不前而返曰乘興而來興盡而返何必見戴也 詩 謝氏內集講書俄而雪驟

太傅欣然曰白雪紛紛何所似兄子胡兒曰撒鹽空中差可擬兄女道韞曰未若柳絮因風起 玉馬 晉書常山眞定縣大雪深數尺融而不積新蔡王騰怪而掘之得玉馬

馬高尺餘因奏而獻之 衣 詩曰麻衣如雪曹風以森衣比色 扇 班婕妤詠扇詩曰新裂齊紈素皎潔如霜雪 神仙 王恭衣鶴氅雪中行 積陰 大戴

禮云天地積陰溫則爲雨寒則爲雪 雨雪霏霏 昔我往矣楊柳依依今我來思詩 丈餘 金匱曰武王伐紂都洛邑雪十日深丈餘 七尺

春秋考異曰庚辰大雪深七尺 樂乎 孟子曰齊宣王見孟子於雪宮王曰賢者亦有樂乎孟子曰爲上者不與人同樂也 夏雪 山海經由首山小威山空桑山

並冬夏有雪 梁山歌 琴操曾子耕太山雨雪思父母作梁山歌 黃竹之歌 穆天子休於回中大寒雨雪乃作歌三章曰黃竹 歌 客有歌郢

中者爲陽春白雪曲 舞 趙飛燕爲宛轉如流風之迴雪

風第十三 附笑

巽爲風 風以散之 風從虎 易

聖時風若 休徵 景風 爾雅四氣和爲通正謂之景風 星有好風 箕星好風 月離于箕風必揚

沙 春秋緯 習習 谷風 且霾且暴 其涼其暗 終風曀 且 棘心 凱風自南吹彼棘心 有隧 大風 飆發

栗烈必變 烈風雷雨必變 扶搖 莊子鵬搏扶搖而上九萬里 噫氣 莊子云大塊噫氣其名爲風 泠然 列子御風泠然

而善 乘風 列子亥商氏伯高子二人之道乘風而歸 飛廉 呂氏春秋云風伯名 箕星 風俗通云風師 轉蕙泛蘭

楚辭云光風轉蕙泛崇蘭 地籟 莊子汝聞天籟未聞地籟謂風吹萬物 太平之代 風不鳴條 春風 羊角風立春之日東風解凍東

風扇錫和 立春條風至春分明庶風至和風光風 夏風 凱風小暑日溫風至五月黃雀風至立夏清明風至夏至景風至炎風 秋風 立秋日涼風至秋分
閶闔風至楚辭曰嫋嫋兮秋風洞庭波起兮木葉下 冬風 廣莫風北風北涼朔風 颯然而至 快哉此風 八風 八節之風 穆若
清風 奮之以風 雨 春無凄風 君子之德風 上之風必偃小人之德草草 異色 大庭氏之王天下五風並異色
琴歌 舜作五絃之琴以歌南風曰南風之薰兮可以解吾人之慍兮 虎嘯 淮南子曰虎嘯而谷風生 鳶鳴 禮記曰前有塵埃則載鳴鳶鳶鳴則風生
易水 燕丹送荊軻易水之上荊軻歌曰風蕭蕭兮易水寒 辭 漢武作秋風辭曰秋風起兮白雲飛 大王 宋玉風賦序曰楚王遊蘭臺之宮風颯然而下
乃披襟而當之曰此風寡人與庶人共之耶宋玉奏曰此獨大王之雄風 少女 管輅傳曰時大旱輅曰今夕當雨樹上已有少女風矣而須臾雨至 鶂退 六鶂退飛
過宋都風也 鵬摶 莊子鵬摶扶搖而上九萬里 扇 袁宏為東郡謝安授以一扇宏曰即當奉揚仁風慰彼黎庶 鵲巢 淮南子云烏鵲識歲之多風去
喬木而巢扶枝 馬 古詩胡馬嘶北風 瓢 許由以瓢掛樹風吹瓢有聲由以為煩取而損之 穴 莊子空穴來風 青蘋 風起於青蘋之末舞於松柏之
下 庶人 之風塕堁揚塵勃然而起動沙堁吹死灰於窮巷之間 詩 班婕妤詠扇詩常恐秋節至涼飆奪炎熱 入琴 琴曲有風入松 摧木 木秀
於林風必摧之 驚飆 拂野林無靜柯 雄雌 大王之雄風庶人之雌風 風其吹汝 飄 發發兮 匪風發兮 淒其以風
大風 漢高祖過沛而歌 磔 爾雅祭風曰磔 潤之以風雨 易 相風烏 郭緣生述征記云長安宮南有相風銅烏遇風
乃動 翣脯 帝王世紀曰堯時廚中有自肉脯薄如翣形鼓則風生使食物寒而不臭名曰脯翣 解慍阜財 詩曰南風之薰兮可以解吾人
之慍兮南風之時兮可以阜吾人之財兮 占 神仙傳曰老子將去周而出關以升崑崙關令尹喜占風氣逆知當有神人來過乃掃道以待老子知喜命應道乃

停車臨下具以長生之術授喜 喜宮室完邊城 不虞風至 誅有罪斷大刑 廣莫風至五經通義云 北風 其涼其喈

風 附風門 飄風不終朝 老 蒙恬風若風不越而殺 暴風來格 大風有

隧 貪人敗類 折木發屋揚沙 項王圍漢王三匝於是風從西北來折木發屋揚沙楚軍大亂漢王乃與得數千騎遁去 禾偃木

拔 書開金縢曰天彰周公之德 海鳥避 爰居止於魯東門展禽曰其海有災乎廣川之高鳥獸恒知避其災是歲海果大風故避之 溯滂 風賦

溯 匹沐反 標怒 並風擊物皃 霹石 霹動 伐木風災數起 月令 國多暴風 月令 疾風 博物

志太公爲灌壇令文王夢婦人哭當道問之曰吾是太山之神女嫁爲西海君婦吾行必以疾風暴雨灌壇當吾道不敢以疾風暴雨過夢覺召太公三日果有疾風暴雨過

霞第十四

九光 十洲記朱霞九光 赤水之氣 河圖崑崙山有五色水赤水之氣上蒸爲霞陰而赫之 成綺 餘霞散成

綺 霞錦散文 於沙汭之際海賦 啓暉 趙景真與嵇茂齊書曰霞啓暉觀身疲於遠征 孤暎 使我高霞孤暎 鍾山隱士云 難挹

恨朝霞之難挹酒也

霰第十五

先集 詩如彼雨雪先集維霰 雨雪雜下 爾雅云雨雪雜下曰霰 淚如霰 文

冬 蘭樹停冬霰文 陰陽相脅 而爲雹霰盛陰雨雪凝滯而爲冰寒氣薄之不相入則散霰者陽脅陰也五行傳

雷第十六

霹靂電附 震爲雷 雷以動之 雷雨作解 易 雷出不震 歲冰以時則不震 鼓之以雷

雷霆發聲 春分 收聲 秋分 殷其雷 在南山之陽毛詩 虺虺 其雷詩 闐闐 楚辭雷闐闐兮

畏之如雷霆必變 迅雷風烈必變 震曜 爲刑罰威獄以類天之震曜殺戮 疾雷謂之霆 爾雅 二月

出地八月入地雷二月出萬物出雷入萬物入 天地之鼓抱朴子云雷者天地之鼓 豐隆雷師 出地奮易豫卦雷出地奮豫

震百里論衡曰雷震百里制以象國故雷聲爲諸侯之政教 驚蟄 達句萌 天威畏雷後漢蔡順母畏雷即環冢曰順在此

太守鄧爲南閣祭酒無雷崇爲老車馬 失匕箸曹操謂蜀先主曰天下英雄唯使君與操耳先主方食失匕箸時正雷震備謂操曰聖人云迅

雷風烈必變今有以也 觀出地之象 聽穆天之聲 君象洪範五行傳曰夫雷君象也出能興利入能除害 鐘鼓夫子曰雷霆之聲可

以鐘鼓象 軒轄雷聲 動威彰德周公事 敬怒孔子必變 納麓虞舜不迷 伏墳王韶孝子傳曰王裒字道倫父生時畏

雷每至天陰輒伏墳而泣 環冢見上 倚柱昔人倚柱作書雷震其柱作書自若夏侯傳也 感心傅玄雜言詩雷動感妾心妾心喧耳傷聽非車音 畫

王充論衡曰畫雷之狀如連鼓右手推之 開發萌牙雷者所以開發萌牙辟除災害萬物須雷而解 又先王所以作樂崇德殷薦上帝以配祖考 積風

楊泉物理論曰積風成雷 雷公雷神名 推雷車續搜神記云義興人姓周永和中出都日暮道邊有一新草小屋一女子出門望見周曰日已暮周求寄

宿向一更中聞外有一小兒喚阿香官喚汝推雷車女乃辭去明朝視宿處乃一新冢耳 雷雨晦暝漢書劉媼息大澤中夢與神遇是時雷雨晦暝太公往視之則

見蛟龍在上已而有娠而產高祖 ○霹靂附雷門 雷不發而震震雷霹靂也藏冰不時則雷不發而震 雷激爲霆

穀梁傳曰陰陽相感薄而爲雷激而爲霆 擊手齊臺淮南子庶女叫天雷霆下擊景公臺 震漢寢後漢建和中雷震憲陵寢室是時梁太后兄冀

用事 隱慝震夷伯之廟罪之也於是展氏有隱慝焉 ○雷電附雷門 離爲雷 仲春始電月令 燁燁震電

不寧不令詩 列缺雷電名 睒閃光 繞斗樞附寶感大電光繞北斗樞星照郊野感而孕生軒轅黃帝 投壺之笑王女投壺

天爲之笑則電 奔電 走電飛電狂電赤電 陰陽分爭 莊子陰氣伏重泉陽氣上通於天陰陽分爭故爲電 鞭策 淮南子曰電激氣也以爲鞭策 電倏閃於牆藩 甘泉賦

雹第十七

聖人在上無雹雖有不爲災 左傳 雹陰陽脅 洪範五行傳 馬頭 漢武元封三年冬雨雹大如馬首 雞子 宣帝地節四年夏五月山陽雨雹大如雞子深二尺五寸殺人飛鳥皆死 五寸 史景帝二年秋雹大者五寸 折禾 孔叢子曰永初年河西縣雹如杯棬折禾稼 傷稼 東觀漢記韓陵字伯師爲下邽令視事未周吏人愛慕時隣縣皆雹傷稼陵界獨無 如斧 漢河平年楚雨雹如斧飛鳥皆死 如礪 紀年夷王七年雹如礪 陰脅陽 徽動羽 董仲舒云 可禦 雹可禦乎止也 爲災 雹之爲災誰能禦之 雨冰 說文雹雨冰也 凡雹 皆冬之愆陽夏之伏陰聖人在上不爲災

虹蜺第十八

雄曰虹雌曰蜺 季春月虹始見 月令 小雪之日虹藏不見 月令 攻陰 釋名曰虹攻也純陽攻陰氣 成象 在天成象 竟天 文虹竟天 螮蝀 止奔之詩 在東 莫之敢指 婚姻失序 月令章句夫陰陽不和婚姻失序則生此氣 五色比象 昭其文也 鎮星爲虹蜺 河圖 飲澗 麗天 垂象成文如橋之狀 流渚之慶 大星如虹下流華渚女節意感而生白帝 冬藏 夏見 貫月之祥 瑤光如虹貫月感女樞而生顓頊 貫日之誠 史鄒陽上書荊軻慕燕丹之義欲刺秦王其精誠上感於天乃白虹貫日太子畏之 蜀宮之異 漢燕王旦謀反大虹下于宮中飲井水竭 吐金 異苑晉陵薛願有虹飲其釜澳響便竭乃吐金滿釜 化玉 搜神記孔子修春秋製孝經既成孔子齋戒向北斗星辰而拜告備于天乃有赤虹自上而下化爲黃玉有刻文孔子受而讀之 綵彩 典論曰魏太子造劍名流彩色似彩虹 玉氣 禮曰玉氣如白虹 美人 爾雅虹螮蝀也俗名爲美人 女子 蔡邕論金門邕

劉曰虹蜺是小女子之祥　大蚓如虹工瑞圖　二氣文子曰天有二氣則成虹蜺有二氣則減人有二氣則生病　夢華陽國志曰李特長子盈字仲平少子

雄字仲儁初雄母羅妊雄時夢兩虹自地而升天一虹中斷羅曰吾二兒若有先亡者後必有貴者後雄遂王蜀　陰陽之精春秋元命苞

天河十九

天河謂之天漢銀漢銀河河漢天津絳河明河　倬彼雲漢倬明也　昭回于天昭回光轉也　倬彼雲

漢爲章于天言爲天文章　維天有漢監亦有光　斜漢左界斜南躔躔歷也見文選　垂象

成象在天成象　耿耿秋河曙耿耿　清淺河漢清且淺　渭水以象三輔圖秦皇都咸陽列渭水貫都以象天河　黃河

之精河圖曰河精上爲天河　仙查博物志舊說天河與海通有居海者年年八月浮查來不失期因上乘去忽忽不知晝夜有一處多織女一丈夫牽牛渚次

飲之問之荅曰君可於蜀中問嚴君平君平曰某年某月某日有客星犯牽牛星即此人到天河　星石集林曰昔有人尋河源見婦人浣紗問之曰此天河也乃與一石而

歸問嚴君平君平曰此織女支機之石　昭昭清漢暉　鵲橋　牛女隱見　迴旋通海　竟天

霜第二十

癸附　履霜堅冰易坤卦　季秋霜始降霜降之日工木休禮　露爲霜蒹葭蒼蒼白露爲霜　冰至履霜堅冰至易　青

女淮南子曰霜神名青女　凝而爲霜大戴禮陰氣勝陽氣則凝而爲霜雪　刑罰之表春秋符曰霜者刑罰之表也季秋霜始降鷹隼擊王者

順天行誅成肅殺之威　紺碧拾遺志曰廣延國霜色紺碧又有甘霜　九月肅霜　既降禮記霜露既降君子履之必有悽愴之心　鐘鳴

山海經云豐山之鐘霜降而自鳴　始凝易曰履霜陰始凝也　葛屨糾糾葛屨可以履霜　紈霜班婕妤扇詩新裂齊紈素皎潔如霜雪　四馬

見國語云駟見而霣霜駟房星也　殺木元命苞曰霜以殺木　鷹隼擊霜降則鷹隼擊　豺祭霜降之日豺乃祭獸禮　婦功家語霜降

而歸功成塚娶者行焉　馬蹄 莊子曰馬蹄可以踐霜雪　蠶繭 拾遺記台貟嶠之山有冰蠶以霜雪覆之然後為繭　琴 琴有履霜操伯奇所作也尹吉甫信後

妻之讒逐伯奇伯奇自傷無罪清朝履霜乃作履霜操　正月繁 詩人興夏憂傷之刺　季秋既降 君子有怵惕之心　陰陽氣 大戴

禮曰霜陰陽之本也陰氣勝則凝而為霜　玄霜 內傳具雪門　神鑪 抱朴子云凝霜雪於神鑪採靈芝於嵩岳 ○ 災異 附霜門　五月降

霜 淮南子曰鄒衍事燕惠王盡其忠貞左右譖之王棄衍衍仰天而哭感霜降　夏降不殺草 春秋符曰王者政令苛則夏降霜誅伐不行則冬霜不殺草

附木 京房易傳曰誅不原情則其霜附木不下不殺而誅其霜反在草下　雪霜大摯 摯傷也月令　殺菽 周十月令八月也書失時

露 第二十一 瑞附

立秋後五日白露降　散而為露 大戴禮陰陽氣勝則散為雨露　厭浥 行露濕也　溥兮

零露溥兮　為霜 白露為霜　零露 泥泥瀼瀼濃濃　湛湛露斯 匪陽不晞　綴冠 東晢曰零露如珠非綴冠之飾　泛灩

之彩鶴警 千年鶴警露而鳴　蟬飲 取其絜　既濡 禮曰春雨露既濡君子履之必有怵惕之心　珠盤 仙掌金莖以承露　盤

中 見上　薤上 薤露歌曰薤上露朝日晞　潤玉、垂珠、晨降 楚辭曰霧露蒙其晨降　零月零 典引曰甘露宵零於豐草　菅

茅 英英白露露沾彼菅茅　多露 謂行多露　詩人夙行 興厭浥之詠　君子春履 有怵惕之心　下地　騰文 別賦

助海成深 海受霧露以成其深　露衣朝諫 劉向說苑曰吳欲伐荊三令敢有諫者死舍人有少孺子者欲諫懷彈於後園露沾其衣如是者

三朝王曰子求何名露沾衣如是對曰園中有樹其端有蟬蟬高居悲鳴飲風飲露不知螳螂在其後曲附欲取其蟬而螳螂又不知黃雀居其後延頸欲啄之然黃雀又不知臣

操彈丸在其下臣但捕其黃雀不覺露濕衣此者為窺其利而不思後患王聞之遂不伐荊　桐葉 蘇子曰人生一世若朝露之託於桐葉 ○ 瑞露 附露門

王者施德則甘露降瑞圖一名天酒甘露仁澤也其凝如脂其甘如飴松
柏竹葦晉書中興詩曰王者敬養耆老則甘露降而松柏受之尊賢容衆則竹葦受之天地相合以降甘露人莫之合而自均老子漢年
甘露之瑞以爲年紀三危伊尹說湯曰水中之美三危之露五色瑞露也膏露天不愛其道故天降膏露德動皇天瑞呈甘露表至
德之馨且因宵降含乳甘之味不待秋凝若脂之潔如醴之甘

霧第三十二

氛霧冥冥
月令冬行夏令積水上溢故爲霧莊子霧不塞望西京雜記曰太平之世霧不塞望浸淫被泊而已三日世紀黃帝時天
大霧三日帝游洛水之上見大魚乃得圖書五里張楷字公超能爲五里霧所居學者成市故有公超市三里裴優能爲三里霧後因霧而作賦豹
隱陶荅子妻曰南山有玄豹霧雨七日不食欲以澤其毛羽成其文章蛇遊韓子飛龍乘雲騰蛇遊霧戰涿鹿黃帝與蚩尤戰于涿鹿之野蚩
尤乃作大霧圍平城高祖於平城之圍大霧三日迷雲夢曹公至赤壁過雲夢澤中大霧遂迷失道丹山銀山並出霧也銀山
常出素霧四塞漢王氏五侯同日封其日黃霧四塞開而覩天衛瓘見樂廣曰此人若水鏡每見瑩然若開雲霧而覩青天行不迷道
魏略劉楨鳴每出行雲霧中識道不迷時人因謂之能爲雲霧如晦高褰褰開也北豕民昏隱翳助海成深見露
門浪泊西馬援在浪泊西里閒虜未滅時下潦上霧毒氣薰蒸仰視飛鳶跕跕墯水中夕霧朝煙冒重霧博物志云王介張衡馬均昔冒
重霧行一人無恙一人病一人死問其故無恙人云我飲酒病者食死者空腹終隱南山霧謝朓詩曰雖無玄豹姿終隱南山霧覩青天徐幹中論曰文
王遇姜公於渭陽執竿而釣文王得之若披雲見日月如開雲霧覩青天

冰第三十三

藏冰開冰附履霜相堅冰積水所成增冰

爲積水所成積水曾微增冰之稾渙若冰將釋履薄戰戰兢兢如履薄冰涉春心之憂危如涉春冰固沍凝也淋漓泮也冰

以風壯風解立春日東風解凍月令冬凝春泮淮南子水冬則凝而爲冰春則泮而爲水皚皚思玄賦云行積冰之皚皚清泉沍而不流

清如玉壺冰始冰立冬日水始冰月令水有時以凝周禮不冶之冰陽冰不冶海賦時燠公羊冬無冰時燠也

六尺鼂錯上書曰胡貉之地冰厚六尺百丈神異經曰北有冰萬里厚百丈東海蠶拾遺記東海員嶠山有冰蠶以霜雪覆之則爲繭色有五彩

增冰峨峨楚辭未泮逮冰未泮馴致易曰履霜堅冰陰始凝也馴致其道至堅冰也渙然冰釋飲冰莊子曰朝受命而夕

飲冰我其內熱與蟲疑莊子曰夏蟲不可以語冰天台山賦哂夏蟲之疑冰魚上立春日東風解凍後五日魚上冰月令光武渡河光武

至呼陁河追兵至河水流澌無船可渡王霸往視霸恐驚衆還遂曰冰堅可渡比至冰合帝遂得渡慕容蹈海王隱晉書慕容晃上言躬征郭遠假陛下天地之

威精誠感靈爲結冰凌行海中三百里鳥覆姜嫄踐大人跡生子棄之寒冰上鳥翼覆之魚躍王祥爲母思魚朝朝冒寒經魚一朝冰開有雙鯉躍出

狐聽述征記曰河水始合要狐先行方得渡言狐欲渡河冰先聽無水聲而後渡陷冰丸後漢青州刺史焦和召治戎烈巫史禜禱又恐賊乘冰過多作陷冰丸投

河衆賊遂潰袁譚魏志初袁譚時民亡推冰注時川東合不得陪火冰博物志曰削冰令圓舉以向日以艾承其影則有火出琢冰文子曰巧冶不能銷木良

匠不能琢冰負重鄧攸上書曰明君之御民若乘奔而無轡履冰而負重[illegible]荀子[illegible]冰生[illegible]水瓶中冰淮南子曰見一葉之落知歲之將暮

觀瓶中之冰知天下之寒以近論遠誕寘之寒冰詩鳥覆翼之[illegible]尺[illegible]冰吳越春秋曰越王念欲復怨非一旦也苦思勞

心夜以接日寒則抱冰當白日見火門猛火注凝池[illegible]非登高之寶零露垂林非[illegible]璧於魯山撰圓珠於重泉北

方鼠 神異經曰北方冰厚百尺有鼠在冰下其鼠毛長百尺 ● 鑿冰 [illegible] 二之日鑿冰沖沖 沖沖鑿聲也 三之日納于
凌陰 冰室也令正月 四之日其蚤獻羔祭韭 [illegible]令十二月[illegible]而藏 取之窮谷 深山窮谷固陰沍寒
於是取之 享司寒 其藏之也黑牡秬黍以享司寒 司寒玄冥北方神也 山人取之 縣人傳之輿人納之隸人藏之 藏之也周 周也 周密七
月之卒章 藏冰之道也豳國風詩 方盛 季冬天子命有司冰方盛命取而藏之禮 納於冰室取以山人當粟
烈之辰 入沍寒之室文選 雅協豳詩 未乖周禮 恚蟲疑之時 不可及關也 狐聽之日 于以藏之 斬
冰 周禮凌人掌冰歲十二月令斬冰三其凌注三倍其冰爲消釋 無或失時令藏川池之冰棄而不用 言不取於山谷
又須用不餘則棄之 ● 開冰 附冰門 四之日其蚤獻羔祭韭 西陸朝覿而出之 令三月 出入
以時開冰 春分後天子獻羔開冰先薦寢廟 朝之祿位賓食喪祭 於是乎用之 桃弧棘矢 其出之也桃弧
棘矢以除其災 食肉之祿 冰皆與焉 喪浴 大夫命婦喪浴用冰 獻羔 而啓之 火出 而畢賦 老疾 大夫命婦至于老疾無不受冰
以風壯而以風出 其用之也徧 山人冬鑿冰室春開 玉壺夏薦 取順沍寒 用賓清暑
致夏蟲之疑 闕而爲罪 遇時燠之變 責則難加 春始治鑑 鑑盛冰器也將獻羔啓冰也 夷盤 亦器也喪
事供夷盤冰所以寒尸置牀也 頒冰 夏頒冰注夏暑氣盛乃頒賜冰也 伐冰 之家不畜牛羊 夏頒秋刷 刷除冰室更納新冰 凌人職
祭祀供鑑賓客供冰大喪供夷盤冰

火第二十四 火災救火禳祭附

火就燥 易 炎上 書 作苦 炎上作苦 鑽燧 改火

燧人氏始用火春取榆柳之火夏取棗杏之火秋取柞楢之火冬取槐檀之火一年之中鑽火各異逐時色 燎原 若火之燎于原不可嚮邇 火烈 人望而畏之則鮮死

爲 熒煇 國語火無熒曰煇 焰焰 無若火始焰焰厥攸灼序不其絶注火始焰焰尚微及其灼然有次序不其絶已不已乎 嚮邇 不可嚮邇 撲滅

其猶可撲滅言不可近 自焚 兵猶火也弗戢將自焚 盛德在火 立夏月令 方陽 詩云燎之方陽 烈烈 如火烈烈詩 望畏

見上註 蹈死 吾未見蹈而死者論語 鬱攸 火氣 尊而不親 火之於人也尊而不親 丹丘 拾遺錄云丹丘千年之燒 陽精炎

德生木剋金 抱薪 救火文子 回祿 火神 陽精上騰 炎氣旁達 餘燼 司爟 周禮司爟掌行火之政令四時變

國火以救時疾 內火出火 季春出火季秋納火注云順火星藏見而出納火也 火令 時則施火令注謂令焚萊之時 火禁 宮正春秋以木鐸修火禁因火星

入戒 司烜 司烜氏以陽燧取火於日以供祭祀之明燭以照祭也 無焚山林 月令仲春 火化 器食皆以火化 修火之利 火之利人也禮

金燧 注云取火於日 燧 鑽火 焚巫尪 魯旱公欲焚之 閼伯 陶唐氏火正 食心食咮 古火正或食於心或食於咮謂有功於獻

得配亨于火星心鶉星咮鶉首也 火紀 炎帝以火紀爲火師而火名官 燔柴 祭天 蜀井 蜀都賦火井沉熒於幽泉高焰飛扇 齊牛 齊將田單燒牛

以破燕軍 楚象 傳曰楚昭王使執燧象以奔吳師謂繫火象尾 燒秦宮室 史記項羽燒秦宮室三月火不滅 燒棧 張良勸漢王

焚舟 秦孟明 爝火不息 莊子堯讓許由曰日月出矣而爝火不息其光也不亦難乎 束蘊 蒯通請火 更火 馬融云周月令

有更火 配五行 而攸序 備六府 而孔脩 燎 焉燹燒焚市火若焚於四方 焚山 晉侯焚山求賢於介子 焚裘 晉帝

焚雉頭裘 冰火 見冰門火冰注 一管火 論衡曰夫然一管火爨鑊水終不熱倚一尺冰置庖廚中數夜不寒也何則少氣大不能動也今獅子不過如一管尺冰

帖一

而皇天巨大不徒鑊水亦自也一卯天[illegible]吳越[illegible]叙[illegible]王[illegible]報吳王苦思勞心輿天爲雨霜何天之易感[illegible]日夏熱[illegible]火出入則嘗膽猛魏子曰危殆之國治

不益民是猶薄冰當白日聚毛過猛火吐火爐葛仙公別傳曰公與客談語時寒公謂客曰居貧不能人人得[illegible]仙公因吐氣火赫然從口而出須臾

火燒室坐客皆熱脫衣矣愛火韓詩曰[illegible]數易非愛火也○[illegible]人火曰火天火曰災俱焚火炎崑岡

玉石俱焚不戢將自焚廏焚子退朝曰傷人乎不問馬論語吳宮燕鷰秦始皇時吳宮吏人火照燕窠因燒吳宮夷陵

白起攻楚燒夷陵禍之釁必始於火商人閱其禍敗必始於火是以知天道得有火士禍對晉侯鑄刑書鄭鑄刑書士文伯曰火見鄭

其火乎火未出而作火火出而象之叫宋廟焚吳宮鳥鳴或叫宋太廟曰譆譆出出鳥鳴于亳社如曰譆譆書焚室而寬

其征與之財鄭子產宋伯姬介子推哭禮有焚先人之廟者則哭三日拜廏焚孔子拜鄉人之爲火來者劒飛

出晉武庫火累代寶盡焚見斬蛇劒飛出屋池魚災及池魚宮鷰天火蜀麋竺子仲自洛歸去家數十里路旁有好新婦求載行二十餘里去

日我天使也使燒東海麋竺家竺因愁請之婦曰不得不燒但君馳去我緩行日中火必發竺乃急歸出財物日中果火大發官署失火近廟晉尚書省

顧曰近太祝署失燒三間半署在廟北隔道在重牆之內又即已滅頻爲詔言所問主者以詔闕顧責尚書不按行禁止此輩皆爲過當償財梁鴻家貧牧豕誤燒火延

及他舍鴻乃尋訪燒者問所失悉以豕償之其主猶以爲少鴻曰無他財願以身傭力償之失火有刑司爟掌行火之政令凡國失火野焚萊則有刑罰焉注

野焚萊擅放火者○救火附火門濟濡帷幕鬱攸從之蒙葺公屋徹屋樂喜火所未至

徹小屋塗大屋陳畚挶具綆缶備水器量輕重蓄水潦積土塗巡丈城繕守備表火道具正徒令隧正太并火所撲滅見火門撲滅注行火所焮子產令焮炙也

抱薪去火 傳去表之莫東注 表火道薪桑草也 曲突徙薪 霍是淳焦頭爛額爲上客漢時 有上書論徐福先言霍氏也 先言 魏勃

日失火之家豈 暇先言後救火 襦袴 廉范爲蜀守不禁火一旦罷水備人歌 曰不禁火人安堵昔無襦今五袴 降雨 江陵令劉昆向火叩 頭能反風降雨滅火

徵拜 議郎 三噀 郭憲救 齊火 噀酒 欒巴救 蜀火 雖政在救災 而仁唯 愛物 李恒 爲政稻止 傷人 屈父

退朝 不問 乎馬 徒望咸都之雨 誰反江 陵之風 望必畏焉 蹈而死者爲禍 懸 之 起屋 漢書言 燕俗起

屋以 厭火 柏梁災而作建章 以厭 火 因脫械救火 劉榮坐事繫村縣獄爲野火所及 榮脫械救火事畢還獄自著械

○禳祭 附火 門 宋樂喜使祝宗用馬於四墉 墉城也禳祭 之氣故祝之 祀盤庚西門之

外 天災有幣無牲用 馬祀盤庚皆非禮 玄冥回祿 鄭子産禳火 玄冥水神也回 於玄冥回祿 祿火神也 祈于四鄘 子 産 三日哭國

不市大爲社 祓禳於四方振除 火災禮也子産 祭爟 爟火也 爲明之 祭之者報其 功也周禮 灰第二十五 積而止

水女媧取以救災 淮南子云言往之時水浩蕩不 息於是女媧積蘆灰以止 散以從風揚琁用而破敵 後 漢

楊琁爲零陵太守時蒼梧群賊攻劫琁乃制車數 十乘置灰車中從風鼓灰賊不得視因以敗之 棄其灰棄道 殷商之法 禁棄灰於道 死而不

然 韓安國字長孺坐法獄吏田甲辱之 安國曰死灰獨不然乎甲曰然則溺之 環月暈 淮南子畫隨灰而暈闕注云以蘆 灰環月缺其一面暈亦隨而缺

應律飛 續漢書以葭莩灰實律之端按曆 而候之其月氣至則飛灰而管通 昆明劫灰 武帝穿昆明池悉是灰世 有外國胡道人云此是天地一

劫灰 之餘 心若死灰 莊 子 煨燼澆腸之用 三 斗 塵第二十六 生羅纖 羅襲 生塵 化素衣

京洛多風塵素衣化爲緇生甑中范丹爲萊蕪令甑中生塵動梁上虞公善歌發聲動梁塵浮清路君爲清路塵妾爲濁水泥浮沉各異勢古詩云增高山山不讓塵故能成其高大揚滄海神仙傳王君平曰聖人言海中復揚塵紅塵四合黃埃紅塵晝昏清塵維塵冥冥詩望之而拜潘岳芳塵凝榭滿席輿曳柴而僞遁傳晉楚戰狐毛設二旆而退之欒枝使輿曳柴而僞遁注曳柴起塵詐爲衆走塵上而嚻伯州犁望楚軍望塵知馬步多少名將車軼塵長者禮凡爲長者糞之禮必加帚於箕上以袂拘而退其塵不及於長者鳴鳶前有塵埃則載鳴鳶禮同其塵老子曰和其光而同其塵野馬莊子曰野馬動塵埃也世俗之塵楚辭曰安以皓皓之白蒙世俗之塵埃歸東南淮南子地不滿東南故水潦塵埃歸焉撫塵應璩與曹公書曰昔漢光武與黃子高有撫塵之好也玄蛇山海經曰黑水之南有蛇曰食塵又大人之國有玄蛇頭方食塵蚓蔡邕云蚓無爪牙歃系不便穿穴地洞食塵飲泉蓬塊埃坱博物志云徐州人謂塵爲蓬塊吳人謂塵土爲埃坱棲弱草李康遊山之序曰蓋人生天地之間也若流電之過戶牖輕塵之棲弱草汚人郭子曰庾公名位高重足傾王公時庾在石城王在冶城忽風起揚塵王以扇拂之元規塵汚人元規庾亮字王導也

歲四時第二十七

三變遞運莫大於四時節授人時動二氣之和以四時爲柄發時令日行夏之時馮相氏辨四時之序以日影知氣至否天地革而四時成敘四時之大順不可失也馬遷論陰陽孝也天吏淮南子四時天之吏讀時令晉禮志曰太史每歲上其年曆先立春立夏大暑立秋立冬讀五時令服各隨五時色帝御坐尚書令已下就席設賜酒一卮又魏明帝讀四時令服黃之時闕不讀又晉咸和元年六月有司奏讀秋令兼侍中荀顗駮云云又漢宣帝時魏相奏請明經通知陰陽者四人各主一時之至明言所職以和陰陽如高祖時令謁者趙堯舉春李舜舉夏倪陽舉

賓鳥擧冬之順宣帝從之

春第二十八

(立春　春分　正月　二月　三月　附)

其日甲乙　帝太皞(以木德王)　神勾芒(木正)

春爲青陽(爲發生)　載陽(春日)　遲遲(春日)　性仁　事貌　味酸　臭羶　數八　食(與羊)　器疏(以達)　牲無(用北)　禁伐木　獻種稑(王后率六宮之人獻穜稑之種於王)　獻鼈蜃　舍菜(春入學舍菜合舞)　風入(曾子曰吾不能以春風風人夏雨雨人吾道窮矣)　奮實(出日)　平秩(東作)　登臺(如登春臺)　徇路(木鐸)　傷春(目極千里傷春心)　司春(漢魏相曰陰陽之分以日爲紀各有常職不得相干東方之神太皞乘震執規司春)　蟲鱗　音角　祀戶　祭先脾

○立春(附春門)

立春盛德在木　迎春於東郊　條風至(並立春日)　啓閉(立春立秋)　出土牛以示農耕之早晚(立春早則策牛人近前立春晚則人在後所以示人之早晚)　司啓(青鳥氏司啓者立春)　立春日東風解凍(後五日蟄蟲始振後五日魚上冰)　纂要(梁元帝纂要春爲青陽芳春青春三春九春天曰蒼天風曰陽風柔風惠風景風曰媚景和景韶景時曰良時良辰嘉辰節曰華節良節嘉節淑節)　草木(草曰弱草芳草芳卉木曰文木華樹芳樹陽林茂林)　鳥(陽鳥時鳥陽禽候鳥時禽好鳥)

○春分(附春門)

春分日玄鳥至　日中星鳥　分至(春分秋分)　司分之官(少皞氏以玄鳥氏爲司分者以春分來而秋分去故爲司分也)　祠高禖(玄鳥至日)　同道(傳曰分同道也注云日夜等日月同道)　日夜分(分平)

○正月(附春門)

日在虛　律中太簇　中氣(日在危)　孟春　遒人以木鐸徇于路　太皞之月(其帝太皞)　行慶施惠下及兆人　還(迎春還)　命太史司天曆候　祭風師(立春後五日也)　釁龜筴占兆

審封吉凶周禮龜人上春衅龜上春月建寅雨水之日獺祭魚中氣也後五日鴻鴈來後五日草木萌動布農事

合東郊修封疆端經術善相丘陵上云元日祈穀謂上辛祈穀郊祀昊天上帝于圜丘親耕樂

正習舞修祭典命祀嶽鎮海瀆無用牝禁止伐木無覆巢無卵無聚大

衆無置城郭爲妨農掩骼埋胔不可稱兵注稱兵必有天殃無變天之道無絶地之理三之日于耜

正月也始耕耒耜主晩寒農晩也三之日納于凌陰凌陰冰室孟陽梁元帝纂要云正月爲孟陽亦曰孟春孟陬上春初春開春發春亦曰初歲

開歲獻歲肇歲芳歲華歲首歲○二月附春門日在營室律中夾鍾仲月中氣日在胃月仲春擊土

鼓吹豳詩以迎春去桎梏無肆掠止獄訟祭馬祖用剛日修闔扇助通陽氣驚蟄日桃始

華二月節也後五日倉庚鳴後五日鷹化爲鳩養幼少存諸孤樂正習舞謂將釋奠上丁釋奠於國學命

人社春分前後戊日春分之日玄鳥至二月中氣後五日雷乃發聲後五日始電祀朝日於東郊獻羔開冰

先薦寢廟同度量平權衡謂晝夜平則正之祠高禖天子親往后妃從也祭馬祖無作大事以妨農

事兵役之屬無竭川澤無漉陂池無焚山林順陽氣養物也四之日舉趾周之四月今二月人皆舉

足而耕獻鳩周禮羅氏仲春獻鳩於國老鄭玄注云春以鷹化爲鳩變舊爲新宜以養老助生氣仲陽梁元帝纂要二月仲陽亦曰仲春亦曰中春

上戊釋奠於太公廟○三月附春門日在婁中氣日在胃律中姑洗日躔胃月維[illegible]

春者春服既成論語薦鞠衣乘舟薦鮪勾萌達覆舟五反聘名士禮賢
者修利隄防導達溝瀆修蠶器審五庫之量金革筋角之類無或不良合累牛騰馬遊牝于牧
騶犢舉書其數大合樂磔禳以畢春氣清明之日桐始華三月節也後五日田鼠化爲鴽後五日虹始見不
可以內時可宣出不宜收斂布德行惠發倉廩賜貧窮振乏絕穀雨之日萍始生中氣也後五日鳴鳩
拂其羽後五日戴勝降于桑罝罘畢翳餧獸之藥無出國門鳥獸孚乳不可傷之傷之逆天時也無伐桑
柘愛蠶食享先蠶而躬桑以勸蠶事暮春梁元纂要曰三月暮春亦曰季春晚春大春餘春

夏第二十九 立夏

夏至四月五月六月附其日昺丁帝炎帝神祝融夏日可畏朱明夏爲南交春與夏交之際
南訛訛化也南方化育之事昺著雨小人怨咨長嬴夏爲南交之序政失於夏丈人子其蟲羽音徵律中
仲呂數七性禮事視味苦臭焦祀竈祭先心魏夏之日食菽與雞當昺著司夏魏相南方之神炎帝乘離執衡司夏其器高以粗朱
夏梁元帝纂要曰夏曰朱夏亦曰長嬴炎夏三夏九夏也天曰昊天風曰炎風節曰炎節亦曰昺著節也草木草曰茂草雜草林曰
蔚林茂林樹曰茂樹維夏亦曰孟夏首夏初夏甘瓜朱李魏文與吳質書曰浮甘瓜於清泉沉朱李於寒水象德范子與計然書曰德
取象於春夏昺曰畏景○**立夏**附夏門立夏日螻蟈鳴盛德在火迎夏於南郊
立夏日啓閉啓立夏也司閉丹鳥氏以立夏來立冬去○**夏至**附夏門夏至日鹿角解日長至

陰陽爭日永星火陽極陰生[夏至日一陰生]分至[至冬至]司至[伯趙氏以夏至來冬至去伯趙伯勞也]漢雜事[冬至陽事起君道長故賀夏至陰事起君道衰故不賀]受餉[齊春秋何嵓叔爲長城令清廉夏節忽膀門受餉得米二千八百斗代貧人輸租稅]閉關[易曰君子至日閉關]商旅不行后不省方景長[尺有五之中禮云夏至日在東井]○四月[附夏門]日在昴律中仲呂維夏[四月維夏]清和[首夏猶清和]正陽之月慝未作[慝隱也未作氣未挺]祀雨師祈穀實小暑至挺重囚[挺寬也]出輕繫繼長增高[無有壞隳]驅獸[無害五穀]飲酎[以孟夏嘗麥]溺金象[世說四月八日孫皓溺金象云浴佛後陰病懺悔乃差]立夏日螻蟈鳴[四月節也後五日蚯蚓出後五日王瓜生]慶賜遂行[無不欣悅]贊傑俊[遂賢良舉長大]行爵出祿[必當其位]習盛樂大雩帝[自鞀鞞至柷敔皆作曰盛樂]禱祝山川[古鄉士有益於人者以祈穀實]小滿之日苦菜秀[中氣也後五日靡草死後五日小暑至]無起土功[無發大衆無伐大樹妨蠶農事也]無大田獵[驅獸而已恐傷生類]登麥[天子乃以彘嘗麥先以含桃先薦寢廟]收繭稅秀萋[猶讀]○五月[附夏門]日在參律中蕤賓麥秋五月鳴蜩反舌無聲關市無索遊牝別群[縶騰駒班馬政]祭先牧芒種日螗蜋生[五月節也後五日鶪始鳴後五日反舌無聲]聚畜百藥[草木蕃時]夏至日鹿角解[中氣也後五日蜩始鳴後五日半夏生]祀黃地祇[於方丘岳瀆等神從祀夏至日]百官靜事無刑以定晏安陰之所成[晏安也陰猶安也]無用火南方[害微可陰也]

以居高明斯螽動股豳詩掩身無蹤君子處必掩身無蹤○六月附夏門日在東井律
中林鍾徂暑六月徂暑土潤溽暑大雨時行燒薙行水利以殺草糞田疇入山行木無有斬伐
暑退火中寒暑乃退謂季夏及季冬小暑日溫風至六月節也後五日蟋蟀居壁後五日鷹乃學習染采黼黻文章必以法故以給郊廟
之服以為旗章大暑日腐草為螢中氣也後五日土潤溽暑後五日大雨時行不可以興土功不可以合諸侯不可以起兵動
衆注云土將用事欲靜莎雞振羽食鬱及薁並豳詩鬱棣屬也薁蘡薁也

秋第三十立秋秋分七月八月九月附

其日庚辛帝少皡神蓐收秋為白藏歲云秋矣悲哉秋之為氣秋日淒淒秋風
蜩蜎一葉落知天下秋金方戒序白帝用事其蟲毛音商數七性義事言味辛臭腥祀門祭先肺食稻與魚器廉
以深餞納日平秩西成獻龜魚周禮草木搖落而變衰敗蘭文子曰叢蘭欲芳秋風敗之秋
毫離婁百步見秋毫之末素秋戒以白露申之嚴霜悲秋騷皇天平分四時竊獨悲此凜秋司秋魏相曰西方之神少
昊乘兌執矩司秋商風清風收成梁元帝纂要曰秋曰收成亦曰白藏亦曰三秋九秋素秋高秋商秋天曰旻天風曰商風金風素風
淒風高風涼風激風悲風景曰朗景澄景清景時曰淒辰霜辰節曰素節草木衰草衰木曰踈木衰林霜柤霜條肇秋亦曰
孟秋初秋上秋早秋首秋蘭秋西成之序政失於秋文子○**立秋**附秋門立秋日涼風至盛德在
金迎秋於西郊立秋日署吏孫盛爲京尹立秋日署侯文爲東都督郵曰今鷹隼始擊當從天氣取姦惡以成嚴霜之誅漢儀斬牲

晉書曰漢儀立秋日白郊禮畢始揚威武斬牲於東門以薦陵廟其儀乘輿御戎車白馬朱鬣躬執弩射牲牲薦陵廟謁者各一人載以獲車馳送陵廟還宮遣使齎束帛賜武官武官
肄兵習戰之儀斬牲之禮名曰貙劉官皆肄孫吳之兵法六十四車也 迎氣 司馬彪續漢書曰立秋之日夜漏未盡五刻京都百官皆衣白施皂領緣中衣迎氣西郊
○秋分 附秋門 雷乃收聲日夜分司分 玄鳥氏 同道 傳曰分同道也注云日夜等故曰同道 ○七月 附秋門
日在張律中夷則流火 七月流火 天地始肅禾乃登繕囹圄具桎梏 斷薄刑決小罪
納材葦坏牆垣 修宮室 立秋日涼風至 七月節也後五日白露降後五日寒蟬鳴 賞軍帥武人乃命
將帥選士勵兵 簡練傑俊專任有功以征不義詰誅暴慢以明好惡順彼遠方 處暑日鷹乃祭鳥 中氣也後五日天地始肅
後五日禾乃登 築場圃登穀 天子嘗新先薦寢廟 鳴鶪 鶪土晚寒伯勞七月始鳴 享葵及菽食瓜 並豳詩 肇秋
見上注 ○八月 附秋門 日在翼律中南呂宵中星虛迎寒 周禮仲秋夜擊土鼓吹豳詩以迎寒 養衰
老授几杖行糜粥 循行犧牲 視全具 乃儺 以達秋氣 習吹享壽星 於南郊 祭馬社申嚴百刑
無或枉撓斬殺必當 勸人種麥白露日鴻鴈來 八月節後五日玄鳥歸後五日群鳥養羞 案芻豢 瞻肥瘠察物色必比類量
小大五者備當 上丁釋奠 於國學 上戊釋奠 於太公廟 擇元日命人社 近秋分前後戊日 秋分日雷
乃收聲 中氣也後五日蟄蟲坏戶後五日水始涸 祀夕月 於西郊秋分日 同律度量 平權衡因晝夜平則正之 天子嘗
麻 先薦寢廟 八月載績載玄載黃 爲公子裳 八月其穫剝棗斷壺 壺瓠也自載績已下並豳詩

仲商（梁元帝纂要云亦曰仲秋仲商）八月獻良裘（周禮司裘氏掌大裘以供王裘禮天之服仲秋獻良）天子居總章

（太廟是月也養老授几杖）○**九月**（附秋門）日在角律中無射授衣（九月授衣）九秋霜降九月肅霜

務納（百官貴賤無不務納以會天地之藏無有宣出）伐蛟取鼉登龜取黿咸俯（蟄蟲咸俯）神倉（有司舉五

穀之要藏帝藉於神倉祗敬必飭）伐薪爲炭玄月（九月）寒露日鴻鴈來賓（九月節也後五日雀入大水爲蛤後

五日菊有黃華）申嚴號令霜降日豺乃祭獸（中氣也後五日草木黃落後五日蟄蟲咸俯）百工休（膠漆之作停也）

入室（命有司寒氣總至人力不堪其皆入室注云霜降滯風戒寒所以令人入室）具飭衣裳（文繡有恒衣服有量冠帶有常必循其故）嘗稻

（先薦寢廟）舉五穀之要（農事備收）合秋芻養犧牲（以供皇天上帝名山大川四方之神以祠宗廟社稷之靈爲人祈福）習

吹大享帝（於明堂注謂祀昊天於明堂五方帝五官從祀）命有司嘗（嘗群臣也）趣人收斂（務蓄菜注始爲禦冬之備）

九月築場圃（豳詩也豳土早晚也）叔苴采荼薪樗（食我農夫並豳詩）商季（梁元帝纂要云九月季秋亦曰暮秋

亦秋暮商季商杪秋亦曰授衣亦曰玄月）獻功裘（見八月獻裘衣裘注）

冬第三十二（立冬冬至十月十一月十二月附）其日壬癸帝顓

頊神玄冥蟲介（音羽數六性智事聽味鹹臭朽祀行祭先腎）食（黍與彘）器閎以掩冬爲玄英沍寒歲

將暮（時既昏）玄律窮（嚴氣外）烈烈（冬日）閉塞（而成冬）可愛（冬日可愛）日短星昴謹

蓋藏日窮于次（月窮于紀星迴于天）冬民既入（婦人同巷相從績女工一月得四十五日所以省費燎火同巧拙令習俗）三餘

董遇讀書當以三餘冬歳之餘夜日之餘雨晴之餘冬之夜司冬魏相曰北方之神顓頊乘坎以執權司冬穹室熏鼠塞向墐戸向北
爾雅也穹窮也窒塞也墐塗也庶人蓽戸為此者備寒入此室處詩並上玄英梁元帝纂要云冬曰玄英亦曰安寧亦云玄冬亦曰三冬天曰上天風
曰寒風嚴風厲風辰風景曰冬景寒景時曰良時鳥曰寒鳥寒禽亦曰哀禽草木草曰寒卉寒草木曰寒木寒柯寒條祁
寒歳云暮矣政失於冬平秩朔易○立冬附冬門立冬日水始冰藏德在
水迎冬於北郊立冬日啓閉立秋立冬書雲物司閉丹鳥氏以立夏來立冬去○冬至附冬門冬
至之日蚯蚓結水泉動日短至陰阻陽爭日短星昴霄月長晝短陰極陽
生冬至一陽生僖五年正月辛亥朔日南至公視朔遂登觀臺以望而書
禮也書雲物為備履長玉燭寶典曰十一月建子周之正月冬至日極南影長陰陽日月萬物之始當黃鍾律其管最長故有履長之賀朝賀
宋書朝賀亨祀皆如元日之儀又曰魏晉冬至日百寮稱賀因大會其儀亞於歳朝漢雜事見夏至門注閉關易曰以至日閉關商旅
不行后不省方祀昊天上帝見十一月注一進履襪後魏北涼司徒崔浩女儀云近古婦常以冬至進履襪於舅姑也又
崔寔襪銘有建子之月助養元之事禳荊楚歳時記曰共工氏不才子以冬至日死為人厲畏赤豆故作赤豆粥以禳之影長影長一丈三尺夏至日在東井影長
尺有五寸見上注○十月附冬門日在房律中應鍾地始凍賞死事恤孤寡祭司
寒命有司祭司中司命司人司祿於國城西北亥日祭之坏城郭戒門閭修鍵閉備邊境完塞蹊徑

飭喪紀 辨衣裳審棺槨之薄厚 陳祭器 物勒工名以考其誠工有不當必行其罪 秫稻必齊 麴蘗必時湛熾必絜水泉必香陶器必

良火齊必得兼用六物酒官監之無有差貸 良月 十月良月就盈數也 十月之交 詩 立冬日水始冰 十月節也後五日地始凍後五日野雞入

大水化爲蜃 察阿黨 則罪無有掩蔽 築城郭 造宮室穿竇窖修囷倉禮 天子始祈祀神州地祇 於北郊注云立

冬日 小雪日 虹藏不見 中氣也後五日天氣上騰地氣下降後五日閉塞而成冬 謹蓋藏 循行積聚無有不斂注府庫囷倉有藏物 大飲

蒸勞農以休息之 十月農功畢黨正屬人飲酒正齒位 易關市 來商旅納貨賄便人事四方來集遠鄉皆至則財不匱上無乏用百

事乃遂 收水澤之賦 無令侵削兆人以爲天下取怨于下注云賦魚鹽蛤澤賦萑蒲 殞籜 豳詩十月殞籜殞墮也籜落也 蟋蟀 入我牀下

詩 滌場 滌埽也場功畢入也詩 穫稻納禾稼 黍稷種稑禾麻菽麥並豳詩 上入執手公宮 晝爾于茅宵爾索綯亟其

乘屋其始播百穀注丁月定星將中急治室屋 儲畜 崔寔注月令曰十月農事畢五穀既登家家儲畜乃順時令 祈年 周禮天府掌季冬陳玉以貞來歲之美惡鄭

注云問事之正曰貞問歲之美惡問謂問龜也 孟冬 梁元帝纂要云十月孟冬亦曰上冬亦曰陽月也注此純陽用事嫌於無陰故曰陽月 ○十一月 附冬 日在

箕 律中黃鍾 一之日觱發 十一月也 內宰中宮令審門閭 貴戚近習無有不禁 祈祀 大川名源井泉

農有不收藏積聚者馬牛禽獸有放逸者取之不詰 有能取蔬

食田獵者有司敎道之 祭馬步 日短 見上 周官斬木之時 豳詩鑿冰之月 大雪日鶡

鳥不鳴 十一月節也後五日虎始交後五日荔挺出 土事無作 無發室屋及起大衆以固而閉地氣且泄是謂發天地之房諸蟄則死人必疾疫又隨以

農伐木取竹箭此時堅成可取君子處必掩身無躁事欲靜以待陰陽之所定注順時氣也罷官之無事去器之無用者注先時權有違作者天地閉藏萬物休可以去之一之日于貉取彼狐貍為公子裘于貉往搏貉自為裘獻貍獻尊者○十二月附冬門日在南斗律中大呂二之日栗烈十二月僕夫七騶咸駕載旌旐授車以級整設于屏外有司搢朴北面而誓之誓衆以軍法也以修祭禽之禮日窮于次月窮于紀星迴于天數將幾終歲且更始專其農人無有所使注役則志散失業大儺旁磔以送寒氣小寒日鴈北鄉十二月節也後五日鵲始巢後五日野雞始雊將帥講武習射御角力注備田獵也乃教田獵以習五戎班馬政乃禮百神於南郊為來年祈福於天宗天宗日月星辰之屬大寒日雞始乳中氣也後五日鷙鳥厲疾後五日水澤腹堅始漁天子親往嘗魚先薦寢廟冰方盛命取而藏之冰已入令告人出五種命農計耦耕修耒耜具田器注云農事將興修田器也出土牛以示農耕之早晚見立春注飭國典論時令以待來歲之宜注正月縣法象魏故於此與公卿先飭之制百縣合諸侯制百縣為來歲受朔日與諸侯所稅於人輕重之法貢職之數以遠近土宜為度以給郊廟之事無有所私咸獻凡在天下九州之人無不咸獻其力以供皇天上帝社稷寢廟山林川澤之祀注人非神福不生大習吹而罷收秩薪柴以供郊廟及百祀之薪燎獻豜豳詩二之日于其同載纘武功各私其豵獻豜于公鑿冰沖沖豳詩

季冬梁元帝纂要云十二月謂季冬亦曰暮冬塗月亦曰暮節歲窮稔窮窮日

陰陽第三十二

太歲爾雅云在甲曰閼逢在乙曰旃蒙在丙曰柔兆在丁曰彊圉在戊曰著雍在己曰屠維在庚曰上章在辛曰重光在壬曰玄黓在癸曰昭陽

歲名第三十三

太歲爾雅云在寅曰攝提格在

卯曰單閼在辰曰執徐在巳曰大荒落在午曰敦牂在未曰協洽在申曰涒灘在酉曰作噩在戌曰閹茂在亥曰大淵獻在子曰困敦在丑曰赤奮若

月陽三十四

月在甲曰畢在乙曰橘在丙曰修在丁曰圉在戊曰厲在己曰則在庚曰窒在辛曰塞在壬曰終在癸曰極

寒第三十五

謀時寒若 洪範休徵 急恒寒若 咎徵 冬祁寒 小人怨咨 沍寒 閉氣 北戶墐扉 寒往則暑來 祭司寒 孟冬 地始坼 仲冬 嚴凝之氣 天地嚴凝之氣始於西南盛於西北此天地之義氣 寒氣總至人力不堪其皆入室 水澤腹堅 室處 嗟我婦子曰爲改歲入此室處言寒也 火見而清風而戒寒 國語 冬日之陽 萬物歸之言暖也 在陰時則慘 上章於天 薄寒之中人 楚辭 師人多寒 撫勉之三軍之士如挾纊 大寒之日 雁北鄉雞始乳 歲寒然後 知松栢之後彫 冰厚六尺 晁錯曰胡貉之地積陰之處木皮三寸冰厚六尺 墮指 漢北苦寒之野墮指者十有六七 辭務 上辛辭豫 凌兢 昔皇甫謐賦曰凌兢寒氣閶闔入慄 慘凜 下陰潛而慘凜 堯崩年 吳苑曰晉太康二年南州人見二鶴語曰今茲寒不減堯崩年 纊袍 [illegible] 無衣無褐何以卒歲 淒其以風 寒也 禋于六宗 孔安國曰四時寒暑也日月星也辰也水旱也 一寒 易曰日月運行一寒一暑 雨雪 詩 其雱 感發 風寒也 栗烈 寒氣也 凜者 莊子夫凜者 [illegible] 假衣於春 [illegible] 而耐寒 不暖 文 栗不暖 冰將 文軍士木 爲火無光 文 朱火青無光 [illegible] 自凝燈也 蘭 重衾 [illegible] 巢 [illegible] 激泠 文 晨風淒以激泠 夕雪晶以掩路 凝冱 天子 [illegible] 冰 [illegible] 凝冱 行積冰 [illegible] 鳥失條 鳥登木而失條 文 兼衣 文子御狐貉之兼衣 襲狐

帖一　二十三

貉之所者不夏憂至寒之心也文子 苦寒行 魏武苦寒行曰人馬同時飢 擔囊行取薪斧冰持作糜 糜粥也 墮指 漢高祖從晉陽連戰乘勝逐北雪頻會冒大
寒士卒墮指十有二三 凍死 漢王莽傳威斗曰大寒人馬凍死 無害 漢李賢武上表曰今日大寒過篤 無害 害鳥獸城旁竹柏皆爲傷死 桐不華 書周
清明日桐不華則歲有寒 黃竹詩 穆天子傳雨雪有凍死人天子作黃竹詩以愍之 涉水 戰國田單解裘衣涉水老人也 鑿冰池 呂氏春秋衛靈
公寒鑿池宛春諫曰君衣狐裘坐熊席四隅有火故不寒民衣敝不補履決不苴君不寒民寒矣公善之 吹律 劉向別錄燕地寒谷不生五穀鄒子吹律召溫風至人名黍谷 凍
入地 廣雅北方地苦寒冰厚一尺凍入地一丈 稜稜霜氣 蔌蔌風威

熱第三十六

夏暑者兩夏日之陰 物萬
歸之言涼也 暑者往則寒來 夏日之日 可畏 當暑 鎮綌 瘴暑 詩曰我心憚暑 蘊隆蟲蟲 旱熱
之氣 炎風 畏景 火雲 赫日 流金爍日 徂暑 六月 炎炎 滌滌 旱熱之氣 云我無所 言無所庇身 大
如惔如焚 陵療熱言熱如火燒 夏憂心如熏爛 熏灼 雲漢 之音言旱熱 煎沙爛石 成湯旱七年如此
暑之日 溽暑 六月土潤溽暑 暍者 莊子曰暍者反凍於冷風 不熱 抱朴子曰或問不熱之道答曰立夏或服玄冰丸飛霜散六壬六甲之符
交扇 世說鄧嘉賓三伏日詣謝公當風交扇猶沾汗謝著故衫食白熱粥鄧曰非君幾不堪此 風雲鬱 其如火 天地赫以爲鑪 時燠
恬燠 種于六宗 見寒門注 素絲河朔飲 毒至夏大飲云以避一時之暑故號河朔飲 壽麻 之國爰有大暑不可以往山海
經 耘 管子曰善爲國者使寒耕而熱耘 祝融 淮南子曰南方之極自北方之界赤帝祝融之所司 神異經 北方增冰之下土中有鼷
鼠食冰草木肉重萬斤可作脯食熱見鼠門 暑有暍 京房易飛候曰有雲如大牛曰暑十餘此氣必冰之氣必暑有暍者 身熱阪 漢書西域

傳曰腎實道歷大小頭痛之山赤土身熱以令人身熱無色頭痛嘔吐忍暑者

陰陽第三十七 附望氣

立天地之道曰陰與陽一陰一陽之謂道五月陰陽交死生分月令 冬夏不爭陰陽之和三合穀梁傳云獨陰不生獨陽不生獨天不成三合然後得生之 萬物負陰而抱陽沖氣以為和老子 陰陽家流出於羲和之官敬授人時拘者為之則牽於禁忌泥於小數 德刑董仲舒曰陽為德出居大夏以生育長養陰為刑居大冬積於虛空不用之地以此見天任德不任刑 陰不堪陽從陽暖冬伏陰寒夏為炭文選陰陽為炭萬物為銅 相得禮云陰陽相得 ○望氣附陰陽門 保章氏以十二歲之相觀天下妖祥以五雲物辨吉凶水旱豐荒之祲祥以十二風察天地之和命乖別之妖祥十二辰皆有風吹其律以知和否 眡祲掌十煇之法以觀妖祥 一祲祲陰陽氣相侵 二象象如赤鳥 三鑴鑴日旁氣 五闇日月食 六瞢日月瞢瞢 無光 七彌白虹彌天 八敘雲有次敘如山川在日上 九隮隮升氣虹也 十想雜氣光 新垣平以望氣見漢文時

元日第三十八

正月朔旦 月正元日書 春王三朝夏正三之朝 履端於始 歲惟更始四序資始 正朝 元日 朔三元歲之元日之元時之元 元正 首祚 開元 納祜 獻歲 發春 開甲子於新曆 發風若於上春 七十二候之初三百六旬之始 進酒崔寔月令曰正月一日是謂正日躬率祀祖禰進酒 辟椒酒董勛荅曰歲首祝椒酒以飲之 宗懍荊楚歲時記曰正月一日懸葦索於戶畏惡之 爆竹荊楚歲時記曰山臊惡鬼犯人則病畏爆竹之聲 桃梗 磔雞 懸羊宗懍荊楚歲時記歲朝縣官殺羊懸其頭又磔雞懸桃梗於門以禳惡氣 放鳩孔叢子曰邯鄲人以正朝獻鳩於簡子簡子大悅厚賞之

帖一　二十四

七日正旦歳生恩也得賞輒補之不如勿賞也 五辛盤 風土記正月元日食五辛以形注云辛菜所以發五藏氣也莊子曰春月飲酒茹葱以通五藏 仙木 造桃板著

戸謂之仙木象鬱壘山桃百鬼所畏 稱觴 崔寔四民月令云元日進酒降神畢室家尊卑次列於先祖之前各上椒酒於家長稱觴舉壽欣欣如也 重席 東觀漢記

戴憑爲侍中正旦朝帝命群臣說經不通輒奪其席帝憑乃獨坐三十席 獻椒花之頌 劉臻妻元日獻椒花頌 稱栢葉之觴 歳日進栢

酒 歳除 呂氏春秋注曰前歳一日擊鼓驅疫癘之鬼謂之逐除亦曰儺 宿歳 荊楚記歳暮家家具肴蔌爲宿歳之儲 放鳩 地理志榮陽有鬼井沛公避項

羽儀集并上後漢書正旦放爲 驩胡来 揚驩胡来一斗供正旦進御 立端月 玉燭寶典云元日端月 爆竹 以擲山臊見上又神異經云山臊者在西

方深山中長尺餘犯入則病畏爆竹聲 進椒栢酒 崔寔月令云正日進椒栢酒是玉衡之精服之令人身輕老栢亦是仙藥又云進酒次第從少者至老 首祚

三義之月儀書曰日往月來元正首祚太簇吉辰微陽始布萬物無不宜和神養壽 帖畫雞 於戸上插符於其旁而百鬼畏荊楚歳時記 人日廿九

七日爲人 董勛問禮俗曰正月一日爲雞二日爲狗三日爲猪四日爲羊五日爲牛六日爲馬七日爲人則正旦畫雞於門七日帖人於上良爲此也 菜羹

金勝 歳時記人日以七種菜爲羹翦綵爲花勝以相遺或鏤金箔爲人勝以象瑞圖之形 梅花化裝 武帝壽陽公主人日梅花落額上成五色後人効爲

梅花裝 銘 魏東平王翕是日登壽張縣安民山鑿曰正月七日厥日惟人此山惟高郭緣生述征記 煎餅 又此日食煎餅於庭中俗云熏天 稽董勛之

問俗時則圖懲 注見上 考陳氏之見儀事乃不忘 劉臻妻陳氏進見儀曰正月七日上人日 人日

荊楚歳時記云正月七日爲人日 鏤人 帖屏風上亦戴之頭鬢又董勛問禮俗云人不新年客改從新 正月十五日第四十 作膏祠

門 玉燭寶典曰正月十五日作膏粥祀門戸 祭門 見上 紫姑卜 荊楚歳時記今州里風俗望月祭門先以揚枝插門隨枝所指乃以酒脯飲食及豆粥祭

之齊諧記曰月半昔吳縣至成家夜一人立宅東南角謂成曰此地是君蠶室我即地神明日月半宜作白粥泛膏於上以祭我必當令君蠶桑百倍神言訖失所在如其言年年大得
蠶或云神降陳氏之家云蠶神也劉敬叔異苑曰其夕迎紫姑神以卜云本人家妾為大婦所嫉以其日感激而死故代人至日作其形迎於廁云子胥不在曹夫已行小姑可出子胥
婿曹姑夫也祀太一史記樂書曰漢家以祀太一昏時祀到明乃望上元正月十五日為上元隨國之會西域記摩揭陁國正月十五日僧
徒俗衆集觀佛舍利放光雨花三五之夕三五良辰秉燭之遊行樂月惟中氣日則上元試鼓
禰衡被魏武謫為鼓吏正月半試鼓衡揚桴作漁陽摻撾淵淵有金石聲也

晦日第四十一

子孟春晦日月晦酺聚飲
食荊楚歲時記云元日至月晦並酺聚飲食也湔裳酹酒玉燭寶典曰元日至晦日人並酺食士女悉湔裳酹酒於水湄又臨河以度厄階蓂彫
堯階蓂莢月桂盡謂月晦也陣不違晦以犯天忌月晦戰陣避提月公羊傳提月六鷁退飛提月者何近是月是晦
日也何休注提月邊也魯人語此是月之幾盡也當蓂盡之辰為節荊楚歲時記曰每月皆有弦望以正月為初年時俗重之以為節

社第四十二

漢高祖天下定詔御史令治榆社春羊彘祠之荊楚記四人並結綜
會社句龍共工氏有子曰句龍能平水土故祀以為社擇元日月令擇元日命人社為社稷春事興故祭之以祈農元日謂近春分前後戊日元吉也
白社

中和節第四十三

時惟太平日乃初吉作為令節以仲春發揮陽和贊生植節
授人時仲序中和助發生之德覃作解之恩助陰陽之交泰表天地之和同當太平之
昭代之良辰晷初吉國家授時建節備物隆儀詩二月初吉朔日

寒食第四十四

清明附荊

楚歲時記去冬至節一百五日即有疾風甚雨謂之寒食魏武之令魏武帝明罰令曰聞太原至鴈門冬至後一百有五日皆絕火食云介子推且

北方沍寒之地老小羸弱將有不堪之患令不得寒食若犯者家長半歲刑主吏百日刑令長奪一月俸周舉之書後漢周舉遷并州刺史太原舊俗以介子

推焚骸一月斷火舉移書於子推之廟云寒食一月老小不堪今則三日而已二月寒食見上注三日斷火鄴中記并州俗為介子推斷火餐食

乾粥三日餳粥玉燭寶典曰今人研杏人為酪以者大麥粥以餳沃之鬬雞玉燭寶典曰今此篇城市尤多鬬雞卵之戲或䝉鏤相餉遺蹴踘劉向別錄

云蹴踘黃帝所造本兵勢鞦韆古今藝術曰鞦韆北方戎戲以習輕趫者遺麥粥齊魏收遺景元麥粥祭文孫楚祭子推文曰醴酪二盂醴

酪大粳米或大麥為也禁火之辰內火傳以出內火注內藏也介子推之遺風魏武帝之舊令火禁周禮司烜司

烜司烜氏仲春以木鐸修火禁於國中注謂季春將出其火也○注淸明附寒食門三月之節日在婁清明為三月節桐

始華清明之日鑽燧改火春取榆柳之火以順陽時火氣改火之辰

三月三日第四十五

上巳漢書

禮儀志曰三月上巳日官人並禊飲於東流水日宋書曰自魏已後但用三日不用上巳元巳辰文選暮春之禊元巳之辰脩禊事王羲之序曰永和九

年歲在癸丑暮春之初會于會稽山陰之蘭亭脩禊事也羣賢畢至少長咸集祓禊風俗通曰周禮女巫掌歲時以祓除疾病禊絜也水上盥絜之也溱洧韓詩

曰三月桃花水鄭國之俗上巳於溱洧之上執蘭招魂祓除不祥解禊於洛張裴之言竹林七賢論王濟常解禊洛水或問昨宵遊有何語議答曰張

華善說史漢裴逸人敘前言往行歷歷可聽禊南澗孫綽蘭亭序以暮春之始禊於南澗之濱會東堂晉起居注泰和六年三月三日臨流杯池依

東堂小會南浮橋夏仲御傳曰仲御詣洛三月三日王公莫不方舟連軫並於南浮橋脩禊仲御仲中[illegible]藥危坐不搖晉中書云也曲杯流水

荆楚四民三日爲流杯曲水之飲取黍麪菜汁和蜜爲米以厭時氣 犢車 捜神記盧充三月禊水之旁見水上有犢車奉邀充見并贈金椀 薤露歌 後漢梁商上巳

日會賓客於洛水酒酣繼以薤露周舉歎之商後果薨 八公山 宋武帝三月三日登八公山劉安故臺曰城郭如一昔帝之號畫花也 周公卜邑於洛 羽

觴隨波 秦王置酒於河金人捧劍 續齊諧記云晉武帝問摯虞三日曲水其義何指其云漢章帝時平原徐肇以三月初生三女至

三日俱死一村以爲怪乃携乃以續水邊盥洗曲水因流以小起此帝曰若如所說便非嘉事尚書郎東晳曰摯虞小生不足以知臣請說其始昔成王卜洛邑因流水以泛酒故逸詩曰羽觴

隨波 又秦昭王三日置酒河曲有金人自泉而出捧水心劍曰令君制有西夏因立爲曲水二漢相緣皆爲盛集 執蘭 注見上 曲水 注見上 祓除 暮春

之禊 永和之春癸丑之歲蘭亭曲洛 周禊於曲洛也 華林 晉朝上巳集宴於華林園也 三日 沈約宋書曰自魏已

後但用三日不復用上巳日 東流水 宋書曰漢有郭虞者三月三日上辰産二女上巳日産一女二日産三女並不育俗以爲大忌故此月此日諱在家皆祓禊於東流水上

五月五日第四十六

端午 周處風土記仲夏端午進角黍端始也 角黍 今之糉子 浴蘭 大戴禮云五月五日以蘭湯沐浴

懸艾 荆楚歲時記曰五月五日荆楚人皆蹋百草採艾爲人懸於門戸以禳毒氣 朱索 續漢書曰五月五日朱索五色爲門戸飾以止惡氣 赤符

抱朴子或問避五兵之道以五月五日著赤靈符於心前 祭屈 續齊諧記曰屈原以五月五日投於汨羅而死楚人哀之至此日以竹筒貯米祭之建武元年長沙人見之自稱三

閭大夫曰常苦蛟龍所竊願以五色絲纏之則蛟龍所畏 祠陳 後漢陳臨爲蒼梧太守推誠而理臨徵去後本郡以五月五日祠臨東門城外令小童潔服而舞 競

渡 荆楚歲時記屈原此日投汨羅死後人以舟楫拯之遂因而爲俗 胡廣 世說云胡廣本姓黄以五月五日生惡之甕盛棄江中胡公見收養爲己子 曹娥

異苑曹娥父盱以五月五日溺水死娥巡江號哭七日遂投江三日後與父屍俱出 五日良時 長命縷 辟兵繒 見抱朴子 蕤葉 云柔栢

采以象陰陽相荒之裹朱八月厭也風土記云繞臂綵詩曰繞臂雙條索採艾荊楚歲時記曰宗則文常以五月五日不雞鳴時採艾見似人處攬而取之灸

有驗蓄藥又曰是日競採雜藥夏小正云此月蓄藥以蠲除毒氣也蠲百草荊楚記此日四人蹋百草今人又有鬭百草之戲競渡越地傳云

起於越王勾踐忌蓋屋曝席薦風俗通云此月蓋屋令人頭禿又云不得曝席薦異苑曰新野庾寔家嘗於五月五日曝席忽見一小兒於席下俄而

失所在因相傳以爲忌艾草先生多疾病則艾草先生

伏日第四十七

三伏陰陽書曰夏至後第三庚初伏第四庚爲中伏立秋後

初庚爲後伏秋夏交會之辰金火伏藏之日曆忌釋曰立秋以金代火也金畏火故至庚日必伏庚者金也故曰伏日一時之

暑典略曰劉松袁紹於河朔三伏之際晝夜飲酒至於無知以避一時之暑故河朔間有避暑之飲秦修祠史記秦穆公始爲伏祠漢擇日風俗

通曰漢中巴蜀高祖用張良之策還定三秦蓋君子所因者本論功加金帛重復寵異令擇伏日不同凡俗祠黃石史記留侯既得黃石留侯死并黃石而葬每上

冢伏臘祠黃石賜肉漢書曰伏日賜肉東方朔割肉曰伏當早歸即懷肉而去金藏之日秋夏之交初伏史記秦德公三年初伏注云

六月上伏日秦始置亢陽徂暑伏臘之費牧羊炰酪

七月七日第四十八

牛女吳均齊記云桂陽城武丁有仙

道忽謂其弟曰七月七日織女當渡河暫詣牽牛吾向已被召代人至今云織女嫁牽牛穿針乞巧荊楚歲時記七夕婦人以綵縷穿七孔針陳几筵酒脯瓜果於

庭中以乞巧或云見天漢中奕奕白氣有光五色以爲徵應見者便拜得福緱山鶴列仙傳王子喬見桓長曰告我家七月七日待我緱山頭至時果乘白鶴於山

頭望之不得到舉手謝時人數日而去曝腹郝隆七月七日曝腹於亦中人問之曰我曝腹中書犢鼻竹林七賢傳七月七日諸阮庭中鋪陳莫非錦繡阮咸

時總角乃竪長竿標大布犢鼻褌於庭中曰未能免俗七夕秋賦西王母漢武故事七月七日上於承華殿齋正中有一青鳥從西方來集殿上問東方朔朔

曰西王母欲來有頃王母至有二青鳥侍王母傍 靈匹靈匹河鼓 爾雅曰河鼓謂之牽牛 端光 代傳寳后少小頭禿不爲家人所齒遇七夕人皆看

織女獨不許后出乃有神光照室爲后之瑞 作麴合藥 崔寔四人月令云其日作麴合藥丸蜀漆丸曝經書及衣裳 七日 良辰 **七月十五日第**

四十九 日在張 七月中氣日在張 建申 斗建申位之中 孟秋之望 十五日 三五良辰中氣 見上

中元 道經云七月十五日中元地官勾捜選衆人分別善惡以其日作玄都大獻於王公以世間奇異好妙幡幢寳蓋供養之具精膳飲食獻諸衆聖道士於其日講誦

老經十方大聖高詠靈篇 盂蘭盆 盂蘭盆經云目連以母生餓鬼中佛令作盂蘭盆至七月十五日以百味五果以著盆中供養十方大德而後母得食目連白佛凡弟

子孝順者以應奉盂蘭盆供養佛言大善後世因之廣爲華飾 **九月九日第五十** 重陽 魏文帝書曰歲往月來忽復九月九日爲陽數兩月日

並應故曰重陽 登高 續齊諧記汝南桓景隨費長房遊學長房謂曰九月九日汝家當有災異急令家人縫絳囊盛茱萸繫臂上登高飲菊花酒此禍乃消景從其

言還家登山夕還見雞犬一時暴死今人九月九日登高是其事 白衣菊酒 晉陽秋曰陶潛九月九日無酒宅邊摘菊盈把望見白衣人至乃王弘送酒便飲醉

而歸 龍山落帽 孟嘉傳曰嘉爲桓温參軍九月九日温遊龍山參寮畢集風吹嘉帽落如廁不覺温令孫盛嘲之嘉亦荅之 戲馬臺 南齊

書宋武帝爲宋公時在彭城九月九日遊項羽戲馬臺今相承以爲舊事 佩茱萸 西京雜記武帝宮人賈佩蘭佩茱萸食餌飲菊花酒 賜菊 魏武

帝與鍾繇書曰九月九日草木徧枯而黃菊紛然獨秀乃今奉一束 授衣之月 落帽之辰 馬射 晉書九月九日馬射或說云秋金之節武習射象立秋

之禮 **歲除五十一** 日窮于次月窮于紀 星回于天數將幾終歲且更始 大儺旁磔以送寒氣驅疫

呂氏春秋注云前歲一日擊鼓驅疫癘之鬼謂之逐除亦曰儺 宿歲 荊楚記歲暮家家具肴蔌爲宿歲之儲 日月其除 卒歲 送寒迎

春三百六旬之盡七十二候之窮 **閏月五十二** 以閏月定四時成歲堯典 周禮閏月詔
王居門終月門謂路寢門也 天子居明堂無定位則闔門左扉立於其中閏以正
時歸餘於終閏月也 數扐歸奇於扐以象閏 閏月不告朔非禮也不告閏朔棄時政也何以為民 閏月附
月之餘日積分而成於月也 餘分說文曰餘分之月五歲再閏 閏三月文元年閏三月非禮歸餘於終事則不悖今在僖公末年
積閏匪乘期於積閏 氣逐閏移 **臘五十三** 虞不臘矣左傳 夏曰嘉平殷曰清祀周曰大
蜡風俗通 漢改為臘禮傳 伊耆氏始為蜡蜡也者索也歲十二月合聚万物而索
饗之三者各以其行盛日為祖衰日為臘 漢以火德火衰於戌故戌日為臘
魏以土德土衰於辰故辰日為臘 晉以金德金衰於丑故丑日為臘 臘與蜡同
諸具蜡門蜡門在祭部 祠黃石史張良於下邳圯上見老人得書云穀城下黃石我也果見取而寶祠之留侯死并黃石葬每上冢伏臘祠黃石 報有功漢舊儀曰臘者報鬼神古聖
賢有功於民 送蔡邕獨斷曰臘者歲之終大祭從吏民宴飲非迎氣故但送不迎也 王氏臘謝承後漢書曰浦國陳咸為廷尉監至王莽篡位還家杜門莽改易漢法令及臘日咸常言我之先祖何
知王氏之臘也 盜樹陳留志曰范喬邑人臘夕盜斫其樹人有告喬喬佯不聞邑人愧而歸之喬曰卿臘日取柴欲與父母相歡娛耳 竊食泰山松後漢書曰韓卓字子助陳留人臘月奴
竊食祭其先人卓義其心即日免之 持椒養生要十二月臘夜令人持椒卧井旁無與人言內椒井中除溫 兔髖風俗通曰兔髖俗說正祖食得兔髖者名之曰幸賞以寒酒幸
者善祥令人吉利 議晉博士張亮議曰臘接也祭宜在新故交接也俗謂臘之明日為初歲秦漢已來有賀此皆古之遺語

白氏六帖卷第一終

白氏六帖事類集卷第二 凡九十一門 内十三門附

山第一　嵩山第二　華山第三　泰山第四　恒山第五
衡山第六　終南山第七　石第八　崐崘山第九　廬山第十
太行山十一　荊山十二　鍾山十三　北邙山十四　天台山十五
首陽山十六　燕然山十七　羅浮山十八　九疑山十九　交廣諸山二十
川澤二十一藪附　虞衡二十二　原隰二十三　丘二十四　陵二十五
阪二十六　穴二十七　溪二十八　澗二十九　壑三十
谷三十一　洞三十二　水三十三水災救水災附　隄渠三十四　溝洫三十五
漕三十六　堰埭三十七　津渡三十八溺附　海三十九　河四十祥瑞流祭決塞附
江四十一　淮四十二　濟四十三　漢四十四　湖四十五
陂四十六　洛四十七符瑞附　渭四十八　涇四十九　昆明池五十
温陽五十一　濤五十二波附　泉五十三　池五十四　浦五十五
珠五十六環附　玉五十七璧附　珪璋五十八　金五十九　銅六十

錢六十一鑄附　貨財六十二　錦六十三繡附　絲六十四　織績六十五

絹六十六　緜六十七　素六十八　帛六十九　綵七十

綃七十一　綺七十二　羅七十三　布七十四　綾七十五

絺綌七十六　麻七十七　縠七十八

山第一　天作高山　結而爲山嶽流而爲江海　拳石禮今夫山一拳石之多及其廣大草木生焉禽獸居焉寶藏興焉

纖塵山不讓塵故能成其大　國主山川　地鎮周禮九州有名山爲地鎮注云鎮安地德山　峻極于天嵩高山維岳　名山見上

土聚國語山土之聚　節彼南山維石巖巖　漸漸之石維其高矣　岵屺爾雅有草木岵無草木屺　祭

山曰度懸爾雅　厲禁山虞掌山林之政令爲之厲而爲之守禁若祭山林則爲之主而修除且蹕　山師掌山林之名辨其物與其利害而頒之邦

國使置其珍異之物　有木山有木工則度之　爲山九仞　仁者樂山　不可久留離騷山中不可久留　巍巍出宗崇秀乃

出削成風雷蒸騰雲雨結成元氣之始秀出太虛之中　節彼南山鎮茲下土　小隱

山林大隱朝市　崩竭晉梁山崩伯宗問絳人絳人曰山有朽壤而崩可若何對曰國主山川故山崩川竭君爲之不舉降服乘縵徹樂出次祝幣史辭以禮焉其如此而已詩山

冢崒崩　出雲天降時雨山川出雲　千巖顧愷之字長康遊會稽人問山川之美答曰千巖競秀萬壑爭流　九坂蜀有九坂山漢記[illegible]

築山十里九坂　登山臨水送將歸　上山採蘼蕪山逢故夫　「鼇龜負蓬萊　蛇繞[illegible]　祭祀並見祀山川注中　崩周禮凡四鎮五

樂崩今去樂不舉 亨于 易王用亨于西山 設險 易云王公設險以守其國 始萬物 終萬物始萬物莫盛乎艮艮止也 桐生朝陽 不宜

生高岡太平而生爲瑞也 居 禮記居山不以魚鼈爲禮 出器車 禮云天不愛其道地不愛其寶人不愛其情故出器車 國寶 左傳山澤林監國之

寶 藏疾 左傳山藪藏疾 仁者樂 如山之安萬物生焉 藏金 莊子函車之獸介而離山不免於罔罟之患 蚉負 莊子云使蚉負山不勝任

狐棲 莊子云豐狐文豹棲於山也 有夔 莊子云夔也如鼓一足 積卑 莊子丘山積卑而爲高 見列星 莊子云天山高四見列星 共

工觸 列女媧氏斷鼇足以立四極其後共工與顓頊爭天怒觸不周山 大壑中 列大壑中有五山焉一曰岱輿二曰員嶠三曰方壺四曰瀛洲五曰蓬萊 愚

公移 列子太行王屋二山方七百里高萬仞愚公且九十面山居路山北將移之操蛇之神聞之山神懼其不已也告帝帝感其誠命夸娥氏二子負山一措朔東一措雍南

自此冀南漢陰無隴 違 違家山十里蟪蛄之聲猶在於耳注謂政事須聽之而後到 重載涉 家語曰仞之山重載涉焉 爲室 楚鑿山楹以爲室 無

獸 楚辭山蕭條兮獸 山崩 史岐山崩周幽王卒 名山 史天下名山八三在夷五在中國華山首陽山太室山少室山東太山此五山黃帝之常遊 刺而泉

出 漢二師李廣利軍行無水拔刀刺山水泉湧出 銀溢 史房金銀自山溢出 不測 漢今陛下騁飛六龍不測之山也 聚米 後漢馬援從隗囂於

帝前聚米爲山指畫形勢開示衆軍帝曰虜在吾目中矣 起景陽山 魏明帝鑿太行山之石英採穀城之文石起景陽山於芳林園百役繁興公卿已下

莫不展力帝乃躬自掘土以率之云云魏志 靈運登 宋謝靈運好登山陟嶺必造幽峻巖障數十重莫不盡登躡常著木屐上山則去前齒下山則去後齒

固國 孟固國不以山谿之險

嵩山第二

中嶽 日嵩高 五嶽之中 嵩高維嶽峻極于天維嶽降神生甫及申 六室

少室 嵩高總名也其山東爲太室西爲少室故曰二室謂之室者以其下各有石室 萬歲聲 漢書武帝禮登中嶽聞有言萬歲聲三於是以三百戶

封奉祠命曰崇高爲嵩高降神見上鎮地配天三公天子祭名山五嶽視三公仙列仙傳王子喬即子晉也周靈王太子好吹笙作鳳鳴遇道士浮丘
公接上嵩高山三十餘年而得仙已上見七月七日門注又漢武帝夢與李少君俱上嵩山逢繡衣使者從雲中下言太一請少君覺曰少君當捨朕去矣嵩高山記云鬼谷先生於嵩山
東南學仙節彼靈山貞茲中土節高名也瞻彼嵩高嶽[illegible]巍峨巨鎮名雄五嶽秩
視三公禮朝陽夕陽爾雅曰山東曰朝陽山西曰夕陽崔嵬爾雅云石戴土謂之崔嵬戴砠又曰土戴石爲砠嵩高白虎通曰
中央之嶽獨加高字者何中央四方之中可高故曰嵩高山墜仙館劉毅慶代說嵩高山北有大穴晉時誤墜穴中見二人圍碁下有一杯白飲與墜者飲焉氣力十倍碁
者曰汝可往此墜者曰從此西行有天井其中多蛟龍但投身入井中自當得出若餓取井中物食之墜者如其言可半年出蜀中因至洛問張華華曰此仙館也其所飲者玉漿也所
食者龍穴內石髓

華山第三

豫州之鎮周官豫州之鎮曰華山西巡舜典曰歲八月西巡狩至于西嶽削成五千仞
山海經華山削成而四方高五千仞其廣十里三峯見華山記太華少華故曰二華鎮地[illegible]配天山嶽則配天介二大都
高五千仞三公見嵩高山注天府之襟帶節彼太華鎮于西方瞻彼名山貞茲西上貞鎮也巨鎮名
雄五嶽秩視三公巨靈郭緣生述征記曰華山與首陽本一山河神巨靈擘開以通河流故掌跡存焉西京賦巨靈贔屭高掌遠蹠以流河曲厥跡猶
存蓮花峯華山記曰山頂有千葉蓮花服之羽化因名曰華山焉地載禮曰地之廣厚載華嶽而不重靈開見巨靈注中泰
城史記秦始皇踐華山爲城周馬歸馬華山之陽蒲池在山頂上石鼓有時[illegible]其鳴毛女列仙傳毛女者在華陰山中獵人往往見之
體生毛自云秦皇宮人而不老隱前秦錄王猛隱[illegible]華山桓溫入關猛被褐而[illegible]之面說當代之事捫蝨而言傍若無人列仙傳脩羊公止華山石室中有懸石榻臥其上一[illegible]

陷仙 列仙傳馬明生入華陰山合金液神丹升天也又列仙傳呼子仙者卜師也騎龍上華山而去又衞外卿乘雲駕鹿博于華山石上追之不可得 九山 呂氏春秋曰何

謂九山會稽太山王屋首陽太華岐山太行羊腸孟門 爲城 恨賦華山爲城

泰山第四

東嶽 博物志曰東嶽一名天孫言爲天帝之孫

岱宗 五經通義曰太山一名岱宗王者受命易姓報功告代於岱宗岱者代也東方物之始交代之處又君羣嶽之長 封禪 白虎通曰王者受命必封太山之高以報天禪

梁甫之趾以報地史記自古封太山禪梁甫者七十二君 東巡 尚書曰東巡狩至于岱宗柴 日觀 太山記東南嶺名曰日觀言雞一鳴時見日出秦觀者望見長

安吳觀者望見會稽周觀望鍋也黃河去嶽三百餘里望見之如帶也 三宮洞天 茅君内傳曰仙家凡有三十六洞天岱宗之洞周迴三千里名之三宮空洞之

天 天孫 見上 巖巖 詩太山巖巖魯邦所瞻瞻至[illegible]言山在魯境 雲起 史記漢武封太山白雲起于封中 兗州之鎮 周書兗州

之鎮曰太山 東岱太 石閭 在太山上 如礪 漢高祖曰太山如礪 五祠 漢書曰五嶽皆三祠獨太山唯五祠 隱 神仙傳曰太山老父者失

其姓名漢武東巡見老父鋤於道間頭上有白光 冠五嶽之首 五嶽岱爲之長 視三公之祑 見上 季氏旅 於太山 鄭伯

請繹 太山而祀周公 三廟 太山有上中下三廟也 節彼高山 鎮岳東土 巨鎮 瞻彼靈嶽 鎮茲東方 鎮地

配天 名山 見上 其積 禮太山其積則吾將安仰 安仰 上 見仙 列仙傳曰稷丘君太山下道士漢武東巡乃擁琴而拜又仙傳崔文子太山人潛居山下好黃

老術常賣藥 雲 公羊傳曰觸石而出膚寸而合不崇朝而徧天下者唯太山之雲也 雲氣 泰山松漢書曰光武封太山雲成宮闕 金篋玉策 古者封太

山禪梁甫風俗通云岱宗上有金篋玉策能知人之壽脩短漢武探得十八因倒讀曰八十其後果然 主人命 博物志一名天孫主召人魂東方萬物之始故知人生命之長短

恒山第五

北嶽常山 爾雅恒山謂之常山風俗通云恒常也萬物狀北方有常也白虎通曰北方有常山者何陰陽終其常久故曰常山

州之鎮周官曰并州之鎮恒山也朔巡虞書曰十一月朔巡狩至于北嶽瞻彼靈山崇茲山土臨岱山北背趙南早生而晩穀五穀蕃熟四種而五穫神護草本草云常山有草名神護置之門上毎夜叱之珪璧慕容俊得璧七十二珪七十侍祀神後魏道武立廟於上置祀九十九人歳時祈旱至文成帝親祀其神趙符史趙簡子謂子曰吾藏寶符於常山得者立爲後諸子皆競往無所得無恤曰常山臨代代可取也乃立之燕璧前燕録曰慕容俊壽光二年常山得璧七十二光色有異後以爲神嶽之命以太牢祠之趙代之境恒山居趙代之境簡子曰常山北臨代南俯趙東接河海之閒畢昴之精春秋元命苞云常山畢昴之精蛇孫子曰常山之蛇名率然一身兩頭攻其中兩頭應隱列仙傳曰昌容者常山道士稱殷王女食蓬虆根得道二百餘歳顔色不變兩頭蛇五穫穀弈弈巍巍秀峙陰嶽

衡山

第六

南嶽荊州之鎮周官荊州之鎮衡山岣嶁山海經衡山一名岣嶁上音矩下音縷灊霍爲副衡山記衡山南嶽也至黃帝乃以灊霍二山爲副爾雅云霍山爲南嶽蓋因其制也至漢武帝南巡又以衡山遐遠阻江乃徙南嶽之祭于廬江灊山此亦乘軒轅副義也朱陵衡山南嶽者朱陵之靈臺太虛之寶洞赤帝館其嶺祝融託其陽高四千一十丈三峯衡山有三峯一曰紫蓋毎見輒有雙白鶴迴翔其上二曰石囷下有石室三曰芙蓉上有泉水飛流如練帶九向湘中記衡山近望如陣雲沿湘千里望之九向九背禹祭吳越春秋禹傷父功不成乃巡衡山血馬以祭之仰天而嘯忽夢男子自稱玄夷蒼水使者謂禹曰欲得我山神書者齋焉禹乃退齋三日遂獲金簡玉字之書得治水之要也隱宋書曰宋炳尋名山南登衡山嶽乃結宇於山懷尚平之志仙異苑曰湘東姚祖游衡山望見巖下數少年並善筆祖近未百步少年相與飛翥遺紙書其字皆鳥跡也紫蓋之峯見上迴鴈之嶺鴈不過衡陽陣雲岫見九向注維南有山巨鎮節彼名山奠茲南服瞻彼靈嶽鎮于南方鎮地配天銓德上承冥宿銓德

下闕高宮攝位大夫赤館舜廟羅含湘中記曰衡山九疑皆有舜廟太守至官當遣戶曹致脩祀則如有絃歌之聲寶洞見朱陵注石菌
劉驎之好山澤採藥至衡山深入不返見日其路乃迷忘反見有澗水水南有三石菌關閉水廣深不得過石書南嶽文曰衡山高四千一十丈赤帝館其
嶺祝融宅其陽咸神堂之蔭映峨峨是以宅數神靈室山宇四維之梧桐生馬融琴賦曰惟梧桐之所生在衡山之峻陂結宇上見執書
荊州記曰初有採藥衡山見一老公翁四五年少對坐執書桓玄序沽洗之旬始暨于衡嶽軒塗三百山徑通微垂柯跨谷峽巘交蔭或曲溪如塞已絕復開或垂步長
嶺或總興素石映濯水湄仰瞻翠標緬示天際身陵太清獨文靈昱示也名備五嶽位列三公峻陂崇巒謝靈運詩秀

壁

終南山第七

中南關中記一名中南言在天中居都之南故曰中南太一五經通義曰中南一名太一地肺三秦記云終南山一
名地肺可避洪水俗人云上有神人乘船行追之不可及福地記福終南太一山左右三十里內名福地隱高士傳四皓綺里季等共入商洛潛高徼之不來乃深匿終南
乂前秦錄王嘉不食五穀清虛服氣潛終南山菴廬而已仙三秦記云西有石室靈芝常有一道士不食五穀言太一之精齋絜乃得見也節彼終南
眞茲中國瞻彼南山鎮茲甸服有條有梅詩云終南何有有條有梅有杞有棠鎭地之雄極天之峻天府之
襟帶東接驪山太華西連太白至隴山北去長安城八十里南接藍玉堂南一五十里有玉堂陽宮石宮中有石宮靈芝張樂
歷代聖人主得瑞者張樂奏終南山上表都表以太華終南之山丈漆船山有漆船碧玉班固終南山賦曰翔鳳哀鳴集其上珍怪碧玉挺其
阿彭祖宅以蟬蛻安期饗音以延年崔崒龍從嶙峋圍旁吐飛瀨玄泉落落松連霧幽徑
壁十丈峯萬仞巍峨嵬峨崢嶸上挺脩林密陰沉

石第八

與

玉俱焚書云火炎崐崗玉石俱焚投人傳齊高固入晉師桀石投人曰欲勇者賈余餘勇嘉石周禮大司寇以嘉石平罷民有罪者坐諸嘉石
肺石周禮以肺石達窮民凡遠近惸獨老幼之欲有復於上而其長弗達者立於肺石肺石也梁天監元年於公車府謗木肺石置函欲有橫議投謗木於函五年詔
日朕晦旦齋居惟刑是恤三辟五聽寰興載懷故陳肺石於都街怪石禹貢曰鉛松怪石注怪異好皃衆珉子貢曰君子賤珉以珉之衆也磛磛詩嶄
嶄之石維其高矣巖巖節彼南山維石巖巖積石皃落落如石磊磊石淵中他山之石可以攻玉燕石荀卿子曰宋之
愚人得燕石於梧桐臺之東歸而藏之以爲寶周客聞而觀焉主人齋七日端冕玄服以發寶革匱千重緹巾十襲客見之掩口而笑曰此燕石也其與瓦甓不殊一拳
禮今夫山一拳石之多水投以水投石莫之受也以石投水莫之逆也雲觸石而起盤石之固泐泐解散也石有時而泐轉我心
匪石不可轉也言傳曰石言于晉魏榆師曠曰石不能言或馮焉不然民聽濫也臣又聞作事怨讟動於民則有非言之物而言也五色補天女媧
煉五色石以補天隕傳僖公十六年隕石于宋五隕星也鵲搜神記常山張顥爲梁相時天新雨後有鳥如山鵲飛翔市人擲之墜地爭取即化爲一圓石顥椎破之
得一金印文曰忠孝侯印鷰庾仲雍湘州記零陵有石鷰得風雨則飛翔如眞鷰風雨止還爲石也望夫武昌山北有望夫石云昔貞婦夫從役遠赴國難
婦攜弱子餞送此山立望夫而死化爲立石因名之飲羽射有飲羽於石上辭詩外傳曰楚熊渠子夜行寢石以爲伏獸彎弓射之飲羽下視乃石也因復射之無跡
漢書載李廣亦如之支機織女以石支機羊黃石平叱石成羊魚昆明池刻石鯨魚雷雨則鳴吼異隕於宋都是何祥也言於晉國或有
憑焉珪化傳王子朝見珪璋門韞玉文子曰石韞玉而山輝犀蜀都水災乃刻石犀沈江浦見救水災門注童子陳倉童子化爲
石黃公史記張良見一老人出一編書曰讀是爲王者師後十三年見我濟北穀城山下黃石即我也精衛銜石以填東海見海門注惡集

中玄記曰天下之殭者東海之惡焦正如水㵲而不已
惡焦者山石也海東南方三萬里海水灌之即消　神鞭見神門注

崐崘山第九

天中柱河圖曰崐崘山天中柱也　五城十二樓又曰崐崘之墟五城十二樓河水出四維魚龍　赤水之後黒水之前大荒經曰赤水之後黒水之前有大山名崐崘之丘有神人面虎身有毛　西方之美爾雅曰西北之美者有崐崘虛之璆琳琅玕焉　黄帝宮穆天子傳曰遂宿于崐崘之阿赤水之陽吉日辛酉天子升于崐崘之觀黄帝之宮　仙人居葛仙公傳崐崘山一曰玄圃臺一曰積瑶房一曰閬風臺一曰華蓋一曰天柱皆仙人所居　周穆西征紀年曰穆王十七年西征至于崐崘丘見西王母乃賓　張騫奉使漢使張騫大夏之後窮河源惡睹本紀所謂崐崘乎　日月所隱史記禹本紀言河出崑崘山高二千五百餘里日月所相隱避爲光明也其上有醴泉華池自張騫大夏窮河　流黄水博物志曰崑崘從廣萬一千里神物所生聖人仙人所集也出五色雲氣五色流水東南流黄水入中國爲河　環炎火搜神記崑崘山地首也是惟帝之下都故外繞以弱水之深又環炎火之山山上鳥獸草木皆生炎火滋茂於炎火之中故有火浣布非此山之皮葉則鳥獸之毛羽也　去中國五萬里水經曰崑崘之墟在西北方去嵩高五萬里地之中其高萬一千里河水出其東北陬也

廬山第十

天子鄣山海經曰廬山一曰天子都一曰天子鄣也　匡俗廬周景式廬山記曰匡俗周威王時生俗周威王時生而神靈廬此山世稱廬君故山取号焉　江陽之名嶽伏滔遊廬山序曰廬山者江陽之名嶽其形大背岷流面彭蠡蟠根所據亘盤數百里重嶺疊嶂仰插雲日俯瞰川湖之流　南國之德鎮梁元帝廬山碑序曰夫日月麗天星容所以貞觀川嶽帶地后土所以唯寧廬山者亦南國之德鎮雖林石異勢而雲共色　香爐遠法師廬山記曰東南有香爐山孤峯秀起游氣籠其上則氤氳若香煙　山帶張野廬山記天將雨則有白雲或冠峯巖或亘中嶺謂之山帶不出三日不雨　觀禹周景式廬山記曰登廬山望九江以觀禹之跡其東北峯于東南懸諸嶺不得騁矚自廬山人迹所暨迴望處無復出此者其高峻無雨其下成

帖一　三十二

巖其上猶映日峯頂有盤石坐數百人　種杏 神仙傳董奉　石門 遠法師廬山記曰西南有石門山其狀似雙闕壁立千仞而瀑布流焉

太行山第十一

歸山 山海經曰太行之山其首曰歸山其上有金玉下有碧　駕驗 穆天子傳曰天子命駕八駿之乘赤驥之駟南征翔行絶翟道升太行南濟于河　驅驥 墨子謂耕柱子曰將上太行駕驥與牛子將誰驅曰將驅驥以貴驥　牛之難 尸子曰龍門魚之難太行牛之難以德報怨人之難　塹太行之道 戰國策曰范雎說秦曰舉兵攻滎陽則成皋之路不通塹太行之道則上黨之兵不下舉兵而攻滎陽則其國斷而為三　仙山 神仙傳曰王烈入太行山忽聞山東雷聲往視之見山石上破數百丈石中有一孔尺餘中有青泥流出烈取摶之隨手堅凝氣味如粳米飯按仙經云此石髓服之壽與天地齊　太行恒山 至于碣石入于三江尚書禹貢

荊山第十二

地雎 河圖括地象曰荊山為地雎上為軒轅星　多金鐵 山海經曰荊山其陰多鐵其陽多赤金　泣玉 韓子曰下和得玉於荊山之中將獻於楚王王使工人相之曰石也王怒刖其左足和抱玉坐荊山之下三日泣盡繼之以血見玉部注　水經曰荊山 在南郡阻縣東

鍾山第十三

蔣山 徐爰釋問略曰建康東北十里有鍾山舊名金山漢秣金陵尉蔣子文討賊戰亡靈發於山因立蔣侯祠焉故号曰蔣山　庾闡揚都賦 注曰建康宮北十里有蔣山輿地圖謂之鍾山元皇未渡江之年望氣者云蔣山上有紫雲時時晨見　揚都之鎮 山謙丹陽記曰京師南北並有連嶺而蔣山獨隆窟峻異其形象龍虎具揚都之鎮也吳主孫權葬山南因山為名号曰蔣陵

北邙山第十四

辛毗諫 魏志曰明帝即位欲平北邙山令登之臺觀見孟津廷尉辛毗諫曰天地之性高高下今而反之既非其理又加損費人功民不堪役其若九河圖溢洪水為害而丘陵皆夷何以禦之帝乃止　光武墳邊杏 朱超石與兄書曰登北邙遠眺眾美都盡光武墳邊杏美今當奉送核

天台山第十五

葛仙公山 名山略記曰天台山在剡即是眾聖所降葛仙公山也　劉晨阮肇 幽冥錄曰漢明帝永平五年剡縣劉晨阮肇共入天台山度山出一大溪邊有二女子姿容妙絕遂留半年懷土思鄉求歸既出親舊零落邑

屋更變無復相識評問得七世孫 王室瑤臺 孔靈符會稽記曰赤城山内則有天台靈嶽玉室瑤臺 忽生忘形 異苑曰會稽天台山雖非遐遠自非忽生忘形則不能躋焉

首陽山第十六

采苓采苓首陽之巓 毛詩 伯夷叔齊 論語曰伯夷叔齊餓于首陽之下 又 史記曰伯夷叔齊孤竹君之二子讓國逃去隱於首陽山採薇而食遂餓死於首陽見讓門 採薇士嘉樹林 魏阮籍詩曰步出上東門遥望首陽岑下有採薇士上有嘉樹林

燕然山第十七

漢書匈奴傳曰貳師引兵還至燕然山單于知漢軍勞倦自將五萬騎遮擊貳師軍大亂敗貳師降單于匈奴哭 漢名臣奏曰漢得陰山匈奴長老過之未嘗不哭

羅浮山第十八

朱明曜眞天 茅君内傳曰大天之内有地之中洞天三十六所羅浮山之洞周迴五里名曰朱明曜眞之天 石樓 袁彥伯羅浮山疏曰遥望石樓直上十里許石樓之於嶺十分之且去縣三十里便見山基至所處當百里許山下皆平潡極目 羅山浮山 羅浮山記曰羅浮者蓋總稱焉羅羅山也浮浮山也二山合體謂之羅浮在曾城博羅二縣之境舊說羅浮高三千丈七十石室七十長溪神明神禽玉樹木草也

九疑山第十九

蒼梧之丘 山海經曰蒼梧之川其中有九疑山焉舜之所葬在零陵縣界 九疑紛兮竝下 楚辭九歌也 水事多 淮南子曰九疑之南陸事寡而水事多 望祀 淮南子九疑之山漢書武帝南巡狩至于盛唐望祀虞舜于九疑山見巡狩門 九山相似 湘中記曰九疑山在營道縣北九山相似行者疑惑故名之曰九疑山 仙 名山略記曰九疑山漢末有張禮正魏時有治明期南遊九疑禮正服黃精明期服澤瀉栢實後俱遇西城君受虹景方兼以守一遂内洞徹東華遣迎乘雲上升天

天廬諸山第二十

泉山 廣州記曰南海曾城縣有泉山有瀑布懸注百許丈 牛鼻山 又曰南海始昌縣有一石望之似牛向江名牛鼻山又曰縣之西有夫盧山山高入雲霄世傳山上有池爾至甲戌日聞山有鼓角簫管

之響 金剛山 又曰南海四會縣有金岡山行依依見形其岡側 參里山 又曰東寶安縣有參里山由曰參純孝常居此山於後出人因以爲名 石牛

又曰鬱林郡北有大山其高隱天上有池有石牛在池下民常祀旱歲百姓殺牛初雩以牛血塗石牛背大雨洪注洗牛背淨方晴霽 浮石山 劉欣期交州記云浮石山

在海中而峙高數千丈浮在水上也 射聲 又有一山神功刻鏤似若射去石室口百許步夜恒聞有射聲 石膏山 裴氏廣州記曰蒼梧鄣平縣有石膏

山望之皎若霜雪 愚公移山 列子 含澤布氣 春秋記題辭曰山之爲言宣也含澤布氣調五臣也 觸石布雲 春秋元命苞曰山者

氣之苞所以含精雲故觸石布出也 符釜山 史記曰黃帝東至于海登九山而至于崆峒登雞頭山南至熊相北逐獯鬻名符釜山 五丁徙山 蜀王本紀

曰天爲蜀王生五丁力士能徙山秦王獻美女與蜀王王遣五丁迎女見一大蛇入山穴中五丁共引蛇山崩壓殺五丁化爲石也

川澤第二十二

藪附 成形

易在地成形 地險 山川丘陵王公設險以守其國 利涉 大川易 隨山濬川 九州隨山濬川書 畎澮 禹曰予決九川距四海濬畎澮距川尚書

濟 高宗命傅說曰若濟巨川用汝作舟檝 沸騰 百川沸騰喻貴小人毛詩 時入 禮以時入川而不禁 居 禮故聖人所以順山者不使居川 出雲

禮天降時雨山川出雲 取材用 禮 國主 傳國主山川故山崩水竭見山門注 辛有適 伊川見被髮而祭於野者 子在 川上曰逝者如

斯夫不捨晝夜 灌注 百川灌注莊子 三百 莊子禹治名川三百支川三千 積形 家川爲積形 帶華薄 文清川帶華薄 流人血

川谷流人血王莽 臨川有悲 悟臨川而有悲文 泝 泝秦川而舉旗鄴武 珠媚 水懷珠而川媚文 周衞 蜀都山川不足以周衞也 融爲

川瀆 水積竭 三川周幽崩 爭流 晉顧凱之至荊州人問會稽山川狀曰千巖競秀萬壑爭流 三川 河洛伊國 六川 河水赤水遼水黑水

江水淮水 八川 涇渭灞滻滈潏澇灃 閱水 川閱水而成川陸機歎逝賦 朗詠 長川 百川 派別 晝地 成川 涸

而魚逝弘海者川不辭盈學海充爲澤九澤既陂彼汾沮洳言采其英滸

滸川澤滸滸稻人周禮稻人掌手稼下地凡稼澤夏以水殄草而芟夷之注玄以澤地爲稼川衡川衡掌巡川澤之禁令而平其守澤虞掌國澤之

政令爲之厲禁使其地之人守其財物以時入之于王府頒其餘于萬民凡祭祀賓客洪澤物之奠注謂芹茆蓤芡土會大司徒以土會之法辨五土之物二曰川澤動物宜鱗物植物宜

膏物澤之萑蒲舟鮫守之董澤之蒲居民王制居民山澤沮洳爲下必因川澤商鞅秦任商鞅專川澤之利

占後漢沖拂爲穎川守劉翊爲功曹陽黃綱恃程大夫權力求占川澤澤拂問翊翊曰名川大澤不以封爲民也明府聽之𣪍使倖之名沮澤川擁爲澤

跡川導滯封植九穀國可與人共七澤楚有〇藪附川澤門四曰藪牧養蕃鳥獸周禮

太宰九兩九兩繫人九曰藪以富得人職云九職兩注爲厲禁使人富藪中物孟諸之麋子玉夢河神謂己畀予璵弁予畀汝孟諸之麋謂藪也藏疾

山藪藏疾可以人共穀梁築鹿囿山川藪澤之利可與人共也不崇藪澤崇高也見國語叔在在藪火烈具舉詩十藪

爾雅魯有大野今高平鉅野縣東北大澤也晉有大陸今鉅鹿北廣河澤也秦有楊陓今扶風汧縣西也宋有孟諸今梁國睢陽縣東北也楚有雲夢今南郡華陽縣東南巴丘

湖是吳越之間有具區今吳縣南大湖即震澤也齊有海隅海濱廣斥燕有昭余祁今太原鄔陵縣北澤是鄭有圃田今滎陽中牟縣西圃田澤是周有焦護今扶風池陽縣瓠口

是也無水周禮澤無水曰藪耦耕幽藪陰文物歸國澤水之鍾也藪物歸也物所生也

虞衡第三十二

山虞掌山

林之政令爲之厲虞衡作山澤之材川衡掌巡川澤禁令而平其守澤物之奠賓客祭祀共芹茆蓤芡任虞以澤

掌禁其物謂菓果瓜之屬山師原師各辨其物名而獻珍異奠地守虞衡大司徒之職山虞凡服耜斬季材以時入之招虞

以旌不進左傳曰皮冠以招虞人虞之公羊山林藪澤與人共虞之非正也時入林麓川澤以時入而不禁三衡三衡山立三衡期魏文與虞
人期遇雨乃命駕而去三虞國語澤立三虞澤虞掌國澤政令爲之厲禁

原隰第二十三

火燎若火燎于原不可嚮迩
皇皇者華于彼原隰鶺鴒在原兄弟急難菽中原有菽庶民采之苓詩隰有苓苓大苦也有荷華有遊龍龍鼓草也有樞有榆
有栗有六駁有樹檖有長楚居不使禮聖人不使一澤者居中原不敝巡行三月巡行田原勸農勉人龍鱗原隰龍鱗文蕭條原野
蕭條文人肉王莽時原野厭人肉文曜威三農之隙曜威中原講武膴膴周原膴膴美也文阽進原險處邐迆平原
莓莓傳原田莓莓草盛貟廣平爾雅廣平曰原下濕曰隰可食爾雅可食者曰原放牛於原藪顏回云石蕉尸子莒國有石
蕉原者廣尋長五十步臨百仞之谿有以勇見莒子者却行齊限莒國莫之敢近以服莒試望平原

丘第二十四

迆險易地險山川丘陵也賁
易賁于丘園東帛戔戔送于涉淇至于頓丘旄丘詩責衞伯也旄丘之葛兮何誕之節兮思賢丘中思賢有麻有麥有黍宛丘
刺陳幽公淫荒昏亂也子之湯兮宛丘之上兮擊鼓坎其擊鼓宛丘之下從長者而上丘陵則必鄉長者所視狐死正丘首仁也非人
力爾雅大阜曰丘非人力爲之自然也五爾雅名丘五淮南州黎丘陳宛丘齊營丘晉潛丘一成爲敦丘有芊芊鬼也如狗有角五色莊夷莊子丘夷泉實
步仞之丘陵巨獸無所隱其軀爲孽狐爲之祥步六尺仞七尺鼷隱莊子鼷鼠深穴神丘之下以避熏鑿之患積卑丘山積卑而爲高也牡
家丘陵爲牡千年拾遺丹丘千年一燒至聖之君以爲大瑞學山取材用禮

陵第二十五

鴻漸升高菁
菁者莪在彼中陵深谷爲陵易集鷸彼飛隼集于中陵五月升禮殽二傳殽有二陵焉南陵夏后皐之墓北陵文

王之所遊風雨也莫大陵莫大於加陵爾雅獸隱見丘門驪隱注爲桩見上

阪第二十六

茹藘在阪有漆有桑
毛伐木于阪是展上城皋阪注旋門門在城也轘轅文邪徑捷乎轘轅轘轅阪名九折王陽馳九折九折阪名也所思張衡四愁詩我
所思兮在漢陽欲往從之隴阪長側身西望涕霑裳造雲日文脩阪造雲日琢虎登北征賦登赤須之長阪文帝漢文帝從霸陵上欲
西馳下峻阪袁盎臨覽轡上曰將軍怯耶盎曰臣聞聖主不乘危今陛下騁六騑飛馳不測山有如馬驚車敗陛下縱自輕奈高廟太后何上乃止王陽歎漢王
陽爲益州守行部至棘道九折阪歎曰奉先人遺體奈何乘此艱險乃以病辭去及王遵遷益州刺史至此阪問曰此非王陽所畏之道耶吏曰是遵叱馭驅之曰王陽爲孝子王遵爲
忠臣走丸阪上走丸言易吳阪馬見馬門

穴第二十七

上古居易上古穴居野處後世聖人易之以宮室虛受
惴惴詩臨其穴惴惴其慄大木莊子大木百圍之竅穴狐伏莊豐狐文豹伏於巖穴逃越人三百世殺其君王子搜患之乃逃于丹穴越人薰之
以艾乘以王輦大明鑾轡於金樞之穴注靈道文也銅乳訪銅乳於洞穴注靈道文禹穴文觀具經禹穴會稽冬上古冬穴夏巢文子穴
處識陰雨龍穴吳都龍穴內蒸雲雨所儲探封狐邁捷之徒赴洞穴探封狐屑没或屑没於黿鼉之穴谽呀越谽呀之洞穴
來風空穴丹穴漢邑寡婦清其先得丹穴而擅其利穴出丹砂見鯨寡注五姓出後漢武落鍾離山有二穴一赤一黑有五姓出焉海鰌風俗
記浴鰌一名海鰌長數千里穴居海底出入有恒入穴則潮上出穴則水退也尾閭莊子尾閭之穴山下出也

溪第二十八

水注爾雅水注曰溪
爲牝家溪谷爲牝百仞家東流之水不息流行赴百仞之溪也起章華家楚靈王起章華之臺於乾溪國人潰叛雄雌老子知其
雄守其雌爲天下溪王隱文赤王隱瑤溪不測臨不測之溪以爲固一濯過靈溪而一濯文滌煩想於心胃蕩塵蕩遺塵於

谿千餘仞清溪千餘仞中有一道士文　呂望尚書太傅呂望釣磻溪於魚腹中得玉璜　潺湲文

澗第二十九

山夾水爾雅山夾水曰澗　斯干澗也斯干宣王考室也秩秩斯干　采蘩于以采蘩于澗之中　采蘋于以采蘋南澗之濱　考槃考槃在澗碩人之寬詩　磊磊石文石磊磊澗中石　萬丈餘文深澗萬丈餘文　山溜何泠泠飛泉漱鳴玉　潺湲文　斤竹謝靈運行斤竹澗詩過澗既厲急以衣涉水曰厲　馬跳後燕録晉劉牢之與慕容垂戰敗牢之走馳馬跳五丈澗符堅救至免之

谿第三十

必盈易遠谿必盈　虛受易通谷爾雅水通谷曰谿　藏舟莊子　志士不忘孟志士不忘溝壑　可盈國溪壑可盈　無完柩文　怨遙臨浚壑而怨遙文

谷第三十一

入于幽谷易困卦辭　岱畎書岱畎谷名出絲枲　高岸詩高岸為谷深谷為陵　為陵詩深谷為陵　鳥出鳥鳴嚶嚶出自幽谷遷于喬木　葛覃葛之覃兮施于中谷　白駒皎皎白駒在彼中谷　有大谷詩大風大谷注西風必有通谷從西谷也　得一谷得一以盈老子　上德若谷　曠兮其若谷　榮辱知其榮守其辱為天下谷　寥廓大谷何寥廓　人血川谷流人之血　太谷九谷函谷　無底文溪谷無底　蒼蒼大谷晦蒼蒼　抵巇抵巇於谷儉也　淒風起東谷文　覆簣將覆簣於浚谷　千仞谷　吹律煖劉向別録鄒衍在燕燕有谷地寒不生五穀衍乃吹律而溫氣至堪植黍今謂之黍谷　風浸淫文夫風浸淫谿谷盛怒於土囊之口　風出飂飂出谷風　寒煙陰谷曳寒煙　響夫幽谷無私有致斯響文　為牝谿谷為牝　注溪爾雅注溪曰谷　量牛馬史烏氏倮倮以谷量牛馬不知數　名　天下為天下谷　會于夾谷夾谷地名

洞三十二

三十六茅君內傳大天之內有玄中之洞三十六所第一王屋山之洞周迴萬里名曰小有清虛之天第二委羽之洞周迴萬里名曰大有空明之天第三西城王山之

谷周迴三千里名曰太玄揔眞之天第四西方玄三山之谷周迴千里名曰三玄極眞之天第五青城之洞周迴二千里名曰寶仙九室之天第六赤城丹山之洞周迴三百里名曰上清平之天第七羅浮山之洞周五百里名曰朱明曜眞之天第八油向山之洞周一百五十里名曰金壇華陽之天第九林屋山之洞周四百里名曰左神幽墟之天第十括蒼之洞周迴三百里名曰成德隱玄之天凡此十洞皆仙人靈眞之陰天內宮也其八海之中崐崘蓬萊方丈瀛洲滄波白山八停之神山山皆有洞宮或百方千里五百里非名小天之例不在三十六天之洞數也五嶽及名山洞室或三十里二十里十里難並合神仙之宮又非小天之數嶽洞萬里其岱宗山之洞周三千里名曰三宮空洞之天羅酆山之洞周一萬五千里名曰北帝死生之天皆死神所治五帝之官考謫之府也鬼神所治又有二十八小洞天之陰宮或地官所在者不能一一記其洞山之名略標其大者耳其餘有六洞天陰宮山皆夷狄異類鬼所不治犬戎鳥獸蠻蜑裸夷之種也匈奴之天下北戎之善山南越之拘屢是也句曲山洞宮之中本有仙人郭四朝者治其宮亦司三官領羅酆師晨條四朝燕人也兄弟四人得道四朝是長兄也

水第三十三

水炭赦 水炭附

水流濕 易 潤下融 而爲川瀆 流而爲江海 上善利物幾道 老子曰上善若水水善利萬物又不爭處衆人之所惡故幾於道 智者 樂水 積陰 淮南子曰積陰之氣爲水 習坎 易曰水洊至習坎 盈 科帶地 文選悲哉帶地川 浮天 玄中記天下多者水焉浮天載地高下無不至 朝宗 沔彼流水朝宗于海 爲五行之始 洪範五行一曰水 居六府之先 六府水火金木土穀 至柔之性 善利之功 泉 毖彼泉水亦流于淇有灌者泉 投石 運命論曰以水投石莫之受也以石投水莫之逆也 一勺 今夫水一勺之多及其不測黿鼉鮫龍魚鼈生焉貨財殖焉 涸 禮曰仲冬之月水始涸 凝 淮南子曰夫水冬凝爲氷迎春則泮 觀 孫卿子曰孔子觀於東流之水子貢曰君子見大水必觀 隴水 歌曰隴頭流水鳴聲幽咽遥望秦川肝腸斷絶 淡 君子之交淡若水小人之交甘如醴 君子淡以成小人甘以壞 積 孫卿子曰積水成泉吞舟之魚生焉 湧 潛虛 漚出 急 慎子曰西河下龍門其流駛竹箭莊子曰呂梁之險三十仞流沫三十里魚

豐不能進急之甚也懸水三十仞環流九十里尺波皆徒旋瑞王王者德及地醴泉湧傳曰共工氏以水紀故爲水師名官注共工受命於水感
姜詩至孝有泉化出味如江水以養其母飮賢哉回也一瓢飮不改其樂子曰飯疏食飮水曲肱而枕之樂亦在其中矣信易曰水行險而不失其信器夫水不凝
滯於物在器必隨其方圓竭谷無以盈將恐竭萬頃黃叔度汪汪若萬頃之陂洗許由洗耳濯滄浪之水清可濯吾纓滄浪之水濁可以濯吾足
鑒書曰人無於水鑑當於人鑑莊子人莫鑑於流水當鑑止水積莊子曰水之積也不厚則其負大舟也無力流惡左傳有汾澮以流其惡水滋
傳曰拘鄭人之濫者曰何故使吾水滋明水司烜氏取明水於月川游周禁川游備溺也沉澤雍氏禁沉澤謂毒水蟲也狎玩傳水懦弱
多死狎而玩之則多死焉無沉氣國語水無沉氣春水淥波文雨露文子曰水之道上天爲雨露下地爲江河天吳水神
也山海經曰天吳八首十尾亦曰河伯八水關內八水一涇二渭三灞四灃五滻六浩七灃八滈利萬物成百事觀溺君子觀小人溺君子見大
水必觀焉溺禮曰小人溺於水君子溺於口積水積而成江河行積而成君子坎易說卦曰坎爲水潤萬物莫潤於水也陰陽穀梁曰水北爲陰水南爲陽
清滌禮曰水曰清滌飮瀝水穆天子傳天子飮于瀝水之上准通尚書大傳曰非水無准萬里之本非水無以通遠道之重任也憂水韓詩
曰冬不浴浴非愛水性欲清文子曰水之性欲清砂石穢之人之性欲平嗜欲害之美哉晏子曰景公問廉政何如對曰其行水也美哉水乎其濁無不塗其
清無不涵鏡墨子古詩曰君子不鏡於水而鏡於人鏡於水見面之容鏡於人則知其吉凶樂水韓詩外傳曰夫水者緣理而行不遺似有禮者重而之下似有智者
蹈深不疑似有勇者障防而清似知命者歷險致遠似有德者天地之生成物以成國家以寧萬事所平智者所以樂於水也方圓尸子曰水其方折者有玉其圓折
者有珠清水者有黃金淮南子亦去見淼王門任明莊子曰水靜則明水猶如是何況精神聖人之心淨乎河伯喜又曰秋水至時百川灌河涘之閒不辨牛馬

於是河伯欣然自喜以天下之美爲盡在己也清濁淪漣淮南子去各類生人見土門合窳山海經剡山有獸名合窳見天下大水其上有水焉湛而清
帝臺之漿水也栢林水出建安吳興縣梧桐水有兩源其山松楊桃枝水出東陽長山縣桃林之下見永嘉郡記湘水湘中記曰湘水至清雖深
五六丈見底了了然其石子如樗蒲大五色鮮明白砂如霜雪如朝岸禁抱朴子曰左慈以禁水水爲之逆流一二丈禁水著庭中大寒不冰飲華陽國志曰朱倉少受學
於蜀郡食豆屑飲水諷誦周業憐其貧給米肉倉終不受○水災附水門水潦方降國乃大水雨水不時水潦爲敗苦雨數來丘隰水潦
則天多沉陰淫雨早降並月令以水潦之不時天屬不戒天降之災天作淫雨害於粢盛後乃大水敗其城郭平原出
水凡平原出水爲大水上天降災下民昏墊墊溺也上帝不弔下民咨嗟流行天災流行城復于隍岸變爲谷
曰竈生鼃曾甍巢鸛苦雨詩水鸛巢曾甍方割湯湯洪水方割割害也懷山襄陵懷包也襄上也浩浩
滔天言漫天也災既流行水方洊至墊溺漂淪五稼商羊家語齊童謡曰天將大雨商羊鼓舞乃一足鳥舞孔子曰齊將大水災矣
懸釜韓魏圍晉陽決晉水以灌之城中巢居懸釜而炊爲魚趙孟曰微禹吾其爲魚宋國害於粢盛公使弔宋災曰天作淫雨
害於粢盛歷陽變於魚鼈舜命論曰空桑之里化爲洪川歷陽之都變爲魚鼈洪河之決鄧子漢書河決鄧子帝親自塞
乃爲鄧子之歌滄海之呑桑田九年禹有九年水資舟旱則資舟備水災相驚漢京師相驚以大水至百姓奔走相蹂
[illegible]王鳳以太后及上後宮可御船王商曰自古無道水猶不冒城郭今理政平和此必訛言先知漢公孫[illegible]爲弘農[illegible]令元壽元年三輔已京[illegible]饒占乃告百姓令徙高
地免漂[illegible]也傷稼漢書和帝元年十年十三年十四年十五年皆多漂雨傷稼鼠巢樹漢書[illegible]今注光武六年九月大雨連月苗稼更生鼠巢樹上

帖一　三十七

不辨牛馬 莊子曰秋水大至諸涯之間不辨牛馬 ○救水災 附水門 俾乂 堯曰洪水方割有能俾乂乂理也有能理水將使之 績用
不成 鯀九載績用不成 決九川距四海 距至也決川使通於海禹曰予 濬畎澮距川 濬深也深其畎澮以通於川 堯水
堯時洪水 禹功 劉子謂趙孟曰善哉禹功明德遠矣微禹吾其爲魚鼈 爲魚之患 見上 乃粒之功 禹治水畢蒸人乃粒 除九年
之災 興萬人之利 大防 大爲之防 遠績 禹功 屬方割之災 鯀其咨之僉 既有備於流行 且無壅於隄塹
竊壤以堙 山海經洪水滔天鯀竊帝之息壤以堙洪水 積灰而止 淮南子曰古者四極廢九州裂大水爲害於女媧乃積蘆灰以止之 軫恤
人之心 開救物之志 夏禹濬川人受賜矣 隨山濬川人到于今受其賜矣 臺駘障澤帝用嘉之
金天氏有裔子昧爲玄冥師生允格臺駘宣汾洮障大澤帝用嘉之封諸汾川 宜務資舟之備 無懸釜之虞 沉石犀 蜀郡水災太守
李冰乃刻石爲犀於江浦以厭洪水水乃止 負薪 漢河內決瓠子令將軍已下皆負薪塞之 捧土 朱浮與彭寵書曰亦猶河濱之人捧土以塞孟津 徙人
避水 漢成帝時決河灌四郡上令謁者二人發河南漕船五百艘徙人避水居丘陵九萬七千口 災同瓠子 莫展計於負薪 水等孟津
方救愚於捧土 多穿渠 賈讓言若乃穿漕渠使人得以溉田分殺水患雖非聖人法亦救敗之術 繕完舊隄 賈讓言若繕完故隄增卑倍
薄勞費無已數逢其害此下策也 堰流去 後漢王景仲通能治水詔遣與吳王共治浚儀渠吳王用景之法堰流水乃不復爲害 鯀堙 書曰鯀堙洪水
堙塞也 盛溢 漢王遵字子貢爲東郡太守河水盛溢泛浸瓠子金隄老弱皆奔走恐水爲害遵躬率人以禮投白馬以祭水神河伯遵親執圭璧使巫祝以身填金
隄因止宿廬居隄吏人數千萬人叩頭遵遵不肯去及水盛壞隄吏人皆走唯一主簿泣在遵傍不去而水稍却而還吏人嘉遵之勇節三老奏之詔賜秩中二千石加賜金二十斤

隄堰渠第三十四

大防大禹之防　小決子產曰防人猶川不如小決使道導之　修利道達季春天子命有司曰時雨將降修利隄防道導達溝瀆　濬畎澮禹曰予濬畎澮距川濬深也距至也深之以通至于川　防川障澤臺駘宣汾洮障大澤　非竊壞可堙豈積灰能止事見救水門　漲桃花之水三月桃花水至　決瓠子之河漢武決瓠子河發卒數萬塞之自臨河令將軍已下皆負薪上悼功不成乃作瓠子歌　羨溢漢書河決平原將塞之議者曰若堤不及冬成春來桃花水盛必羨溢有填淤反壞之害也　盡力溝洫禹　鄭白之渠　降雨決渠降雨也　金隄漢書河決酸棗東壞金隄　苟月令不行關修利之備則時雨將降致昬墊之憂　增卑陪薄溝洫志曰繕完故隄增卑陪薄　匠人周禮匠人為溝洫　大防外殺謂下厚上薄也　止水禮曰夫禮之禁亂猶防之止水所自來也故以舊防為無用而壞之者必水敗以舊禮為無所用而去之者必有亂患也　沉白馬見救水決門注　都水晉書都水使者漢之水衡之職東都省都水置河隄使者　移水道齊人延年上書可令水工開大河上嶺出之胡中東注之海關東長無水災上壯之然大禹所導恐難改更　水勢王鳳曰水勢各異不博議利害來春桃花水盛必羨溢也　善防水者水淫之淫讀為廞謂水淤泥土留著助為之厚也　地勢溝因水勢防因地勢　竹落河隄使者王延世以竹落長四丈九尺圍盛以小石兩船夾載之三十六日河隄成也　開十二渠史記西門豹為鄴令鑿十二渠引河水灌田當時人苦役豹曰百歲後父老子孫思我至今得水利民富足漢長吏以十二渠橋絕馳道相近欲合三渠為一橋父老不肯曰賢君之法式不可改也　龍首嚴熊言臨晉民願穿洛以溉重泉以東萬餘頃故惡地於是穿渠引洛水至商顏下岸岸崩往往為井井渠之生自此始穿渠得龍首骨故名龍首渠　所在穿渠馬援所過郡縣為穿渠溉灌以利民　賈侯渠魏賈逵字梁道為豫州通運渠二百里所謂賈侯渠　水不流後漢王梁字君嚴為河南尹穿伊穀

水往洛陽城下東寫平華川及渠歲開決而水不流有司劾之
鄭國渠史記云韓聞秦好興兵事欲罷之無令東伐乃使水工鄭國閒說秦令鑿涇水自中山西
邸瓠口為渠并北山東注洛三百里欲溉田中作而覺欲殺鄭國國曰臣為閒然渠成亦秦之利也臣為韓延數年之命為秦建萬代之功卒使就而用注四萬餘頃收皆畝一鍾
於是關中為沃野無凶年秦以是富彊因命曰鄭國渠
千金渠漢書襄城郡有千金渠
浪蕩渠漢書地理志云滎陽浪蕩渠
白渠漢書
趙中大夫白公引涇水為渠見涇門注
平虜魏祖以秦尚歸單于將征蹋頓渠自呼沲入汾水名平虜渠
股引股支別引水也
脈連六輔倪寬奏開六輔之渠水以廣溉灌田也

溝洫第三十五

禹盡力乎溝洫溝洫亦渠也廣四尺深四尺曰溝洫倍溝
匠人為溝洫也
地防考工記曰凡溝洫逆地防謂之不行注防猶脈理也不行謂決溢也
一日先深之凡溝洫必一日先深之以傳衆力
大封周禮大封之禮令衆也注謂正封疆溝涂也
雍氏掌溝瀆澮池之禁凡害於國稼者春令為阱擭溝瀆之利於民者秋令塞阱杜擭注害於國稼者謂水潦禽獸也
蕩水以蓄水以溝蕩水以防止水以列舍水以澮寫水
水勢周禮凡溝必因水勢防必因地勢善溝者水漱之善防者水淫之注淫謂淤泥土助為厚
周禮遂人凡治野夫間有遂遂廣深二尺
遂上有徑徑容牛馬
十夫有溝溝倍遂
溝上有畛畛容大車
百夫有洫洫倍溝
洫上有涂涂容乘車一軌
導達月令三月中氣後五日天子命有司修利隄防導達溝瀆
稍溝三十里而廣倍注謂不墾地之溝也鄭司農云稍讀為桑螵蛸之蛸謂水漱齧溝也故三十里而廣倍蛸音消
水庸禮曰祭防以水庸事也注云水庸溝也
股引漢書見渠門注

[illegible]第三十[illegible]

漢武帝穿漕入渭水運曰漕
呼沲石臼後漢永平中治呼沲石臼河從都慮至羊腸倉沒溺不可筭使鄧訓監其事上言難用之更用驢輦歲省億万計也
翦本開漕虞詡為武都守先時運軍糧輓

□儀五致一翻乃按行之自沮至下辨數千里燒石翦木開漕以人僦直於是水通 零桂漕 杜元凱開楊口起夏水達巴陵千餘里沿長江之險通零桂之漕也 計

戶轉漕 漢 漕輓將漕最 卜式爲武帝令領漕考課最上 厎柱之漕 番係欲省底柱之漕 樹栅立埭 劉牢之守鄄城兗州漑水道險澀用聞人奭謀堰呂梁水樹柵立七埭爲派擁二岸之流以利運漕 租運 袁宏家貧以租運自業 褒斜道通漕 漢時人上書言通褒斜道及漕事下張湯湯問其事言可行船漕漢中之穀可致便於厎柱之漕從之道果近而水湍石不可漕 引渭爲漕 鄭當時言關東之漕從渭上渡六月罷而渭水道九百里時有難處請引渭穿渠起長安並南山下至河三百里徑易漕渡可令三月罷而渠下民田萬餘頃得灌此損漕省卒而益肥關中之地天子從之爲利利便也 鐫厎之險 陽烏上言河上下患厎柱險可鐫廣之上從之使焉鐫之裁没水中不能復去而水益湍怒爲害甚於故

堰埭第三十七

樹栅立埭 見上 召伯埭 謝安至新城築埭後人思之名曰召伯埭 流葉堰 晉傅祇爲滎陽守造流葉堰至今兗豫無水患 税錢 晉孔嚴彭祖領尚書時王弈求東海臨沂埭以水牛牽埭税取錢直帝從之嚴諫乃止

津渡第三十八 關附

涉水 子路問津 是知津矣 因河爲津 朝涉之脛 揭厲 深則厲淺則揭 跋涉 山川 利涉 大川 若涉大水 其無津涯 漸裳 濡軌 褰裳涉溱 脫輈 濟人 子產 方思遷河 徒涉 公無渡河 崔豹古今注津吏霍子高見白首狂夫被髮提壺亂流而渡其妻止之不及遂溺死妻乃援箜篌作公無渡河之曲歌終亦投河而死 佩劍過延平津 晉雷煥子華佩劍過延平津劍躍入水化爲龍 渡盟津 書惟十有一年戊午師渡盟津 一葦航之 詩誰謂河廣一葦航之 陳平渡河 舟人疑有金玉平乃脫衣與刺船自免 楊柳津 白馬津 軍渡 韓信擊魏陳船欲渡臨晉而伏兵從夏陽以木罌

統魏王覇渡軍虜冰合（王莽追世祖世祖南馳至呼沱候吏還曰河流澌無船可渡官屬大恐令王霸視之霸欲安衆還詐云河冰堅可渡衆喜遂前比至河冰亦合上令霸護渡未畢數車而冰解）○溺（開辟溺門）不弔（禮死而不弔者三畏厭溺溺遇河也）無悔（暴虎馮河死而無悔）公無渡河（見上）溺海銜石（山海經精衛本赤帝之女遊於東海溺而不反化爲冤禽名曰精衛常銜西山之木石以塡東海此鳥出發鳩山）沉湘懷沙（屈原既放臨泉有懷沙之志遂投湘江汨羅而死）弔屈（賈誼過汨羅乃爲文弔屈原曰側聞先生兮自沉汨羅）問諸水濱（齊桓責楚曰昭王南征而不復寡人是問屈完曰昭王不復君其問諸水濱）葬於魚腹（楚辭曰屈原曰寧赴湘江葬於魚腹中）嫂（孟子曰嫂溺而援之以手權也嫂溺不援是豺狼也）父女（會稽錄曰曹娥父沒江其屍不獲乃沿江號哭七日不絕聲乃自投江三日抱父屍俱出皆死家人收葬之爲立孝女碑即黃絹之碑也）車（鄭伯之車僨于濟遇大風覆之入濟）舟（水所以載舟亦所以覆舟）必笑（傳曰溺人必笑）善游（文子曰善游者溺也）抱石（韓詩曰申屠挾恨其時抱石投河而沉死）浮屍沉骸（辨命論曰伍員浮屍於江流三閭沉骸於湘渚）禁川游者（備沉溺也周禮）水禁（水中害人之處則禁之）舟而不游禮忘子產之誡既聞狎以玩之（子產曰水懦弱民狎而玩之）棄仲尼之言果見蹈而死者（孔子曰水火吾見蹈而死者未見蹈仁而死也）惡夢（王延壽字文考曾有惡夢惡之乃作夢賦以自厲後溺水而死）試船沒（魏杜畿伯侯爲僕射受詔作御樓船於陶河試船遇漂沒帝爲之流涕）落水（陸士龍常著練經上船於水中顧其影因大笑落水救免溺）

海第三十九

天池（莊子溟海者天池也）地紀（地以四海爲紀文選）百谷王善下之（老子曰江海所以能爲百谷王者其善下也）大盈（大盈若沖文子曰大滿而不溢）重潤（海重潤太平之徵又象）千里潤（公羊傳曰海潤千里注去海出雲雨及千里也）朝宗（詩沔彼流水朝宗于海書曰江漢朝宗于海）委輸（海賦曰於是乎）

[illegible]海長爲委輸 積流 孫卿子不積細流無以成海 受露 海受霧露故能成其深 海若 海神名 天吳 水伯名 滄溟渤

澥滄波 浮天之浪 俗曰之波 變桑田 神仙傳曰東海凡三變爲桑田 山 海有三神山蓬萊瀛洲方丈 橋 秦始皇驅石爲橋望東海日出

蜃見石門神樓注 樓 蜃氣結樓 蠡酌 以蠡酌海 桴浮 子曰道不行乘桴浮于海 呑江納漢百川會同潮

海 博物志漢使驃騎將軍北伐單于至瀚海而還 鰌入穴 水經曰鰌魚長數千里穴居海底魚入穴則潮上出穴則潮退出則有節故潮水有期 白露

之濤 朝夕之池 潮有朝夕之期故吳都有朝夕之池 帷蓋 潮有似陣車蓋之狀 觀 孟子曰觀於海者難爲水遊於聖人之門者難爲言

幼海 山海經無皐之南望幼海郭璞注曰幼即少也 塡東海 見溺門注 天臺 又曰大荒中有山名天臺海水入焉 地動 莊子曰海水三歲一

周流波相薄故地動 不讓 淮南子曰海不讓水積以成其大 不波 韓詩外傳曰成王時越常氏重三譯而朝曰吾受命國之黃髮曰久矣天之不迅風雨海之

不波溢也三年於茲矣意者中國有聖人盍去朝之 儵忽渾沌 莊子曰南海之帝爲儵北海之帝爲忽中天之帝爲渾沌儵與忽相與遇於渾沌待之甚厚儵與

忽謀報渾沌之德人皆有七竅以視聽食息此獨無有嘗試鑿之一竅七日而渾沌死 呵水神 謝承後漢書汝南陳茂嘗爲交阯別駕刺史周敞涉海遇風船欲覆沒茂

拔劍呵罵水神風即息矣 自悔首 周景式孝子傳曰管寧避地遼東經海遇風船人危懼皆叩頭悔過寧自思愆言念失常與覓不朝即便悔首風亦尋靜 東

海之鼇 謂陷井之鼃曰夫千里之遠不足以舉其大千仞之高不足以極其深莊子 不益不損 莊子曰禹之時九年水潦而水不加益湯之時八年七旱而

而理不加損夫不爲頃之推移不以多少進退者此亦東海之大樂也 碧海 十洲記曰扶桑在碧海之中地一面萬里太帝之宮太眞東王君所治處 結冰 見冰門集

容昭溟注 晦 釋名海者晦也主引穢濁其水黑而晦 四海 七戎六蠻九夷八狄形類不同總而言謂之四海言皆近於海 東海 滄海溟海負海波海幼海

漲海　西海 □□□□蒲昌海西域傳□□蒲昌海一名鹽澤　島嶼 海中山曰島海中洲曰嶼　後海 禮曰三王之祭川也皆先河而後海　靈胥 濤神也伍
子胥沈屍於江其精魂爲濤之神　滂騰百川　迴復萬里 吳都賦□□□□濆波汨起迴復萬里　八月之觀 八月觀濤文選　滄波
白波　洪波　奔波　渌波　波如連山 選　左海 禮曰洗之在阼其水在洗東祖天地之左海也　不積小流 孫卿子曰
不積跬步無以至千里不積小流無以成河海　上應天河 見天河仙査注　涉海 則有方丈蓬萊　鯨音啼　巨鼇　鵬濆

河四十

祥瑞　沈祭　決塞附　大河　洪河　長河　中河　靈源　長源　出崑崙 山海經河源出崐崘之山　導河積石 禹導河自積石至于龍門　九
曲 河出崐崘千里一曲九曲入海　一清 黃河千年一清清而聖人生　三門 水經曰禹鑿砥柱以通河水爲之三門　九折 淮南子曰河水九折　桃花水 溝洫
志河決而桃花水漲溢注云三月水漲名　竹箭流 竹箭駟馬追之不及愼子曰河下龍門流駛　洋洋　活活 河水洋洋北流活活詩　渾渾
河潤　九里之潤 河潤九里　四瀆之宗 穆天子傳河有四瀆之所宗　積水 成淵　安流 見楚辭　大禹鑿石柱 見三
門注　巨靈擘手　華山 見華山門注　俟清 傳曰俟河之清人壽促河清遲　夏憂涸 文子曰以數集之壽憂天下之亂夏憂河水之涸泣而益之注集
年也　止濁 阿膠五寸不能止黃河之濁　投 韓詩中屠狄非其時抱石投河而死　入 語鼓方叔入于河　如帶 黃河如帶漢祖誓曰　葦航
誰謂河廣一葦航之　上應絳河 援神契黃河者水之伯上應天河　中貫清濟 清濟貫黃河者濁流而不混　決 漢文帝時河決酸棗東
潰金隄 史記元光中孝武使瓠子於是天子臨河沈白馬玉璧令群臣從官自將軍已下皆負薪塡河而取淇園之竹以爲揵天子既臨河決悼功之不成乃作瓠子之歌　移
河 齊人延年上書請令水工開大河上嶺出之胡中東注之海河東無水災北邊無匈奴憂上壯之然大禹所導恐難更改　關　溢 谷水以爲河中國之經瀆聖人與出圖

書曰王道廢則竭絶今瀆溢横流異之大者宜修政以應之又李尋解光以江河滿溢所謂水不潤下明天道有因而作今由其自決且勿塞以觀水勢河欲居之當稍自成川跳出沙土然順天心圖之必有成功用財力寡**經瀆**河中國之經瀆注經常也**下流**說文云河者下也隨地下流而通也按水經云**陽紆山陵門山**山海經曰並在河其中**作臺**詩曰新臺刺衛宣公也納伋之妻作新臺于河上國人惡之而作是詩新臺有泚河水瀰瀰**柏舟**詩泛彼柏舟在彼中河**弗祭**左傳楚昭王有疾卜河爲祟大夫請祭之遂弗祭也**不流**穀梁傳曰梁山崩壅遏河三日不流晉君召伯尊而問焉伯尊來遇輦者問焉輦者曰君親素縞帥群臣而哭之既而祠焉斯流矣伯尊至君問之伯尊如其言而河流矣左傳云伯宗**水伯**孝經援神契曰河者水之伯上應天河**禹功**呂氏春秋曰古者龍門未開呂梁未發出孟門大溢逆流名曰洪水禹乃決江疏河爲彭蠡之障所活者萬八千國此禹之功**德水**呂氏春秋曰秦滅六國自以爲獲水德之瑞遂改河名之德水**委地**淮南子曰河以委地故能遠也**通天**見上**色黃**物理論曰河色黃赤象川之流盡濁也**百里不曲**又曰河百里不曲千里天曲**色白**爾雅河出崐崘虛色白**灉**又曰水自河出爲灉**西南流**山海經曰積石山其下有石門河水爲以西南流**九河**楚辭曰與汝游兮九河衝風起兮水揚波**塞**朱浮與彭寵書曰亦猶河濱之人捧土以塞盟津**四瀆視諸侯**禮**四瀆**爾雅江河淮濟爲四瀆四瀆者發源注海者也○**祥瑞**附河門**馬圖**禮曰河出馬圖言龍馬負圖**開輿**河洛開輿符命用出**圖書之泉**見文選**魚**河圖曰黃帝云余夢見兩龍授圖乃齋往河洛而求之有大魚沂流而止魚泣日圖乃跪而受之**龍**運斗樞曰舜與諸侯觀洛河有黃龍負圖出置帝前黃龍入水去也黃龍音制**金繩玉檢**河圖曰黃龍既負圖置帝前以黃玉爲檢黃金爲繩昊天符璽也**見一清於千年**運命論曰黃河清聖人出拾遺記曰河千年一清聖王之大瑞**變五色於三日**易乾鑿度曰帝王將起河水先清清變白白變赤赤變黑黑變黃各三日也**榮光休氣**中候曰榮光出河休氣四塞榮光即五色**出圖**

子曰河不出圖吾已矣夫○沈祭附河門白馬漢書河決瓠子帝親臨決河沈白馬玉璧玄貉穆天子傳天子西狩獵獲白狐玄貉以祭于河寶珪
傳曰王子朝以成周之寶珪沈于河津人得之河上自浮水出將賣之則爲石白璧河圖趙王政以白璧沈于河先河後海禮曰三王之祭川也皆先河而後海
此之謂務本言海之本源自河○決塞附河門大溢文子曰河江之大溢不過三日瓠子之決見河門注桃花之水漢成時河決平
原使王世治之杜欽曰延世慮害不深若使不及今冬成來春桃花水盛必羨溢有填淤反壤之害注春日桃花水竹箭之流見河門注金隄之壞
見隄集門注大防河決大爲之防遠績禹功大底人乎備其羨溢見上脩以隄防宜興修利
之功月令季春修利隄防以爲昏墊之備防其游至誠合僞功茍非子來則難興力負薪見上
賞漢武帝河決館陶上使王延世塞之三十六日河隄成遂爲河平元年上曰延世長於計策功費約省朕甚嘉之乃賜爵關內侯及黃金百斤決溢見漢書
上策中策下策漢書賈讓奏言治河者有上中下三策若徙其當水衝之人以避之故河使北入海從濫朞月自定不勞人力此功一立河定人安千載
無患謂之上策若多穿漕渠使人得以溉田雖非聖人法然亦救敗術也今據堅地作石隄東西水門但用木以土耳旱則開東方水門以溉田水則開西方高門以分河此誠富國安
人興利除害謂之中策苟繕完故隄增卑陪厚勞費無已數逢此害謂最下策也

江第四十二

大江長江中江九江書過九江注江分爲九道三
江周禮揚州其川三江荊池淮南子曰荊楚以江漢爲池楚望傳曰江漢雎漳楚之望也南國之紀詩云滔滔江漢南國之紀導
岷山夏書岷山導江濫觴家語江水始出岷山其源可以濫觴九派江至潯陽分爲九道朝宗書曰江漢朝宗于海安流楚辭
曰令沅湘兮無波使江水兮安流滄波白波洪波永矣江之永矣不可方思四瀆之首江河淮濟百谷之王老子曰江海所

以能爲百谷王者以其能善下　浮天之浪　浴日之波　如練　澄江靜如練　大溢　文子曰江河之大溢不過三日　流而爲江海　積水
水之積也不厚　雙流　蜀江　滔滔　見上　沔彼江水　導於岷山　魚相忘於江湖　池魚　有江湖之思　誓　祖逖
字度　楚王　鮫人構館於懸流　泉客築室於巖底　江賦云　涉　涉江採芙蓉　二江灌錦城　史記河渠書曰蜀守
李冰鑿離堆山辟沫水之害穿二江灌成都中此渠皆可行舟有餘用溉浸百姓又享其利至於所過往往引其水益用溉田疇渠以億計莫之數也

淮四十二

長淮　清淮　導自桐柏　書導淮自桐柏入于海　其乂　書淮沂其乂乂治也　淮夷　書淮夷蠙珠暨魚　淮泗　周禮青州
其川淮泗　沔彼淮水　積水　見上　安流　見上　及淮　書曰海岱及淮惟徐州　竭　淮水竭王氏滅

濟第四十三

清濟　清源　導流東流　書導沇水東流爲濟　泉源　泉源爲沇流去爲濟　截黃　濟水截河而流水不混其清　有瀰　詩有瀰濟盈
濟瀆　宜麥　周禮兗州其川河濟　車僨　傳曰鄭伯之車僨于濟　沔彼　濟水　鸛鴒不踰濟　周禮　四瀆　視諸
侯

漢第四十四

沱潛爲漢　尚書　池　傳楚國漢水以爲池　楚望　江漢睢漳楚之望也　漾水　書曰嶓冢導漾東流
爲漢又東爲滄浪之水　注　泉源爲漾水流爲漢水　東流　見上　南紀　滔滔江漢南國之紀　廣矣　漢之廣矣不可泳思　游女　詩漢有游女不可求思
弄珠　游女弄珠於漢皐之曲　沉王　蔡昭侯如楚三年止之昭侯歸及漢執玉而沉曰予所有濟漢而南者有若大川　大川　見上　朝宗　見江門
七軍沒　魏志曰漢水溢征南等七軍皆沒　廣漢

湖第四十五

五湖　洞庭　一名太湖　彭蠡　並湖名　其
浸五湖　周禮揚州其浸五湖　注云太湖方五百里故曰五湖　范蠡　句踐旣滅吳雪會稽之恥亦是范蠡乃乘扁舟泛五湖而不反也　掮珠　新語

曰驛損珠於五湖之泉　積水安流浮天浴日乘舟　范蠡　賣藥　列仙傳東方朔漢武時爲郎後有人見於會稽賣藥而從五湖

魚相忘於江湖　池魚　有江湖之思　始波　洞庭始波木葉微脫文選云

陂第四十六

鴻隙　漢汝南郡鴻隙陂以爲饒翟方進爲丞相以數溢爲害奏罷之王莽時枯旱郡中追怨乃作童謠曰壞陂誰翟子威飯我豆食羹芋魁言不生稻粱唯生豆芋及覆陂當復誰言兩鴻鵠託神告之也　貰貸　甯成曰仕不至二千石賈不至千萬安可比人乃貰貸陂田千餘頃假貧人役使數千家　引灌　張禹爲下邳相引灌蒲陽陂率吏人假與糧種鄰郡貧者歸之　汪汪

萬頃　續漢書曰郭林宗言黃憲汪汪若萬頃之陂　斷水爲陂　魏志夏侯惇爲濟陽守斷大水作陂自負土率將士種稻人賴其利　穿渠

築陂　晉青龍元年穿城固渠臨陂溉田數千餘頃　投竹杖　費長房投竹杖於葛陂化爲龍　卧　抱朴子葛仙公陂水中卧竟日方起　脩復

後漢鄧晨爲汝南守欲修復翟方進所壞鴻隙陂聞許陽曉水署爲都水掾陽因高下形勢起塘四百里數年乃成　方梁石洫　汝南多陂池年年決壞年費常三千餘萬鮑昱文淵爲太守作方梁石洫水常饒足溉田倍也　仲春無漉陂池　月令

洛第四十七

符瑞附

豫州川　周禮豫州其川洛　導熊耳之源　書導洛自熊耳東北會于瀍澗又東北入于河　宓妃　洛水之神名曰宓妃　宜禾　淮南子洛水輕利宜禾　禊　王濟解禊于洛　竭　史昔伊洛竭而夏亡　鬬　國語周靈王時穀洛二水鬬將毀王宮王乃壅之後王室大亂　泱泱　小雅瞻彼洛矣維水泱泱　仙舟　李膺字元禮與郭林宗泛舟洛水人望者以爲仙舟也　洛神　陳思王曹子建有洛神賦　三川　伊洛瀍　禹導　禹貢導洛自熊耳　周卜　洛陽　鳳

笙　列仙傳曰王子晉好吹笙作鳳鳴常游伊洛間遂得仙　清洛　曲洛　四水合流　伊洛瀍澗　震　史記周幽王時三川皆震伯陽甫曰周將亡矣三川涇渭洛也　沔彼洛水　出書　孔安國曰九疇是也　○符瑞　附洛門　開輿　東都賦曰河洛開輿符命用出　圖書之泉

文選玄龜宋書玄龜洛書者天符也王者有德至川泉則洛出圖書也青鯉河圖曰黃帝游於洛水有鯉魚長三丈身青無鱗赤文成字鳳集
宋書曰黃帝坐於玄扈洛水之上有鳳皇集銜圖置帝前圖以黃玉爲匣龍見易乾曰帝王始興河洛龍見玄龜負九疇書曰天乃錫禹洪範九疇注云
天與禹洛出書也神龜負文而出列於背有數至于九丹書淮南子曰至德之運洛出丹書大魚帝王記黃帝時大霧三日帝游洛水之上見大魚殺三牲以醮之
天乃甚雨七日魚流而得圖書沈璧黑玉帝王世紀湯沈璧於洛乃獲黃魚黑玉之瑞始受命稱王赤光尚書中候曰堯沈璧於洛赤光起有靈龜負書出赤
文成字溫寒易乾曰帝德感之應洛水先溫九日乃寒五日變爲五色玄黃也鳳銜圖以授軒見鳳集注龜負書以畀
以見龜負姒九疇注雞銜珠而王漢帝王世紀昭靈后名含始游於洛池有玉雞銜赤珠刻曰吞此者王含始吞之而生漢高祖五子徯
太康於洛汭青雲尚書中候曰武王沈璧而榮光塞河青雲浮洛

渭第四十八

導鳥鼠之源書導渭自鳥鼠
同穴東會于灃又東會于涇又東入于河爲雍州之浸周禮雍州其浸渭洛貫都象河三輔記秦都咸陽渭水貫都以象天河橫橋南渡以
法牽牛龍飲三秦記昔有黑龍從南山出飲渭水其行道爲龍首山星見漢武時有女子浴於渭水中乳長七尺上怪其異遣問之曰第七車者知我所
來時蜀人張寬見爲侍中寬對曰天星主祭祀也齋戒不潔則女人星見垂釣呂望垂釣於渭水得王璜遂爲帝師造舟詩文王在渭宋造舟爲梁祀書
曰秦漢都西京渭雖不在祀典以其近咸陽故得比大川之祀貫甸服浸神曾平送舅詩送我舅氏曰至渭陽雷震史記周幽王二年三
川皆震周亡之兆也三川涇渭洛也殊流涇渭殊流清濁不雜汚彼渭水浸夫雍州親迎詩曰文定厥祥親迎于渭言迎大姒也涇以渭
濁湜湜其止

涇第四十九

雍州之川周禮雍州其川涇汭鄭國之渠見隄渠門注白渠漢書趙中大夫

白公穿渠引涇水二百餘里溉田四十餘頃因名曰白渠人得其饒歌曰田於何
所池陽谷口鄭國起前白公起後舉臿爲雲決渠爲雨涇水一石其泥數斗 秦祟 史記秦二
世夢虎齧其左驂卜曰涇水爲
祟二世祀之沈四白馬於涇水 漢祠 漢書涇渭雖不在祀典以近咸陽皆比大川之祀 毒流 晉侯伐秦秦人毒涇上流師人
多死 殊流 三秦記涇渭合流三百里清濁不雜 雲表上 見 甃 漢武河平四年長陵臨涇岸離甃涇流 湜湜之流 詩涇以渭濁湜湜其止 控
清濁 汚彼涇水 爲鄭渠 引湜湜之流 泥作數斗 收芃芃之稼 一畝乃一鍾 濯彼涇舟 烝徒
楫之 渭舟行見涇木之中舟行者乃衆徒與人以楫櫂之

昆明池第五十一

神池靈沼 關中記昆明池曰神池靈沼 象滇
河 習水戰 漢書昆明池武帝所穿也初漢欲征昆明夷昆明國有滇河乃使謫戍伐棘上林穿漢滇河作昆明池以習水戰中有戈船樓船數百艘石鯨石鼓
刼灰 見灰門注 堯舟 關中記昆明池云堯治水訖停船此池蓋堯時已有池漢代因而深廣之也 漢宇 漢書武帝大修昆明池列館宇以環之
金隄 西京賦曰昆明靈沼黑水玄阯周以金隄樹以柳杞 牛女 石鯨 漢武帝於池中置二石人相對以象牽牛織女又刻石爲鯨魚每雷雨魚常鳴吼鬐
尾皆動漢時祭祈雨甚有驗 魚珠 關中記有人釣魚綸絕而去入夢於武帝帝明日於池中見魚銜索帝取而放之後三日帝復遊池濱得珠曰豈非池中魚之報 館
昆明池有豫章館 西京賦曰豫章珍館揭焉中峙 似漢之波 西京賦曰似雲漢之無涯 儀星之石 西征賦乃有昆明池其中湯湯汗漫瀰漫
浩如河漢昔豫章之名宇披玄流而特起儀星於天漢列牛女以雙峙 玄流 見上 鑿 文選曰伊茲池之肇穿肄水戰於荒服 積水 安流

溫湯第五十二

溫泉 湯泉 溫液 湯谷 東京賦 靈液 神泉 並文選據神泉而吐溜 華清 溫盪
邪 魏都賦溫泉毖涌而自浪華清盪邪而難老 愈疾 流惡 蠲痾 溫源 水經曰溫湯即溫源 神井 張衡溫泉

賦曰余適驪山觀温泉浴神井 暄波炎炭 文選 如沸 唐平山記主簿山有温泉冬夏常如熱湯 若湯 梁州記漢水南温泉冬夏常熱若湯其熱可熟
雜以炎彼温泉 子嗣于地脉 合水火之德 萬人澤浸 倍蠲燕石之功 蠲除六疾 潔華清之流 並同
禊洛 祓痾癢之疾 寧比浴沂 浮天浴日 天子用之可也 温源愈出 靈液徐清

濤第五十二

陽侯 廣雅曰陽侯濤大波神也 靈胥 濤神也伍子胥死沈屍於江其精魂爲濤神又論衡曰儒書言吳王夫差殺伍子胥煮之於鑊盛以鴟夷投之於江子胥恚恨臨水爲濤以溺殺人夫言吳王殺子胥投之於江實也言其恚恨臨水爲濤虛也且衛葅子路而漢烹彭越子胥之勇不過子路彭越然二人尚不能發怒於鼎鑊之中胥亦自先入鼎鑊後乃入江在鑊之時其神豈怯而勇於江水哉何其怒氣前後之不相副 朝夕之池 潮有朝夕之期故吳郡有朝夕之池 白露之濤 云
海鰌入穴 見海門 牛魚起毛 博物志曰東海有牛魚其形如牛引其皮懸之潮水至則毛起潮退則毛伏 沸騰百川
迴復萬里 吳都賦曰潮波汩起迴復万里 八月之觀 文選八月觀濤 澮波 白波洪波奔波 洪漣 纏綸 帷蓋 潮有似帷蓋之狀

泉源第五十三

山下出 易 井冽 易 寒泉 泉水 衛女思歸也毖彼泉水亦流于淇詩云 浸苞稂 病也浸苞稂蕭稂看毛也 莫浚 匪泉浚深也 沈泉 有冽沈泉無浸穫薪 載清 相彼泉水載清載濁 觱沸 觱沸濫泉
濫泉 正泉出也 動 禮冬至後五日水泉動 蘊珠 於泉 濫觴 家語江出岷山其源可以濫觴 白泉 瑞應圖曰泉色白白出山澤得禮制則澤谷之白泉出飲之使人長壽 醴泉 美泉也水之精也崐崘山有醴泉華池君乘土而王其政太平則醴泉出乘水而王其政和平則醴泉應神靈滋液百珍寶用則醴泉出黃帝時以醴泉爲瑞堯之世德茂清平則醴泉出夏后之時後又在宮醴泉出漢宣帝三年醴泉流湧枯槁皆榮 禮云天不愛其道地不愛其寶則醴泉出

刃刺而湧漢書貳師將軍李廣利行無水拔刃刺山飛泉湧出拜而逢出後漢耿恭拜井泉出又醴泉後漢世祖中元元年

夏醴泉出飲之者疾病皆愈唯眇蹇不瘳又有赤草生於水涯泠泠文選山瀨何泠泠飛泉漱鳴玉吐溜泉涌湍而吐溜文冽清玄泉冽清文蜈

躍文黑蠟躍重泉灌注傷玉趾塞泉傷玉趾文湧溜石泉湧溜於陰崖天台山賦湧湍於石瀨文選跛石把

飛泉靈運山人飲楚辭山中人兮飲石泉兮蔭松柏吸微液云飛泉之微液張騫窮漢張騫奉使窮河源穿石

太山之溜穿石貪泉晉廣州石門有貪泉玉漿泉隋書在盧龜引丹陽公烏皋山俗呼高武龍其下謂所出為壁千仞本之諸羌皆之動之馬足所

蹊忽飛泉湧出人為之謠云云因号也水本源之本拔本塞源

池第五十四

東門之池可以漚麻詩靈沼又曰王在靈沼

於牣魚躍沼亦池也酒六韜曰殷君好為酒池迴舟奏廣樂穆天子傳天子西征至于玄池三日休于玄池之上乃奏廣樂而歸是曰樂池

浦第五十五

浦說文浦水濱也小口風土記曰大水有小口別通曰浦也出激浦而遵迴望美人兮南浦並楚辭與浦述征

記曰與舊魏步導吳揭水灌之縱道為浦程鄕浦顧微廣州記曰程鄕浦口有蒲母養龍列斷其尾因呼掘龍時人見之則土境大豐而利涉之譽兒

浦劉楨京曰合浦見珠門注

珠第五十六

環附夜光徑寸明月之珠不能無類握靈蛇之珠

九品南越志珠九品言大小之次千金莊子曰河上有以人家貧其子投川得千金之珠度寸韓詩曰良珠度寸雖有百仞之水不能掩其輝無脛

而走火齊珠名秋露如珠五星若連珠暗投掌上難得之貨希世之寶是吾

寶也不汲容焉蛇報恩隨侯見傷蛇以藥封之蛇銜明珠徑寸純白夜光可以燭室以報隨侯魚報恩見昆明池注貫禮曰累累乎端如貫

珠雞銜見洛門注捐文選沈珠於泉新語曰舜捐男丹於五湖之泉以塞淫邪之路生蚌三輔決錄曰孔融見韋元將與其父書曰不意雙珠生於

老蚌感後漢孟嘗為合浦太守先時二千石貪穢珠悉以去合浦無珠乃徙孟嘗行化一年其去珠乃復還水尸子曰水圓折者有珠水懷珠而川

媚文選贓不拜東觀漢記曰交趾太守坐贓詔以班賜羣臣鍾離意得珠璣悉委地而不拜曰此贓穢之物誠不足拜帝乃別賜錢二十萬賣

漢董偃與母賣珠為事文合浦人採珠以易米而食時二千石貪穢珠徙去而餓死者盈路瑞禮斗威儀曰德至淵泉則江海出明珠鳳銜拾遺記鳳皇銜珠於

庭少昊拾而懷之遺莊子云黃帝遺玄珠於赤水照乘魏王曰寡人有徑寸珠照車前後十二乘者十枚拾抱朴子曰識珍者必拾濁水之明珠採

龍頷河上之子於驪龍頷下採珠候驪龍之睡剖蚌胎文選曰蚌蛤珠胎與月虧全又曰馮夷剖蚌列明珠生鯨目廣州記鯨鯢目即明月珠

也魚死而目皆無精飾櫝韓子曰楚人有賣珠於鄭者為桂之櫝飾以珠玉弄游女弄珠於漢皐之曲岸不枯孫子曰泉生珠而岸不枯泣

鮫人寄宿人家臨去泣而出珠盈盤以與主人故曰泉客慷慨以泣珠彈雀呂氏春秋曰隨侯之珠彈千仞之雀世必笑之以其所用重而所要輕也藏莊子

曰藏珠於川飾劍西京雜記高祖斬白蛇劍上有七彩珠為飾七彩見上龍銜燭龍銜珠以為耀蠙珠禹貢徐州蠙珠暨魚

薏苡馬援載薏苡一船人有譖之為文犀明珠遺蜀宗預聘吳孫權泣別曰君每銜命結二國之好今孤衰老恐不復見遺珠一斛無足自致

新序曰船人對晉平公曰珠出江漢玉出崑崙山無足而致也不執晉崔洪良伯手不執珠玉汝南王亮燕公卿以琉璃杯行酒酒至洪洪不執夜光東夷

有明珠稱夜光致之平地終日不停採珠晉陶璜為交州百姓無農唯以採珠為業以珠易米吳時處百姓私散好珠絕商旅人飢上請乃制自十月至二月非採上

珠時聽往來上幣管子曰先王以珠玉為上幣木難文選云碧珠也解佩鄭交甫將南適楚至漢皐臺下遇二女佩二珠大如荊雞之卵交

甫與言曰欲子之佩二女遂解與交甫而去不見二女其佩亦失　璀璨珠光彩貌　詭暉別色　熠熠熒熒並光　含幽青

明碕岸碕長岸也璞生則草木不枯　○環附珠門　環韓宣子有玉環其一在鄭商宣子請諸子産子産不與注同二共璞自共為雙也

夫環宣子謂子産曰起請夫環　盧重環以環帶犬　重鋂貫三環　盧令令環聲　探環晉羊祜叔子五歲於

於鄰家李氏樹中探取金環去先藏時人以為前身　環中蒯道也莊子　象環孔子去魯佩象環五寸象牙有文理言以己有文章也五寸法五行環者取

其循環似己德之無窮　黃雀後漢楊寶年七歲行於華山見一黃雀被傷為螻蟻所搏寶見之而憐因將歸置箱中採黃花飼之經旬瘡愈旦來暮去忽一

朝變為黃衣少年持玉環一雙來報寶曰好掌此環子孫累代三公果如其言　白環帝王世紀西王母慕舜之德來獻白環及益地圖

玉第五十七

璧附　美玉吾寶傳曰是吾寶也　上幣見珠門注　瑾瑜匿瑕　韞櫝而藏諸　連城之價　被

褐懷玉　碌碌如玉　堅白不曰堅乎磨而不磷不曰白乎涅而不緇　白虹工之氣　盈尺聖人不貴盈尺之璧　五德五經通義

曰玉有五德　十仞韓詩良玉度尺雖有十仞之土不能掩其光　度尺見上　磨玷白珪之玷尚可磨　指瑕藺相如　榻而

璽之周禮職金掌凡金玉錫石丹青之戒令受其入征者辨其物之美惡與其數量楬而璽之　龍輔玉名也左傳公使公衍獻龍輔於齊侯　玉石

周有砥阨宋有結綠梁有懸黎楚有和璞晉有垂棘　玉色有山玄文有水蒼文白如截肪黑如點漆赤若雞冠黃如蒸栗　天地之精淮南子鍾山之玉灼

以爐炭三日三夜色澤不變得天地之精也　片玉郤詵自謂崑山之片玉　磨若礱若　追琢　滿堂金玉滿堂　希世之寶　玉德子貢

問於孔子曰敢問君子貴玉而賤碈者何也為玉之寡而碈之多與孔子曰非為碈之多故賤之也玉之寡故貴之也夫昔者君子比德於玉溫潤而澤仁也縝密以栗智也廉而

不劌義也垂之如隊禮也叩之其聲清越以長其終詘然樂也瑕不揜瑜瑜不揜瑕忠也
孚尹旁達信也氣如白虹天也精神見于山川地也圭璋特達德也天下莫不貴者道也
故君子貴之也 比德 言念君子温其如玉有女如玉其人如玉 琢 如琢如磨玉不琢不成器 他山之石 可以攻玉 價 子貢曰有美玉於斯韞匵而藏
諸求善價而沽諸子曰沽之哉沽之哉我待價者也 賣化爲石 見河門注 假道 晉荀息請以垂棘之璧假道於虞以伐虢 毀 子曰龜玉毀於櫝中
是謂之過與文選曰碎結緑之鴻輝殘玄黎之夜色 獻 宋人得玉以獻子罕子罕曰我以不貪爲寶爾以玉爲寶若以我皆喪寶不若人有其寶 玉璜 尚書中候曰呂
尚釣於渭濱魚腹中得玉璜刻曰姬受命佐之 敬重 執玉不趨受玉以揖飲玉爵不揮皆敬重 玉燭 爾雅四時調謂之玉燭 玉山 嵇康 玉箸
王昭君之淚如玉箸 玉堂 漢堂名 玉樽玉酒玉食玉牀 西京雜記漢武趙昭儀寢昭陽殿玉爲牀象牙爲簟 佩 古之君子
必佩玉君子無故玉不去身比德也 三獻不還 楚人卞和以玉璞三獻不遇楚王遂刖其足 不識無價 尹文子魏之田父耕於野得玉徑尺
鄰人曰怪石歸致于廡下光明照室田父怖棄之鄰人盜之以獻魏王王召玉工相之玉工望見再拜却立曰敢賀大王得天下之寶問其價曰此無價五城之都僅可一觀賜獻玉者
千金長食大夫祿 抵鵲 荆山之下以玉璞抵鵲 潛隱 尸子曰水方折者有玉大戴禮曰玉在山而木澤文選曰石韞玉而山輝 瑞 王者不藏金玉則紫玉見
深山 隱 抱朴子荆山之玉潛光荆石之中雖有千仞之土不能掩其光 種 陽雍伯種石而生玉 切 寶劍切玉如泥 攻玉 禁採 景帝詔吏發民若庸
采黃金珠玉者坐贓二千石有聽者同罪 雪融掘得 晉新蔡王騰字元邁次眞之又雪平地數尺營門前方數丈雪融不積掘之得玉馬高尺餘來獻
之 滅瘢 王莽就國南陽守選掾孔休守新都相休候莽莽疾瘢莽遺休玉休不受莽曰君面有瘢美玉可以滅瘢休猶不受莽曰君嫌其價邪遂椎碎自裹進
休休乃受 玉玦 魏鍾繇元常有玉玦太子欲得之而難公素使臨菑侯因人說之繇送太子報繇書云 碎 亞父撞碎漢王所獻玉斗 錯 他山之石可以

爲錯注錯石可以磨玉〇璧附玉部　植璧秉圭書　當璧而拜　抵璧於谷　和難周禮穀璧以和難以聘女　拱

璧仲舒璧後漢鍾離意爲魯相省視孔子受經堂男子張伯剗草得璧七枚懷藏其一以六白意意曰甕中素書文曰後世脩吾書者董仲舒發吾笥者鍾離意

璧有七張伯取其一意召問伯伯叩頭出之　求虞叔有玉虞公求旃不與既而悔之曰匹夫無罪懷璧其罪吾焉用此以賈害　碎藺相如見秦王無償趙城之意乃持璧睨

柱曰大王必欲殺臣臣頭與璧俱碎於柱秦王恐其碎璧乃謝之遂衣褐秉璧歸趙　奪璧朱𣚓名暉詐取陰就璧奉東平王以朝　覲禮曰以繅

藉玉以韋衣木廣袤各如玉之大小爲玄色　不鬻珪璧金璋不鬻於市

珪璋第五十八

輯五瑞輯斂也斂五等諸侯之珪

璋而朝覲也　班瑞于羣后班還也朝覲禮畢還瑞於諸侯　禹錫玄圭禹治水畢堯賜之玄圭以章其成功　爾寶詩曰錫爾

介圭以作爾寶注周王錫申伯介圭以爲瑞　瑟彼珪璋瑟絜皃白見詩　翦桐成王翦桐葉爲圭戲封唐叔周公曰天子無戲言遂命封之　特

達之德禮曰珪璋特達德特達謂以朝聘不有須而成　鞠躬語曰執圭鞠躬如也如不勝　銳方之象以法陰陽白虎通圭

以爲信也上銳陽也下方陰也　長短之制以辨上下別貴賤周禮　昭度昭其度也　器以藏禮物有其容　可磨

白圭之玷尚可磨也　載弄之璋　不琢禮曰大圭不琢　爲石傳曰王子朝用成周寶圭沉于河人得于河上將賣之則爲石　奉璋詩峩峩

六瑞周禮以王作六瑞　植璧秉圭屏璧與圭書　治德結好周禮琬圭以治德結好　易行除惡琰圭以易行除

惡　南容三復　剝圭璋爲鍼柲剝破也鍼斧斤也柲柄也楚靈王　繅藉周禮公執桓圭繅三采三就注繅木爲中幹用韋衣

而晝成之一帀爲一就　又覲禮以繅籍玉注以韋衣木廣袤以玉大小爲玄色　王執鎮圭鎮安也以四鎮之山爲瑑飾所以安鎮四方長尺有二寸　公

執桓圭桓宮室之象可以安上也長九寸侯執信圭伯執躬圭信身也身圭躬圭皆象人形爲飾欲其愼行以保身也圭皆長七寸信
音身子守穀璧男守蒲璧穀所以養人蒲爲席所以安人璧皆徑五寸不執圭者未成國也享覲有章卿爲君使
執圭璋也傳玄

金第五十九

兼金金價倍也雙南金淮南有金備六府而惟修六府金木水火土穀惟脩
也配五行而攸敘洪範五行四曰金金曰從革從革作辛鼓鑄鎔範成器從革滿籯黃金滿籯不如一經滿
堂金玉滿堂莫之能守三品九牧百鎰麗水之珍捐山之寶百鍊之精言百鍊之不耗三品之貢
難得之貨是吾寶也不汲容焉貢禹貢揚州厥貢惟金三品又傳夏方有德貢金九牧鑄鼎象物注九州之牧瑞史記秦獻
公十八年雨金於櫟陽公自以爲金瑞漢武帝詔曰往者太山見金又有白麟神馬之瑞宜以黃金鑄麟趾馬蹄以叶瑞焉瑞圖曰王者不藏金玉乘金而王其政平則黃金見深
山不受遺漢書王密出懷金遺揚震震曰夜無人知震曰天知地知子知我知是四知遂不受密慙而退固辭韓詩楚襄王遣使持千金聘莊子莊子
不受妻讓列女傳樂羊子得遺金一餅妻曰妾聞君子不以利汚行羊子慙而棄之母責韓詩外傳曰田子持金百鎰奉其母母曰不義之物不入於館子
慙而出誣盜漢書直不疑爲郎同舍郎有失金者而意猜不疑不疑乃買金償之後乃知疑史記陳平嘗負戴渡河舟人疑平賚有金陰欲害之平乃脫
衣而渡遂能免於難也置燕臺燕昭王置千金於臺上以延天下之士故謂之黃金臺懸秦市史記呂不韋使其客著呂氏春秋乃懸千金於
咸陽市門有能增損一字者與之披沙揀金往往見寶擲地晉書孫綽字興公作天台山賦擲地作金聲捐文選曰捐金於山藏新語曰舜
藏金於嶄巖之山以塞淫邪之路鑠衆口鑠金鳴拾遺記少昊時金鳴於山感孝孝子傳曰郭巨至孝妻生男巨曰養子則妨於供養將殺而埋之掘得鐵

勞曰黃金一釜賜孝子郭巨　贈賜蘇秦子抵掌而談李兌賜黃金百鎰虞卿躡蹻而說趙王賜金百鎰　鎰秦幣黃金一寸重一斤以鎰為名　買笑千金

買笑　揭而璽之周禮職金掌凡金玉錫石丹青之戒令受其入征者辨其物之美惡與其數量揭而璽之入其金錫于為兵器之府　一諾諺曰黃金百斤

不如季布一諾　食貨志黃金為上白金為中赤金為下　六齊金有六齊　攫列子曰齊人有欲金者清旦衣冠之市道適見鬻金者因攫其金

而去吏捕得問之問曰人在前子攫何故答曰取金時不見人徒見金　印張顥得飛石破之得金印見石門注　昆田珍物化黃金武帝祠首山　土同價南史

金土同價　如粟後漢張奐為安定屬國人遺金以酒酹曰使金如粟不以入懷　鑄范蠡范蠡去越越王勾踐思之乃以良金鑄其形　訪主

後漢黃向字文德豫章人嘗行於路得遺金囊乃訪主還之　端木辭家語端木賜字子貢國之法贖人臣妾于諸侯皆取金於府子貢贖之辭於取金孔子聞

之曰賜失之矣夫聖人舉事可以移風易俗非獨適身之行也受命即為不廉則何以相贖自今已後魯國不復贖人於諸侯　送縣後漢陳重字仲翁嘗濟人死罪

人密投金於承塵以報重恩重不知後毀屋得金訪金主已死乃將金送縣　不寶禮儒有不寶金玉忠信以為寶　南金詩大路南金　金穴郭況

之家號為金穴

銅第六十

凡律度量用銅漢書凡律度量衡用銅者所以同天下齊風俗也銅為物至精不為燥濕寒暑變其

節不為風雨暴露改其形似士君子之行是以用銅也　即山鑄錢吳王濞　賜銅山漢文賜鄧通蜀道銅山鑄錢布天下世號鄧氏錢

銅臭後漢崔烈入錢五百萬得為司徒問其子曰我為三公人以為何如其子曰人嫌大人銅臭　萬物為銅文選　鑿井得銅龐儉

銅鉤三輔漢錄記張氏先為京都功曹晨時早起忽有鳩從內飛下張氏謂曰為禍止為福入懷鳩乃投入張氏懷中探之得一銅鉤官至數郡太守後失鉤官亦

絕矣

錢第六十一

鑄附　泉布言寶化貨之行如泉之布故名之　母子輕重漢以秦錢重更令人鑄榆莢錢有子母權而行子母

者錢之輕重也民患輕則爲重是母權子患重作輕亦不廢重是子權母也九府漢書太公爲周立九府圜錢法三官漢書楚郡國無得專鑄唯上林三官鑄令

下非三官錢不得行五銖漢高后二年行八銖錢六年行五分錢注云榆莢錢也鼓鑄流行鎔範鎔鑄而合法度銷漏文選曰消漏參

倍言錢之銷磨缺漏青鳧鳧或蚨赤仄漢武帝以錢多輕命京師鑄赤仄注以赤銅爲其郭潤屋之貨潘身之貨採山鑄錢

榆莢見上注鵝眼宋明帝太始中通私鑄錢大壞矣一貫長三寸謂之鵝眼十萬不盈一掬後禁之藏鏹巨萬累百囊中杖頭

百錢範金禮銅山見銅門注金埒王武子布錢買地爲埒時人曰金埒臭見銅門注癖和嶠同貪財人謂之有錢癖法錢漢書

曰錢法不立貫朽而不可挍放鑄孝文除盜鑄錢令使人放鑄之雜賈誼曰銅錫爲錢敢雜以鉛鐵爲他巧者其罪黥即山吳王

即山鑄錢磨質取鎔屑也肉好子紺錢王莽造契刀錯刀赤仄所謂子紺錢以赤銅爲郭請罷鑄禹貢請罷鑄錢官以

便農除其租銖之律注云依田畝欲其除市井銖兩之租削其律也使百姓歸農復古之道無名錢張安世辭不受祿詔都內別藏張氏無名錢白金

白撰漢武帝有司言今半兩錢法重四銖其文半兩實重五銖而姦或盜摩錢質而取鎔錢益輕薄而物貴乃以白鹿皮方尺緣以繢爲皮幣直四十万又造銀

錫白金以天用莫如龍地用莫如馬人用莫如龜故白金三品其一重八兩圜之其文龍名曰白撰直三千二百差小方其文馬直五百復小橢之其文龜直三百更用五銖錢周郭

其質令不可得摩而取鎔封錢勿出後漢張林議以爲宜令天下悉以布爲租市買皆用之封錢勿出尚書朱暉議布帛爲租則吏多姦官自賣鹽則與下爭

利受一大錢劉寵爲會稽太守徵還吏民送錢十萬寵爲人受一大錢督鑄長安鑄錢多姦巧乃署第五倫督鑄錢掾領長安市市無阿枉

買官崔列贖罪漢隆慮公主以金千斤錢千萬爲子昭平君贖罪武帝許之不言王衍字夷甫疾妻郭氏貪口不言錢云阿堵物

著論魯褒字元道著錢神論曰其積如山其流如水故能長久爲世神寶親之如兄字
曰孔方失之則貧弱得之則富昌無翼而飛無足而走解嚴毅之顔開難發之口多
者處前少者居後前者爲君長後者爲臣僕錢之所祐吉無不利何必讀書然後富貴無
德而尊無勢而熱危可使活貴可使賤生可使殺忿諍非錢不勝幽滯非錢不拔怨讎
非錢不解令聞非錢不發　鑿金井見銅門注　飲馬郝廉飲馬投錢　一囊趙壹詩曰文籍雖滿腹不如一囊錢　贏二高祖益封蕭何二千戶曰以
送我錢獨贏奉二　食萬何曾日食萬錢嫌無下箸處　竿下緡漢武初竿緡錢　夢磨魏文帝問周宣曰夢磨錢文全滅乃更明何也宣曰陛
下家事應之時陳思王云云　袁甫不言　魯褒作論見上　子母之錢陰陽之數　散金　藏鏹　無名漢祖無名　吉有
癖晉臣有癖　龜貝漢時人上書言古今以龜貝爲貨今以錢易之以此民貧宜改幣上問於師丹丹曰可改章下有司皆云卒難易丹老忘遂策免之　契刀
錯刀王莽居攝以周錢有子母相權於是始造大錢重十二銖文曰大錢五十又造錯刀契刀鏍如大錢身形如刀長二寸以黃金錯其文與五銖四品並行使用後以劉
家有金刀罷契刀錯刀　半兩漢書秦并天下幣爲二等黃金爲上幣銅錢質如周錢更作金銀龜貝之文文曰半兩重如其文而珠玉龜貝銀錫之屬爲器飾寶藏
不爲幣也　顧金錢曹丘生數招權顧金錢注招求也以金錢事權貴而求得其形勢也　○鑄附錢門　冶鑄史記趙國以冶鑄爲業王數訟錢事
張湯常排趙王　吴鄧漢文時揄莢錢輕乃更鑄四銖令民縱自鑄故吴以即山富埒天子鄧通財過王者吴鄧錢乃布天下　馬排人排水排
韓暨公至爲監冶謁者舊時冶作馬排一熟石用馬百疋更作人排又費功暨乃因長流爲水排計其利三倍於前　沈郎錢吴興沈充又鑄小錢謂之沈郎錢
錢既不多由是稍貴　廢錢議晉桓玄輔政議欲廢錢用穀帛孔琳之議巧僞之人濕穀以要利制薄絹以充資故用錢非唯豊國亦以省刑耳　鑄錢斂
貨蜀劉備收成都士衆皆捨盡府庫財寶軍用不足備憂之劉巴子初曰鑄直百錢平物價令吏爲官市備從之數月充實　血塗漢時有青鳧錢以血

臺之去又來圓而函方立泉貨之法毋以權子制輕重之宜輕重相權大小兼利楡莢五銖既將私鑄

倚刑三尺難逭國章

貨財第六十二

聚人易曰何以聚人曰財利用厚生注利用以阜財厚生以養民二曰

貨洪範八政不殖貨利財悖悖而入亦悖而出以財發身仁者藩身貨惡其棄於地不必藏諸己兵

者財用之蠹生孽蘊利生孽露積晉平原王幹雖有爵祿若在己袟奉布帛皆露積腐爛能散積而能散

藩身左傳曰貨以藩身子何愛焉

錦第六十三繡附

重錦傳曰歸夫人重錦三十兩注言錦之細熟者以二丈雙行故曰兩蓋三十匹

貝錦萋兮斐兮成是貝錦萋斐錦文也迴文竇滔妻蘇氏織錦爲迴文詩以寄滔宛轉循環文甚悽切織文禹貢厥篚織文錦之屬美

錦子産謂子皮曰子有美錦不使人學製焉大邑所以庇身而使學者製焉其爲美錦不亦多乎精麤中數廣狹中量蜀

錦成都有錦城爛兮錦衾爛兮詩厥篚注見上如金釋名曰錦金也作之功重其價如金靡麗纖縟如貝

之文若金之價盈尺有幅褒丈成匹文織錦繡之屬也見周禮衣夫錦孔子謂宰予曰衣夫錦於汝安乎車

漢書馮夫人出塞以錦車帆纜吳書甘寧以錦維舟去則棄之隋煬帝以錦爲帆衣詩衣錦褧衣裳錦褧裳步障世說石崇錦步障四十里翻

鳥走龍迴鸞舞鳳蓋古錦之文衣錦夜行還鄉漢書項羽曰富貴不還故鄉如衣錦夜行又武帝拜朱買臣爲會稽太守又

後漢光武封景丹爲櫟陽侯並如此段美人贈我錦繡段冰蠶拾遺記東海有冰蠶其繭五色織爲文錦入水不濕濯蜀有濯錦江帳郎官

有錦帳束錦儀禮婿告舅姑婦之送者酬以束錦注送者謂隷子弟妻妾一篋衞人饋叔向羔羊與一篋錦錦不相似魏文帝詔羣臣

前後毎得蜀錦皆不相似束髮禮童子以錦束髮不鬻石山有錦石庾肩詩曰錦石鎮浮橋黼黻文章斐成文也貝錦斐成濯色
江波○繡附錦門文繡繡段美人贈我錦繡段御史之服御史以繡爲衣夫人之衣衞侯與夫人繡衣曰聽於二三子二三
子大臣也繡取其文章順序五采周禮五采備謂之繡也成六幣周禮六合幣以繡充邦國之幣具見周官禁商賈
之衣亦聞漢詔漢詔曰錦繡纂組害女工也商賈不得衣之難崇衣馬之奢史楚莊王有愛馬衣以文繡宜禁
被牆之僭漢書曰黼繡古天子之服也今富人大賈嘉會召客以被牆布地天子以文繡布地針縷論衡曰繡之未刺綵帛何以哉及加五采
之功施針縷之飾則文章炫燿而學者亦如之靡非麗纖縟與黼同文爲天子之服書曰黼黻絺繡映驄俱
麗爲御史之衣彰施五采纂組九文文繡有恒月令文織見錦門典絲周禮典絲宜文繡刺
文史刺繡文不如倚市門罷漢哀詔齊三服官諸織綺繡難成女工之物皆止無要所輸

絲第六十四

厥篚檿絲禹貢青州貢檿絲注
云檿桑絲中琴瑟絃筐匡也當既蠶之時且繅繭税書曰桑土既蠶及載績之日爰成婦功詩八
月載績治而棼之衆仲曰以亂治亂猶治絲而棼之受采之悲墨翟悲素絲之受采積微之誠鄒長倩贈公孫
弘素絲一緵以爲積微成大之誠王言如絲其出如綸貿絲詩氓之蚩蚩抱布貿絲朱繩直如朱絲繩青纞有青絲纞
有條而不紊素絲五紽五緎五總詩厥篚之貢典絲周禮典絲掌絲入而辨其物以其賈楬之注絲入謂九職之嬪婦所貢絲
湅絲周禮慌氏湅絲以涚水漚其絲七日去地尺暴之晝暴諸日夜宿詩綠兮絲兮諸井七日七夜是謂水湅注涚水以灰湅水者漚之宿諸井懸井中詩女所治兮

素絲紕之組之詩　與絮同價孟子曰有許行欲令絲絮輕重同布帛長短則價相若

織績第六十五

不績者　不績周禮蠶則績而蟹有匡　織室漢書百官表少府屬有東織室西織室注武帝各名織室　夜績食貨志曰又民既入婦人同巷相從夜績女工一月得四十五日注一月中又得夜半爲十五日　織蒲臧文仲妾織蒲爲不仁與民爭利也又周勃以織蒲曲爲生注葦薄一名曲　織屨翟方進母織屨　蠶織詩云婦無功事休其蠶織　教織後漢崔寔爲五原太守土宜麻枲而俗不知織寔斥賣儲跱乃作紡績織紝練縕之具以教民得免寒苦　斷織樂羊遠遊尋師學業一年來歸妻跪問其故羊曰久行在外懷思無他妻乃引刀趨機曰此織生自蠶繭成於機杼一絲而累以至寸累寸不已遂成於尺累尺遂成丈匹今若斷之則損前功稽廢時日當日知所亡以就懿德羊感之七年不反　織紝　承筐　杼軸　公父文伯母公父文伯退朝其母紡績文伯止之母怒曰使童子備官玄　織組異善吳起使妻織組曰如所示妻織異善起曰非詔也歸之　弄杼札札弄機杼　支機石　女修織紝　男務耕耘文選　方織孟軻母方織見軻學歸母問學所至孟子曰未能博習母以刀斷其機曰子之廢學若予之斷機也孟子後遂勗勵成天下之名　龍梭　棼機機斷　發廢婦不恤其緯而憂宗周之隕　紡焉詰之發廢女　工織新人工織縑故人工織素　潛織吳都賦云泉客贈織而卷綃　牽挺列子云牽挺機躡也　不爲下機史記蘇秦歸妻不爲下機　乞餘光貧人女謂富人女曰願以餘光振之　壁纑仲子避兄離母居於陵身織屨妻辟纑以易食孟子曰之績麻曰壁練麻曰纑　風驚蟋蟀聞織婦之鳴機　月滿蟾蜍見天河之弄杼　教以婦功供其女事　終日七襄詩曰跂彼織女終日七襄注云襄駕也

綃第六十六

織縞厥貢纖縞　新人織縑古詩新人工織縑故人工織素織縑日一匹織素五丈餘特縑將比素新人不如故　冰紈　黃綃絲色　賜綃萬匹張華以平吳之功賜綃萬匹

帖一

纖而札札束以戔戔盈尺幅褭丈胡威之問胡質爲荆州刺史賜其子威絹一匹威曰大人清高何得此絹父曰俸祿之餘陳寔遺盜陳寔見梁上之盜乃遺絹兩疋辨其苦良周禮凡布絹辨其苦良比其大小而賈之物書而楬之注云別其麤細廣狹書其賈於物也若今時題署絹帛一其淳制淳廣狹也制長短也周禮縑緗漢賜降胡縑緗孫章誤以十爲千貸魏文帝在東宮嘗從曹洪貸絹百匹洪不與及洪犯法甘八分必死既得原上書謝遺王丹持一縑往弔人曰如丹此縑出自機杼魯縞胡質俸祿之餘注見上王丹機杼之出

絲第六十七

鄉貢八蠶之絲一歲八蠶出日南挾纊傳師人多寒王巡三軍撫而勉之三軍之士皆如挾纊麗密聖主得賢臣頌云荷旃彼毳者難與道純綿之麗密重繭衣裘楚子使薳子馮爲令尹遂以疾辭重繭衣裘鮮食而寢注繭綿衣纖纊禹貢厥篚纖纊細綿也懷冰古詩云挾纊如懷冰

素第六十八

如霜雪新裂齊紈素皎潔如霜雪故人織見絹門素書古詩呼兒烹鯉魚中有尺素書尺素文賦非尺素之所擬濯手古詩纖纖濯素手束要洛神賦曰要如束素裂素縑素

帛第六十九

束帛戔戔易精麤布帛精麤不中數廣狹廣狹不中量不鬻於市有幅無遷晏子曰富如布帛之有幅焉爲之制度使無遷妾不衣帛季孫相魯無衣帛之妾非帛不暖七十賜宣詔曰鳳皇集於新蔡其賜汝南太守帛一百匹又東方朔射覆爲上中則賜臣帛裂帛恨賦裂帛繫書五十可以衣帛販繒灌嬰販繒裂繒史記周幽王后褒姒好裂繒聲湅帛周禮㡛氏湅帛以欄爲灰渥淳其帛實諸澤器淫之以蜃注以欄木灰漸澤其帛澤器謂滑澤之器淫薄粉令帛白也蜃蛤也蛤灰今海旁有之渥音漚清其灰而盝之而揮之注清澄也於灰澄而出盝晞之晞而揮去其蜃而沃之而盝之而塗之而宿之更沃厚明日沃而盝之注朝更沃至夕盝之

東沃旦盂之亦七日如漚ム來晝暴諸日夜宿諸井七日七夜是謂水湅　贈先生　家語孔子之郯遇程子於途傾蓋語終日相悅謂子路曰取束帛贈先生傾蓋駐車

也　實篚篚　詩鹿鳴序云既飲食之又實幣帛於篚篚以將其意　承篚是將　注所以行幣帛也　與布同價　孟子許行事具布門

注　**練第七十**　澄江　謝朓如練　吳門之馬　孔子曰望吳門曳練視之乃白馬　季孫練冠　待罪　王導衣

晉王導寸為太保時軍藏空唯有練千端鬻不售導寸乃製練布單衣皆救之乃貴也　**綃第七十一**　蟬翼　魏文帝詩綃綃白如雪輕華比蟬翼　卷

綃　鮫人潛織以卷綃鮫人泉客織輕綃於泉室出以賣之　輕綃　見上　**綺第七十二**　一端　古詩客從遠方來遺我一端綺　雙鴛

之文　又曰文彩雙鴛鴦裁為合歡被　餘霞　散成綺謝朓詩　厥篚織文　織文錦綺之屬　下裳　古詩緗綺為下裳紫錦為上襦

琴名　司馬相如之琴名綠綺　雉翼　射雉賦鶯綺翼以禎褐　士不衣織　織綺也　**羅第七十三**　雲羅

鳳文蟬翼　並羅名　纖密羅　繐羅　羅衣　何飄颻　裳　洛神賦縠羅裳以滌軀　帷　羅帷　扇　羅扇　三

代服　馮房父子兄弟三代為侍中並帶青紫羅綺　紅羅　魏都賦云紅羅颯纚綺組繽紛　絕　史記荆軻把秦王羅袖絕　霑裙　別賦送愛

子兮霑羅裙　似雪如雲　言羅白似雪薄如雲　生塵　洛神賦羅韈生塵　紫羅囊　**布第七十四**　精麤

廣狹　布帛精麤不中數廣狹不中度不鬻於市　有幅無遷　布帛有幅焉為之制度使無遷也　抱布　貿絲　南炎火浣

火鼠之毛為布浣之於火振之如雪　西蜀橦華　蜀都賦云布有橦華　衛侯衣　大布之衣　漢相被　公孫弘為漢丞相卧布被　孟

光裙　孟光荆釵布裙而嫁梁鴻　王孫囊　楊王孫以布囊盛其屍而瘞之　高祖衣　布衣而取天下　燔機　史記公儀休見布好

奏出家婦播其機戀奪人之利 遺盜 王烈遺盜布令其改過勸善 麻衣如雪 曹風 一尺 漢文帝徙淮南王道死時人歌曰一尺布尚可縫一斗粟尚

可舂兄弟二人不相容 百匹 燕書宋謚字宣弘太祖以謚性貪賜布百匹令負而歸重不能勝乃至僵頓以愧之 懸 主人懸布董父登之及堞而縋之蘇而後上者

三主人辭焉乃退帶其斷布以徇於軍三日春秋襄十年 裔必有 明衣布也 廣狹踈密 葬其若良 辰女功之始 禮曰大祭以跡

布爲尚反女功之始 蜀布 張騫在大夏見蜀布筇竹杖 越布 後漢陸續祖父越布單衣也祖閎建武中爲尚書令美姿貌著見而好之自是常勑會稽獻

越布 蠶積 王幹字子良雖有爵祿若不在已鉄俸布帛皆蠶積腐爛 黃潤比筒 蜀都賦黃潤比筒管蠑所過黃潤細布也 贈 王戎罰吳

南郡太守劉陵卜贈我細布五十端爲司隸所糾以知而未納不坐帝曰我豈廢私苟得不欲爲異耳然而爲清愼者所鄙由是損名 紵衣 子産獻延陵季子 火浣

布 魏志云漢時梁冀以火浣布爲單衣嘗會賓客行酒失杯而汙之僞怒解之曰燒之布得火燃如灰凡布垢盡火滅粲然絜白若用灰水洗中間久絕魏文帝

以火性酷烈而無含育之氣必不然之事遂著典論言必無刊石於廟門外與石經並明帝立西域重譯而來獻之於是大臣乃試以示百寮遂滅此論天下笑之矣 義

皇作孔子冠 義皇造布孔子作緇布冠 與帛同價 孟子許行曰布帛長短同則價相若 泉 天台山有瀑布泉

綾第七十五

鶴文 謝惠連詩客從遠方來贈我鶴文綾 五十絲 傳玄烏先生傳曰舊日綾機五十絲爲五十躡先生易以十二奇文異變因而作焉 金縷 昔秦

國以金縷爲綾 青衾 漢內臣臥青綾被 竹根 柹蔕 馬眼 蛇皮 已上四種今時綾名 紈扇 江淹詩紈扇如團月

絺綌第七十六

爲絺爲綌 詩曰葛之覃兮施于中谷是刈是濩爲絺爲綌服之無斁 葛之覃兮 見上 絺兮

綌兮凄其以風 當暑縝絺綌 必表而出之語 蕉葛升越 弱緆 夏日葛衣 堯儉 衣葛

嘗苦寒 葛屨 糾糾葛屨可以履霜 履霜之屨 見上 削瓜之巾 爲天子削瓜者副之巾以絺爲諸侯削瓜者華之巾以綌 掌

葛 周禮掌葛以時徵絺綌之財 蒙彼縐絺 絺之美者 荃葛 漢書江都王建遺越閩侯遺建荃葛注荃葛細布字作絟 縝

絺綌 不入公門 禮 暑服 月令孟夏天子初衣暑服注云絺綌

麻第七十七

苴 藝麻 如之何 縱其畝 横 漚麻 東門之池

可以漚麻 漚紵 東門之池可以漚紵 漚菅 左傳杓鄙人漚菅者曰何故使吾水滋 丘中 有麻 蓬生麻中 不扶自直 如雪

之衣 麻衣如雪 麖賁 爾雅麖枲實賁枲實麻也麖賁音墳 藝之於畝 漚之於池 是刈是穫 載績 載紡 八月載績

有條 而不紊 化理絲枲 枲也 枲麻 典枲 周禮典枲掌布絲縷紵之麻草之物以待時頒功而授齎及獻功受苦功以其賈楬而藏之以待

時頒 五原 後漢五原宜麻枲崔寔爲太守斥賣儲峙作紡績織紝練縕之具 爭漚 石勒與李陽爭漚麻池相毆擊

縠第七十八

細如霧 子虛賦鄭女曼姬垂霧縠 徐步 洛神賦云動霧縠以徐步 輕如煙 沈休文詩長煙引輕素言如縠之狀

白氏六帖事類集卷第二

白氏六帖事類集卷第三 凡七十四門内四十三門附

西京第一

作我上都 漢之西遷 作我上都 上腴 九州之上腴 奧區 天地之奧區 三成帝畿 周秦漢 周以龍興 秦以虎視 四塞 秦地被山帶河四塞之固 沃野千里 天府名都 邦畿千里 九重 城闕 秦據而還 漢都而處 寰惟地之神 皇王天邑 覽秦制 跨周法 京邑翼翼 四方取則 神州之略 赤縣之畿 京師王室 皇州 皇都 帝里 百二之都 言險固要害 本陸 所湊 秦之興也 天錫鶉首之分 漢之王也 星符東井之精 險𢹂 左函谷崤陵之阻 右界褒斜隴首之險 在鎬 王在在鎬 帝王之宅 崤函作帝王之宅 金城 漢張良曰關中左崤函右隴蜀 南有巴蜀之饒 北有胡苑之利

東制諸侯此謂金城千里天府之國建瓴漢書秦中形勝之國加兵於諸侯猶高屋上建瓴水建邦設都書封畿甸服千里法
日白虎通京師者千里之邑法日圖之徑千里帝畿王畿申畫書曰申畫郊圻申畫規畫經野周禮體國經野注云經謂爲之里數也制
其畿疆周禮制其畿方千里而封樹之注樹木溝上所以表助險固也正封周禮正畿疆之封制畿周
制其畿封以正邦國王城帝宅表裏山河周原詩周原膴膴堇荼如飴域民是以畺土域民漢書郊野之富號爲
近蜀鄭白之沃坤靈正位

東京第二

建都河洛即土之中東京翼翼四方之極增
周法制修漢萬方輻湊與於中土帶河泝洛宅中大以圖左伊右瀍封畿千里定鼎
之都建圭之地大司徒以土圭之法測土深正日景以求地中經營書成王在豐欲宅洛邑使召公先相宅既卜宅則經營召公既相宅周公往營成周既
使來告卜曰瀍水東瀍水西惟洛食食吉兆也無外稱尊圖大宅中先王之經邑也度天地之所合四時之所交風雨之所會陰陽之所和然則百
物阜安乃建王國焉所謂建土圭以測影得天地之中郟鄏成王定鼎于郟鄏王者之里河洛爲王者之里後漢中興光武都洛京
十而作邑之經營聞宗周居以爲都見太公漢之遺制卜洛遷險史記初大臣勸高祖都洛陽曰東周有成皐西有崤澠背河面洛其固
足恃也以爲鎮三川九阪三塗九谷也建國周禮惟王建國注營作洛邑於中土新邑洛書予東國召公所相周公所營域民見西
京門注東周延祚平王東遷而延祚衡皐梓澤函谷鋼衡河洛大都成周故地

城第三

計料賦時勞役具土
功門高城深池崇墉浚洫城郭溝池以爲固金湯金城湯池美城傳美城之大名無戎而城饑必保焉廣袤

高卑 繕其城隍 秦築 長城延袤千里以捍胡也 城郢 楚囊瓦城郢沈尹戍曰苟不能衞城無益也 亟城 梁伯好上功亟城而不處民罷
而不堪則日某寇將至乃溝公宮 漆 秦二世欲漆其城 崩 杞梁死其妻哭之城為之崩 四墉是脩 善守 何患來攻 啓塞從時
門戶道橋謂之啓城郭牆壍謂之塞開閉之急不可一日而闕隨壞時而理之不可限以土功之時 坏城郭 月令孟冬 城以巨防 門以重閉 懷德
惟寧 雖聞士蔿 不供是懼 終執仲幾 宗子 維城 山為 楚國方城以為城漢水以為池又秦發華山為城因河為池據萬丈之城臨不
測之川 要害 當要害之衝控形勝之國 用逸制勞 以寡勝衆 城門禁 後漢郅惲君章為上東門候帝嘗獵還夜方駕還惲拒關不開
帝乃迴從中東門入賜惲布貶中東門侯 所過治城 馬援所過輒為郡縣治城郭 保民 穀梁曰城以保民為之也民衆城小則益城益城無極凡城之志
皆譏也注夫保民以德不以城如民衆輒益城是無限極也 扼地咽喉 為國藩屏 扃鐍土宇 纖縢地維 沙城 魏祖征馬超每渡渭為
騎所突營不得立又多沙不可築城婁子伯說公曰今天寒可起沙為城以水灌之從之一夜而成 城民 見上 衆心 國語衆心成城言以衆心為城 走集 傳險
其走集 踐華為城 賈誼過秦論 解帶 為城墨子 干城 詩赳赳武夫公侯干城 郄月 荊州圖記有郄月城 長雲 鮑昭
蠡城屹若斷岸矗似長雲 城麇 楚王使由于城麇復命子西問高厚大小不知子西責之對不能王遇盜雲中余受戈擊在袒示之此余能也脾洩之事余不能麇拒在
陴淺 城惡 渠丘城惡衆潰莒曰城已惡矣其孰與我為虞 雖宗子是固 則可徵辭 而大夫不供 亦宜加罪 百雉
我乎城隅

關第四

關市之征吳賦發門 察出禦入 月令章句關在境所以察出禦入 以察僞游 漢書曾關都尉以察
僞游 禁異服 禮記關以禁異服 反拒 文選曰關門反拒譏得久長 負阻 秦負阻於二關亭閑項而受沛 無外 譏函谷之可關不知王者

之禁外 善閉 無關鍵 司關 周禮司關掌國貨之節以聯門市凡貨不出於關者舉其貨罰其人國凶禮無關門之征 關吏 控其襟

帶 東為咽喉 緘縢 扃鐍王畿 何其由斯 不可踰也 雖皇朝無外 何假於關防 而帝里宅中

宜察其出入 巨防 重閉 限其內外 不可踰也 察其出入 何其由斯 謹關梁 孟冬 執禁 禮曰關執禁以譏

呵察也 抱關之吏 用傳之人 察其巨防 察以僞遊 譏關用傳 傳令之過所也漢興置關都尉以察僞游用傳出入漢文除關

無用傳漢景復用傳 棄繻 漢書終軍初從南當詣博士入關關吏與軍繻問以此何吏曰為復還當以合符軍曰大丈夫西遊終不復傳却棄繻而去軍為謁者行郡國

建節東出關關吏識之曰此使者乃前棄繻生 買符 東觀漢記郭丹初之長安過寃從陳兆買入關符以入函谷關既入封符乞人曰不乘使車不出關丹自入關後十

二年不歸後出關竟如本志 徙關 漢武時楊僕征南越有功恥為關外人帝為徙函谷關於新安 廢 臧文仲廢六關孔子曰不仁也 封 東觀漢記隗囂將王元謂囂

曰請一丸泥為大王東封函谷此萬世一時也 白馬 桓譚新論曰公孫龍常爭論曰白馬非白人不能屈後乘白馬無符傳欲出關關吏不聽此虛言難以奪實也

青牛 列仙傳關令尹喜周大夫也善內學老子西遊先見其氣當過聖人老子果乘青牛薄板車中過授喜五千言俱之流沙 雞鳴 史記秦昭王囚孟嘗君乃

改姓易名夜半至函谷關關法雞鳴出客恐追至客居下坐者能為雞鳴衆雞皆鳴遂得出關又燕太子丹質於秦秦王不禮丹怒而亡歸夜至關關門未開丹為雞鳴衆雞皆鳴

遂得逃去 生入 漢書班超在絕域年老思土乃上書曰不敢望到酒泉但願生入玉門關 斬關 傳曰臧紇犯門斬關以出 徑踰越 度 閉關 先王

以至日閉關 養孤 門關以養孤 符節 門關用符節 易關市 來商旅 易關市輕稅商旅也月令孟冬 無索 月令孟夏

關市無索順陽斂數不難物也 不租 禮年不順成關梁不租 譏 而不征 無驗 商君亡至關不得舍曰商君令舍人無驗者坐之曰為法自斃

詐刻傳 寗成爲中尉極罪免鉗刀解脫因詐刻傳出關亡歸 復關 君子所近 叩關 四方賓客叩關關即告至 偪介之關
暴征其私 食門征 宋公以門賞耏班使食其征 開關 啓閉關延 閉關 備他盜 苛留 成帝詔勿苛留 馬弩關 漢詔罷馬弩關舊征
馬高五尺六寸齒未平弩十石已上皆不得出關今不禁故曰罷 籍內 漢詔流人欲入關者籍內之注爲籍內之也 粟無用傳 宣詔人以車載粟入
關得無用傳 譏關 以從者數譏周禮 重門 擊柝以待暴客蓋取諸豫 門關 防 御關 道路第五 附 徑塗 開通
月令三月關通道路無有障塞 平易 傳曰司空以時平易道路 三條 西京賦披三條之廣路 九軌 九緯經塗九軌野塗九軌 昔黃帝之爲天子國中九經九
逵 文選詩九逵平若水 如砥 周道如砥 劇驂 爾雅七達謂之劇驂言車馬多也八達謂之崇期九達謂之逵言交會多也 方軌 蜀都賦畫方軌之塗 康
莊 五達六達也並見爾雅 大道 青樓臨大道文選 多岐 楊朱曰大道多岐亡羊 甚夷 大道甚夷而人好徑老 列樹 國語周制有之列樹
以表道 鑿山 東觀漢記衛颯爲桂陽太守鑿山通道列亭置驛 羊腸 羊腸路詰曲車輪爲之摧 由左 禮道路男子由左女子由右車從中央 由徑
行不由徑 哭 阮籍常率意獨駕不由徑路車跡所窮輒慟哭而反 泣 楊朱泣岐路謂其可以南可以北 讓路 家語曰西伯化行而耕者讓畔行者讓路 不拾
遺 子產相鄭路不拾遺 銅駝 洛陽大道有銅駝因名之 石牛 秦惠王欲伐蜀乃刻石牛置金於後曰此天牛能糞金蜀王以爲然即遣五丁力士拖成道入蜀
使張儀隨其路以伐蜀 中衢 路上 銅街 董轂轍跡遍轍道 路無壅塞 傳 修道 周禮 修除 治道周禮
達其道路 周禮司險以周知其山林川澤之阻而達其道路注達者謂山林之阻則開鑿之川澤之阻則橋梁之通道路也 五塗 又曰設國之五溝五塗而樹之林以
爲阻固注五溝五塗道路也 藩塞 又曰國有故藩塞阻路而止行者謂開要路以禦姦寇 道禁 道路所禁者周禮 蹹徑術 月令審端 正也徑步道

亦衛車道也　遵彼微行 微行牆下行徑也　野廬 野廬氏掌達國道路至于四畿時察禮則令其屬修除　徑踰 禁野之橫行徑踰者　合

方氏 掌達天下之道路不得律陌　銜枚氏 禁嘂呼歎鳴於國中者行歌哭於國中之道者　兩畢 而除道 國語　回中道 武帝通回中道　子

午道 王莽通子午道　罷子午道 後漢詔罷子午道通斜谷　隨山刊道 馬援拜伏波將軍緣海隨山刊道千里　天衢 易　道閣

周曲 有蕩 魯道有蕩　阻長 道路阻且長　宿息 井樹　舟車轚互者敘而行之 謂道隘處有使有次序

爵者為之辟 辟行人　楬懸任器 蜡氏掌除骴有死於道路者則令埋而置楬焉書其日月焉縣其衣服任器于有地之官以待其人蜡音七預反

除骴 謂死人骨及禽獸骨　骴禁 禁謂孟春掩骼埋胔之屬　修閭 氏禁以兵革趨行者與馳騁於國中者　塞蹊徑 月令　保路 要道路人

楚子閉塗 不通內外使左傳　道無列樹 列樹表道 周語　視塗 司空　道茀 定王使單襄公聘宋假道於陳道茀不可行謂草穢

塞路　羊腸若砥 馬蹄如流　開通平易不蹊邪徑 焦光孝然行不蹊邪徑大路阡陌　所過糞其除 第五倫事具灑埽門

隘巷 詩誕寘之隘巷　道而不徑 禮言孝子慎身　行不由一徑 澹臺滅明字子羽　阡陌 風俗通南北為阡東西為陌　相鄭 邑氏

春秋子產相鄭桃李垂於街衢　東馬 懸車 任豫益州記江由左擔道鄧艾束馬之處　道塗不擇險易之利 禮　坦途　○泥塗

開道路門　送葬不避塗潦 禮人　還遭 傳曰晉戎馬還遭而止謂還遭盤旋不進　辱在泥塗　胡為乎泥中

導從避泥 魏先賢行狀曰鍾皓季明為司徒掾公出道路泥濘導從惡其相灑去公車絕遠公推軾言司徒今日乃獨行耶還府向閤鈴下啟令揖掾屬公奮手

不顧晴宴府掾屬皆投劾出皓曉之乃止　出淖 晉侯與楚戰公陷於淖欒書欲載晉侯鍼曰乃掀公出淖　入泥 呂錡夢射月中之退入於泥　中塗 吳都賦

汗藤霖而中道阻篤 雨雪載塗 塗釋 與馬 漁范字叔俱入曾子路度奔國費時盧江郡掾嚴鱗亦奉章弔國轉乘小車塗深馬小不得進范愍之命從

吏下馬牽與之不告姓名去後訪主將歸之人言恐是范果然 致遠恐泥 泥滯不通 蹶泥 則設足滯踏華 需于泥 易 如塗之附 詩

深其泥 楚辭 妾若濁水泥 古詩 鳥泥行乘橇 板置泥上通行音茅蘇漢 涇水一石其泥數斗 白公

渠

封疆第六

中畫郊圻 書 八則 周禮八則治都鄙注都之所居曰鄙公卿大夫采地王子弟所居邑 封人中士四人

掌設王之社壝為畿封而樹之凡封國設其社稷之壝封其四疆注封國建諸侯立其國之封 遂人主六遂 若司六鄉自遠郊達于畿中 遂士掌四

郊 主四郊之獄 方士掌都家 注四百里至五百里公所食也都王子弟及公卿采地家大夫采地也 潁谷封人 潁考叔也封人典封疆者 畿

疆 大司徒制其畿疆而溝封之 刑方氏 制邦國地域而正其封疆 經略撫封 傳曰天子經略諸侯撫封 封畛 彭仲爽為楚令尹封畛於汝

封畛北至于汝水 疆場之事 慎守其一而備其不虞 隙地 宋鄭之間有隙地焉盟曰勿有是注各勿有之 甌脫 史東胡與匈奴閒中有棄地千餘里

各居其邊為甌脫東胡請於冒頓吾欲有之冒頓怒曰地國之本也遂襲滅東胡注甌脫界上屯守處 女爭桑 楚邊邑卑梁氏之處女與吳邊邑女爭桑二家怒相滅邊

邑怒而攻吳楚之鄙吳邊於是遂安 割地相與 燕莊王送齊桓公入齊境公曰非天子會諸侯相送不出境吾不可以無禮於燕於是分溝割燕君所至地與之 拓土

畫疆疆場有氏疆場之邑 一彼一此何常無之 引其封疆 也 引正 封疆之削 何國蔑有主齊盟者誰能辱焉

注辯名也 疆事 封疆之事自疆場之邑至此晉趙孟請楚不義叔孫豹之辭見左傳昭元年 子產云 四有溝洫注云封疆溝洫 疆場綱分 叢諸

侯正封 封定分也 疆有 疆場無主 則啓戎心 侯不在疆 送迎賓客單襄聘楚假道於陳知國必亡

郊第七

中畫郊

帖二　一

遂士掌四郊注主四郊之獄周禮　郊勞聘客至郊使人郊勞　大學在郊　邑外謂之郊爾雅　郊迓迎　近郊

遊郊　多壘禮曰四郊多壘卿大夫之辱　不雨易曰密雲不雨自我西郊　適彼樂郊詩

野第八

牧外謂之野爾雅　大野

既瀦東原砥平　我行其野蔽芾其樗婚姻之故言就爾居詩　適野太叔適野　祭於野傳辛有適伊川見被髮而祭於野者曰不及一年此其戎乎其禮先亡矣　乞食於野人又晉文公過衞出於五鹿乞食於野野人與之塊公欲鞭之子犯曰天賜也此必得土稽首受而載之　謀於野又禆諶謀於野則獲謀於國則否鄭國有事子產載以如野謀四國之事　哭孔子惡野哭者哭所識者則於野　又韓詩外傳曰孔子出遊少原之野　郊野之富有

死鹿死麕　所知吾哭諸野　在野曰盧　野無青草　莽蒼　食野之苹之苹之蒿　失禮求之野

割鮮野食　經野體國經野　獲麟西狩大野獲　君子在野　野無遺賢

閭里第九

敬業辨州　五家為比使之相保保任也　五比為閭使之相受四閭為族使之相葬五族為黨使之相賙五州為鄉使之相賓鄉師稽其鄉器比供吉凶二服閭供祭器族供喪器黨供射器州供賓器鄉供吉凶禮樂之器若國有大故則鄉大夫各守其閭以待政令　族師各掌其族之戒令政事以邦比之法五家為比十家為聯五人為伍十人為聯四閭為族八閭為聯使之相保相受刑罰慶賞及相告以受邦賦以役國事以相葬埋　比長各掌其比之治五家相受相和　遂人掌邦之野以土地之圖經田野造縣鄙形體之法五家為鄰五鄰為里四里為酇五酇為鄙五鄙為縣五縣為遂皆有地域溝樹之使各掌其政令刑禁　同里漢盧綰與高祖同里　入里門內史石慶醉歸入里門不下車萬石君聞之對接不食　高陽後漢荀氏舊曰里名西豪潁陰令康以高陽氏有才子八人荀氏亦八子故改其里為高陽里　里仁為美

賦不入閭衆閭事見義感門　無閉月令孟夏門閭悉開　龐公閭里龐公鑿井得銅　必步門閭溝至秦必步　閭左秦發　戍盛王

式商容之閭廻車曾參廻車勝母之閭式干木閭魏文侯式段干木閭聽閭里以版圖太宰以官府之八成經邦治三曰聽閭里以版圖

●敬桑梓附閭里門必式禮入里必式父母之國後漢張湛子孝罷馮翊告歸平陵望寺門而下步主簿曰明府位尊不宜自輕湛曰禮下公門式路馬孔子於鄉黨恂恂如也父母之國所宜盡禮何謂輕之哉惟桑與梓必恭敬止詩與鄉人處由由然不忍去柳下惠孔子於鄉黨恂恂如也語里旅齊景公欲更晏子宅辭云敢煩里旅注旅衆也

館驛第十　附驛馬

國野周禮凡國野之道十里有廬廬有飲食三十里有宿宿有路室路室有委五十里有市市有候館候館有積置驛漢鄭莊置驛以延賓客公館私館候館館穀行李往來供其乏困公食使車傳舍行人適子之館館給詐傳魏相字弱翁爲茂陵令御史大夫桑弘羊客詐乘御傳傳縣相疑有姧案致其罪壞館垣子產相鄭伯如晉以魯喪未見子產使壞其館垣以納車馬士文伯讓之子產曰諸侯舍於隸人門不容車而不可踰越賓見無時命不可知請執事將何所命若獲薦幣修垣而行君之惠也趙簡子曰信我實不德而以隸人之垣以贏諸侯是吾罪也使士文伯謝不敢晉侯見鄭伯而有加禮厚其宴好而歸之乃築諸侯之館子姑就館改館晉侯具七卒縣次續食鄭當時置驛馬四郊迎賓客縣次與續食注云路次也傳置驛名賦傳傳郵賦給飾廚傳聚柝野廬氏掌達國道路至于四畿比國郊及野之道路宿息井樹若有賓客則令守涂地之人聚㮎之有相翔者則誅之蘧廬莊子曰仁義先生之蘧廬蘧廬舍一宿而去司空不授館不受客單襄公聘楚假道於陳言陳必亡國語不修薛宣子惠爲彭城令宣過之橋梁郵驛不修知其不能高其閈閎厚其牆垣以無憂客使左傳長亭短亭十里五里長亭短亭言十里一長亭五里一短亭息亭傳劉寵免太尉歸請儉出京師欲息亭舍亭吏止之曰整頓以待劉公寵不言而去時人稱其長欲止郵

亭 趙孝長平王莽時父爲田禾將軍以父任爲郎嘗告歸步擔欲止郵亭亭長不納問曰聞田禾將軍子當過何時至孝曰尋將到 請亭地作塚 張禹

禹年老自起塚塋好平陽肥牛亭部處地又近延陵奏請求之上以賜禹詔平陵徙亭他所曲陽侯王根聞而爭之此地當平陵寢廟衣冠出游道禹爲師傅不遵謙讓至求衣冠所

游之道又徙壞舊亭非所宜孔子稱賜汝愛其羊我愛其禮宜賜他地上卒以肥牛亭地賜之 投傳不受 申屠播事見義感門 授館閱人多矣

蓋實覺饒許伯弟曰如此舍閱人多矣 ●驛馬 所館驛門 使車避傳 伯宗避重曰避傳 傳置 漢文帝詔太僕見馬遺財餘皆給傳置註遺留也財

與饒同傳置驛也 具私馬 漢王溫舒爲河內守具私馬五十匹自河內至長安以奏事 迎賓客 鄭莊見上注 駿奔載馳 載驅 遠

令 驛馬御書 乘傳遞征遞往馹騎乘馹 馹遽傳也左氏曰楚子乘馹 星軺 軺車使車也

橋第十一

虹橋

星橋 華陽記李冰造七星橋上應七星 牽牛 秦始皇并天下都咸陽端門四達以制紫宮渭水貫都以象天河橫橋南渡以法牽牛 濟川黿鼉

紀年曰周穆王三十七伐荊東至九江北黿鼉爲梁而渡文選方架黿鼉以爲梁也 烏鵲 淮南子烏鵲塡河成橋而渡織女 驪龍 思玄賦驪龍之飛梁 梁

逵 左除道梁逵作橋於逵水上 謂造舟爲梁 詩 水涸 成梁 徒杠輿梁 孟子曰子產以乘輿濟人是惠而不知其政十一月徒杠成十二

月輿梁成人不病涉也徒杠小橋輿梁大橋 溴梁 梁莫大於溴梁爾雅 石杠不修 見館驛門注 游 張良涉游下邳圯上注楚人謂橋爲圯 浮 魏志

鄧艾伐蜀先作浮橋 陷 鍾會伐蜀先令牙門將許儀治道橋陷馬足斬儀 黿鼉 見上 魚鼈 論衡曰高麗國王有侍婢自云氣如雞子來下我故有身

後生子名曰東明東明善射王恐害廿六國欲殺東明東明走至淹水以弓擊水魚鼈浮爲橋而渡 枕席 趙充國奏治湟陝以西道橋七十所全可至鮮水左右以制西域信

虎千里如從枕席上過師 川不梁 單襄公過陳見川不梁 飛梁 橋也見蟠龍注 題柱 司馬相如往京師過蜀郡升遷橋題其柱曰不乘駟馬不復過此

以濟不通以濟要津達川澤之阻司險知川澤之阻而達其道路注謂以橋梁通啓塞從時門戸道橋謂之啓城郭牆壍謂之塞
開閉之急不可一日而闕故壍壞而脩之不可限以上功造舟見上鞭石秦始皇作石橋欲過海有神人能驅山石下海石去不速神輒鞭之流血墮履黄石
公舉杯晉書杜預字元凱請建河橋於富平津衆論以爲殷周所都經聖賢而不作必不可作也預曰昔造舟爲梁則河橋之謂遂作成上臨會舉杯曰非卿也此橋不立預
曰非陛下聖明不成必葺之功功濟行路川惟設險橋用濟人苟或騫崩則勞揭厲人無褰裳車不濡軌道
路無擁用濟車徒以利來往苟騫崩之不葺雖揭厲而莫通當啓塞之急誠合從時有懷襄
之虞如何寘力石鼈晉成都王穎字章度屯汲南阻清河水爲壘造浮橋通河北以木函盛石沉之以繫浮橋名曰石鼈崔公橋後魏崔亮謂水爲橋利百
姓名崔公橋三柱折魏略洛水浮橋三柱折三公象也豫讓橋下尾生抱梁柱以待女子鷹齒橋有鷹齒半月橋似半月

井第十二

汲附改井易改邑不改井往來井井清絜見射鮒井谷射鮒言井上汲而下注如谷水射小魚羸其瓶瓶未出井而鉤羸其
瓶而覆之勿幕井收勿幕謂不覆之不私其利井德之地井以辨義義施而無私義之方也挈壺周禮挈壺氏挈壺以令軍井者也
塞井夷竈甃井甃不刊眢井也廢井及泉孟子譬如掘井九仞不及泉猶爲棄井浚井王莽傳謝躬奏武伯長孟通浚井得白石
得銅龐儉父先逃走隨母流宕後居鄉里鑿井得銅遂致富奴蒼曰堂上我婦也問其故奴曰我婦姓艾字阿宦足下有黑子腋下有瘤母曰我翁也遂爲夫妻時人曰鑿井得
銅買奴得翁鑿井而飲擊壤歌者泥而無禽流而可食易曰井渫不食下也舊井無禽時舍也甘井先竭石甃玉甃
露井錄林玄泉冽井井冽寒泉伯益之功伯益作井善利水善利萬物老子習坎有仁井有仁焉君子可逝不可

陷抱甕莊子云子貢過漢陰遇一丈夫方爲圃畦鑿隧而入抱甕而出子貢曰有機於
也此曰浸百畦笑曰有機者必有機心吾恥不爲挈水若抽名曰桔槹也
負缶說苑曰衞有五丈夫負缶入井灌韮人教以重後輕前名曰桔槹五丈夫曰機智之巧必有機智之心吾恥不爲也再拜耿恭居疏勒匈奴攻城絶其水源穿
井十五丈無水恭曰聞貳師將軍拔刀刺山飛泉湧出今漢德神明豈有窮哉乃整衣服向井再拜請祈有頃飛泉湧出矣投轄漢書陳遵每大會賓客輒閉門取客
車轄投於井中土羊韓詩魯哀公穿井得土羊孔子曰土精也又家語曰季桓子穿井得一物如羊不識以問孔子曰此羵羊也土之怪飛火異苑曰蜀都臨邛縣有火井漢
室之隆則炎赫彌熾暨桓靈之際火勢漸微諸葛亮一闚而更盛故曰高焰飛煽於天出雲務堅討董卓至杞園井出五色雲掘新井管子曰桓公將與管
仲飲十日齋戒掘新井而柴焉新井以柴覆之取其絜潔也注銀井掘地及泉水泉必香聚東井漢高祖入秦五星聚東井玉井蔡誕
曰仙人有玉井錢飛出葛仙公投錢於井呪則飛出神農九井神農造井井有九所汲一井動餘井悉動在鄧州居所而遷井居無所而遷
浚井舜父使浚井出從掩揜塞以爲已死桃李生井旁古詩東井秦分陷井之蛙伏缺甃之崖井渫渫治也去汚穢之名
脩井象曰井甃无咎修井也浪井輿略曰浪井不鑿自成○汲附井門短綆不可以汲深汲引爭高士傳管寧所居屯落會汲者或男
女雜錯或爭井眾乃多買器分置井旁汲以待之又使不知來者得之乃不鬭爭金瓶素綆古詩後園鑿井銀作牀金瓶素綆汲寒漿無喪無
得繁日汲引未爲損終日泉注未爲得笑平原君美人見躄者槃散行汲笑之後斬以謝

宅第十三

修造　毀壞　辭宅　擇鄰　貧陋　奢盛　崩倒　假宅附

安宅其究安宅寧宇爰居爰處風雨攸除鳥鼠攸去上棟下宇易上古穴居而野處後世聖人易之以宮室上棟下宇以禦風雨蓋取諸大壯也
豈約析中徙居殖殖其庭殖殖平正貌也以避燥濕子罕曰吾儕小人皆有闔廬以避燥濕寒暑大廈初成燕賀

相賀閑居潘岳無征周禮曰國宅無征注云城中之宅無稅也度地以居人禮獻宅禮曰獻田宅者操書致度土而居晏子

之宅近市齊景公欲更之田宅不鬻禮喪不慮居爲其無廟禮一區楊雄之先楊季有田一廛有宅一區版屋

寢不踰廟白屋白茅覆屋立田宅制晉有司奏王公國家京城不宜有田宅未暇作諸國邸當使有往來之處今限京師得有宅一所君

子攸寧自請史王翦伐荊始皇送至灞上翦請美田宅謂人曰自固爾賣宅葬崔寔父亡賣田宅起冢塋立碑碣資產以酤釀爲業長

者轍陳平負郭而居門多長者車轍●修造附宅門卜築經營繕完葺牆築室百堵必葺叔孫所館

雖一日必葺其牆屋去如始至也于垣詩曰之子于垣百堵皆作厎法書曰若考作室既厎法厥子乃不肯堂矧肯構堂構見上注垣墉塗

墍茨書若作室家既勤垣墉惟其塗墍墍茨塗泥也茨蓋也卜居葺牆壞室文選仍舊貫改作修月令孟秋修宮室坏

牆垣成寢禮季武子成寢晉獻文子成室晉大夫發焉張老曰美哉輪焉美哉奐焉君子將營宮室宗廟爲先廐庫爲次居室

爲後宮室既修牆屋既設斯飛之制毁造糞其除先人敝廬而爲里室皆如其舊考室

目巧之室則有奥作土木勝人國語智襄子室美士茁名曰臣懼土木勝人人不安室相宅有死者後漢董宣少平爲北海相大姓公孫丹爲

五官掾造新宅而卜工占之云當有死者丹乃命子殺道行人置屍舍內以塞咎宣乃收丹子父殺之鮫人構館於懸流益宅田蚡爲相嘗請考功地益宅上怒曰

遂取武庫是後工少府之營主作器械時蚡持權也作之者勞居之者逸選斯干宣王考室也干澗喻宣王德如澗水流無已儉而

不陋我圖爾居修垣左氏●毁壞附宅門充其室宋向戌見孟獻子尤其室曰子有令聞而美其室非所望也對曰我在晉吾兄爲之毁之重勞

晏嬰問不更宅景公謂晏子曰子之宅近市湫隘囂塵不可以居請更諸爽塏對曰君之先臣容焉臣不足嗣之於臣侈矣後晏子如晉公更其宅反則成矣既拜乃毀曰非宅

是卜惟鄰是卜卒復其舊宅壞魯共王好治宮室壞孔子舊宅以廣其居無有壞隨壞其室禮剝廬易徹我牆屋

詩蓬蒿開一徑後漢張仲蔚蓬蒿滿宅惟開一徑無毀我室無毀屋名●辭宅附宅門霍去病為將軍帝欲治第去

病辭曰國讎未滅臣無以家爲晏子具毀宅門注北第惠帝賜夏侯嬰北第三日延我以尊異之推讓後漢范遷爲司徒栽有一宅復推與兄子及薨子遷自

田種置宅三畝時人美之矣又沈戎字伯禽少履恭儉喪父服闋推讓田宅與親貧不足者又吳志周瑜推道南大宅以舍孫策與策爲友升堂拜母有無通共●擇

鄰附宅門定鄰物理論曰宅者生之鄰焉親仁善鄰國之寶也協比其鄰諸侯守在四鄰孟母三徙以擇鄰里仁

爲美擇不處仁焉得智仁里思玄賦匪仁里而焉宅恤鄰晏子曰唯鄰是卜卜鄰二三子先卜鄰矣五家

爲鄰五鄰爲里度土而居惟鄰是卜張霸受嚴氏春秋博覽五經諸生慕之谷市宅其旁以就學後漢時必有鄰論語德不孤必有鄰睦

乃四鄰蔡仲之命●貧陋附宅門一畝環堵儒有一畝之宮環堵之室蓽門圭竇蓬戶甕牖三畝之

宅孟子窮僻蕭何爲相買田宅必居窮僻不修垣屋曰後代賢師吾儉不賢無爲勢家所奪陋巷顏回在陋巷人不堪其憂不改其樂蓬蒿張仲

蔚所居蓬蒿沒人清曠仲長統常願卜居清曠以樂其志儉而不陋湫隘囂塵晏子宅見上蝸舍焦光容身文子曰古

之爲道者量腹而食容身而居偪下俾卑俾迫葵反音碑廛土不竟燥濕之息繩樞宮室卑庳上漏下濕蓆

門陳平其居容易畚土之壅陋如之何君子居之何陋之有●畚盛附宅門居處不淫高其

閈閎厚其牆垣牆且高宇屋也美其室向戍見孟獻子尤其室曰子有令聞而美其室非所望也輪奐注見上山節藻梲臧文仲山節藻梲君子以為濫矣丹楹刻桷晉莊公丹桓宮楹刻桓宮桷非禮也取諸大壯良田廣宅甲第宜驕所閱多矣五侯見之侯許伯入第蓋寬饒仰視屋而歎曰富貴無常忽則易人如此傳舍所閱多矣利田宅魏武侯卒中試則復其戶利田宅也寢不踰廟禮請地益宅田蚡事見上注容長戟幡旗晉王濬士治故鄉有大志常起宅開門前路廣數十步或問之濬曰吾欲容長戟幡旗眾咸笑之土木勝人見門注侵併晉廷尉張闓住小市欲奪左右宅以廣其居乃私作都門早閉晏開人訟於賀循循白闓闓遂毀之屋不呈材文選宮室無量傳侈高胥腴漢武安侯蚡營甲第地盤高胥腴堂羅鍾鼓石董呈巧致功期不陁地非石非董疇居此衣以綈錦哀帝與董賢家註檻皆如此文選注豐其宅易言無得大其屋許伯延賓尚攉蓋寬饒老之誠晉文考室積欲張老之言●崩倒附宅門棟折榱崩僑將壓焉梁木其壞禮舊白宅支壞天之所壞不可支也傳傾侈騫鳥崩持危扶顛危而不持顛而不扶乾騫鳥崩之慮貽燒之憂改作壞隳剝廬易小人剝廬改造一日必葺其牆屋叔孫昭子●假宅附宅門田生如長安無人宅令其子求事呂后寵者張釋卿見史記假館孟獻子曰曾郊得見於鄰君可以假館願留而受業孟子曰歸有餘師矣王子猷世說王子猷每假人宅必種竹人詰之曰何不可一日無此君推輿周偷事見辭宅門注

宅第十四

凶附

伐樹織葦晉羅含字君章為相州別駕以官舍喧擾於城西小洲安茅屋伐樹織葦為席而居也妻子不入漢蕭何壞屛障晉阮籍為東平相到郡壞府舍屛障使內外相望治舍懍為太守李嚴欲徙郡治舍功曹楊供諫不[illegible]

董請還字春之脩 修葺 呉陸抗與諸葛恪換宅抗詣吉繕完城圖葺其牆屋廬舍恪不然深以爲恥 去之如始至 傳曰叔孫所舍雖一日必葺其牆屋也 擅

修飾 晉杜元凱爲東莞校尉石監奏預擅飾城門官舍之罪興車徵詣廷尉以尚主在八議以侯贖論者也 閲人多矣 盖寬饒至許伯第曰如此傳舍

閲人多矣 ● 凶附廨署門 毀 晉羊祜叔子督荆州長史舊多害人皆毀舊磨祜以生死有命富貴在天勅征鎭禁斷之 多怪 晉欒廣爲河南尹官舍多怪前尹不敢居

之廣居後於壁中穿得細衰之怪遂絶

廁第十五

周禮 邦有大祭賓客則役煩辱之事煩劇也 温廁 儀禮隷人温廁温塞也爲人復往穢也 陷

左傳晉侯將食麥脹如廁陷而卒 如廁 高祖洪門會因如廁召樊噲等四人閒道走軍 石崇廁 常令婢數十人曳羅穀直之漆箱中盛乾棗奉以塞鼻 賈

姬 郅都侍上賈姬如廁有野彘入廁中上目都擊之都不往上欲自往都伏諫曰一姬死復一姬生上雖欲自輕命奈宗廟何太后聞之賜都金焉 趙廁 襄子

廁中鼠 李斯云鼠人食不絜 陶侃 晉書侃嘗如廁見一人朱衣介幘斂板曰以君長者故來相報君後當爲公侯至八州都督矣 窮子除糞

法華經云窮樂小法 迫 左氏曰迫孔悝於廁彊盟之 被髮及銜刀 郭璞在廁桓彝掩之見璞方被髮銜刀設醊曰常囑卿莫來今反如此非但禍吾卿亦不免 食

秦東 大將軍王敦至石家廁取箱中乾棗食之羣婢大笑 折脇 范雎爲魏齊所簪王令人拋廁中折其脇後逃歸秦爲張祿先生 曹植杜蘭香戒云

張碩曰不宜露頭入廁夜行比以燭 見 庾翼鎭荆州如廁見一物頭如方相兩眼大有光翼擊之入地因病而薨 香煙上過 襄陽記劉季和上廁從香煙上過

誤入 劉寔詣石崇曰誤入君内 趙襄子 如廁心動見預讓 漢高 如廁心動過柏人 金日磾 如廁心動擒莽何羅

樓第十六

茲樓 王粲登樓賦曰登茲樓以闕望聊暇日以銷憂 麗譙 魏武有麗譙樓 美哉輪焉 輪高大也 臨大道 青樓臨大道曹子建詩

齊浮雲 古詩西北有高樓上與浮雲齊 秦氏 古詩曰日出東南隅照我秦氏樓 層雲 結雲 百尺 洛陽記曰有百尺樓 仙人 好樓居

層構雲構崇制彭氏黄昌爲蜀郡守□縣彭氏造樓臨道昌行縣彭氏婦人輒升樓而觀昌乃殺之超漢甘延壽以試弁爲吏超踰羽林亭樓陟降投墜墜孫秀求綠珠不得及石崇將刑綠珠乃墜樓死望氣張華善天文解望氣與雷煥夜登樓望見紫氣起斗牛間華曰何氣也雷孔章曰其寶劍氣乎又蜀志周群作小樓多令奴更直於上視天纔有一氣即白群壯麗規模雖欲干雲制作亦宜揆日十二重之制鮑昭詩爲樓十二重井幹音寒漢武帝造井幹樓高五十丈在建章宮中井幹圍也吹簫秦穆公女弄玉登樓吹簫感鳳來登南樓庾亮字元規在武昌諸佐吏殷浩之徒乘秋夜佳序共登南樓不覺亮至諸人將起避亮曰諸君少住老子於此興復不淺便據胡牀與浩等談詠干雲雲霧而上達井幹疊而百層文選虞氏高樓列子虞氏者梁之富人登高樓臨大路擊博樓上而笑有俠客在下飛鳶適墜腐鼠中俠客曰虞氏富樂日久吾不侵犯乃以此辱我此而不報非也遂率其屬以滅其家

閣第十七

圖畫漢於麒麟閣上圖畫功臣飛閣文選飛閣逶迤鳳巢帝王紀黃帝時白鳳巢於阿閣天祿楊雄校書於天祿閣投閣王莽以符命自立時楊雄校書於天祿閣上治獄使者欲收雄雄從閣上自投幾死京師語曰惟寂惟寞自投于閣阿閣古詩云交疏結綺窗阿閣三重階綠苔生閣文選劍閣蜀道菌閣謝玄暉詩尋雲歸累榭隨山望菌閣層閣曾閣□天居詩芸閣華閣七啓華閣緣雲飛陛凌雲連閣連閣水宮延閣結陽成之延閣飛觀榭乎雲中三閣陳後主

臺第十八

三休楚王夸客以章華之臺登之三休乃至其上五仞說苑楚莊王築五仞之臺九層老子云九層之臺起於累土一匱爲山九仞功虧一匱章華傳曰楚子成章華之臺願與諸侯樂之姑蘇吳都賦作姑蘇之高臺臨四遠而特建露臺漢文帝欲起露臺計費百金曰百金中人十家之產何以爲臺春臺衆人熙熙如登春臺經始詩曰經始勿亟庶人子來謂文王之作靈臺靈臺置金燕昭王置千金於臺上以延天下士謂之黃金臺崇制峻址集鳳

蕭史與弄玉吹簫鳳登臺上有鳳集 戲馬臺 項羽有戲馬臺 釁崩 版築 作于河上 詩新臺刺衛宣公納伋之妻作新臺於河上而要之

國人惡之 榭 月令仲夏可以居高明可以處臺榭 時制 春臺 高明 見上注 勸農 傳宋皇國父為平公築臺妨於農收子罕請俟農功畢築者謳曰

澤門之皙實興我役邑中之黔實慰我心子罕聞之執扑抶其不勉者曰吾儕小人皆有闔廬以避燥濕寒暑今君為一臺而不速成何以為役君子謂子罕善能分謗澤門宋國

門也國父所居皙白黔黑並狀貌也 中天 魏襄王欲築中天之臺許綰諫乃止中天半天也 崇九層之制 譬欲夔雲起 一匱之功 亦宜揆日

崔嵬 埋峴 崇崇之制 登登之功 高以望仙 漢武立望仙臺 遠而思子 漢武帝作思子臺以念戾太子 八風可通靈

臺 漢武為鉤弋夫人死後作通靈臺 集烏 御史府亦曰集烏臺 瑤臺 仙人所居 鹿臺 武王散鹿臺之財 歸來望思之臺 見上

思子注 彈人 晉靈公不君從臺上彈人觀其避丸者 漸臺 漸臺立於中央 狀西白虎 曲陽侯王根作漸臺狀西白虎 潘扼腕 潘岳西征賦曰

望漸臺而扼腕王莽死於漸臺 陽臺蘭臺 良史下筆不能自休 思 古詩云思婦臨高臺 銅雀臺 魏武帝臺名 九層 說苑晉靈公造

九層臺三年不成人力困敝出令敢諫者斬荀息進曰臣能累十二棊子加九卵於上公曰危哉息曰不危公造臺三年不成男不耕女不織亦其危矣公遂止 觀臺 傳登觀臺以望

而書禮也注觀可以遠觀也 通天 漢武臺名

堂第十九

堂除 考功記堂除十二分謂階前 不趨 堂上不趨 接武 堂上接武 布武

堂下布武 不下堂 天子不下堂而見諸侯 滿 金玉滿堂莫之能守 玉堂 漢武玉堂在太液池南 垂堂 千金之子坐不垂堂 皇堂 後漢胡廣

為單正斬監察御史於皇堂上堂無壁曰皇 萬金 後漢靈帝造萬金堂於西園 將上 堂聲必揚警內人禮 倨堂而應 老子見孔子 寢

處我兮滿堂 文選衆滿堂而飲酒獨坐而掩淚 升堂 論升堂矣又曰升我堂矣

屋室第二十

梁注幽瓦附 上棟下

宇陂屋詩曰其在陂屋亂我心曲注西戎陂屋心曲心之委曲也 定之方中作爲楚宮 揆之以日作爲楚室 考室斯干宣王考室 築

室百堵築室于茲美其室孟獻子曰宅門注 必葺叔孫婼所館雖一日必葺其牆屋 葺屋瓦屋考工記葺屋三

分瓦屋四分注各分其循以其一爲峻 土木勝人見上 瞻彼闋者虛室生白莊子言夫室有若天虛室也室虛而純白獨生 目巧

之室則有興阼 君其反室武靈丞相石慶書使還家也 仰視室屋蓋寬饒事見上注也 成屋趙太子成屋張老曰美哉輪焉奐上

注 泉客江賦泉客築室於巖底 宇下既衛之在宇下 ○梁附屋室門 欂櫨說文梁欂櫨也 撫梁易柱論衡曰紂能撫梁易柱

遺絹後漢書曰陳寔字仲弓爲太丘長夜盜入伏梁上寔曰梁上者君子也遺絹而遣 梅梁吳越春秋曰夏禹廟以梅木爲梁 畫羊懸穀

廣州記曰州廳梁上畫五羊又作五穀囊隨羊懸之云昔高固爲楚相五羊銜穀萃於楚庭故圖其象爲瑞六國時廣州屬楚 繞梁論衡曰韓娥古之善歌者每一歌餘聲三

日繞梁上塵 懸頭蘇秦傳曰秦少學苦於睡以頭髮係梁上手引錐刺股以驅睡 ○柱附屋室門 吳越春秋曰越王念吳欲復之中夜抱柱而哭羣臣

曰君何愁之甚復讎臣下之急也 銅柱後漢馬援征南蠻樹銅柱紀功而歸 梓柱生枝葉漢成帝時梓柱生枝葉扶疏上出屋王氏執權之徵 倚

柱書夏侯玄倚柱書雷霹靂不驚 崐崘山有銅柱 公孫樓柱盛弘之荆州記曰巴東有一折柱孤直高三丈大可十圍傳云是公孫述樓柱破之血出

拆而不朽 石柱嵩山記曰上有石室前有石柱柱上有石脂滴下人服一合得仙 舞璧五藺相如曰頭璧俱碎於柱矣 天柱折列子曰共工氏與顓頊爭帝位

頭觸不周山崩天柱折 地有四柱河圖括地象曰地下有四柱三百六十軸 陸玩莊石晉書曰陸玩字士瑤初遷侍中轉司空有人詣之飲酒瀉柱下呪曰當今乏

材以我爲柱石莫傾人棟梁玩笑曰得卿良箴戒而傾之嘗歎曰以我爲三公無人謂者以爲知言 然銅柱列女傳紂作銅柱以山灰火然之令有罪者抱其柱輒墮炭中妲己觀而

笑金壁漢武故事曰上起神屋以[illegible]爲柱黃金鑿之大五圍晏子臺金楹晏子將死鑿楹納書謂妻曰子壯而視之及子壯發書書曰布帛不可窮窮不

可服事不可窮窮不可壯出晏子春秋一柱博物志江陵有一臺臺雖一柱衆梁並皆共之水精柱魏略曰大秦國以水精爲屋柱楹謂柱也廣雅曰

釋名曰柱住也楹亭也言亭亭然孤立〇窻附屋完門窻聰也廣雅曰朱鳥牖漢武故事曰西王母降東方朔

於朱鳥牖中闚母入謂帝曰此兒無賴久被斥逐原心無惡尋應得還雲母窻瑠璃窻又曰帝起神屋有雲母窻有瑠璃窻四面夾窻周官

曰夏后作堂四面夾窻馬后不臨張璠漢記曰明帝馬皇后不喜出遊未嘗臨御窻牖八窻孝經注曰明堂之制八窻四闥上圓下方雲集記曰

范雲字彥龍少與梁武帝甚篤相隨宿一家雲望見窻外二人鬪一人曰可進一人曰有王有相不可也乃俱拜從窻進主人便獻死雲白武帝曰王當仰擁相顧賜及及帝登位拜雲

僕射塵精晉書鬱鍛書窗一空亭聞人於外呼無字鍛從窻覷之乃一著黃人遂引其髏斷之乃塵精也尋血得之雞語兗州刺史宋處宗買得一長鳴雞著窻

聞雞作人語與宗終日雞論瑠璃窻世說滿奮畏風武帝坐瑠璃窻內甚實密奪疑其蹤恐之帝問其故答曰臣如吳牛見月而喘祈嘉晉書祈嘉字孔

賓清貧好學夜忽窻中有人呼云祈嘉隱去來當修飾人間甚苦不可諧所得未毛銖所喪如山岳嘉旦乃悟矣綺疏碧石疏窻中列幽遠不闚牖

而見天道老子青瑣●瓦附屋完門銅瓦漢武故事云起神屋以銅爲瓦漆其外擲瓦漢書寶光巷行人見有人居光屋上擲瓦投地

就視不見霍誅之應水精瓦吳外國傳曰大秦國王宮殿水精爲瓦飛神仙傳班子孟圖吹人屋瓦飛入人家吹漢平帝元始四年冬風吹長安城東門屋瓦盡盡

投子孟陽晉張載字孟陽貌醜遊洛陽市羣女以瓦石投之縹碧劉騎騶詩曰縹碧以爲瓦鴛鴦之瓦桀作瓦博物志瓦

中秦時東郡守爲瓦所中壓墮死此亦畏忌所驗毀方瓦合禮瓦不成沫禮乃生女子載弄之瓦瓴甓

門戶第二十一

天子門諸侯門　重門易曰重門擊柝以待暴客　外戶禮記曰大道之行外戶不閉　由戶語曰誰能出不由戶　高門有閌閌高穀　埽門魏勃埽齊相曹參門　關揵善閉無關揵而不可開老子　重閉傳曰勇夫重閉　高其閈閎閈門　踰越傳曰門不容車而不可踰越　高卑合禮　啓閉隨時　閶闔　扁鐍　立不中門行不履閾　踰閾婦人送迎不出門見兄弟不踰閾　長者之轍陳平門多長者之轍　以通往來　作限內外　不可踰也　何莫由斯　以時啓閉　祀戶祭先脾月令孟春陽氣出祀之於戶　其祀門祭先肝孟秋陰氣出祀之於門外陰也凡祀門爲祖先祭肝　戒門閭修鍵閉孟冬　禮有以高爲貴者位尊高則門高　拂闑禮君入門介拂闑大夫中棖與闑之間介拂棖凡入門近中爲尊　不出戶庭　蓽門圭竇　衡門之下可以棲遲　西南其戶　蓬戶甕牖甕瓦牖繩樞陳涉　席門陳平懸席爲門　通德門後漢名鄭玄里門名通德　門銘蔡邕虞門銘云祿無常家福無定門人謀鬼謀道在則尊　題門翟公　受命於戶耶孟嘗君　大吾門呂不韋　雀羅翟公罷廷尉賓客皆去門可張羅　高其門于公　銅戶列士傳曰吳王闔閭畏王僚之子慶忌作石室銅戶以備之　閉戶先生孫敬常閉戶號閉戶先生　不完莊子曰原憲家貧蓬戶不完　諱晉書羊祜爲荊州卒後人爲諱戶以戶爲門　何不高其戶春秋後語孟嘗君曰嬰嬰以五月五日生子文俗云此月生子及戶損其父妾匿養之文長日受命於天受命於戶必受於戶何不高其戶　臥戶風俗通曰臥戶物者畏縮其頭令人病癩　昌戶帝王錄曰有赤雀銜丹書止於昌戶　闚其戶闃其無人　三戶盡閉王充論衡曰燕王在明光宮欲入所時勑三戶盡閉使二十人關不得　不出戶而知天下○　天子門鼎門戶門　禮天子五門謂皐門庫門雉門應門路門　九重門楚辭曰君之門兮九重　金馬漢武帝立金馬於魯班門外因改曰金馬門　千

門盡肅相定審未央宮千門萬戶曰天子之居非壯麗無以威重秦師過周北門左右免冑而下超乘者三百餘人王孫滿尚幼
觀之言於王曰秦師輕而無禮必敗過天子門不卷甲束兵超乘示勇力後果為晉所敗黃金門楚辭云黃金為君門○諸侯門附門戶門樹塞
語曰邦君樹塞門注謂屏於門外朱戶漢冊魏公九錫文曰以君翼宣風化華夏充實是用錫君朱戶赤戶以居臺門天子之禮臺門旅樹大夫僭禮也言
此諸侯之禮大夫僭之請高其門于公門壞父老共治之于公曰少高其門令容我理獄多陰德子孫當有興者至于定國為丞相駟馬請容車
馬晉陳穎延恩父新立宅門顯請容車馬後為主簿從事乘車馬歸家蹻音閭而語公羊傳曰晉二大夫相與蹻閭而語注閭當道門也閭一扇一人在內一人在外曰
蹻禹三過門不入用牲左氏大水用牲于門非禮戶開亦開戶闔亦闔大君子之門董仲舒曰當作為力而已不足
稱大君子之門注云仲尼之門故稱大●修造附門戶門啓塞從時門戶橋道謂之啓城郭牆壍為之塞皆開閉之急不可一日而闕修其
閭扇月令仲春修鍵閉孟冬有司戒門修鍵閉必重閉也閭容駟見上注門材與之門杼鑿戶為室牖以轒轀飛簷
轒音五羯反丁丁雖一日必葺其牆屋廣門衡以旌儒鄭玄字康成北海相孔融敬玄曰于公僅有一節猶戒高其門閭矧鄭公之
德而無四牡之路可廣開門衡令容車馬號通德門

倉廩第三

擅開倉常平附倉虛老子田甚蕪倉甚虛廩實管子倉廩實知禮節千
倉乃求千斯倉乃求萬斯箱倉箱見上注太倉紅腐太倉之粟紅腐而不可食海陵流衍觀海陵之倉則紅粟流衍鄧攸
免官又第五訪仲謀為張掖守歲饑開倉賑給曰若須報是弃人也乃以身救百姓詔嘉之修囷月令子孟冬命有司穿竇窖修囷倉謹蓋藏務積
出納之吝謂之有司藏於天下韓詩外傳曰王者藏於天下諸侯藏於百姓農夫藏於囷庾商賈藏於篋笥振廩傳曰楚莊王與廩同食徒

賑廩開倉同食上下無異饌也 我倉 詩曰我倉既盈我庾惟億 儲蓄收藏委積收斂庾 庾露積也詩曰曾孫之庾如坻如京 巨橋

武王克殷發巨橋之粟大賚于萬姓巨橋紂倉 不盈 管子曰不務地利則倉不盈 發倉廩 月令季春發倉廩賑貧窮 粟入 周禮廩人掌粟

之入藏辨九穀之物以待邦用 量入 禮曰五穀皆入必量於歲之杪 九年之蓄 陳陳相因 匪頒 周禮廩人掌九穀之數以待國之匪

頒稍食賜食以歲之上下數邦用以知足注稍倉食廩之祿也 露積 太倉粟陳陳相因充溢露積 敖倉 下有積粟 滯積 公無滯積 神倉 帝藉

籍於神倉祗敬必飭 囷鹿 國語 廥積 貴庾 藏穀以防貴庾謂積穀待價 蘇章 後漢為武原令歲饑開倉廩活三千餘人 喬玄

公祖為梁州刺史歲饑開倉給之主者以為舊典宜先表聞玄曰方待奏民且死矣開倉名訖乃上聞天子嘉之 吳中有均輸之號 吳倉春申君所造名

均輸 洛陽有常滿之名 見洛陽記 御廩災 桓十四年八月壬申乙亥嘗以未易災之餘而嘗曰近也穀云 白帝倉 漢記公孫述有

白帝倉 細柳倉 三輔故事曰漢文入將軍周亞夫軍於細柳今呼白徽是也徽西有細柳倉城東有嘉倉 ○擅開倉廩門 汲黯 因使矯制

發倉穀河內上釋罪 韓韶 後漢韓韶字仲黃為嬴長賊不入界餘縣多被寇廢耕入縣界求索衣糧甚衆韶愍其饑困開倉賑之萬餘戶主者爭為不可韶曰此活溝壑

壑之民而伏罪含笑入地太守素知名德竟無所坐 鄭默 晉鄭默為東都守歲凶開倉賜給待罪詔書褒歎比之汲黯班告天下 王蘊 字仁叔為吳興守郡人饑開倉

賑恤主簿諫請先上請待報蘊曰行仁義敗無所恨朝廷以違科免之士庶詣闕左降晉陵太守 ○常平 附倉廩門 壽昌之計 食貨志漢宣帝時年

豐人少利時大司農中丞耿壽昌上計令郡國皆築倉以穀賤時增其價而糴以利農穀貴時減價而糶以利人名曰常平倉百姓利之 平糴 管氏之輕重李悝之平糴

弘羊之均輸壽昌之常平皆人賴其利 狗彘之食 孟子曰狗彘食而不知斂野有餓殍而不知發 不涸之倉 管子曰積於不涸之倉者務五穀也 不

盡文子曰積於不盡之倉存救之術要儲蓄以虞以待凶荒周禮豐凶不常饑歲有喪既有無之相
均齊豐儉而交利智合於權利和其義均節豐儉適宜公私交利苟樓畝之餘豐年不儉則在野
之饑殍凶歲疇依羨耗出納監臨當其豐歲雖多京坻之謠守在職司宜豐區之量均輸倉
吳倉春申君所造名均輸常滿倉洛陽有常滿倉出如珠王取土史如糞秋斂春頒庫藏附主守庫
月令季春命有司府庫出幣帛聘名士發幣藏說文庫兵器所藏藏幣金布所藏五庫禮曰季春審五庫量天子之庫有五之藏藏於天下王者
藏於天下諸侯藏於百姓農夫藏於囷庾商賈藏於篋匵武庫漢立武庫以藏禁兵王府御府大内竊藏晉文之豎頭須守藏者及其出竊藏以逃
焚臺韓詩外傳曰晉文公藏寶之臺燒三日公子里妄賀曰臣聞王者藏於天下諸侯藏於百姓今賦斂無已皇天降災於藏是君之福故賀之東山關東山之
府則環寶溢目充府庫周禮凡萬人之貢以充府庫化貨賄之藏長府魯人為長府府府藏名白藏秋之藏名充牣積滯鹿
臺武王克殷散鹿臺之財紂所積之府庫曰鹿臺不竭之府管子曰藏於不竭之府謂養桑麻育六畜受藏周禮頒其貨於受藏之府在
庫言庫内府周禮内府掌受九貢九賦九功之貨賄之良兵器以待邦之大用注謂朝覲頒賜外府掌邦之出入以供百物而待邦之小用注布帛泉藏曰
泉行曰布閒謂賜也小管庫禮記晉趙文子舉管庫之士七十有餘家府實子產曰其輸則君府實餘財武帝初府庫餘財京師錢累百巨萬
餘貫朽而不可校六府周禮天子六府曰司土司木司水司草司器司貨與司六職注六府謂主藏物之府禁庫無聚水衡錢天子私藏乘
與供養所出毋將隆君房言大司農錢自供乘輿不供給供養勞賜一出少府蓋不以本藏給末用本藏給末用注見上五庫

車庫兵庫祭器庫樂庫宴器庫大庭之庫魯武庫蕭何立自壞後漢靈帝光和武庫屋自壞司隷承上書曰武庫禁兵所在國之禁爲災深者

魚魏嘉平中魚築武庫上●主守附庫藏門出納之吝[illegible]明之有司出匣虎兕出於匣龜玉毀於櫝中是誰之過與守藏委

質監臨所守攸司晉侯之豎頭須守藏者也竊藏以逃

管籥第三十四

管庫之士趙文子爲政舉管庫之士七十有餘家北門之管杞子云鄭人使我掌其北門之管長當鐵鎖當長鎖橐籥老子曰天地之間其猶橐籥乎謹守管籥漢書啓籥書啓籥見書司門周禮司門掌援鍵以啓閉國門啟門閭修鍵閉善閉老子曰善閉者無關鍵而不可開扃鐍莊子則必攝緘縢固扃鐍

園圃第三十五

灌園附老圃樊遲請學爲圃子曰吾不如老圃折柳詩曰折柳樊圃注云樊藩也不闚董仲舒專學十五年不闚園圃毓草木周禮九職二曰園圃毓草木樹之果瓜場人掌園而樹之果瓜珍異之物以時斂而藏之拔園葵公儀休相魯拔園葵不與人爭利不闚後漢法眞隱大澤講論藝術歷年不闚園圃踐葵魯漆室之女曰昔有客繫馬園中馬逸踐葵使予終歲不飽葵百畦莊子云子貢過漢陰見一丈夫鑿隧抱甕而灌園子貢曰有機於此日浸百畦挈亦[illegible]抽多曰桔槔丈夫曰吾知之恥而不爲外園左傳孔氏之外園九畹楚辭曰予既滋蘭之九畹又樹之百畝西園曹子建詩淸夜游西園飛蓋相追隨北園潘子北園樹果樹菜說文園樹果圃樹菜樹藝周禮廿而一周禮園廛二十而一[illegible]故廿而稅一[illegible]注云以利少[illegible]廛市中空地不樹者無樹者[illegible]出之樹亭周禮任園以樹事貢草木灌於陵子辭齊相而[illegible]爲何闕桔槔[illegible]謂果瓜葵韭自免歸而灌[illegible]文[illegible]教授抱甕見上山陽餘利向秀傳曰秀與呂安灌園山陽收其餘利以供酒食之費自償范丹學通三經常自償灌園[illegible]蔬潘岳賦序灌園[illegible]鬻蔬使吏鉏治魏顏斐文林爲京兆

守於府下起菜園使吏拔簡鉏治之 假貧 出入王翦爲秦伐楚士請美田宅園圃使其從 惡與貧人 後漢書 鉏園 得黃金印後漢與異 園公
陳留志園庚居園中世謂之園公 孔子嘗爲魯乘田吏 孟子 圃之 九月築場圃 注春夏爲圃秋冬爲場 園 有桃
有詩
藩籬第二十六
羝羊觸藩 易 折柳樊圃 詩 樊藩 游藩 莊子曰游其藩 藩籬之鷃援
條 晉書庚袞與弟子樹籬跪而授條曰幽顯易操非君子意 鷦鷯長 於藩籬之下 鷦鷯賦云 芳枳樹籬 閑居賦 爲軍 傳晉楚弭兵以藩
爲軍注云不相疑
牆壁第二十七
奢侈 築牆 穿穴 容刃 附 左傳壞 厚其牆垣 傳 數仞及肩 子貢曰譬諸宮牆賜之牆也及肩闚
見室家之好夫子之牆數仞不得其門而入不見宗廟之美 耳屬于垣 藏書 魯恭王壞孔子舊宅於壁中得古文之書皆科斗文字 環堵之室 循
牆而走 正考父 有茨 牆有茨不可埽茨蒺藜也 蔽惡 叔孫曰人之有牆蔽惡也牆之既壞誰之咎注咎在牆 以禦風雨 以避燥濕 大爲
之防 猶有踰者 高墉 射隼高墉 無踰我牆 既勤垣墉 惟其塗塈 既茨牆面 不學牆面 勿切 漢書
牆藩勿切 三尺 周禮牆厚三尺崇之注云高卑爲牽足以相稱 短垣 國語曰君有牆而白喻 負牆 子貢負牆而起 卻壞 見蔽惡注 百堵
皆作制 淮南子舜作室築牆茨屋令人皆知去巖穴各有家室此其始也 相如成都唯四壁 負牆而立 ● 奢侈
附牆壁門 雕牆 尚書峻宇雕牆傳曰晉靈公不君後斂以雕牆 牆不露形土被朱紫 並文選 椒塗 取其溫香 粉壁
紫素 漢官儀郎省中皆胡粉塗壁紫素界也 黼繡 漢書黼繡古天子服也今商人賓召客者皆用以被牆 金銀 後漢琅邪王好治宮室殿
壁皆飾以金銀 牆藩 甘泉賦電倏忽於牆藩 厚其牆垣以立 琉璃爲牆 南州異物志大秦國 ○ 築牆 附牆壁門 文

登 築之登登用力也 百堵 之子干垣百堵皆作 版築 音同畢 一[illegible]学 廣袤數仞之制 一簣之功 啓塞從時 [illegible]

垣墉謂之塞皆隨其壞則治不限土功之時 平版幹 稱畚築程土物略基址 土物既程 高卑是揣 計徒庸 順時 屬其役 [illegible]

則直縮版以載 以索縮其版上下相承 垝垣 垝垣毀牆○上 胥壞 附牆壁門 胥牆 傳曰繕完胥牆 一日必葺 [illegible]

所居館舞一日必葺其牆屋 百堵皆興 見上注 騫崩 陊隳 下壞 見上注 糞 土之牆不可圬也塗也 圬人 傳圬人以時塓館宮

室 圬人塗者 塗墍 墍塗也壤亦塗也見上 毀垣 頹墉 坏牆 垣 月令孟秋○ 穿窬 附牆壁門 穿窬之盜猶

可踰也 無得而踰焉 鑿壁引光 匡衡勤學無燭鄰家有燭光以[illegible]乃穿壁引光書讀之 穿墉 誰謂鼠無牙何以穿我墉 踰垣而

走 鄰女 宋玉東鄰女登牆而闚三年矣 連牆 列子師壺丘子林友伯昏務人交居東郭與南郭子連牆二十年不相謁請相遇於道 及肩 屬耳

被誅 齊莊公私崔杼於室牆下被誅 無踰我牆 詩 短垣 君而有短垣自踰之 循牆而走 正考父恭 踰 書曰窬垣牆竊牛馬則有常刑

乘彼垝垣 垝毀 登龍斷 龍斷垣 孟子 竇第十八 宮中之竇其崇三尺 工記 圭竇 傳 周禮考 蓽

門圭竇之人 胥陵其上 逃出自竇 有過氏滅夏后相后緡方娠逃出自竇 大竇 先王之大竇 竈第十九 祭 附 奧竈 傳 井竈

竈 躍竈鼃 莊子仲尼讀春秋老聃躍竈鼃聽之竈鼃額也 媚竈 王孫賈曰與其媚於奧寧媚於竈 騷除 史記李斯曰竈上騷除當一時也騷音

埽 滅竈 孫臏滅竈 增竈 虞詡增竈 曲突 漢書曲突徙薪無恩澤也 向栩 後漢向栩性不恆又似坐於竈北版屋上 避竈 莊子云煬者避竈 風吹

李南少明風角女見疾風卒起吹竈突及井 [illegible]辭曰此主盜客者當之果卒也 生鼃 [illegible]國[illegible]曰智伯文晉陽而灌之城不浸者三版 竈生鼃人馬相食 無黔突 墨子

竈銘李尤曰燧人造火竈五窔魯連子竈五窔分煙者衆矣●祭竈[illegible]禮有五祀竈居一焉孟夏其祀竈祭

先肺陽氣盛熱外祀之於竈竈從熱類也老婦之祭禮曰竈者老婦之祭也盛於盆尊於瓶注老婦先炊者也祭竈以祭先炊也燔柴於奧奧非

禮也時多失禮燔於竈祀火神失祀竈之義孫寶後漢書云孫寶[illegible]孫寶爲主簿譚遂[illegible]請比齋臘日後漢陰子方臘日晨炊而竈神見黃羊因祀之三世

至識繁昌遂常以臘日祭祀也風吹風吹竈神主婦當死庶人祭竈[illegible]竈祠李少君言祠竈皆可致神而丹砂可化爲黃金黃金成以爲器飲食

則益壽壽益則海中蓬萊山者乃可見之見之以封禪則不死黃帝是也於是天子親祀竈焉[illegible]淮南子曰孟夏可以祠竈竈神晦日上天白人罪狀大者奪紀小者奪算算紀三百日算

一百日

車第三十

造車　美車　覆破　同載　戎車　[illegible]駟車　無車　借車　走馬　車騎[illegible]玄牢牛車同軌天下車同軌以爾車來詩大

車轞轞載馳載驅載驅薄薄不騁不驅有車[illegible]巾車輶輬巾車主車官也流水漢書車如流水馬如龍立而

至秦愼子曰行陸者立而至秦有車任重致遠百兩之子于歸百兩御之十乘元戎十乘以先啓行輮軸史記稱髙青輮軸車所以爲滑也不

能運方穿任載持載致千里莊子曰轅不運而致千里載物服箱公車周禮巾車掌公車之政令公官也退與人謀禮周

輈之和也進則與馬謀退則與人謀注云言車退之易與人馬之意相應此爲輈之爲善所致也勸登馬力言輈和勸用馬力壹取周禮馬力既竭輈猶能取

一焉注云馬雖止輈尚能一取道喻易進也亦言輈之善也象天地日月又曰軫之方象地蓋之圓象天輪輻三十象日月臺傍車輮之外轂牛曰臺傍

乘殷之輅命車九命三命而賜車馬也禮獻車獻車馬執策綏者禮暢轂詩文茵暢轂謂長轂也有棧之車行彼周道役

車其休庶人車也言農展功畢匪車揭兮疾車五楘梁輈[illegible]梁輈上長者轍陳平門長者車多魚軒葦車曲

棄車甚澤 澤美也 鍥軸 陽虎盡借邑人之車鍥其軸鍥刻也 借車 見上 爭車 公孫閼與潁考叔爭車考叔挾輈以走子都逐之不

及 挾輈 見上 輂車 駕馬輂車 輂車人挽也以共戰任器上爲藩營 五輅 巾車掌五輅一金輅二玉輅三象輅四革輅五木輅王后之五輅其名物

與其用 夏縵 卿乘也 墨車 大夫乘 棧車 士乘 役車 庶人乘 行陸 作車以行陸 察車自輪始 一器

而一人聚者車爲多 稚轂 漢書 還轅 還轅輿不及 轂擊 車馳轂相擊 六飛 袁盎曰陛下馳六飛驚

軾 後漢列侯伏熊軾皂蓋 虛左 魏公子乘車虛左自迎侯生 戲車 衛綰以戲車爲郎 驢車 張楷公超家貧無業常乘驢車至市賣藥足

給而還 又劉子訓嘗乘驢車 上殿 魏鍾繇元帝爲太傅有膝疾拜起不便時華歆亦以高年疾朝見皆使載輿虎賁輿上殿就坐見三公有疾遂爲故事 壹馬

鮑宣子都爲豫州牧郭欽奏宣行部乘傳去副車駕一馬舍宿鄉亭坐免罪 賜車 蓋 黃霸字次公爲任楊州刺史宣帝下詔賜車蓋特高二尺別駕主簿車緹油屏泥於

軾前以章有德 褰帷 見刺史門 善車 袁閎見袁甫爲相乘善車 柴車 謝夷吾堯鄉遷鉅鹿守行春乘柴車刺史上其儀序失中損國典左轉爲下邳

令 羊車 晉輿服志羊車一名輦車司隸劉毅劾其罪 官給 太康四年詔依漢故事給九卿朝車駕駟馬及安車各一乘詔諸尚書軍校加侍中常侍者

皆給傳車給翻得入殿省與侍臣相隨 兩隨車 漢百里嵩 見兩門傳 牛車 漢初將相或乘牛車 乘入宮殿 車千秋年老上優之朝見得乘

小車入宮殿因號車丞相 德車結旌 結旌乘車也結謂收斂不飾 車中不內顧 夫子云翔而後集迴翔審觀而發下止 舍車而徒

義不乘也易 ○ 造車 陳車門 轉蓬 淮南子聖人觀轉蓬而爲車 椎輪 文選云椎輪爲大輅之始大輅寧有椎輪之質 伐輪 坎坎伐輪伐輻 有

車之用 三十輻爲一轂當其無有車之用 象日 文子曰轉輪而無窮象日月之運行 輪輮之材 文選直木不爲輪 遵途 合歡季材 材蒸

也以柔刃故為車也作車以行陸聚工一器而工聚者車為多上輿樸屬凡察車之道欲其樸屬而微至不樸屬以為完久也注樸屬附著堅久皃微

至不微至無以為戚速也注謂輪圓甚則著地者微少也戚速行疾貌戚將六反三材輪人為輪斬三材必以其時三材既具巧者和之注三材轂輻牙利轉轂者以為轉也

輻者以為直指也牙者以為固抱也牙音訝謂車輞幎莫歷反爾輪貌揱爾輻貌音消皆謂其美容轂必直轂之為容陳之於直揉輻

必齊陳之於直揉以大橋之杼以行澤侔以行山凡為輪行澤者欲杼行山者欲侔杼以行澤是以刀割塗故塗不附侔以行山則是摶摶徒反

以行石也輪雖敝不甐於鑿注杼謂削薄也侔厚也摶亦厚乎也敝盡也甐動之也平沈必均謂以輪沉於水者其輕重四平輈有三度注云輈大小有三等

度謂淺深之數也國馬之輈深四尺有七寸田馬之輈深四尺駑馬之輈深三尺有三寸軸有三理一者為美無節目也二者以為久堅刃也三者以為利滑密也揉輈

凡揉輈欲其遜而無弧深注遜順理也弧木弓引之中三中三深之極揉輈之倨句可如二也三則傷其力也輈欲頎典頎音甚很反典音殄彌反堅韌貌輈欲弧

而無折經而無絕太深則折經亦謂順理也進則與馬謀退則與人謀注云進退之易人馬之意相應也馬行主於進人行則有退時也終日馳騁左不楗注

楗音蹇今倦字言輈和則不疲倦也行數千里馬不契需注謂傷蹄也不需遒理也終歲御衣袵不弊此唯輈之和也袵謂裳也安則和是以然也勸登馬力注登

正也謂輈和勸用馬力也既竭輈於輈一取焉注正馬取道踰易進人謀馬謀契需袵敝注見上軫方軫之方以象地蓋之圓以象天史奚

仲薛祖奚仲居薛以為夏車正掌車之官契需反覆庳車卑使高史記孫叔敖為楚相俗好庳車一以為不便馬欲下令使高其相曰令數下人

不知所從王必欲高車臣請教閭里使高其梱乘車皆君子君子不能數下車從之半歲民悉自高其車此一不教而人從化也司南車記里車晉輿服志司南

記里諸車過江亡失制度而謝安率遺焉及獲復京師舊日章形制無差千里振策終不契需五馭和鸞旱能反覆既勸登於馬

力亦退與於人謀

○美車門附車　服美不稱傳曰慶季之車不亦美乎叔孫曰服美不稱必有以惡終美車何爲　美澤可鑑慶封獻車於季武子美澤可以鑑鑑形也晨[illegible]叔見之曰車甚澤人必瘁宜其亡也　甚澤見上注　不節[illegible]車不飾儉也　七香五雲並美車名　如輊如軒詩戎車既安如輊如軒注云輊摯也後視之如摯從前視之如軒然後適調　疾驅於通道大都詩序　載驟駸駸詩過國如歷塊焚之晉[illegible]有好車[illegible]不[illegible]伯有人[illegible]從[illegible]曰有車使人不[illegible]取借何以[illegible]車遂命焚之　結轍[illegible]車不雕幾謂國家[illegible]弊也周禮　鮮車後漢[illegible]相及之官時人謂其[illegible]從儉而[illegible]生好被[illegible]入市乞匄後徵拜趙[illegible]鮮車御良世疑其[illegible]偽也

宜稱朱轓漢制吏者人之師也車服宜稱六百石已上皆長吏也而與民異令一千石朱兩轓千石至六百石朱左轓　流水車如流水馬如龍馬皇后云見親戚

甚不悅　茱萸[illegible]石崇作友白[illegible]之轓　騁車子[illegible]騁[illegible]止車曰爾非禮也注過制

○覆破門附車　僨濟鄭伯之車僨于濟[illegible]入濟水

載輸爾載詩曰載輸爾載[illegible]也　弃爾輔詩曰其車既載乃弃爾輔　無覯大車無覯小車[illegible]其[illegible]以行之哉　脫輻傳曰車說其輻

不利行師　摧輪魏武帝詩北上太行山羊腸坂詰屈車輪爲之摧　前覆後戒漢書前車覆後車戒　或載或隨老子　折軸史記[illegible]

[illegible]折　毀折[illegible]車[illegible]也　敝車[illegible]之車　勞薪荀勗食知[illegible]車腳爲柴　恥敝車見朋門　將從[illegible]從者[illegible]中道

而廢[illegible]車[illegible]不相依[illegible]如[illegible]

○同載門附車　同載而歸文王得呂望歸乃同載而歸　虛左以迎[illegible]君聞侯嬴乃虛左以迎執轡愈恭　共載均茵憑班彪與周陽由同列共車未嘗敢均茵憑　惠而好我詩[illegible]攜手同車　恥與共車董允[illegible]費禕齊名[illegible]其葬允父和遣開後鹿車給之[illegible]有難色禕便從前上和謂允曰吾常疑汝於禕而今而後吾意了矣　兄弟也[illegible]曰[illegible]

乘兄弟龍住云 同乘監令 晉和嶠為中書令荀勗為監嶠鄙勗令同車嶠獨乘而勗自[illegible]王儉之輿 甞養
之恩若兄弟也 嶠乃先登車坐不容勗勗乃自備車自此別異車 附
行蜀國因下馬揖入府 獻帝與趙溫同車 後漢獻帝西都為侍中與趙溫同輿
車詔曰公宜為禮一車 壹車至長安封江南侯為司空字子柔 子曰不
與同車 與異輦同車不同 既禮殊輿服異也 夏侯惇 魏志云撫與夏侯惇同 輿載諸將無得比也 ●武車 門 前車十乘 元戎十乘 以先啓行 左
輪朱轂 小戎 車輕車也即戎車 即戎同禮也 不鞶南 禮兵車不中 度不鬻於市 不式 兵車不式 武車綏旌 武車也
纓謂裝也 戰車 晉馬隆專討羌依八陣圖作偏箱車地廣為鹿角車營路 ●使車 附
武車兵車 戰車 秋則為奉屋施於車上且戰且前弓矢所及應弦而倒矣 車
門 埋輪 張綱為御史在八使之中埋輪於洛陽都亭云豺狼當道安問狐狸遂劾梁冀也 使者車 軺車 輜軿車 並使 攬轡 慨然有 澄清天
下之志 軺傳 晉輿服志軺車古之將軍車也一馬曰軺車二馬曰軺傳車漢貴輪轂而賤軺車晉重軺車而賤輜軿 ○驛車 門 附車 鶡鶡 車乘招我以弓豈不
欲往畏我友朋 軟輪 蒲輪 安車 公車為駕 漢龔勝曰竊見國家徵醫巫皆為駕徵賢者亦宜為駕上日大夫乘私車來耶勝曰唯唯 ●無車 門 附車
彈鋏 馮諼彈鋏歌曰長鋏歸來乎出無車 徒行 顏回死顏路請子之車以為之椁子曰以吾從大夫之後不可以徒行 蔡謨 以明經給事大將軍幕府無車
晉步行衆門下好事者損合為買犢車 ●借車 門 附車 借車 東方朔為尚書 從公孫弘借車 借邑人車 陽虎囚於西鄙畫備 邑人之車鍥其軸麻
約而歸之 ●走馬車入國不馳 馳若鄲勿驅 闌人 禮記國中以策彗鄲勿驅 子有車馬
往鍥刻也 塵不出軌 不出軌注謂不馳也
不馳 塵不出軌 注見上 長楸 詩走馬長楸間 馳騁 無禁 躡市人之足 莊子躡市人之足則辭以放傲兄則偃大親則
不驟 章臺街 張敞為京兆尹 走馬章臺街 馳六飛 袁盎曰陛下馳六飛 賭逐射 田忌數與齊諸公子馳逐重射孫子曰臣能令君勝與君
已矣

及公子賭千金孫子曰以君之下駟與彼上駟君以上駟彼以中駟君以中駟彼以下駟卒得王千金 過華臣之門必驂怒馬 注林楚及備而驂

舟第三十一 造舟戰船覆舟御船開水路附 濟巨川 若濟巨川用汝作舟楫書 藏夜壑 莊子夫藏舟於壑謂之固矣然而夜半有力者負之

而走昧者不知 汎彼柏舟在一葦 華頭河廣一葦航之 汎汎 楊舟載沉載浮 神仙 後漢郭林宗自京師歸諸儒送至河上林宗唯與李膺同舟而

濟衆賓望之以為神仙 坐而至越 慎子曰行海者坐而至越有舟故也 鷁首 淮南子龍舟鷁首 青雀 舟名 鳥舟 七命曰乘鳥舟兮為

水 艅艎 吴王敗楚獲吴乘舟名艅艎 不繫 汎兮若不繫之舟 任重致遠 檝工 檝師檝人 水行 老子 利涉 大川 徒涉

行川 濟川 惟設險 舟以濟人 持載 一葉 桂葉舟 千艘 萬舸 臭厥載 書曰若乘舟汝不濟臭厥載 行舟 罔水

行舟言丹朱無道習於無水行舟書 荃橈 桂櫂之名為舡械伺傷退人舩從底沉行五十步乃逸 以運舩為戰艦 陶侃以運舩為戰艦或言不可侃曰以官

物討官賊 試舩沒 見溺門 ● 覆舩 附舟門 覆舟 家語夫水所以載舟亦所以覆舟 濯 齊侯與蔡姬乘舟于囿蕩公公懼變色禁之不可

載沉載浮 魚吞 鯨魚吞舟 風波 漢書渡江河無橫中流而風波舩必覆之 積羽沉舟 史 漂蕩 沉溺 顛覆

舟 ● 御舩 附舟門 五覆始乘 月令季春天子命有司覆舟五覆五反乃告舟備于天子焉天子焉天子始乘舟有司周官也覆反者慎之至

也 魚跳 武王伐殷有白魚跳入王舟 龍負 夏禹南渡江黃龍負舟 濟汾 從樓舟濟河漢武帝 諫御舩 漢成帝謝祭出便門欲御樓船

薛廣德諫宜從橋免冠曰陛下不聽臣言臣自刎以血汙車輪上乃止 試御舟 遇風波見溺門 ● 開水路 附舟 鑿離堆 溝洫志蜀守李

冰鑿離堆穿三江城都中皆可船行百姓享其利往往引水溉田 引渭水 鄭當時言引渭水渠旁南山下[illegible]上為然乃穿三歲方通 通漕

帖二

斜〔漢溝洫志有人上書欲通褒斜道及漕言褒水通沔謂斜可以／谷行漕漢中上發數萬人作褒斜而水多湍石不可漕也〕闗漕　引擘華山〔巨靈擘山〕

〔以通／河渭〕鑿砥柱〔大禹鑿砥／柱爲三門〕濬川之功　從舟之利　崇高畢〔議／逝〕逵　舟師造戰船〔見上／陸〕

白氏六帖事類集巻第三

白氏六帖事類集巻第四〔凡七十門内／二十五門附〕

杖四十　囊橐四十一　筆硯四十二　紙四十三　墨四十四　彈四十五

衣服第一　奢美　儉敝　異服　製造　贈遺　無衣　法度　浣濯　補綴附

服以旌禮傳衣身之章也傳在笥惟衣裳在笥

楚楚詩衣裳楚楚　春服既成　粲粲羽人之子衣服粲粲詩　衣顛倒衣裳　安其吉兮　燠兮　如雪麻衣如雪　九月授衣

旗章禮曰郊廟祭祀之服以為旗章以別貴賤等級之度也　有量禮衣服有量　逢掖孔子曰丘少居魯衣逢掖之逢道大也大掖之衣君子有道衣所服

衣蓋形文子曰聖人衣足以蓋形以御風寒　袂纀襜如衣服後襜如也　暑服月令孟夏天子初衣暑服注絺綌也　衣服異宜禮

命服賜服也禮　不鬻禮衣服不鬻於市　在躬禮衣服在躬而不得其名為罔罔然無知之貌　裼襲禮裼襲禮之文也注衣服或裼或襲之文

以為禮也　衣服有別禮　惟鵜之刺惟鵜在梁不濡其翼彼己之子不稱其服　問人寒則衣之禮　女手摻摻女手可以

縫裳詩　曳婁子有衣裳不曳不婁詩　鄉服魯哀公問孔子曰夫子之服其儒服與怪與士之異也孔子曰丘少居魯衣逢掖之衣長居宋冠章甫之冠丘聞君

子之學也博其服也鄉丘也不知其儒服　短衣楚制叔孫通儒服見漢王王憎之乃衣此也　善衣完且不費善衣之次善衣朝祭服衣深衣　去袪在韜囊

服言游服游嬉之服　好人之服要之襋之好人服之好人褆褆　褒衣博帶雋不疑謂暴勝之　裘之裼也見美也禮

褻衣惡其文章之著也　朝服晉輿服志漢制一歲五郊天子與執事者所服各如方色百官服常縫衣以從魏已來名為五時朝服正給四服闕秋服三年一易

入廟服晉輿服志公特進列侯卿大夫世婦中二千石中二千石夫人紺繒幗簪珥入廟自二千石夫人以上至皇后皆蠶月衣為朝服也　去地三寸朱博子元

為琅邪守敕功曹官屬多褒衣大袑袴也不中節自今掾吏衣皆去地三寸也　憎儒服叔孫通儒服嘗見漢王漢王憎之乃變其服服短衣楚制又[illegible]會其豐

單門上謁衣儒衣冠沛公使人謝曰方以天下爲事未暇見儒人食其按劍叱使者曰吾高陽酒徒非儒也沛公遽延入斷衣令短盖寛饒爲衛司馬未出殿門
斷其禪衣令短離地冠大冠帶長劍按行衛士豫讓擊衣青袍如草身被輕煖曹植詩◎奢有美附衣服門不稱彼己之
其服美叔孫通曰服美不稱必以惡終取貴完且不貴見上注衣錦子曰衣夫錦於汝安乎宰予曰安汝安則爲之君子之容禮曰君子服其
服則文以君子之容是故君子恥其服而無其容纖靡致美乎黻冕服文彩不衷之衣好絜其衣服詩序狐裘
之陋華致諂於齊相麻衣之侈亦見刺於曹人禮有以文爲貴者謂龍黻玄纁之服蜉蝣之刺蜉蝣之羽衣裳楚楚
蜉蝣之翼采采衣服蜉蝣掘閱麻衣如雪儉不中禮雖聞諷於蟋蟀奢而好絜亦見刺於蜉蝣惟鵜諷其不稱相鼠刺以無儀
身災春秋曰服之不衷身之災也遊服遊喜之服鶴氅鷸冠越布單衣後漢陸閎美姿貌喜著越布單衣世祖見而好之自後常
勅會稽郡獻越布香囊謝玄常佩紫羅香囊安患之而不欲傷其意因戲賭取焚之玄遂止寶玉衣紂◎儉徽附衣服門一[illegible]子有衣裘
不曳不婁刺晉昭公儉也緼袍子曰衣敝緼袍與衣狐貉者立而不恥者其由也與取貴闔廬衣服擇不取貴儉也昭其儉也儉而有度短褐
黜華尚素衣化爲緇風塵也絜而崇侈麻衣雖刺於曹人陋則失中狐裘見非於齊相惡衣服禮有
以素爲貴者不尚文彩澣衣禮晏平仲澣衣濯冠以朝君子以爲隘傴下僂卑僂迫也隆葉反禮云爲己僂卑布衣之
儉見彼汲黯韋袴之弊聞諸祭遵晏子狐裘孫弘布被犢鼻司馬相如阮咸之衣見虜寒不待輕煖
漢書寒之於衣不待輕煖不易衣見婁敬脫挽輅去其羊裘見虞將軍曰臣願見上言便事虞將軍欲與鮮衣敬曰臣衣帛帛見衣褐褐見終不肯易衣也

皁帽布裙 魏管寧幼安恒著白帽布襦袴襦裙也 衣並葛常苦寒被褐而出衣錦而入 呂秋繁文於內固不可也

○異服 附衣服門 禮曰作異服奇器以疑衆殺無赦不以聽 注云謂其害大辭不可明 惡終 服美不稱必以惡終

紺緅 君子不以紺緅飾紅紫不以為褻服 尨服 晉太子申生率師公衣之偏衣孤突曰衣之尨服遠其躬也罕夷曰尨奇無常君有心矣先丹木曰是服也狂夫阻之阻疑怪

狂夫之阻 見上注 士不衣織 織染絲織音志 衣服不貳 禮曰長人者衣服不貳以齊其人貳不齊一也 既同聚

鷸之冠 宜及維鷸之制 晳幘而貍制衣 齊侯賞黎珍黎珍辭曰有先登者晳幘而貍製乃東郭書 紗縠單衣曲裾後垂 江充衣

製芰荷以為衣集芙蓉以為裳 楚辭 卉服 島夷之服 左衽不衷身災 服之不衷身之災也

胡服 史記趙武靈王曰吾欲胡服騎射以教百姓樓緩曰善王曰世必議寡人奈何肥義曰疑事無功云云遂胡服招騎射 襜褕入宮 武安侯田恬坐衣襜褕入宮不敬國除也

幅巾縑巾 傅子曰漢末王公多委王服以幅巾為雅袁紹崔鈞之徒雖為將軍皆著縑巾太祖以天下凶遺擬古皮弁裁縑帛以為之帢合簡易隨時之義以色別貴賤可謂卑容非國容也

鷸冠 鄭子臧好聚鷸冠鄭伯殺之君子曰服之不衷身之災也 瓊弁 楚子玉為瓊弁玉纓夢河神曰畀余余與汝孟諸之麋

既非常服 華遁明形 奇服 周禮禁 禮曰邦執禁以譏異服識異言 同衣服 周禮具下法度門 襏襫之衣 草衣以禦雨

○製造 附衣服門 既成 春服既成 改造 緇衣之宜兮敝予又改為兮緇衣之席兮敝予又改造兮 改為 見上注 縫裳 摻摻女手可以縫裳

補衮 衮職有闕仲山甫補之 要襋 襋制衣襋領也 為公子裳 結禬 結帶禬領 具飾衣裳 禮刀尺針

線裁縫 操制衣 學子製衣 子有美錦不使人學製焉 縫裾為幟 虞詡叔卿為朝哥長賊屯聚漲澧貧民能縫者傭作賊衣以綵線縫

其褐為敝到市者擒之○贈遺附衣服門縞帶紵衣季子札與子産縞帶子産獻紵衣焉綈袍須賈以范叔寒贈一綈袍曰戀戀有恃故人之
意黑貂裘史記蘇秦說趙相李兌兌送以黑貂之裘寒暑衣之解衣衣我韓信言漢王○無衣附衣服門之子無
衣之子無裳無衣無褐何以卒歲不曳不婁見儉嗇門注豈曰無衣七兮不如子之衣安且吉兮豈曰無衣
六兮不如子之衣安且燠兮佩玉繠兮予無所繫之言人皆佩玉我獨無所繫矣申叔儀曰吳王不恤國士也范叔寒見上
綈袍注衣葛常苦寒易衣而出昔無襦今五袴賦無衣申包胥如秦乞師秦哀公為賦無衣九頓首而坐秦師乃出注云
無衣三章章三頓首○法度附衣服門深緣月令季夏命有司深緣黼黻文章必以法度無或差忒黑黃蒼赤莫不質良以給郊廟祭祀之服以為旗章以別貴賤等
級之度質正良善也有量季秋命有司具飾衣裳文繡有恒衣服有量冠帶有常必脩其故見膚被土禮曰古之衣服蓋有制度以應規矩短無見膚
長無被土昭其度也昭其明也制形文子曰古之為道者量腹而食制形而衣羞服之式周禮太宰以九式均節才用四曰服之式式用財之
節度羞飲食也同衣服周禮司徒以本俗六安萬人六曰同衣服謂人雖富衣服不得獨異辨衣裳月令回肘禮深衣袂可以回肘言寬也正
色禮曰衣正色裳閒色列采禮非列采不入公門列采正服之色衣服有別禮去地三寸見上注燕衣不踰祭
服司服掌王之吉凶衣服辨其名物與其用事賈人高詔賈人無得衣錦繡綺縠絺紵罽操兵乘車騎○洗濯附衣服門心之憂矣
如匪澣衣薄汙我私薄澣我衣澣衣濯冠晏平仲澣衣濯冠以朝君子以為隘和灰請漱禮子事父母冠帶垢和灰請漱澣也
音恩侯反衣裳垢和灰請澣和灰灰汁也漱裳諸母不漱裳漱澣禮服澣濯之衣濯纓滄浪之水清可以濯吾纓浣紗

濯錦〇補綴 附衣服門 紉鍼 禮記子事父母衣裳綻裂紉鍼謂補綴線也 補袞 仲山甫 縫衣為裘 禮記良冶之子必學為裘
縫裳 摻摻女手可以縫裳 縫人 周禮縫人掌王宮縫綫之事掌內外之縫事 挫鍼 莊子支離疏挫鍼治繲 衣音佳賚反挫鍼縫衣也 裘第二
奢麗儉敝裼襲衣附 始裘 月令孟冬天子始裘 輕裘 乘肥馬衣輕裘 為裘 注見上 公子之裘 取彼狐貍為公子裘 短右 褻裘
長短右袂 重裘 諺曰救寒莫若重裘 鷫鸘 司馬相如與文君還成都以所服鷫鸘裘就市 狐貉之厚以居 謂裘 安且燠兮輕
煖 文選身被輕煖 如膏 羔羊如膏日出有曜膏音幹道反 禦寒 文子曰衣足以禦寒蓋形 童子不衣裘裳 注為太溫也 常
服 司裘 大裘 周禮曰司裘掌為大裘以供王祀天之服注云大裘羔裘祀天以示質 良裘 仲秋獻良裘注云良善也王所服也 功裘 季秋獻功
裘注狐裘之類卿大夫所服 裼裘 襲裘 禮曰裼襲禮之文也衣裘有裼襲以順禮 狐裘羔袖 善者多惡者少 見美 禮曰裘之裼見
美也 虎裘狼裘 君之右虎裘左狼裘注謂尊者有虎猛 熊羆 詩舟人之子熊羆是裘言富也 狐裘反衣 漢揚興謂史高曰將軍所
舉不過門下賓客富貴而列士不舉是有狐白之裘反衣也 〇奢麗 附裘門 千金狐腋 王褒四子講德論曰千金之裘非一狐之腋 雉頭 晉起
居注曰大醫司馬程據上此裘非常服也上以損費功用於殿前燒之 鶴氅 世說王恭常乘高輿被鶴氅裘 狐白 秦囚孟嘗君君說幸姬求解姬曰願得君狐白
裘直千金以獻昭王矣有客能狗盜入秦宮藏內盜得狐白裘獻之遂得歸齊 既乖常服 且祇彝章 士不衣狐白 禮 遺 子思在衛縕袍無表
田子方遺其狐白之裘子思曰吾聞遺人食物不肖者受之如棄物於溝壑中吾雖無德不忍以身為溝壑遂不受 出孔叢子 青鳳毛 王子周昭王以青鳳毛為二裘一燠
質二暄肌以禦寒也 美裘 蔡昭侯朝楚持美裘二其一獻之昭王而自衣其一楚相子常欲之不與常毀之蔡侯留楚三年蔡侯知之乃獻其裘子常子常受之乃言

歸蔡侯蔡侯歸請晉伐楚矣　粹白之裘　天下無粹白之狐有粹白之裘注云集而後成粹純也　○儉敝門附裘　三十年　晏子一狐裘三十年晏子
爲知禮言太儉也　黑貂敝　史記蘇秦說相李兌兌遺之以黑貂裘蘇秦去李兌遊秦秦不能用於是貂裘敝　奢而不度　翠被可鑒於楚王　儉則失
儀　狐裘見非於齊相　○褐龍裘衛門　執玉其有藉者則裼　藉繅文　其無藉者則龍裘　文
質相交變　裘衣之爲裼見美也　君子於　皇齊爲敬　事以羔羊之不裼　庶人　狐貉之厚以居　士大夫　不相
因　禮裼龍衣之不相因襲裘之襲相瀆也注不相因者或以裼爲敬禮盛者或以襲裘爲敬襲王之屬不盛者以裼爲敬晏子是也　錦衣以裼之　記曰君衣狐白
裘錦衣以裼之注云君衣白裘以素錦爲衣裼而有衣曰裼　大羊之裘不裼　賈略無文亦庶人也

冠弁冕第三　巾　奇侈　儉敝附

有常
禮冠帶有常必脩其故　昭度　衡紞紘綖昭其度也　首飾　冠首飾也　身章　傳曰衣身之章　旌禮　傳曰服以旌禮　有頍之
容企　頍音　在首　詩曰有頍者弁弁貌頍在首　如星　會弁如星　俅俅　詩曰載弁俅俅恭貌載戴也　致美　於黻冕　元服　冠也　首服
周禮追師掌后首服　五冕　周禮弁師掌王五冕皆玄冕朱裏延紐　邃延　天子玉藻十有二旒前後邃延後天子五綵藻爲旒旒十二延冕上覆也　臺
笠緇撮　撮緇布冠都人明王縰也　桂後惠文冠　秦時法官冠張敞弟武爲梁相云當以惠文冠治之　一覓　禹貢曰冠一覓安可復冠　竹皮
高祖以竹皮爲冠及貴常冠所謂劉氏冠詔曰爵非公乘不得冠此公乘第八爵　高山冠　酈食其謁沛公衣儒衣冠注云一名高山冠　挂　後漢逢萌王莽時曰
三綱絶矣不去禍及乃解冠挂於東都門而去　角巾　郭林宗遇雨其巾墊而折其後學士著冠莫不折其角　葛巾　蜀諸葛武侯與宣皇在渭濱將戰宣皇戎服涖
事使人視武侯乘素輿葛巾毛扇指麾三軍皆隨其進止宣皇聞而歎曰可謂名士也　漉酒　陶潛在家酒熟取頭上葛巾漉酒漉畢復還著之　縞冠玄武

子姓之冠有父服不純吉素紕縞冠素紕既祥之冠不齒之服玄冠縞武不齒之服不免子路曰君子死冠不免免至地也服

周之冕素冠庶見素冠招虞齊侯田招虞人以弓不進使執之辭曰臣不見皮弁故不敢進乃捨之必彈楚辭曰新沐者必彈冠彈冠王陽入仕

貢禹彈冠言相援引不正李下不正冠幅巾欒巾見異服門注進賢晉輿服志進賢冠古緇布遺象也文儒之服有五梁三梁兩梁一梁人主

五梁三公三梁卿大夫尚書二千石兩梁漢太官令冠兩梁親省御膳為重也博士兩梁崇儒也金璫附蟬漢官侍臣闕儒服大冠侍中常侍加金璫附蟬為飾以金為

璫飾首方山冠舞人以五綵隨其行方色服行列也樊噲冠漢書鴻門會項羽圖危漢王樊噲聞事急乃裂裳苞盾戴以為冠而入人壯其意乃制為象焉

惠文武冠一曰惠文或曰趙惠文王所造或曰齊人見千歲涸澤之神名曰慶忌冠大冠乘小車疾馳因象其冠而服焉遠游之冠五寸禮垂緌怒髮

蟬翅柱後惠文御史冠冠纚如蟬翅○竒衺附冠弁門異服記作異服以疑衆不以聽言殺無赦不稱傳曰服美不稱必以惡終瓊弁

鷸冠不衷身災並見上注既乖常服是抵彝章小冠杜欽字子夏目盲杜業與欽同姓字京師衣冠謂欽為盲子夏欽乃為小冠高

廣才二寸乃謂之小冠子夏○儉敝附冠冕門昭其儉也儉而有度從儉麻冕從儉禮也今也純儉吾從衆拜下禮也語必加於首

穀梁曰弁冕雖舊必加於首苴履漢書冠雖敝不以苴履復屨穢也奢崇瓊弁讓東敗於河神儉用竹皮並見非於劉氏濯冠上見

注偪下僕上僕迫也音匐反為己僕卑也音章甫遺越人以章甫終不為息竹皮漢書高祖為亭長以竹皮為冠號劉氏冠

詩赤芾太古蔽膝之法象冕服謂之芾他謂之韠皆以韋為之朱芾斯皇大夫已上韠朱大夫素士爵韋禮也在股詩曰赤芾

在股邪偪在下莊疑祝曰天下有道我執子佩天下無道我負子戴注言隱藏也緇帶士冠禮朝服緇帶爵韠素帶

縓帶緇辟彜繚 禮素帶終辟大夫素帶辟垂士練帶大夫帶四寸雜帶君朱緑大夫玄華士緇辟二寸再繚四寸凡侍君紳垂足雜飾也 垂足

見上注 麻者不紳 紳大帶衰代之 子張書諸紳 搢紳者不道 漢郊祀志云紳大帶搢謂插笏於大帶與革帶之間 如

厲 詩垂帶如厲厲垂貌 黃河如帶

衾第六

錦衾爛兮 詩 抱衾與裯 裯單被 寢衣 語曰必有寢衣

長一年有半 布被 公孫弘爲三公臥布被飾詐以釣名 又 張湛爲漁陽守去職布被壷囊而已 賜錦被 宋寵爲太尉家貧臥布被朝廷乃賜錦被 又

王良爲司徒掾在位恭儉瓦器布被妻子不入官舍 合歡鴛鴦 古詩客從遠方來遺我一端綺文綵雙鴛鴦裁爲合歡被 輕暖 文選身被輕暖

安燠 宴且燠兮 見裏 禮褻衣衾不見裏謂其襯 賜霍光錦被百領 姜肱兄弟共被寢 輕衾

繡被 後漢李忠仲爲大將軍世祖賜之 牛衣 王章爲諸生主與妻居病無被臥牛衣編亂麻爲衾衣俗呼之爲蘢具 十二幅 江夏孟宗少遊學其母作

十二幅被以招賢士共臥庶聞君子之言 覆被 馮豹爲郎奏事未報偃伏省闥或曰至明肅宗使朗門郎錦被覆豹令勿驚 令被 晉光逸爲小吏縣令更送

客冒寒雨過令不在解衣衾令被曰何惜一被殺一人 翡翠珠被 爛齊光 楚辭

袴第七

褰衣大袑 見衣服法度門 五袴 廉范

字叔度爲蜀郡太守改火禁嚴備水人歌曰廉叔度來何暮不禁火人安作昔日無襦今五袴 通健 賈逵貧無袴晨著妻兄柳季袴而去時人謂之通健也 皮袴 馬援

牛羊散與故舊身衣皮袴

襪第八

韈而登席 褚師聲子韈而登席云臣有疾異於人若見君將噦之注古者臣見君解韈有瘡謂足疾也噦謂嘔吐也

結 張釋之爲王生結韈 生塵 文選羅韈生塵 躞蹀 羅韈躞蹀而容與

履舃第九

跪遷俯納 記謁長者而履跪而遷履俯而

納履 坐取 禮君子之飲酒也三爵而退則坐取履隱辟而後履之 履霜 糾糾葛屨可以履霜 蹤雪 史記東郭先生衣敝履不完行雪中履有上無下足

躡地路人突之珠履楚春申君賓客三千人皆躡珠履鳥舃王喬爲鄴縣令每朝乘二鳥舃乃舃也豹舃傳曰雨雪楚王皮冠豹皮爲履跪黃石公墜
履令張良取之良跪授之屨賤踊貴織履高士傳曰陸仲子織履以爲食樂在其中喪屨齊侯墜于車傷足喪屨反誅屨于徒人費不得鞭之誅
屨見上五兩葛屨五兩几几赤舃几几瓜田古詩曰君子防未然不處嫌疑間瓜田不納履李下不整冠文選不加於枕漢書履雖鮮不
加於枕冠雖敝不以苴履尚書之聲鄭崇字子游爲尚書數上書諫上上笑曰我識鄭尚書履聲曳革履鄭崇事見上以承玉趾
規行跬步上殿漢相蕭何劒履上殿珠履之奢楚客躡屨於葛屨之儉魏人赤剌於解屨禮侍坐於長者屨不上於堂解屨不
敢當階就屨跪而舉之屛於側子房跪履於黃石釋之結韤於王生皆禮敬也屨人屨人爲赤舃黑舃赤繶青句素屨葛屨注赤繶赤絲爲
屨也命屨命夫命婦屨也功屨去飾主及妻屨散屨及素屨大祥時屨青絇納屨踵決莊子補屨千將補屨不如兩錢之錐扉屨鄭申
侯見齊侯曰若師出於陳鄭之閒供其資糧扉屨其可也注云扉屨即草屨也絲屨禮國家靡敝君子不屨絲屨禹治水山行乘欙丘遙反很
下半寸其中

笏第七

球玉魚須禮天子以球玉諸侯以象大夫以魚須文竹士以竹本象可也球玉美玉文飾也指畫禮凡指畫於君前用笏受
命禮造受命於君前書於笏書思記將適君所史進象笏書思對命注書之於笏謂恐失忘方正天子進珽方正於天下也注云天子笏方其頭言無所屈前詘
諸侯荼前詘後直讓於天子也圜其頭是屈於天子也荼音舒後詘大夫前詘後詘示無所不讓書教令輿服志古者貴賤皆執笏主書君上之教令有侵譖
之於帶中後代已來雖八座尚書執笏者白筆綴手版頭其爵王公卿士但執手版主於敬不執筆示非記事官也手版見上注珽傳袞冕黻珽珽笏也違
笏長者意致吉禮脫笏記小功不脫笏當事則脫注云悲哀之時不在記事相手版法出蕭何或曰四皓東方朔見善曰非庸人所解相手版經

擊錢鳳 區番畫錢鳳酒肯以手版擊之 不害執手版 流流洽背

珮第十二

珮褱之旗也 褱由也旗昭表也左傳

其聲也 手以用之聲以發之 蕊（縈）兮 珮玉蕊兮予無前擊之 比德去身 君子以玉比德無故玉不去身禮 非辟之心 君子行則鳴佩

玉是以非辟之心無自入也 珮以制容 文選 玉藻 不規行 周旋中規 前旋守捧 有聲 觀玉之聲 先王

有制 所以比德 君子無故 玉不去身 佩服無斁 揖讓有聲 禮容 玉德 右徵角左宮羽 禮曰佩玉右徵角左

宮羽謂玉聲所中 進揖退揚 進則揖之退則揚之俛仰之節 居設朝結 禮居則設佩朝則結佩齋則綪佩綪屈結綪音爭 山水

之文 天子佩白玉而玄組綬公侯佩山玄玉而朱組綬大夫佩水蒼玉而緇組綬士佩瓀玟而縕組綬世子佩瑜玉而綦組綬注云山玄水蒼玉之文也綬者所以貫佩玉相承

受之瓀玟音斆旻 非辟之心 無自入也 溫潤之德 尚可比焉 鏘鳴 禮 鏘鏘 詩云佩玉鏘鏘 繫之組綬 金玦 晉太

子申生帥師晉侯佩之金玦狐突歎曰金寒玦離胡可恃 贈 詩之子之來之雜佩以贈之問之 又 鄭交甫於漢皋遇二女解佩贈交甫交甫懷之而亡 秋蘭 紉秋蘭

以為佩 象環 孔子佩象環五寸注謙不比德 蕙 楚辭連蕙若以為佩 獻 傳蔡昭侯為兩佩兩裘以如楚獻一佩一裘於昭王王子常欲之不與三年止之獻

乃歸之 垂委 主佩委則臣佩垂主佩垂則臣佩委 磬折垂佩 容臭 男子未冠盥漱佩容臭臭香也 雞初鳴 童子佩觿

注謂解結 佩韋 范丹字史雲自以狷急不能從容常佩韋以自戒西門豹亦以性剛急常佩韋自戒 佩弦 董安于性寬緩則佩弦自警 璆然 孔子

入見衛靈公夫人南子北面稽首夫人自絺帷中再拜環佩玉聲璆然

玦第十三

佩以金玦 注見上 與 大夫得罪待放於郊公與之環即還與之玦即

去 賛國擇利 衛侯與石祁子玦使守國曰以此賛國擇利而為之 玉玦 魏略太祖征漢中太子在盟津聞鍾繇有玉玦使臨淄侯因而說之繇即送之

召人以環絕人以玦闔巢子綬佩玦者事至而斷莊子三舉所佩玦

印綬第十三 符附

龜顧會稽傳孔愉嘗放龜溪中流左顧數四及愉封侯鑄印而龜左顧更鑄亦然工以聞愉悟乃取佩之字敬康鵲翔張顥為梁相雨後有山鵲飛化為圓石顥椎破之得一金印文曰忠孝侯印龜鈕漢舊儀諸侯王印黃金槖駝鈕文曰璽列侯黃金龜鈕文曰印丞相黃金龜鈕文曰章二千石銀印六百石銅印鼻鈕文曰印鼻鈕上見印章滅私印銘曰乃設印章作信萬國篆文刓敝史記曰項羽欲封人印刓敝而不與弄印史記周昌既為趙相上御史大夫印弄之視堯曰此印無易堯者遂拜之六國蘇秦佩六國印奉以行之守而勿失彤鏤傳信以守器官不易男不言而信示人有信範金禮操漢王使張良操印立韓信為齊王方寸淮南王上書陛下以方寸之印丈二之組鎮於方外懷其印綬朱買臣拜會稽太守懷其印綬而入會稽郡相印魏許允字士宗遷鎮北將軍允善相印將拜不善使更刻之如此者三允曰雖始成而已被辱問送印者果被懷而墜於圊懷銀黃黃金印銀綬是謂銀黃郡縣公晉輿服志郡公縣公縣侯大夫夫人銀印青綬佩水蒼玉買臣懷淵明弃天道漢武令刻玉印賜欒大文曰天道將軍使使衣羽衣夜立白茅上五利將軍亦立白茅上受印以示不臣土數漢武時據土數五故五字為印文若印文不足五字則以之字足之蔡澤懷金印結紫綬於要言其足矣刻六國印漢王納酈生之言欲立六國後曰趣刻印先生因行佩之矣銷六國印漢王聞張良言不可立六國後曰趣銷印綰皇帝璽得印一匱秦時自相署置官之印也夏侯嬰繼擊秦得之假印綬晉輿服志假印綬而官不給鞶囊得自具作但假印不假綬者不帶佩綬鞶古制也漢書鞶囊者佩在腰間或謂之印囊

●符附印發門銅虎符漢文帝初與郡守為銅虎符一至五合符乃受各分半留在京師竹使符竹符五枚長五寸鐫書篆書一至五以代古之珪璋伍符軍中伍伍相保之符

權衡第十四 平

權月令仲春秋日夜分則命有司平權衡欺以輕重禮之於正國也猶衡之於輕重也政衡誠懸不可欺以輕重誠審也折平於物作信於人錙
銖斤兩謹權量四方之政行焉惟器有信則人不爭和均平施平施審物作法於平示人以信同其數器
謂權衡不得異輕重同利也黍累律歷志權輕重不失黍累任權權衡者衡平也權重也可以任權而平輕重也以準之正繩之直左旋見規右旋見矩其於天
也左助旋璣斟斗建指以齊七政故曰玉衡五權五權之制以義立之以物均之餘於小差輕重爲宜圜而環之令肉倍好錘形如環周旋無端終而復始也衡權與
物均而生衡衡運生規規圜生矩矩方生繩繩直生準準正則平衡而均權矣是爲五繩者上下端直經緯四通準繩連體衡權合德百工縣焉以定法式信者誠誠者直故爲繩
職在大行鴻臚掌之注均平遠近故在鴻臚用於出納貴以爲醫改晉裴頠爲醫方人命所急而稱兩與古和均不同失神農岐伯之政爲害特重宜因
此改理權衡

量第十五

嘉量起於一黍圭合升斗之數起於黃鍾律之一千黍惟器作信則人不爭謹量語謹權量用
當其無守而失信信以守器官不易方豆區釜鍾家量傳曰齊舊四量豆區釜鍾四升爲豆各自其四以登於釜釜十則鍾陳氏
三量皆登一焉鍾乃大矣以家量貸而以公收之故人歸之言陳氏以五升爲豆各自五以登於釜釜十爲鍾自然鍾則大矣言陳氏家量大於公量也黍累作法於
平示人以信中規中矩壹其度量周禮栗氏爲量改煎金錫則不耗銷鍊之精不復減不耗然
後權之準之量之爲量也其聲中黃鍾其銘曰時文思索允臻其極嘉量既成以觀四國永啓厥後茲器維則已上
典嘉量銘範金禮庣馬五量鍼方尺而圜其外旁有庣一焉注庣不滿處上爲斛下爲斗右耳合龠狀似馬以爵以廩祿上三下二參天兩地之象圜而函方左一右
二陰陽之象其圜象規其重二鈞也用小斛魏志太祖賦斂不足軍糧少主者請以小斛給軍糧太祖曰善後軍中有言太祖欺衆太祖曰借君之死以厭衆乃徇曰主者行其

小斛乃斛之於單門斗筲月槩而不稅粟氏改煎金錫而不耗不耗然後權之權之然後準之準之然後量之量之以爲鬴注鬴十則鍾其聲中黃鍾之宮注應律

之首槩而不稅注令百姓得量而不爲租稅五量律歷志量者籥合升斗斛所起黃鍾之籥以子穀秬黍中者千二百實其籥以井水準其槩欲直以水平之井水清則平十

籥爲之合云云而五量嘉矣圭撮量多者不失其圭撮不爲槩禮維北有斗不可以挹酒漿西柄之揭盈升詩椒聊之實不可盈

升斗粟一斗粟尚可舂漢書始於黃鍾而反覆焉反解中黃鍾之象夫量者始於籥合登於升聚於斗角於斛職在太倉覆亦中黃鍾之宮宮君也君制器

司農主之穿地得隋開皇二年五月長安人穿地得金版有銘云始皇時量器

度第十六

始於一黍五度律歷志度者分寸尺丈引本起

黃鍾之長以子穀秬黍中者注子穀北方黑黍取大小中者一黍之廣度之九十分爲黃鍾長之一爲一分十分爲寸十寸爲尺十尺爲丈十丈爲引而五度審矣其法用銅高一寸

長一丈而分寸尺丈存焉以爲引高一分分者自三微而成著可分別寸村尺舊職在內官廷尉掌之注法度所起故爲屬廷尉舊音約周尺王制古者以周尺八尺爲步今

以周尺六尺四寸爲步古者百畝今百三十六畝三十六步古者百里當今百二十一里注案周禮籍以十寸爲尺蓋六國時多變法者或言周尺八寸則步更八八六十四以此計古者

百畝今百五十畝百里今二百五十里惟物有度俾人不爭信以守器官不易方同度月令仲春仲秋則日夜分則同度量作程中度

毫氂度長短者不失毫氂十毫爲氂失之毫氂差若千里分寸尋常爭尋常之地五尺曰尋倍尋曰常短長取則忖度詩曰他人有心

予忖度之壹其度量周禮百度得數而有常百物之度也枉尺直尋去彼取此尺有所短寸有所長

古今長短晉荀勗校八音不和始知後漢至魏尺長於古尺四分有餘勗依周禮制尺更鑄銅律呂調聲韻以尺量古器與本銘尺寸無差時人服其精密唯阮咸

作其聲高後攝得古尺果長於勗尺四分一尺布尚可縫進寸退尺老子曰不敢進寸退尺禹以身爲度以身爲尺度也

劍第十七

利用靈異璽讖鑄[illegible]龍泉太阿秋水越絶書云太阿劒其色如秋水純鈞鏌鋣越王句踐有寳劒五純鈞湛盧鏌鋣毫曹巨闕自衛家語子路
拔劒而舞曰古之君子以劒自衛乎龜文龍藻並劒彩倚天宋玉賦長劒耿介倚天外七星文劒白虹劒名青蛇劒彩冰刃
霜鍔文選一人敵漢書項羽學劒不成乃曰劒一人敵不足學學萬人敵屬鏤吳王賜子胥屬鏤劒以死贈徐君延陵季札帶劒過徐君徐君色
欲之季子心許之比反徐君已死季子挂劒於徐君墓上樹而去鹿盧古劒以玉刻鹿盧形白刃鋒徐相衛君子臣斷佞進劒者左手
尊也禮啓櫝夫襓禮凡言劒則啓櫝如夫襓與劒焉注櫝函也夫襓劒衣音饒斬馬朱雲請上方斬馬劒斷佞臣一人張禹頭賜後漢韓稜爲尚
書令僕射郅壽尚書令陳寵三人時以才能肅宗嘗賜諸尚書劒特以寶劒自爲其名韓稜楚龍泉郅壽蜀漢文陳寵濟南推誠稜淵深有謀故得龍泉壽明達有文章故得漢文寵敦
朴不內見故得推誠賣龔遂爲渤海太守令人賣劒買牛又世祖時獻名馬寶劒直千金詔以馬駕鼓車劒賜騎士歌舞子路拔劒而舞見上注又馮諼寄食孟
嘗門下倚柱彈鋏而歌曰長鋏歸來乎食無魚又鴻門項莊起爲壽曰軍中無以爲樂請以舞劒價直文選曰價兼三鄉聲貴二都蜀志云句踐有寶劒五召薛燭示之燭
曰客有直者市之鄉三駿馬千疋千戶之都二可乎燭曰不可當造此劒時赤菫山破出錫若耶溪出銅雨師灑塵雷公擊橐天精下歐冶因天之精至其巧一曰純鈞二曰湛盧今
赤菫山合若耶溪深歐冶死雖城量金珠猶不可得千金西京記昭帝時茂陵人獻寶劒上銘曰直千金壽萬歲礧具劒雋不疑帶以謁暴勝之擊東方
朔十五學擊劒帶劒入省梁冀帶劒入省張陵字處沖劒之以一歲俸贖罪三劒莊子曰臣有三劒天子劒諸侯劒庶人劒墜水古人劒墜水刻
舟以求迭躍列子蘭子以技干宋元君弄七劒迭出而躍之五劒常在空立賜金帛諸吏帶劒魏相以文吏爲丞相好武皆令諸吏帶劒奏事不有帶
佩劒入木劒晉輿服志朝服帶劒晉世之以木容懃恩文選劒容懃恩不折莊子曰復讎者不折鏌鋣劒履上殿漢蕭相國

昆吾周穆王征西戎得昆吾劍水心劍秦昭王三月三日曲水宴有金人於水中捧水心劍以奉王百金之劍楚捕子胥子胥至江上有老人
乘船知子胥急故渡之既渡子胥解其劍曰直百金以與父父曰楚法得子胥賜粟五萬石爵執圭豈徒百金之劍耶劍一良越王遺子貢子貢不受步光
劍句踐使大夫種遺吳王步光之劍鄧師鄧國有善鑄劍者因名宛馮宛人於馮鑄劍因以為號淬以龍泉水孟康曰龍泉宮
西平界其水可用淬劍特堅利古龍泉之劍取於此未嘗服之衞綰景帝賜之劍綰曰先帝賜臣劍凡六不敢奉使取之六劍常盛未嘗服之司馬氏
在趙者以傳劍論顯劍術也史記○利用附劍門發硎之刃出匣之鋒陸斷犀兕水截蛟
龍文選斬馬見上注切玉列子周穆王得昆吾劍切玉如泥剸犀斬虵漢高祖斬白虵剸鍾干將劍剸鍾無響補履不如兩錢之
錐決雲上決浮雲其鋒不可當漢書腐肉之齒利劍青萍劍也雄稜銛利剸割莫能茲
非斬蛟呂氏春秋曰荊有佽非者得寶劍於干江渡中流兩蛟繞舟佽非拔寶劍赴江刺兩蛟殺之荊王聞之仕以執圭○靈異附劍門指鄭則
三軍白首麾晉則千里血流楚王作劍三枚晉鄭求之不得興師圍楚三年不解楚王登城引太阿之劍麾之三軍破敗血流千里鄭人頭盡
白夜飛去吳越絕書曰吳王闔閭無道湛盧劍乃去吳之楚秦伐楚求之楚不與之神兵文選此蓋稀世之神兵化去雷煥云靈異之物終
當化去衝斗晉書曰斗牛之間有紫氣雷煥曰寶劍之精上徹於天耳在豫章豐城令掘獄屋基入地四丈得石函中有雙劍一曰龍泉二曰太阿也化
龍雷煥得劍送一與張華一自佩及華誅後失劍所在及煥卒其子華持劍行經延平津忽於腰下躍出墮水使人入水見兩龍合盤光照水而去斬虵劍
飛出晉武庫災張華見漢高祖斬虵劍衝屋而飛去○鑒識附劍門風胡之鑒薛燭之識並古之善相劍者候

時去國惡無道於呉王入夜干星幸見知於雷煥衝斗紫氣見上注相劔患劔之似呉干呉之干將

○鑄礪附劔門磨礪發硎試人傳曰莒子虐而好劔苟鑄劔必試諸人作礪若金用汝作礪歐冶子善鑄劔邪

溪之鋌赤山之精並出良鐵萬辟千灌淬鍊之名奮推神器化成陽文雄劔文陰縵雌劔文鍛

礪書曰鍛乃戈矛礪乃鋒刃淬礪之功砥礪法言干將鏌鋣古之良劔然而不加砥礪則不能利百鍊剛越砥斂其鍔清水

淬其鋒越砥斂其鍔言干將之璞也鷿膏瑩鋒洗削殖貨傳質氏以洗削鼎食斂盡而無恧候月蝕鑄

韓延壽字長公爲東郡取官銅物候月蝕鑄作刀劔鉤鐔放效上方以此弃市鐔音尋鐔衛皆用玉師古曰鐔劔口衛劔鼻華陰赤土

雷煥得豐城劔取南昌西山下土拭劔送一劔并土與張華華以南昌土不如華陰赤土報雷煥書云兼以華陰土一斤致煥煥將拭劔轉精明也

匕首第十八

徐氏匕首典論部匕首諸葛亮作部匕首五百枚以給騎士百辟魏太子造百辟匕首二其一理似堅冰名曰清剛其二曜似朝日名曰陽文圖窮荆軻獻燕地圖圖窮而匕首見仲文笑神仙傳曰有書生張子就李仲文學隱術久無所得患之張懷匕首刺之仲文笑曰我寧可殺晉張載匕首銘曰先民造制戒豫惟謹匕首之設應速周近既不忽備亦慙輕忽利以形彰切以道隱曹沫投曹沫爲魯莊公將與齊戰三敗莊公懼獻遂邑之地莊公與齊桓盟于柯曹沫執匕首劫齊桓左右莫敢動問曰子將何欲沫曰齊彊魯亦已甚矣今魯城壞即厭齊境君其圖之桓公乃許還魯之侵地既而曹沫投匕首北面就羣臣之位顔色不變桓公怒欲背其約管仲曰不可專諸進呉公子光將令專諸殺呉王僚四月丙子光伏甲士於窟室乃請王僚酒酣公子光佯爲足疾入窟使專諸置匕首於魚腹中而進王既至前專諸擘魚因以匕首刺王僚立死左右亦殺專諸闔廬立乃封專諸子爲上卿徐夫人匕首燕丹欲使荆軻入秦乃求天下

名利匕首得趙人徐夫人匕首與之百金使工以樂一淬之以試人血濡縷無不立死者濡縷謂刺人血可濡絲縷徐夫人男子也姓徐名夫人　提入彊秦　荊軻云提一匕首入不測彊秦　椹胷中柱　引匕首擿秦王不中中銅柱　短劒　鹽鐵論曰匕首短劒也長一尺八寸頭類匕故曰匕首

刀第十九

贈佩刀　晉書呂虔爲刺史有佩刀相者曰以三公可服虔乃贈別駕王祥曰苟非其人刀或爲害卿有八量之重故相與也　割雞　焉用牛刀　佩犢　龔遂爲渤海令人大賣劒買牛賣刀買犢曰何爲帶牛佩犢　鞞琫　詩曰鞞琫容刀皆刀鞘飾鞞上飾琫下飾　操割　子皮欲使尹何爲邑宰子產曰猶夫能操刀而使割之　白刃　冰刃　霜鍔　霜鋒　寶刀孟勞　穀梁曰孟勞魯之寶刀　鄭刀　周禮云鄭之刀宋之斤魯之削遷其地不能爲良地氣然也　大刃　周禮刀劒之屬　獻刀　禮曰凡獻刀則卻刃授穎注云卻却也　辟刃　凡有刺刀者以授人則辟刃謂避也辟音匹亦反　敝盡而無惡　周禮候

月蝕鑄　見上注　問刀賈　武帝責楊僕曰君欲請蜀刀問賈幾何對曰率數百武帝曰出兵而陽不知決注僕行請官蜀刀率數百　鈆刀爲銛　賈誼曰鏌鋣鈍兮鈆刀爲銛　鈆刀　一割　墜水　郭翻刀墜水人爲取之因與其人其人曰我取此天地神明所責翻終不受又投於水人又爲取翻不能逆十倍價與之　龍雀　赫連勃勃造百鍊鋼刀爲龍雀大環號曰大夏龍雀也　庖丁　之刀十九年如新發硎　贈　蜀實禕別傳云禕使吳孫權以手中常所執寶刀贈之禕荅曰臣不才何以堪此討不庭禁暴亂者願大王勉建功業同奬漢室臣雖闇弱不負來顧　引鏡　神仙傳曰河東孫博能引鏡爲刀屬刀爲鏡　鸞貴　禮曰鸞刀爲貴　闇以刀殺吳子　見舟門注　首山之金　或曰黃帝採首山之金始爲刀見洞冥記　執其鸞刀　詩刀有鸞者　割玉如泥　孔叢子西戎剌刀秦王得割玉如泥　切玉如土　十洲記昆吾割玉刀周穆王時西胡所獻切玉如土　鳴鴻刀　洞冥記漢武賜東方朔鳴鴻刀　百鍊青犢漏景　三刀吳大帝刀也見崔豹古今注　火精協數　古人鑄刀以五月丙午取純火精以協其數　受法

於金精之靈阮師作刀受法於金精之靈七月庚辛見金神於冶監之門向而再拜金神數以水火之齊五精之鍊用陰陽之候取剛柔之和三年作千七百七十口

其刀平背狹刃方口洪首截輕微不絕絲髮之系斫堅剛無交動之見揚泉物理志百鍊利器魏武內誡令曰百鍊利器以辟不祥攝服姦究者也赤刀博物

志曰赤刀周之寶器剃毛淮南子屠朱朔解九牛而刃可以剃毛斬虎刀銘何晏給介士傅咸曰尚書舊奏給介士二百人人給大銅刀各一口

用刀舞吳書凌統怨甘寧殺其父寧嘗備統不得與相見於呂蒙舍會酒酣統乃用刀舞寧起曰寧能雙戟舞白虎之象春秋繁露曰白刀在右白

虎之象巧治鍊剛金馬託形李尤金馬書刀銘云鼓刀揚聲楚辭曰師望在肆昌何識鼓刀揚聲后乃喜陸剸犀

兕水截鯨鯢王粲刀銘曰龍熊爲飾魏曹植寶刀賦曰建安中魏王命有司造寶刀五枚以龍熊馬雀爲飾露陌刀銘魏文帝

釜第二十

維錡及釜詩錡釜之器鬴鍑音富釜大者鬴古釜字二鬴之歲周禮人食二鬴之歲言儉也

五熟鬴魏文帝在東宮賜鍾繇五熟釜而銘曰於赫有魏作漢藩輔厥相鍾繇寔幹心膂魚游後漢楊州賊率張嬰詣太守張綱降曰苟全性命如魚游於釜中

生魚范冉字史雲爲萊蕪令清貧人可曰釜中生魚范萊蕪奪史蔡澤於趙見逐入韓之魏遇奪釜鬲於塗釜鬵詩曰誰能亨魚溉之釜鬵鬵釜屬

懸釜而炊韓子曰智伯圍晉陽城襄子決晉水灌之城中懸釜而炊神釜茅君內傳曰欲合九美色作神釜蒸之櫟釜

轑釜

鼎第二十一

貢金九牧鑄鼎象物左傳問輕重楚子問王孫滿鼎之大小輕重示欲篡周取天下銘禮衛孔悝之鼎銘云云又正考甫鼎銘云一命而傴再命而僂而命而俯循牆而走莫之敢侮左傳云

周鼎漢鼎漢武於汾陰祀得寶鼎羣臣皆賀曰陛下得周鼎吾丘壽王曰非周鼎也詰之曰上天之佐漢爲出神鼎此乃漢鼎非周鼎上說

汾陰之鼎見上注遷於洛邑武王克商遷定九鼎於洛邑

於郟鄏成王定鼎於郟鄏卜世三十卜年七百天所命也 出廬江漢永平六年廬江出寶鼎太守王雄獻之納于太廟詔曰易鼎足象三公豈非公卿奉職

得其理乎 賂魯侯傳曰宋人以郜大鼎賂公公納于太廟臧哀伯曰非禮也 賂荀偃魯侯賂荀偃以乘馬加璧束錦先吳壽夢之鼎謂以馬璧爲鼎之先

也 黄耳金鉉利貞之象 玉鉉革去故而鼎取新 潛江淮楚辭曰潛周鼎於江淮 自熟自滿瑞圖

曰寶鼎金銅之精知吉凶存亡不爨自沸不炊自熟不汲自滿不舉自藏不遷自行 黄雲漢得寶鼎於汾陰之上有黄雲覆之 金景龍文東京賦曰岳修

貢兮川效珍吐金景兮歊浮雲寶鼎見兮色紛縕煥其炳兮被龍文 没於泗水史記周末九鼎没於泗水並城下秦始皇兼天下過彭城齋戒禱祠使千人没水求

之不得 謀於華亭後語秦師臨周以求九鼎顯王患之以告顔率顔率曰請救於齊遂説齊王曰秦無道欲興師求周之鼎君臣計不若歸齊即願王圖之齊王悦

發師救周秦師罷齊求鼎顔率曰周即獻鼎不識何塗之所從王曰塗於梁顔率曰梁欲得鼎謀暉臺之下小海之上梁必不出也王曰從楚顔率曰謀之華亭之上楚必不出矣齊王乃止

折足易曰鼎折足覆公餗 出穀城晉陽秋曰咸康四年穀城縣門外有光卑得九鼎一枚 鑄於荊山史記黄帝採首山之銅鑄鼎於荊山下鼎

成乘龍而升天號曰鼎湖 懷挾後語鼎者不可懷挾提挈 雉升書曰高宗祭成湯有飛雉升鼎耳而雊注耳不聰之異也 聖作神蓋 行藏輕重

漢德方盛武帝善吾丘之言 周室雖衰楚子懃王孫之對 有道則見無道則隱 九鼎寶鼎 五鼎主父偃曰

生不五鼎食死當五鼎烹 記曰崇鼎貫鼎 烏獲扛鼎文選 郜鼎注見上 範金鼎有寶鼎顛

趾謂鼎足倒也 大鼎漢武時見地如鉤狀掊視得鼎大異於衆鼎掊音步鉤反 鼎絶大謂之鼐 圜掩上謂之鼒 獲寶鼎

迎日推數謂來日而推數 舉龍文鼎秦武王有力與孟說舉龍文鼎絶臏而死臏音頻忍反 入秦秦昭王時周器九鼎入秦而滅周 祠后

土而得汾陰巫錦爲民祠魏脽后土營旁得寶鼎迎至甘泉將薦上帝至中山有黃雲蓋焉有鹿過上自實之以祭也巫錦巫之名也　象三才黃帝作寶鼎三象天地人

九牧之金禹收九牧之金以鑄九鼎皆嘗鬺鬺音觴皆嘗以烹牲牢以祭祀　幹弃周鼎兮寶康瓠賈誼弔屈平云

文鼎言其刻鏤文也　覆鼎文摯癸憨齊湣王以愈王疾王命生烹文摯三日三夜不死顏色不變文摯曰胡不覆鼎以絕陰陽之氣王使覆之文摯乃死

銘功分國銅鼎漢平中葛陵城東祝里社下土中得銅鼎銘曰楚元武王墓

甕瓦第三十二附瓶甑

敝漏易曰井谷射鮒甕敝　編甕牖禮儒蓬戶甕牖　抱甕莊子子貢過漢陰見一丈夫方爲圃畦鑿隧而入抱甕而出　眠畢卓爲吏部嗜酒鄰舍有酒卓因行往飲之醉眠甕閒

抱甕釀酒羊雅冬釀酒令人抱甕欲其溫　藏鸚鵡張華養白鸚鵡華自外來並以家事告之華出後童僕愁乃藏甕中　藏賊東觀漢記曰王渙與洛陽令方略捕賊賊乃藏大甕中悉擒獲

瑤甕左傳齊人伐北燕燕人賂以瑤甕　銅甕淮南萬畢術曰取沸湯著銅甕中堅塞之內於井中作雷鳴聞數十里

風雲出怪志曹著爲建康小吏忽有廬山府君所迎見府門前有二大甕可受五百石使風雲出其中

●瓶附甕門

瓶之罄矣雅罍之恥詩　挈瓶之智　毀衛孫蒯伯于曹遂飲馬于重丘人詬之曰親逐而君爾父爲厲是之不憂何田之爲　祭竈祭竈盛於盆尊於瓶禮

●甑附甕門

紀甗齊侯使賓媚人賂晉師以紀甗注有底曰甑無底曰甗　生塵之甑范冉字史雲清貧人語曰甑中生塵范史雲

破甑孟敏字叔達荷甑墮地不顧而去郭林宗問之敏曰甑已破視之何益林宗異之勸令學果著其名　拾塵家語顏回炊飯於敗屋下有塵墜飯中孔子遙見攫食之及回至孔子曰吾嚮夢先人將祭之回曰不可向有煤落甑中置之不可棄之則不祥因攫而食之

陶人爲甑周禮陶人爲甑實二鬴厚半寸底七孔　王甑左傳晉伐齊齊使賂以玉甑　竹甑郭文傳曰文以竹筩爲甑　銅甑任文公王莽亂時畜物悉賣唯留銅甑

器物第三十三

制器者尚

其象易備物致用易器非求舊惟新書班宗宗廟彝器作分器器貢周禮有器貢謂宗廟

器稽器展事用器不中度去豐無用者權罷者令去之月令十一月祭器燕器禮祭器未

成不遷燕器春疏以達夏高以粗秋廉以深冬閎以掩養器為後利用備器什器儲偫哀詔吏舍無得

署什器備偫注軍法二伍為什則供其器故通謂生具為什器又器用濫惡濫不堅牢滌器司馬相如與傭保雜作滌器於蜀市官司

器械并器官司常用器物器不過用國語萬乘器蠟木離奇為萬乘器者左右先為之容飾陽上書頭為飲器匈奴

厚者言匈奴破月氏王以其頭為飲器生無玩物王恭器不彫鏤國珠盤周禮王府掌王之金玉若合諸

侯則供珠盤銘禮湯之盤銘曰苟日新日日新又日新取鐘為盤季武子救台遂入鄆取其鐘以為公盤奉銅盤毛遂謂楚王左右曰取雞狗血

來遂奉銅盤而跪君者盤也民者水也盤圓則水圓盤方則水方孫卿子銘後漢李尤盤銘曰或以承觴或以授物既舉清觴又盛口實承露

盤賦魏母丘儉承露盤賦曰采和風之精液承清露於飛雲玉盤應劭漢官儀曰封禪壇南有玉盤盤中有玉龜鼓盤而舞風土記越俗飲宴即鼓盤

以為樂取大素圓盤以廣尺五六者抱以著腹以右手五指更彈之以為節舞者應盤而舞澡盤述征記曰長安逍遙宮門有澡盤面徑一丈二尺銅盤之

陳知萬歲之寒顧彥先云銅澡盤異苑曰中朝有人畜銅澡盤朝夕恒如人扣乃問張公公曰此盤與洛鐘宮商相應朝夕撞鐘故聲相應可

錯令輕自止如其言後不復聞其聲銀盤神異經曰西北有金樓上有銀盤廣五十丈夷盤大盤危附口澤記母沒而

杯圈不能飲口澤之氣存焉杯圈孟子告子云杞猶杞柳義猶杯圈奉杯管子曰叔牙奉杯起為桓公壽三杯漢宋弘為御史大夫食不重味家上

不過三杯 **土杯** 後漢宋叔平爲定陵令土杯食菱餅 **銘** 馮敬通杯銘曰樂則思舊樂則思權又李尤杯銘曰杯之用無施不可 **流霞一杯** 論衡曰項曼都好道去家三年而反曰仙人將上天飲我流霞一杯數月不飢 **常滿** 十洲記周穆王時西胡獻夜光常滿杯杯容三升是白玉之精夜置杯於庭中以向天比旦而水汁滿甘而香美斯實靈器耳 **鰕頭杯** 南越志曰南海以鰕頭爲杯鬚長數尺以金銀鏤之 **酒躍於外** 晉廣州刺史嘗以杯獻簡文用以盛藥未及飲無故酒躍於外時廬江太守曲安遠頗解術數即命筮之安遠曰却三旬後庭當告慶 **螺杯** 陶侃上成帝螺杯一枚

○**卮** 附杯門

奪卮 史陳軫楚有詞者賜其舍人一卮酒舍人數人相謂請畫地爲蛇蛇先成者飲酒有一人先成引酒且飲乃以右手爲之足後成者奪其卮曰蛇本無足今既伐魏得城又移師攻齊是畫蛇有足 **漏卮** 鹽鐵論川源不能實漏卮不能滿 **頌** 崔駰卮頌曰酌酒禎之玉卮頌明帝 **卮酒** 何武賜何壽兄卮酒 **玉卮無當** 當底也 **行遲** 古詩但訴杯行遲

鏡第二十六

鎔範 鑄也 **屢照** 秦彥伯未常見明鏡疲於屢照 **鸞舞** 罽賓王獲一鸞懸鏡以照之鸞覩影乃悲鳴而舞 **獸魑魅** 抱朴子道士以明鏡九寸懸於背老魅不敢近若有鳥獸邪物照之其本形皆見鏡中 **菱花** 魏武帝有菱花鏡 **秦鏡** 西京雜記曰秦始皇有方鏡照見心膽女子有邪心者即膽張心動有然者始皇輒殺之 **傾冠** 抱朴子曰明鏡無舉則傾冠見矣 **盤龍** 舞鳳 **飛鵲** 並舞於鏡 **照膽** 鑒形 **負局先生** **肝膽毫髮** **水鏡** 樂廣字彥輔衛瓘見而奇之此人之瑩然若水鏡 **仁壽** 洛陽仁壽殿前有方鏡高五尺向之立寫人形 **不將不迎** 文子曰聖人若水鏡不將不迎言若鏡之無心而物自應 **見醜** 文子曰人醜乍其醜即怨鑒見其醜即自吉以鏡無心故也 **物無遁形** 明無私照 **百鍊** **玉臺** **鏡金** 鑄 **勝物無傷** 莊子曰聖人之用心也若鏡不將不迎應而不藏故勝物無傷 **窺鏡** 鄒忌衣冠闚鏡妻妾曰我何如城北徐公美皆曰美明日徐公來[illegible]自視始知不如徐公之色遠矣 **山雞舞** 異苑曰山雞愛其毛羽映水則舞魏武帝時南方獻之公子蒼舒以大鏡著其

靡彝鑒形而彝之遂矣死賦傳咸鏡賦曰清邈明水景若朝陽應物無偏梁劉緩賦曰欲開奩而更飾乃當窓而取鏡又鞶革之鑒傳鄭伯享王王以后之鞶鑑與
之注以鏡爲帶飾匪鑒我心匪鑒不可以茹茹度也但知方圓不能度白黑屈刀爲鏡引鏡爲刀見刀門失鏡風俗通曰魯相臧氏之婦忽失鏡經
數曰從空中擲下有人言曰還汝鏡勿責之遲遲觀面韓子曰古之人目短於自見故以鏡觀面智短於自知故以道正已鏡無見疵之罪道無明過惡目失鏡則無以正須
眉身失道則無以知迷惑萬乘之主人何以堪矣而無所鏡呂氏春秋美惡自備申子曰羞不如鏡設精無爲而美惡自備也盲者不
可貽以鏡淮南子曰然宮人得戟則以刈葵盲者得鏡則以蓋卮盲者不可貽以鏡亂主不可舉其症桀失玉鏡尚書帝命期曰桀失玉鏡用其
噬獸注玉鏡喩淸明之人噬獸謂暴秦失金鏡考靈曜曰秦失金鏡魚目入珠注金鏡喩明始皇呂不韋子言亂眞也大鏡晉東宮故事皇太子納妃
有著大鏡一尺八寸華小鏡一尺二寸漆奩盛蓋銀華金薄金錯鐵鏡魏武上雜器物疏曰日御物三十種有尺二金錯鐵鏡一枚九寸明鏡劉根
劉根傳曰以九寸明鏡照面熟視之令自識已形常令不忘如此其神不散疾患不入徑二三尺陸翽鄴中記曰石季龍三臺及內宮中鏡有徑二三尺者有五寸者百鍊
之鑑夏侯湛抵疑曰百鍊之鑑剔鬚眉之數而辟士不見泰山四窺鏡抱朴子曰用明鏡九寸自照有所思存七日即見神仙知千里外事也明鏡或用一或用
二謂之四窺鏡又抱朴子曰昔張蓋二人並精思於蜀雲臺山石室中忽有一人黃練衣葛巾到其前曰勞乎道士辛苦幽隱於是二人顧視鏡中乃鹿也火齊鏡
王子年拾遺記曰穆王時渠國貢火齊鏡人語則鏡響音應玉之榮石之精表如日光裏如衆星兩人相觀相知情此名爲鏡東方朔傳璣鏡出孝經援神契曰
神靈滋液百寶用則璣鏡出宋均注曰大珠有光可以爲鏡月鏡王子年拾遺記曰周穆王時有石如鏡此石色白如月照面如雪謂之月鏡明鏡之始
朦然及粉之以玄錫摩之以白旃則鬢鬚眉毛髮可得而鑒淮南子青銅鏡蕭方等三十國春秋曰慕容垂攻鄴苻丕遣其從弟就請救乃遺謝玄青銅鏡黃金婉轉

雜等為信 表裏明 西京雜記曰高祖入咸陽宮得方鏡廣四尺九寸表裏有明人來照之影則倒見以手捫心而見腸胃五藏歷然無礙 至人之道 不如鏡有

明有照有引有致符子 鏡而居 賈誼曰鏡而居無執無藏美惡必至各得其當 梁劉緩照鏡賦曰 訝宿粉之猶調笑殘黃之不正 又

近來顏色不須紅卽時好眉猶約黛 隨孔範詠鏡詩曰 懷恩未得報空歎鬢成絲 李巨鏡詩曰 鳳從臺上出龍就匣中生 又

無波菱自動不夜月恒明 鏡臺 魏武雜物疏曰鏡臺出魏中宮中宮有純銀參帶鏡臺一純銀七子公主鏡臺四 瑇瑁鏡臺 晉東宮舊事皇太子

純妃有瑇瑁細鏤鏡臺一 玉鏡臺 劉義慶世說劉聰為玉鏡臺溫嶠辟劉越石長史北征得之後娶姑女下焉 又 宋元嘉起居注曰韋朗為廣州刺史

作鏡臺一御史劉請以事免朗官 陳叔達入關詠空鏡詩 姮娥與明月相共落關山 形過鏡則照窮 陸士衡連珠

扇第二十七

似明月 班婕妤詠扇詩曰新裂齊紈素皎潔如霜雪裁成合歡扇團團似明月出入君懷袖動搖微風發常恐秋節至涼飇奪炎熱弃捐篋

笥中恩情中道絕 揚仁風 袁宏為東陽太守謝安授以扇聊以贈行宏曰卿當奉揚仁風以慰黎庶 白羽 顧榮伐陳敏以白羽扇麾之賊衆大散 蒲葵

晉陽秋謝太守鄉人有罷中宿縣詣安安問歸資答曰唯有五萬蒲葵扇又以非時安乃取其中者執之士庶競慕價數倍矣 團扇 樂府詩曰青青林中竹可作白

團扇 合歡 見上注 掌握扇 用翣 淮南子曰夏不披裘非愛之也有餘也冬不用翣非簡之清有餘也 披裘而扇 淮南子曰失火[illegible]

披裘而扇 九華扇賦 曹子建九華扇賦序曰昔吾先君侍幸出漢桓帝時賜上方竹扇其扇不圓不方其中結成文名曰九華扇辭曰方不中矩圓不中規隨皓腕以

徐幹發惠風以褰微云云 獻故扇 晉庾偉常以白扇獻成帝帝嫌其似非新反之劉邵曰柏梁雲構大匠先居其下管絃繁奏夔牙先聆其音偉上扇以故不以新 右

單書六角扇 王羲之字逸少見老姥持六角扇賣之因書其扇各五字老姥初有慍色羲之謂曰但云王右軍書以求一百金姥從之人競買 畫水

成陸 搜神記吳猛好道術將弟子向豫章江水大急人不得渡猛乃以手中扇畫江水橫流遂成陸路徐過過訖水復依舊 自關而東謂之箑 自關而西
謂之扇揚雄方言 武王作翣 世本曰 五明扇 崔豹古今注曰舜廣視聽求賢人以自輔作五明扇 雉尾扇 又曰殷高宗有雉雊之徵服章
多用翟羽故有雉扉扇周制以為王后夫人車服輦車有翣即緝雉羽以為扇 羽扇繒扇 西京雜記天子夏則設羽扇冬則設繒扇 同心竹扇 晉東宮舊
事曰皇太子初拜供漆要扇青竹黃竹扇納妃用同心竹扇三十單扇二十 禁綃扇 謝靈運晉書曰武帝節禁綃扇 鵲翅扇 王子年拾遺記周昭王時塗脩國獻
青鳳丹鵲各一雌一雄孟夏取鵲翅為扇一名條翮一名亦景 象牙扇 陸翽鄴中記季龍作象牙扇 翟羽扇 西京雜記趙飛燕為皇后其弟上遺翟羽
扇 白羽扇 裴啓語林曰諸葛武侯持白羽扇指麾三軍 雲母五明金薄莫難扇 鄴中記曰石季龍作雲母五明金薄莫難
扇此一扇之名也薄打純金如蟬翼二面采畫列仙奇鳥異獸其五明分中辟方三寸或五寸隨扇大小雲母帖其中細縷縫其際雖掩畫而彩色明徹看之如謂可取故名莫難也季龍
出以扇扶乘輿 七華扇 趙飛燕為皇后其上遺七華扇 白綺扇 班孟堅集有白綺扇賦 畫扇 曹毗扇讚序曰會稽王使王仲祖畫扇 梳篦

第二十八 釵附 說文云梳篦總名也其比如櫛 詩 男女不同巾櫛 禮 侍執巾櫛 秦嬴謂晉太子圉曰
寡君之使婢子侍執巾櫛以固子 奉巾櫛 樊夫人謂楚莊王曰妾得奉巾櫛非不欲專寵以為傷王之義 檀櫛 十洲記臨海興安縣東界有平石俗云越王梳櫛處
芬此 櫛風沐雨 文選多在道路 櫛賦 晉傅咸櫛賦曰我嘉茲櫛惡亂好理一髮不順實以為恥雖日用而匪懈不告勞而自已苟以理而委任庶竭力以盡齒
〇釵 附梳篦門 璫珥釵 續漢書貴人助簪璫珥釵 靈釵 華陽國志曰涪陵山有大龜其甲可卜其緣可作釵世號靈釵 釵銘 崔瑗字子玉釵銘曰蟬鬢
如雲乃象衆星三珠釵橫攝鬢貫靈 雀釵賦 晉夏侯湛雀釵賦曰希太陽而擬法想圓圖而應規也 謝花釵啓 梁文帝謝花釵啓曰田文之[illegible]

帖二

葉王粲之詠惡此垂蓮九宮之瑠璫[illegible]井得金釵詩曰 鬟[illegible]用象[illegible]
黃香之賦三珠之釵取高崖瑗之論[illegible]成經去黃金尚御光
禮 續漢書 李文德素善延篤謂公[illegible]延篤[illegible]十餘[illegible]引之延篤為書止之曰吾嘗
昧爽櫛梳坐於客堂則[illegible]書[illegible]之與禮[illegible]覽[illegible]屋春秋當此之時不知
天之為蓋地之為輿慎 名璫 魏太祖嘗[illegible]名璫數[illegible]后自[illegible]卞后取中者上 玉珥 齊威
物遊其本棄其生也 問其故后曰取其[illegible]者為偽故取其中 王欲
立夫人臣下莫知所從郭靜
君獻王王珥觀王所在

燈燭第二十九

蘭膏 楚辭蘭膏明燭 見跋 禮燭不見跋跋本也謂燭殘本客見之知夜深
漢而處王人之倦 三夜不息 禮記嫁女之家三夜不息燭思相離也 夜行 禮男子入內女子出門夜行以燭無燭則止 秉燭 古詩曰晝短苦夜長何不秉燭
游 自煎 漢書膏以明而自煎 幽室 禮曰治國而無禮譬如終夜有求於幽室之中非燭何見 九光九微燈 漢武帝[illegible]王母於宮中燃九光九微之燈
穿壁 西京記匡衡勤學無燭乃穿鄰舍壁引光而讀書 貧女分光 後語蘇代使於齊甘茂謂曰吾聞貧人女與富人女會績貧人女曰我無所買燭而子之燭幸有餘光無損子之明而得一斯便焉
魑魅爭光 語林嵇中散燈下彈琴有一人黑衣[illegible]康乃吹燈滅曰恥與魑魅爭光 然臍 董卓為燈 蓮花 燈焰 明燭
銀燭 銀燈 蘭 鶴焰 魚形 百枝 燈樹 火繼 傳曰以火繼之 金枝秀華庶羣旌 金枝銅燈首二十秀華中出有光 金羊
燈銘 後漢李尤金羊燈銘曰敢[illegible]哲勉務唯日不足金羊載燁作明以續 晉孫惠百枝燈賦曰 曄若雲亭爛似稀星 嵇康燈詩曰 肅肅宵征造我友廬光燈吐曜華纓長舒
范堅 蠟燭賦曰 [illegible]其始然 燭至起 記侍長者之禮 蠟燭炊 世說石季倫以蠟燭炊飯
晉傅咸燭賦曰 揚丹輝之[illegible]燁燁 又 煌煌丹燭[illegible]潤飛光[illegible] 隅坐 童子隅坐而執燭禮 金麻油燈 王子
仙傳曰羊偘夜宴設琉璃屏風烈金麻油燈於內外如無屏風 魚膏 始皇冢中以人魚膏為燈燭 簡文燈賦曰 九微間吐百枝交布聚類炎洲蘇同火樹

蘭膏[illegible]薇氣柔芬娃發擘心寒生色淺露染光沉　江淹燈賦曰　若大王之燈者銅華金擘錯質鏤形碧爲雲氣玉爲仙　靈若庶人之燈者非銀非珠無藻無縟心不貴麗[illegible]

於樓　庾信賦燈曰　九龍將暝三爵行棲瓊半上若木全低乃有百枝同樹四照連盤香添然蜜　氣推燒蘭燼長宵反光青月動寒蟬燀燀朱燼焰焰紅熒乍九光而連影或雙

花而並明　執燭　晋平公問師曠曰吾年七十欲學苦曰臣　聞老而學者如執燭燭之明孰與昧夜行　膏燭以明自銷　文子云　不然官燭　後漢

巴祗與客暗坐不然官燭　浮光燭綺席　凝滴汚垂花　傅咸燈賦　火浣花枝猶未長金枝密焰　巳流芳向晦入冥匪火不章　誤書舉燭

韓子郢人有遺燕相國書者夜書謂持燭者曰舉燭而誤書舉燭字燕相國授書曰舉燭者欲高明者舉賢而任之　無足曰燈　呂靜韻集曰無足曰燈有足曰錠錠

音定　青玉五枝燈　西京雜記曰高祖入咸陽宮秦有青玉五枝燈高七尺五寸有蟠螭口銜燈然之鱗甲皆動煥炳列星　恒滿燈　又曰長安巧工丁緩作恒

滿燈九龍五鳳雜以芙蓉蓮藕之奇　百華燈樹　王朗秦故事曰百華燈樹上月朔朝賀於殿下設於三階之間端門外設五尺三尺燈月照星明雖夜猶晝　銅

鴨頭燈　張敞東宮舊事曰太子有銅鴨頭燈銅倚燈　納妃有金塗四尺長燈金塗二尺連盤燈矣　龍膏　王子年拾遺記曰瀕人乘　靈舟以雕壺盛數斗龍

膏以獻燕昭王王坐通雲之堂亦曰通雲臺然龍膏爲燈火色耀百里煙色丹　芳苡燈　洞冥記曰漢武然芳苡燈於閣上光色丹紫有白鳳黑冠黑龍馮足來戲於前

豹髓白鳳膏　又曰丹豹髓白鳳膏磨青錫爲屑以淳蘇油和之照於神壇夜暴雨火光不滅以蟂須[illegible][illegible]燈者芳苡草也出奔馬國霜[illegible]如蜂　蚖脂燈

淮南萬畢術曰取蚖脂爲燈置水中即見諸物　常生之燈　周遺穆王起春霄之燈以自照烈瑠膏之燭　徧於宮內行有鳳腦之燈冰荷以蓋其上　瑠膏鳳腦

見上　葛燈籠　沈約宋書曰宋高祖清簡寡欲牀頭有土鄣壁上挂葛燈籠　九光之燈　漢武內傳曰西王母遣使謂帝曰七月七日我當暫來帝至日

帝除然九光燈

幔第三十

幔蓋　六韜曰將冬不服裘夏不操扇天雨不張幔蓋名曰禮將　以縑幔盛土　後漢岑彭圍隗囂壅谷以縑幔盛土

帖二　三十一

烏陵羅城鬭、今白戰時皆乗船上番復漬水中賊有火箭用以掩滅之　絳紗幔　韋逞母宋氏傳父業得周官音義苻乃就宋家立講堂養生百餘人隔絳紗幔受業焉

詩　齊王融詠幔詩幸得與珠綴羃歴君之楹月映不辭卷風來輒自輕每聚金爐氣時駐玉琴聲　孤燈幔幽幔　古詩

帳第三十一

夜飲帳中　項羽聞楚歌　虎帳　公孫弘燕見上或時不冠上嘗坐虎帳中汲黯前奏事上不冠望見黯避帳中使人可其奏其見禮如此　甲乙之帳　東方朔曰誠用臣之計推甲乙之帳燔於四達之衢　居神　漢武故事上以瑠璃珠玉明月夜光雜錯天下珍寳為甲帳次為乙帳甲以居神乙以自居也　賜　後漢桓榮常寢疾太子賜以綈帳奴婢曰如有不諱無憂家室　絳紗帳　馬融達生行性不拘儒者之節常坐高堂施絳紗帳前授生徒後列女樂　紺幄帳　舊漢紺幄帳祭天　集囊　漢文帝集上書囊以為帳　壞為襦袴　謝尚為江夏相都督始到官以三十疋布為尚造烏布帳尚壞之以為軍士襦袴矣　帳　傅子曰太祖武帝愍嫁娶之僭上公主適人不過皁帳從婢十人而已

屏風第三十二

雲母屏風　後漢鄭弘為太尉時舉第五倫為司空班次在下毎正朝朝見弘曲躬自卑上遂聽置雲母屏風分隔其間由此為故事　列女屏風　東觀漢記宋弘嘗見御座施屏風畫列女帝數顧弘曰未見好德如好色者也　畫屏　曹不興善畫屏風誤落筆點素因就以作蠅孫權以為生蠅舉手彈之　隔坐　呉録景帝時紀亮為尚書令子騭為中書令毎朝會詔以御屏風隔其坐　刻鏤　三輔決録曰何敞為汝南太守章帝巡過郡設刻鏤屏風帝命侍中黄香銘之曰古典務農雕鏤傷民忠則竭節義在修身　賦　淮南子屏風賦惟新屏風出自幽谷不逢仁人危為枯木　銘　李尤銘曰舍則潜辟用則設張壅遏風邪霧露是抗　謝暮子屏風啓　梁簡文帝謝暮子屏風啓曰雲母之窓慙其麗色瑠璃之扇愧其含影　皇邸　周禮　屏風也　屏隔之位　一屏風隔形古今麾扇　賜　太祖平柳城班所獲器以素屏風賜毛玠曰君有古人之風故賜古人之器玠字孝先　步障　晉王愷君夫作紫絲步障四十里石崇作錦步障以敵之廣五十里

几第三十三

五几　周禮司几筵掌五几玉彫彤漆素為五几　國

賔彫几彤几國賔謂諸侯來朝孤卿大夫來聘朝者彫几聘者彤几熊席漆几甸役則設熊席古漆几謂主甸有司祭表貉所設席几吉

事變几凶事仍几吉事主祭宗廟裸於室饋食於堂繹於祊每事易几神事示新喪質几拒因喪禮略奮髯抵几朱博見齊吏舒緩

投之以几晋伐偪陽城荀偃云匄請班師智伯怒投之以几出於其閒注云出偃匄之閒智伯荀罃字省中置几平詔太師孔光每十日一賜飡食賜靈壽杖

令爲太師省中致几入省用杖孔融憑几孔融爲北海袁譚來攻流矢雨集然融憑几安然而坐賜素几毛玠事與素几同見上注黄金几

漢武內傳曰帝受太甲靈符飛十二事於西王母盛以黄金几封以白玉函以珊瑚爲牀化白鹿几神仙傳葛仙公憑桐木几於女几山學仙得道後几化爲白鹿几三足時出於山上

席第三十四

底席綴純底蒻也綴雜綵也純緣也純音准豐席畫純豐莞席也竝天子朝燕之席也不同

孔子曰父子不同席男女不同席可卷我心匪席不可卷也不煖孔席不煖避席曾子避席爲門陳平以席爲門獨坐五十後漢

元日上令講論不勝者輒奪其席與通者戴憑獨坐五十弃席鮑昭詩弃席思君幄頤垂晋主恵晋文公令席蓐捐之子犯曰席蓐而君則弃之不可文公乃止綺

席瑶席蘭席重席正席主人跪正席客跪撫席而辭客徹重席主人固辭客踐席乃坐正席重席貴賤有重數函丈禮布席席閒函丈注函容也謂

講問之時若席相對席閒足以指畫也衽席衽席卧席也禮曰請席何向請衽何趾坐問向卧問趾盡後虛坐盡後食坐盡前注云謙汚席也禮有以

多爲貴者謂天子之席五重諸侯三重大夫再重士不重斂席枚之也禮奉席如橋衡奉之令左昂右低如有首尾焉爭席

楊朱請聞過於老聃朱曰往也迎家公執席妻執巾櫛舍者避席煬者避竈注云不自藏異則勿揮之見老聃云云其反舍者與之爭席矣自同於物所不惡莞爲席東方

朔曰孝文以莞爲席半席漢相田蚡爲壽坐者皆避席伏及竇嬰爲壽故人避席餘皆半席也絶席王常爲横野大将軍位次與諸將絶席來歙攻隗囂帝自勞

帖二　三十二

之飲燕與諸將絕席張禹爲太傅鄧太后以殤帝幼弱欲令重臣居禁中乃詔與三公絕席**專席**宣秉爲中丞上特詔中丞司隸尚書令會司並專席而坐故京師號

曰三獨坐**寢處其皮**傳曰臣食其肉寢處其皮矣**割席**管寧華歆同席讀書有乘過歆廢書出看寧割席分坐而坐曰子非吾友耶**三經**

之席說苑孔子困陳蔡之閒環堵之內席布三經**又專席**禮有喪者專席而坐**側席**有憂者側席而坐**馬席**蘇秦激張儀以馬席坐之

王勤坐無空席見待士門注**中席**爲人子者坐不中席不敢當尊**必異**羣居五人則長者必異席**不坐**席不正不坐**不重**傳閭閻居不重席

前席賈誼傳文帝前席注云促席近聽誼言**南鄉北鄉以西方爲上**東鄉西鄉以南方爲上**斷席**許敬字鴻卿與誣君者會於縣

敬拔刀斷席曰不敢與惡人同席**織席**蜀先主賣屨織席爲業**又臧文仲**三不仁妾織蒲注云家人賣席也**羊皮**羊茂爲東郡溫守坐羊皮

席黃香家素貧盡心孝養暑則扇牀枕寒則溫席**茅蕟**先賢傳鄭敬以茅蕟爲席**織席自給**李恂爲武城太守歩歸結茅屋與諸生織席

自給後爲兗州牧

簟第三十五

挑箋席黼純箋挑竹席也白黑之繒以純緣也**筍席玄純**筍弱竹也玄純黑緣也並

天子朝燕之簟**詩下莞上簟**乃上斯寢**挑笙象簟**韜於筒中**珍簟**王簟**夏簟清兮**晝一不春**斂席**

與簟禮**斂簟而襡之**襡韜也音毒禮**莞簟之安**豪結之設**席之上莞簟**鐏之上先玄酒淮南子**象**

牙細簟王隱晉書曰韋永爲廣州刺史子溢多使工作象牙細簟工甚患之**竹席**說文簟竹席也方言曰簟宋魏之閒謂之笙今江東通言笙也**三伏**

餘炎九折成用梁簡文荅定襄侯餉卧簟書云筠簟多品篠蕩雜名三伏餘炎九折成用又荅南平王書曰未若五離九折生桃枝之翠筍也**賜**晉公

卿禮秩太宰何曾遜位賜簟褥各一具**求六尺簟**王悅見王恭六尺簟詔有餘求之恭即送後悅見恭更無簟問恭曰我生無伏物**劉孝儀謝**

始興王賜花紋簟啓曰麗並桃象周給𡨋頭便覺虛室以寒狐裘可襲驊九日煎沙香粉不弃三旬沸海圓扇可捐

茵褥第三十六 氈 附文茵

文茵 詩文茵暢轂 文茵虎皮 不敢均 汲黯與周陽游同車未嘗敢均茵褥 皮褥 後漢荀爽爲三公食不過一肉脫粟飯坐皮褥 賜 吳張昭非魯肅孫權不以介意賜肅母幃帳氈褥 賜何曾 見晉門 汚 邴吉曰馭吏醉不覺汚丞相車茵 無緣飾 魏武本紀曰上儉率茵褥取貴無有緣飾 累茵 世說晉武帝年十三四時冬天晝日不著複衣夜則累茵褥謝公曰體宜令有常陛下晝過於夜過熱又子路曰累茵而坐 吐茵 馭夫酒醉吐茵而少卿不責

●氈 附茵褥門 氈案 周禮有氈案 我家舊物 晉王子敬卧齋中盜取物敬曰青氈我家舊物見盜門

牀第三十七

華睆大夫之簀 曾子寢疾病童子曰華而睆大夫之簀與曾子曰然斯季孫之賜也我未之能易元起易簀簀牀第也華畫也睆文也 牀第之言不踰閾 易簀 注見上 象牀 孟嘗君至楚楚獻象牀直千金公孫戍諫令勿受孟嘗君乃止也 載寢之牀 乃生男子 息偃 詩云息偃在牀 瑇瑁牀 珊瑚 漢武內傳曰帝以珊瑚爲牀 安身 夜以安身 養體 史記 剝牀以足蔑 在牀 下踞牀 漢書高陽酈食其求見高祖高祖方踞牀兩女子洗足 藜牀欲穿 漢書管寧家貧坐藜牀欲穿穿爲與子不倦 龜搘 江淮間有人得龜用搘牀三十年發之猶活 沉香牀 異苑曰沙門支法存有八尺沉香版牀 懸牀 列仙傳羊公華陰山墓中又懸一食牀 踞我牀 論衡曰孔子將死遺讖書曰不知何一男子自稱秦始皇上我堂踞我牀顛倒我衣裳至沙丘而亡後始皇至魯觀孔子宅至沙丘而崩矣

枕第三十八

角枕粲兮 詩 曲肱 子曰飲水曲肱而枕之樂亦在其中 不加 不加於枕 漢書屠復雞新 安寢載寢欹枕簟豈 鷄也 安枕 薛公曰使臣舉布出下計陛下安枕而卧 扇 黃香盡心供養暑則扇牀枕 銘 蔡邕枕銘曰哲人降鑒居安問傾 高枕王千里 呂后

禄夜以安身傳戴安斯寢虎魄宋武帝時有獻虎魄枕碎之爲刀瘡藥三十二物神仙傳曰泰山父者漢武東巡見父鉏於道頭上白光高數尺呼問之對曰有道士教臣作枕枕有三十二物二十四應二十四氣八物應八風臣年轉少齒生芳松枕劉向別錄曰芳松枕龍頭枕東宮故事曰太子納妃有漆龍頭支髮枕枕鴻書漢淮南王有枕鴻書書中有神仙爲金術

案第三十九 書案附

持案史記高祖過趙趙王張敖持案進食禮甚恭高祖箕踞罵之對案不食萬古君石奮子孫有過不譙讓爲之對案不食案上不過三杯朱博傳食案上不過三杯昇案尹敏與班彪相厚善語當昇案不食舉案齊眉梁鴻妻孟光每上鴻食舉案齊眉等案而食燕丹子曰太子常與軻等案而食金案茅君當授神仙之職衆賓皆至至日忽然自有青鎌帳於屋下數數童白氈金案玉杯人皆醉飽鴆入案下列士傳魏公子無忌方食有鳩入其案下公子怪之此有何急來投無忌邪使人於殿下視之左右顧望見一鷂從屋上飛去

●書案附案門

書案銘梁簡文帝曰鋳席知平文聲非曲爾賀鐘帳承芳綺牖披古通今察姦治俗剋香鏤彩纖錄卷足抵破書案東觀漢記更始韓夫人嗜酒每侍飲奏事輒抵破書案短人行案上漢武帝故事時東都獻短人長五寸上疑是山精帝令行案上東方朔問曰巨靈如何叛阿母健否抵案朱博子元爲琅邪太守怒吏奮鬚抵案斫案江表傳曰曹公平荊州欲伐吴張昭等皆勸迎唯周瑜魯肅距之計孫權拔刀斫前奏案曰復有欲迎北軍者與此案同青玉案張平子詩曰美人贈我錦繡段何以報之青玉案陳楚謂之寫方言陳楚之間謂案爲寫

杖第四十

齒杖杖函夏官伊祁氏掌供王之齒杖齒杖謂賜老者杖供其杖函藏之既事受之杖者鄉人飲酒杖者出曝然莊子曰神農晨曝然放杖而笑曝然放杖聲也曲杖韓子周王下令索曲杖吏求之不得使和求得之乃吾知吏不事杖邛竹杖張騫在大夏時見邛竹杖云賈人市之於身毒國積竹杖漢書云昌邑王買積竹杖注云合竹作杖靈壽杖漢哀

賜孔光靈壽杖 **龍** 後漢壺翁與費長房一竹杖曰騎此任之則自至因以杖投葛陂顧視則化龍而去 **六尺之杖** 吕氏春秋曰孔子弟子從遠方來者孔子荷杖問之

曰子之父不有恙乎搢杖問之曰子之母不有恙乎四置杖問之曰子之兄弟不有恙乎杖步而倍之曰子之妻子不有恙乎故孔子六尺之杖論貴賤之禮辨親疏之義 **鄧林**

山海經曰夸父死弃杖化為鄧林 **扶危** 郭璞桃杖賛曰䔿草以寧寢杖以扶危 九 **鳩杖五十杖於家** 六十杖於鄉七十杖於國八十杖於朝 **鹵杖**

席間函杖 **投杖** 子夏投其杖而拜之 **曳** 孔子曳杖 **植其杖而耘** 植倚也 **荷篠** 以杖荷篠 **叩原壤之脛** 原壤夷俟孔子

以杖叩其脛 **策杖而去** 魯連却秦軍平原欲封之連遂策杖而去 **後漢李充靈壽杖銘曰** 亭亭奇榦云云乃制為杖扶危定傾

後周庾信賦曰 桓宣武平荊州外白有人稱楚丘先生來詣門下桓公曰名父之子流離江漢孤之貴矣乃令引進乃曰噫子老矣雖皮鶴髮蓬頭歷齒乃

是江漢棄置荊衡杞梓雖有聞於十至幸無求於千里賁勇人有銅環靈壽銀角桃枝開木承而來落養蓬蒿而來棊叟迎仙客於鐔市送游龍於葛陂先生將以養老將以扶危先

生笑而言曰中國明於禮義闇於知人心之憂矣惟我生民雖復孤篠勁拓促節貞筠拔節鬪鳥角首圖齊公言能將余此疾相余此身余之衰矣雖紫有以非鬼非蜮心之憂矣未見[illegible]

心先求頓頁伯主何嘗丘明惟恥別有九棘履眉三瑰春齒孔光斷疾秦逢錄任明公此曠或非平理 **後漢馮衍銘曰** 杖莫如信行莫如仁忠而無貴怨及乘身趙

武之孫子四年之寳貢二子之跡豈逝於遺 **又** 晉傅咸邛竹杖銘曰立此高節亦邑於哉 **又** 梁簡文錫杖銘曰妙飾往來勝聖振灼耕空霄轉鶴雲鳳羅麗異玉神長倫金錯 **果**

劉㵎飼任新安竹杖因贈詩曰 邛竹藉舊聞靈壽稟前義復有冒霜筠寄生桂潭側文彩既班爛質性甚清直所寶天天真為有

乘危力

鳩杖第四十一

手臺子臺囊 乃縣囊者鞶鞶 **褚中** 鄧人將真蒿於褚中而出赤行而楚人歸之 **褚小不可**

懷大 綆短不可以深 **錐處** 平原君謂毛遂曰賢士若錐處囊中今先生未有所稱誦遂曰臣今日得處囊必穎脫而出 **詩囊誓筆** 漢張安世常持有

底曰囊（無底曰橐）千金（陸賈使南越越王佗賜賈橐中裝直千金）一囊錢（後漢趙壹詩曰文籍雖滿腹不如一囊錢）囊衣（王陽僮遷徙不
中　過囊　囊滿諸中（引六韜藏之地）益囊粟（東方朔言事一月囊米）集上書囊為殿帷（漢文帝故事）樗里子
杜預桓玄並晁錯（人並號為智囊）香囊（古詩何以致區區耳中雙明珠何以致叩叩香囊懸肘後）［筆硯第四十二］五色（江淹
夢授五色筆由是文藻日新　筆端（君子有三端文士之筆端）載筆（史載筆動則左史書之言則右史書之）投筆（班超字仲升家貧投筆而歎曰大丈夫
安能久事筆硯乎　焚筆（陸雲與兄機書曰君苗能文每見兄文輒欲焚其筆硯）簪筆（魏略曰殿中侍御史簪白筆側階而立上問曰此何官也辛毗曰御史
簪筆書過以奏不依古法　著於庭戶（左思作三都賦門庭戶牖皆安著筆硯）置於牆柱（後漢王充於門戶牆柱置筆硯見事而著論衡八十五篇也）
彤管（女史所載詩曰彤管有煒）下筆（漢陽興譚賈損之曰君房下筆言語妙於天下君房之字也）白筆（註見上）柔毫（蔡筆）不律
爾雅曰不律謂之筆　蒙恬之制（博物志蒙恬制筆）筆耕（班超安能久事筆耕）閣筆（王粲才高至於朝廷奏議皆閣筆不敢措手）同筆
硯（漢宣帝微時與張彭祖同筆硯學書）筆硯方略（薛宣為左馮翊性密靜有思省吏職求其便安至於用筆硯皆為方略利用而費省也）納薪炭
筆硯（魏顏斐字文林為京兆守課人當租輸時車各因便置薪兩束為冬寒炙筆硯於是吏不煩民）絕筆獲麟（仲尼作春秋絕筆於獲麟）染翰（書
毫（陸士衡文賦曰或含毫而邈然）不停輟（禰衡作鸚鵡賦筆不停輟）纖端積潤（梁徐瑀筆詩纖端功積潤山硯石山）傅玄筆
賦曰柔不絲屈剛不玉折　傅子象齒之管（陳思投兔之毫）［紙第四十三］寸紙（張芝伯英善書寸紙不遺）紈素（書
非紈素不妾下筆　蔡侯紙（後漢蔡倫字敬仲造意用樹皮及敝布魚網以為紙奏上帝善其能自是莫不用焉天下咸稱蔡侯紙）花箋（桓玄詔令青赤

梯花殘 舒卷人隨 藤角獻作 范寧五色牋 石虎詔以五色紙著鳳口之中 乞趙書龍五右 賜乞牋紙 江洪有詠 紅牋詩

墨第四十四

臨池 張芝字伯英臨池學書池水盡黑 淵雲墨妙 嚴樂筆精 松 上黨黑郭松心能墨 濟屏作蠅 見屏風門

彈第四十五

彈人避丸 傳曰晉靈公不君從臺上彈人觀其避丸者以爲樂 拓彈 西京記長安五陵人拓木爲彈丸以珠爲丸以彈鳥雀 珠丸 呂氏春秋曰以隨侯之珠彈千仞之雀世必笑之何也所用重而所要輕 蘇合 俠客以蘇合木爲彈 左挾彈 右挾丸見戰國策 求鴞 莊子曰見彈而求鴞炙 敢

季子桑彈 穀梁言晉靈公 金彈丸 韓嫣以金爲彈丸時人語曰苦飢寒逐彈丸 挾彈 國語吳伐齊太子諫曰向來挾彈於後園螳螂之捕蟬也不知黃雀在傍黃雀不知臣挾彈在後 懷丸 大夫夫人不伏羞銀而自懷丸挾彈 彈鴞 楚人惡其聲而彈之射之將適吳或謂之曰若能變其聲在楚可也若不能變其聲吳人亦惡之 彈射 善彈 蕭子顯齊書曰梁崇祖善彈彈鳥毛盡而不死有海鵰翠梁崇祖登城西樓彈之無不折翼 明珠彈飛肉 太玄經云明珠彈於飛肉其得不復 泥丸 東方朔對驃騎將軍樊曰以金丸彈不如泥丸卷雀所得 彈生於古之孝子 吳越春秋陳音對越王云弩生於弓弓生於彈彈生於古之孝子古者人民質朴死裹以白茅投之中野孝子不忍父母爲禽獸所傷則作彈以守之故古人歌曰斷竹續竹飛土逐肉矣

白氏六帖事類集卷第四

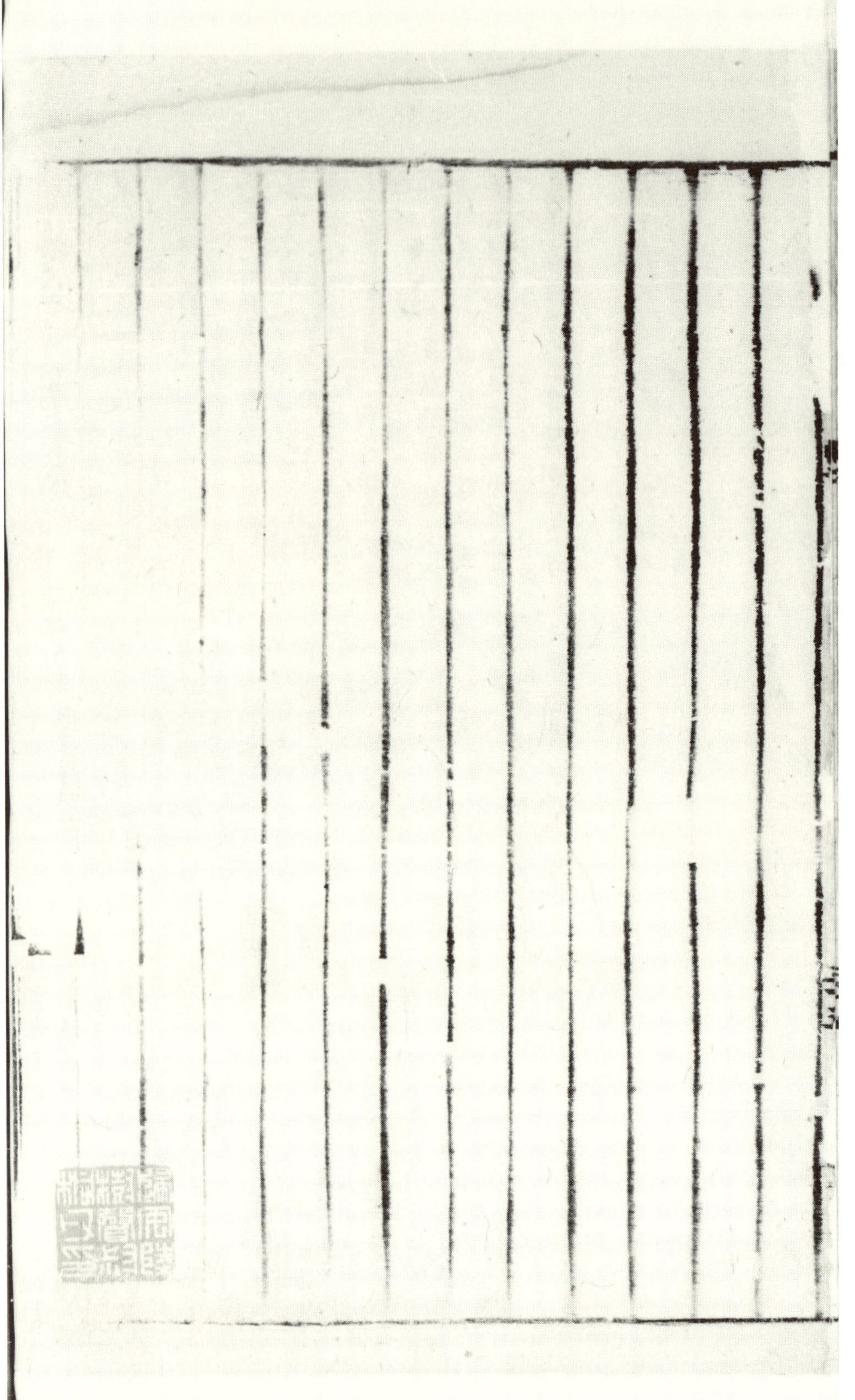

白氏六帖事類集卷第五 凡五十四門 內十九門附

酒第一 酒德 戒酒 淫湎 醉酒 禮飲 軍中飲 樂飲 夜飲 賜酒 御飲 令罰附

甘醴　浮蟻 若萍　醇酎　竹葉 竹葉花 縹　爲雨 欒巴噀酒爲雨救蜀都之火　百壺 詩清酒百壺　桂酒椒漿 楚詞奠桂酒椒漿以取其香以椒桂漬酒　羞華飲 獨醒　腐腸 養生論曰醪醴腐人之腸胃　大欲 禮云飲食男女人之大欲存焉　玄鬯 抱朴子云玄鬯醇酉也　十旬 兼清酒也　既旨 旨既　且多 且　有酒 有酒湑我　公酒 公事作酒也周禮　禮酒 賓客之酒　清

酤詩既載清酤飲膏視冬時飲宜寒也禮記上尊酒漢賜丞相上尊注云糯米一斗爲上尊稷爲中粟爲下美祿漢書酒者
天之美祿所以頤養天下享祀祈福扶衰養疾栖漿禮樂志大樂栖漿祈朝醒注苴栖汁爲醒病酒祈解醲酒有衍造我暇矣詩
行酒吳諸葛恪行酒至張昭昭不肯飲之曰此非養老禮恪曰昔太公云云昭乃盡爵也不與飲阮籍與王戎飲劉上榮在座不得飲朋酒斯
享佐酒助行酒三爵油油以退禮君子之飲酒酒以成禮不繼以淫狂藥具酤酒門有服
寘飲灌夫仲孺有服過田蚡蚡曰吾欲與仲孺過魏其侯會仲孺有服夫曰將軍幸許過魏其侯夫安敢以服爲辭數石不亂于定國飲酒至數石
不亂爲廷尉至冬月治請讞飲酒益精明也●酒德附酒門思柔言酒思柔不爲亂也以洽百禮爲酒爲醴溫克人之齊聖飲酒
溫克三爵油油禮君子之飲酒也一爵而色溫如也注云肅敬皃溫音蘊二爵而言言斯注云和敬皃言音銀三爵而油油以退注云悅敬皃蓋美君子之德也孔
嘉詩飲酒孔嘉維其令儀既醉而去並受其福醉而不出是謂伐德雖耶陶陶之樂劉伯倫酒德頌曰捧甖承糟銜
杯漱醪無思無慮其樂陶陶無愆抑抑之儀其來醉上威儀抑抑不忒儀有飽德既醉以酒既飽以德樂且有儀
●戒酒附酒門以備酒禍禮曰終日飲酒而不醉焉此先王所以備酒禍不爲酒困孔子及亂唯酒無量不及亂伐
德醉而不出是謂伐德不惑揚秉叔節三不惑酒色財獨醒屈原曰衆人皆醉我獨醒酣酒大禹之誡曰酣酒嗜音未或不亡酒誥
成王封康叔作酒誥誡酒之義亦罔非酒惟辜酒誥曰民用大亂喪德亦罔非酒惟行越小大邦用喪亦罔非酒惟辜言皆由酒以爲酒也無
彝酒文王誥教小子有正有事無彝酒注正官脩事謂下尊卑教之皆使無常飲酒也飲惟祀越庶國飲惟祀言衆國因祭祀乃得飲酒德將

無醉言以德自將無至醉也不腆于酒腆厚也崇飲其敢崇飲崇聚也酣身酣身猶醉樂其身將成禮以

合歡並納邪而伐德郁原原舊能飲酒自行八九年酒不向口至陳留師韓子臨歸師友以原不飲酒陳仲弓范孟博盧子幹許會米肉送原原曰本能飲但以荒

思廢業斷之今遠別可盡飲終日不醉陶侃嘗曰少時有酒失亡親見約故不敢多飲桓温避酒見酗酒門呂氏避酒見令罰門不能滿觴

曰蚡辭不能滿觴灌夫怒自杖庾袞字叔褒父在常戒袞以酒後每醉輒自責余廢先人之戒何以訓人乃於墓前自杖三十●淫酒附酒門繼淫

納邪傳曰酒以成禮不繼以淫不納於邪邪驕奢淫泆也窟室伯有嗜酒爲窟室至壑谷夜飲而擊鍾爲子晳所焚彼昏不知一醉日富及亂

見上注沈湎于酒枕麴藉糟劉伯倫酒德頌千日中山有酒飲者一醉千日玄石飲之一千日乃醒酒池殷紂爲酒池糟丘一鼓而

牛飲者三千人嘔丞相之車邴吉爲丞相御吏醉嘔其車吉不責酩酊無所知側弁絶纓荒湛于酒顛覆厥德五

斗解酲劉伶一石亦醉淳于髡羲和湎淫廢日亂時崇飲見上荒腆于酒不幸齊桓曰寡人不

幸而好酒日夜相繼管仲曰惡則惡矣非其急也不繼以淫用備其禍衆醉彼皆昏卧吏部之甕下嘔丞相之車中畢

吏部畢卓爲吏部比舍郎釀酒熟卓醉後夜至甕下盜飲之掌酒者縛之明旦乃畢吏部種秫陶潛爲彭澤令縣公田盡種秫腐脅周顗在朝

能飲一石及過江每稱無對偶有舊對從北來顗出二石酒共飲各醉及顗醒客已腐脅死矣顗爲僕射酣身酣樂其身不憂政伐德醉而不出是謂伐德

投轄陳遵留客飲濡其首易有孚于飲酒濡其首也銜杯漱醪劉伯倫酒德頌求於妻劉伶常乘鹿車攜一壺酒

使人荷鍤隨身曰死便埋我其遺形如此渴甚求酒於妻妻捐酒毀器諫曰非養生之道宜斷之伶曰善當祝鬼神自誓耳便可具酒肉妻從伶跪祝曰天生劉伶以酒爲名一飲一石

五斗解酲婦人之言不可復聽於是乃引其酒御其肉䫈然復醉 金貂換酒 阮孚遥集爲散騎常侍以金貂換酒帝宥之 杖頭 阮脩字宣子常步行

以百錢挂杖頭至酒店便獨酣暢家無擔石之儲 過寡婦飲 漢陳崇劾陳遵遵爵列侯備聲守州牧而乘藩車入閭巷過寡婦左阿君置酒歌舞醉宿 周劾顗

伯仁領吏部屢有荒醉失儀爲有司所劾 嫉嗜酒 時苗德胄性嫉惡爲壽春令謁蔣濟濟爲治中苗往謁濟濟素嗜酒醉不能見苗苗恚恨還刻木爲人署曰酔徒蔣

濟立於牆下旦夕射之州縣知無奈之何 飲至一石 于定國爲廷尉飲一石斷獄益精明 如淮 傳曰有酒如淮淮有肉如坻 ● 酗酒 附酒門 生禍

禮曰豢豕爲酒非以生禍而獄訟益繁則酒之流生禍也 酒禍 見上注 及亂 唯酒無量不及亂 既醉 是日既醉不知其郵秩常也 載號 載號載呶

失意 杯酒閒白刃起相酬 式號 式呼 酒荒 于厥邑羲和 淫酗 肆虐臣下化之紂也 羣飲 勿佚 其或告曰羣飲汝勿佚盡

執拘以歸于周予其殺言禁之也勿使謂庸之勿失 使酒 季布 酒狂 蓋寬饒曰無多酌我我則酒狂 酒失 陶侃曰少曾有酒失 殺人 吳志陵統

爲將軍與督陳勤會勤剛勇生氣自督酒凌轢一坐舉罰不以道統面折之勤怒詈統及父操統流涕不荅引刀斫殺之及攻山賊曰死非以謝罪乃身當矢石賊應時被壞孫

權嘉其果毅以功贖罪也 弔 王悅元達恃才縱酒婦父有慘悅乘醉弔之婦父慟哭悅與賓客違辟被髮裸身而入繞之三帀而出 輕重不得 灌夫與竇

甫飲輕重不得夫摶甫注不得謂不平 偏官長飲 謝奕安兄也少與桓温善爲温司馬每因酒無復朝廷禮常偪温酒温走入南康王門避之奕遂推問酒就廳

事引温一兵帥共飲曰失一老兵得一老兵兵何所在温不責之 僞醉責人 晉温嶠僞醉以手版擊錢鳳 小遺 東方朔嘗醉入殿中小遺殿上劾大

不敬免爲庶人 又 張安世少孺爲光祿勳郎有醉小便殿上主事白行法安世曰何以知其不入水漿耶某擿人過如此 中聖人 見禁酒門 狂藥 孫季

舒嘗與石崇飲憿慢過度崇欲表免之裴楷叔則聞之謂曰足下飲人狂藥責人正禮不亦乖乎崇乃止 ● 禮飲 附酒門 三爵 臣侍宴過三爵非禮

成禮 酒以成禮 有儀 樂且有儀 百禮 以洽百禮見上 酬言酬之 九獻 傳曰楚子入享于鄭九獻 注云上公之禮九獻而禮

三行趨出 管子曰桓公與管仲飲掘新井而柴焉十日齋戒召管仲管仲至公執爵夫人執尊觴三行管仲趨出公怒曰寡人齋戒十日以飲仲父以為脫於罪矣管仲

曰臣聞沈於樂者洽於憂厚於味者薄於行臣是以走出公再拜而送之 皆有以酌數 周禮 壹 臣卜其晝未卜其夜 侍飲 禮侍飲於長者

酒進則起拜受於尊所長者辭少者反席而飲長者舉未釂少者不敢飲並恭敬 一面尊 禮曰凡尊必上玄酒唯君面尊 賜爵 見賜爵門注 一獻百拜

禮曰酒之設生禍也是以先王因為酒禮一獻之禮賓主百拜終日飲酒而不得醉焉先王所以備酒禍也百拜言至敬 用禮飲酒 有儀獻酬 設醴 漢書楚元

王每置酒為穆生設醴 無荒 好樂無荒 油油以退 禮君子之飲酒一爵而酒如也二爵而言言斯三爵而油油以退 注言恭敬貌 舉酬逸

逸 有序 飽德 既醉以酒既飽以德 醑酢 禮以賢賓序賓 無彊 ○軍中飲 附酒門 獻飲 傳曰

穀陽豎獻飲於子反子反曰欲而醉不能見楚子遂責遂敗楚軍也 簞醪 三略昔良將有饋一簞醪者投於河使士飲之三軍皆告醉 魯酒薄而邯

鄲圍 莊子音義曰楚宣王朝諸侯魯恭公後至而酒薄宣王怒恭公曰我周公之胤長於諸侯行天子禮樂勳在周室我送酒已失禮方責其薄毋乃太甚遂不辭而還

宣王怒乃發兵與齊攻魯梁惠王常欲擊趙而畏楚楚以魯為事故梁得圍邯鄲言事相因亦是感應也一曰魯趙俱獻酒於楚楚酒吏以魯酒易趙厚酒故楚圍邯鄲者也 罷

將 曹仁為關羽所圍太祖以曹植子建為南中郎將行征虜將軍欲遣救仁呼有所勅戒植醉不能受命於是上悔而罷之 醲酒車以斟酌 遺文

○樂飲 附酒門 合歡 酒食者所以合歡 宴樂 詩有旨酒以宴樂嘉賓之心 厭厭夜飲 不醉無歸 百榼 孔叢子曰

子路嗑嗑尚飲百榼 其樂陶陶 劉伯倫酒德頌曰捧甖承槽銜杯漱醪無思無慮其樂陶陶 玉山之頹 嵇康醉傀俄若玉山之將頹 舉白

帖三

漢書曰引滿舉白酒觴 樂飲今夕 朱顏酡 徒呵辰美人醉朱顏酡 高陽 山簡每至高陽習家池置酒輒醉而歸人歌曰山公時一醉酩酊無所
知日暮倒載歸倒安白接䍦 河朔飲 袁紹在河朔每至夏大飲云以避一時之暑故号河朔飲也 不空 孔文舉曰樽中酒不空吾無憂 酣身 見上
投轄 陳遵嗜飲每大飲賓客滿堂輒投客車轄於井中 無酌數 周禮資酒食以合歡 初筵有禮 用歌舞以節喜 總宴不樂
即時一杯 晉張翰曰使我有身後名不如即時一杯酒 酒中趣 孟嘉嗜酒桓溫問之曰君未知酒中趣 側弁之俄 屢舞僛僛
見儀禮 樂未央杯 但覺杯行遲 ○夜飲 附酒門 厭厭夜飲 不醉無歸 以火繼之 夜 桓公
樂飲以夜繼之 毛仲辭曰臣卜其晝未卜其夜 不繼以淫 絕纓 平原夜飲燭滅客牽美人衣美人絕其纓 俾夜作晝 俾晝作
夜 鄭伯有為窟室 而夜飲酒擊鐘 樂飲今夕 ○御飲 附酒門 三爵 侍君宴過三爵非禮也 千鍾
孔叢子曰堯飲千鍾 在鎬 王在在鎬豈樂飲酒詩 過沛 史高祖過沛置酒酣上擊筑自歌 湛露之 瑤池之宴 周穆王宴西王
母 酌彼金罍 詩 飲酎 月令孟夏天子飲酎用禮樂 酎醇酒也用禮樂正尊卑也 醉 後漢劉寬字文饒每引見帝令寬講經常於帝前被
酒睡帝問太尉醉耶對曰臣不敢醉但任重責大憂心如醉 又御前 後漢馬武字子張為人嗜酒闊達敢言時醉在御前面折同列言其短長帝故縱之以為樂 面尊
凡飲唯君面尊 司過之吏 吳孫皓每宴會羣臣無不令沈醉置黃門侍郎十人不與酒令侍立為司過之吏宴罷各奏其闕失隨大小加刑 勞酒 孟春
天子躬耕耤田還乃宴飲於太寢三公九卿諸侯大夫皆御命曰勞酒 晉武禊 賜河橋 成晉武帝禊於洛 陽 不飲 ○賜酒 附酒門 秬
鬯 賜晉 晉文公獻楚俘于周周王賜之秬鬯一卣 以 九錫 魏公九錫文 賜秬鬯一卣 賜貴 遺紹君

漢書伏日上賜東方朔肉一石肉百斤歸遺細君 酒存人欲 賜春秋主恩 達 下之恩賜頒 周禮酒正掌酒之賜頒皆有法以行之注法尊卑之差

秩酒 酒正凡秩酒者以書契授之注秩常也謂若老臣常受酒 賜爵 禮記祭統君若賜之爵則越席而再拜稽首受登席而祭之飲卒爵而俟君卒爵然後授虛爵注不敢

先君盡之 不壽拜 禮酒肉之賜不壽拜 壽重也不重拜禮也 上尊酒 漢書賜丞相秦牛上尊酒注糯米一斗酒一斗爲上尊稷爲中尊粟爲下 桐馬酒

見遠 酒闕門 ○令罰 附酒 兕觥其觩 兕觥罰爵也 觩然不用 酒吏軍法 史記諸呂用事朱虛侯章入侍高后燕飲令章爲酒吏章

自臣將種也請以軍法行酒 酒酣諸呂一人亡酒 章追拔劍斬之還曰亡酒一人謹行軍法而斬之 觴政 說苑魏文侯與大夫飲使公乘不仁爲觴政 引滿相

罰詩 立監佐史 詩凡此飲酒或醉或不醉既立之監或佐之史彼醉不臧不醉反恥言幽王立酒監佐之史令人盡醉則罰之 令出惟行觴

其不敬者 爵罰爵也 周禮 杜蕢之爵 禮記智悼子卒未葬晉平公飲酒師曠李調侍鼓鐘杜蕢入寢酌曰曠飲斯又酌曰調飲斯又酌北面而飲乎

公問之杜蕢曰寡人亦有過焉酌而飲寡人杜蕢洗而揚觶公曰如我死則必毋廢斯爵也至今既畢獻斯揚觶謂之杜舉 酌彼兕觥 有常罰禮之爵 罰卜

不中 晉侯與齊侯宴中行穆子相投壺晉侯先穆子曰有酒如淮有肉如坻寡君中此爲諸侯師中之 飛觴舉白 文選

酤榷二

沽酒 市脯不食 酤我 詩曰無酒酤我 黃公開肆 當壚 執盞 鑑公酒 周禮曰歲月要 閏酒正

自入其成月入其要 酒府 酒正之府 酒正 酒人 造酒 酒官監之 月令其造酒者

陳曾臣之謀 貰酒 高祖從王媼武負貰酒 酒讎數倍 常折券棄責 當壚 司馬相如與文君臨邛賣酒舍

文君當壚 千釀 酤釀 貰酤

吳嗜酒字文通居官嗜酒好其醉事日後官貴官相遠 阮籍 以百錢挂杖頭沽酒 黃公壚 王戎過之謂後車客曰吾昔與嵆康阮嗣宗酣暢於此今近邈

沽酒不食 孔子曰沽酒市脯不食 折券棄債 注見上 懸幟 韓子宋人有酤酒懸幟甚高而酒不售問人人曰君家狗猛也

斗千 曹植詩美酒斗十千 舉市 列仙傳酒客者梁市酒客之客作酒常美售日萬錢

沽酒第三 禁酒附

為酒為醴 詩

六物 月令孟冬命有司秫稻必齊麴蘖必時湛熾必潔水泉必香陶器必良火齊必得兼用六物無有差忒罰失所也酒官監之 若作酒醴 書若作酒醴爾惟麴蘖

五齊 周禮酒正掌酒之政令辨五齊之名泛齊醴齊盎齊緹齊沈齊也 式法 作酒之法式也周禮 酒財 授酒人以財也周禮 掌其厚薄之齊 齊五齊也

酒式 周禮以酒式誅賞 注云酒式謂其作酒之法式也 酒人 造酒人也 酒官監之 注見上 女酒三十人 周禮注女奴曉酒也 飲

齊視冬時 飲宜寒也 千日醸 注見上 三品 晉劉弘為荊州至中秋饗事酒有桑落酒同用麴 春南優劣三品弘云樓爵尚三合同辭蓋一升二升

飲自今不得分別 桐馬酒 漢書師學七十二人給太官桐馬酒 注以馬乳為酒撞挏乃成也 臣瓚曰以馬乳為酒 桐馬似不為酒也 ○禁酒 附 酒門

推破壚罌 魏廣漢為京兆尹直突入霍光子侯家搜索私釀酤推破壚罌斧斬門關 孔融爭 後漢末年饑曹操表制酒禁孔融頻與操爭之多侮慢之

靜飲無等 書曰堯非千鍾無以建太平孔非百觚無以堪上聖云由是觀之酒何負於政者哉 中聖人 魏志徐邈字景山為尚書郎禁酒邈私飲沈醉校事趙達問以曹

事邈曰中聖人達白太祖太祖甚怒鮮于輔曰平日醉客謂酒清者為聖人濁者為賢人邈性脩慎偶醉言耳竟坐得免刑 釀具 蜀大旱先主禁酒有釀具並坐之 巷

無飲酒 群飲勿佚 酒誥曰群飲汝勿佚盡執拘以歸于周予其殺

酣醉第四

墮車 莊子云醉人墮車雖疾不死其骨節與人同其

杞梁人 畢吏部 晉畢卓為吏部郎鄰舍酒熟夜至甕間盜飲 見 號 載號載呶 詩載號載呶 不知其

秩亦既醉止不知其秩亂我籩豆屢舞僛僛傞傞側弁之俄霑醉陳遵與客飲投轄井中取其霑醉夏憂心後漢劉寬字文饒於上前被酒睡上曰太尉醉耶對曰臣不敢醉但夏憂心如醉也腐脅毛婦父中聖人玉山之頹千日嘔車茵

並見上注是日既醉不知其尤

漿第五

漿人供六飲水漿醴涼醫酏蟻丘之漿賣漿之家見莊子十漿五漿列子之齊中道而反曰驚也吾食於十漿而五漿先饋言其勢也賣漿晏子牙少貧賣漿值天涼屠牛賣肉值天熱而肉敗

茶第六

代酒吳志韋曜飲不過三升孫皓每饗宴以七升為限雖不悉入口皆澆灌取盡密賜曜茶以當酒至寵衰更偪之供辦晉謝安常詣陸納納設茶果而已寄信劉琨與兄弟羣書吾體中憒悶恒仰真茶汝可後信致之供御温嶠表遣取供御之調條列真上茶千片茗二百大薄

食第七

加膳奢盛儉薄廉食貪食附

食為民天文選味以行氣氣以實志嘉肴雖有嘉肴弗食不知其旨食推接氣見儉嗇門味以平心君子食之以平其心忘夏憂魏子曰推食忘夏憂不歎傳曰當食不歎歎非歎所也不語食不語美食美味飽食終日食我以少施氏禮爾肴既將既嘉肉食者鄙吉蠲為饎饎食也飲食醉飽書不時不食語蕙肴楚辭蕙肴蒸兮蘭藉初筵終飲置食之間三歎閻沒汝寬傳吾豈得而食之一飲一食禮飲食以時禮大夫無秩膳未老者無秩膳有閣禮大夫七十而有閣閣食藏不辭孔子食於季氏不辭不食肉而餐以其待己非禮也無禮禮曰君子苟無禮雖美不食焉共飯不擇也覆餗鼎折足覆公餗徒食庶人耆老不徒食徒空也禮素餐無魚中置當食之中飱韋下箸何曾肉味忘味豐儉隨客早晚佳羊曼為丹陽尹客來早者得佳設日晏則漸罄不復及精

隨客早晩而不問貴賤有羊固拜臨海太守竟日皆美雖晩至者猶獲盛饌論者以固之豐腆不如曼之眞　不食珍　禮庶人無故不食珍　禮之初　始於飲食禮記

男女之大欲　飲食男女之大欲存焉　食其時　百骸理　君子以飲食宴樂　易　洪範八政一曰食

尚書大傳曰八政何意先食食者萬物之始人之所本　汝郁　年五歳母疾不能食郁亦不肯食母憐之彊爲之食歎言已愈郁視母顏色未平輒不食　○加膳

附食門　飫賜　傳曰將賞爲之加膳膳則飫賜之　鄭伯享楚子加籩豆　加籩　季孫宿如晉晉侯享之有加籩也　○

奢盛　附食門　厭精　食不厭精　變色　有盛饌變色而作　六和　五味　八珍　豐饌　文選去中廚辦豐饌　膏粱

國語曰膏粱之性難正言食膏粱則性易驕　擊鐘　傳曰宋左師毎食擊于鐘　列鼎　家語子路南游於楚列鼎而食　玉食　美食　六禽四膳

窮海極陸　七命曰六禽殊珍四膳異肴窮海之錯極陸之珍　方丈　墨子曰美食方知口不能徧味目不能徧視孟子曰食前方丈　厚味薄行

管子曰臣聞厚於味者薄於行　百品之味　周禮　百羞食珍　庶人無故不食珍　極口腹之欲　不能反躬天理滅矣禮記　食浮於

人　浮過也　苟秩膳之是踰　則常刑而罔捨　嘉肴巧食　繁味　周禮　窮躬鉶羞參之味　漿酒

藿肉　董賢賓客　毎食四簋　秦詩於我毎食四簋今也毎食不飽注四簋黍稷稻粱　庶羞不踰牲　餘粱肉　怒待

客豐　謝安嘗欲過陸納祖言納殊無供辦納兄子俶不敢問密爲具安至納唯設茶果而已俶遂盛饌珍羞畢具客去納大怒曰汝不能光益叔父乃穢我素業耶乃杖四十

二萬　何劭敬祖食必四方珍異一日之供以錢二萬爲限時論以太官御膳無以加之　萬錢　何曾字穎考厨膳滋味極於王者毎燕見曾並不食太官所設帝輒令取其

蒸餅不坼作十字不食日食萬錢猶云無下箸處　下箸　注見上　極滋味　任愷極滋味以自奉養初何劭以公子奢侈愷乃踰之　○儉薄　附食門

菲飲食禹　不貳味闔廬一食不貳味　退食自公退食減食也　惡食士志於道而恥惡衣惡食者未足與議也　昭儉傳曰粢食不作

昭其儉也　無餘不飽詩曰今也每食無餘每食不飽　脫粟公孫弘　藜藿七發曰子甘藜藿未暇此食　充虛聖人食足以充虛接氣言儉也　一

簞食顏回不改其樂　疏食傳　不溽儒有飲水不溽之貧　疏糲之食　餬口正考父鼎銘曰饘於是粥於是以餬予口言儉也　糲食

漢書糲粱之食　藜羹美不糝孔子在陳　人浮於食浮過也　三杯不朱博儉每食案上不過三杯　傷性蔬食也不敢以傷吾子之性

食淡呂后與陸下攻苦食淡　食無肉劉虞爲上公　素飽易曰不素飽　療飢可以療飢　無魚孟嘗君客馮煖歌曰長鋏歸兮食無

魚　賓客嫌後漢井丹大春性高未嘗修刺候人沛王等五王更請丹不能致信陽侯陰就要劫致之既至爲設麥飯葱菜之食丹推去之曰去去何其薄乎更設

盛饌乃食之　○　廉食附食門　不謀君子謀道不謀食　無禮禮曰君子苟無禮雖美不食　不食嗟來之食事見飢門　壺

飧傳曰趙衰以壺飧從徑餒而不食言其廉仁且忠也　不溽儒有飲食不溽之貧　不受精魚公儀休嗜魚也　食時　不力珍力務也食四時之食

禮　屬猒閻沒汝寬曰願以小人之腹爲君子之心屬猒而已言猒足而休　量腹文子曰聖人量腹而食言食不貪也　節耆慾薄滋味

求飽食無求飽　鮮食而寢蘧子馮辭疾　不素飽　節飲食易盖明　○　貪食附食門　以極口腹

之欲而無厭飽之心厭而飫之小人之腹屬厭注見上　口爽五味令人口爽　服腐腸之

藥耽爽口之味七命　滋味　煎其府藏香芳腐其骨髓文選　饕餮貪財與食　貪于飲食傳　飲食無

度節嗜慾薄滋味　薄於行管子曰厚於味薄於行　厚味見上注　求飽君子食無求飽　人之大欲存

焉困于酒食易豐衍之象　朶頤易朶頤嚼物喩貪也　自求口實　將使鼈長而食國語云文伯飲南宮敬仲
酒路堵父爲客羞鼈小堵父怒曰將使鼈長而食之遂出　孟嘗下客史記孟嘗君待客夜食或蔽火光客怒以飯不等輟食辭去孟嘗起自將其飯比之飯乃麁糲客慙之
自刎而死　無魚之歎見儉薄門注　羞鼈之嫌見上注　恐其不足闕沒汲實見曰饋之始至恐其不足　舉太山以爲
肉曹植書　過屠門而大嚼

煎和第七

司味膳宰屠蒯曰臣實司味　平心齊味傳曰水火醯醢以烹魚肉
燀之以薪宰夫和之以味濟其不及以泄其過君子食之以平其心先人之濟五味也和五聲　以奉五味爲六畜五牲三犧以奉五味也　以炮以燔以烹以炙
五味六和加以滑甘　時味凡和春多酸夏多苦秋多辛冬多鹹調以滑甘時味所以養氣　燔炙芬芬　煎熬七發曰使伊尹煎熬易牙
調和　適和調辛　甘受和五味之變不可嘗文子　勝　鹽梅若作和羹爾惟鹽梅　煎和滋味濟以鹽梅　拂徹
糟腥加之薑桂　調節五味　滑甘見上注　膳禽禽獸也周禮　凡用禽獻春行羔豚膳膏薌
薌牛脂　夏行腒鱐膳膏臊臊犬脂也腒乾雉也鱐乾魚也　秋行犢麛膳膏腥腥猪脂　冬行鮮羽
膳膏羶羶羊脂也鮮魚也羽鴈也膳謂脂膏煎和　割烹周禮　水火之齊多少之節　刀匕是供禮杜蕢云　君子遠
庖廚禮　味得其時時所宜也禮　烹飪調和之器　鸞刀執其鸞刀以啓其毛　羞服之式周禮九式四月羞服
之式主領飲食　膳羞膳夫掌王膳羞以養王及后世子　珍用八物　炰鼈膾鯉　王日一舉鼎　火化身賤凡有
血氣之類不身踐也踐音翦翦遠庖廚也　秩膳秩常也天子諸侯也　不給於鮮一子有事獸人無乃不給於鮮　洎饋傳公膳日雙雞饔人竊更之以鶩御

者知之則去甘以其洎饋洎汁也 丙而 膳獻 酌羞 封之劉之糝溲 為粉粉溲之 捶而食之 乾肉則捶而食之 良庖

厨車 載食輇車 宿肉 禮六十不宿肉 調之以醢醢 內則 切葱若薤實醢以柔之屑桂與

薑乾肉捶而食之 米麪第九 粟附 獻米者操量鼓 負 子路食藜藿之食為親負米者百里

之外 索長安米 東方朔言臣無有用宜棄捐無索長安米 聚米 馬援對光武説隗囂聚米為山勢 受俸求赤米 第五倫為會稽

受俸祿常求赤米置一月餘皆賤糴與貧人 與米 吳魯肅以賑贍為務周瑜資糧絶肅有兩囷米三千斛乃指一囷與瑜 賑贍不啓父 全琮

父使琮齎米數千斛到吳皆散空船而還曰所市非急而士大夫方有倒懸之患便賑贍不及啓報父父奇之 麨糗糒 文選云麨糗糒 ● 粟 附米 麨門 窖

倉粟 貨殖志秦敗豪傑爭取金玉任氏獨窖倉粟後米石至萬錢金玉盡歸任氏 獻粟者 執右契 陳之相因 太倉之粟 紅

腐 而不可食亦太倉粟皆調文景時 秦輸 傳晉饑秦輸之粟 所寶 惟穀 冉子之請 冉子為其母請粟子曰與之庾庾十六斛

莊生之貸 莊子貸粟於魏文侯文侯曰待得邑粟至與子三百鍾周曰若待君粟求臣於丘墳之內後發使送之 飯飱第十 飯食

飱 宰夫掌朝覲會同賓客以牢禮之法飯食飱牽注客始至所致也 飱饔食 槃人掌賓客之飱饔食也 共飯 不擇手 摶飯 致飽之意不饜

放飯 去手餘飯於器中 君賜覆手不敢飱 覆手以循咽飱勸食 饋盤飱 僖負羈饋重耳下致璧云云 客飱主人

辭以疏 飱美主人之食 魚飱 公羊晉趙盾食魚飱 䬳飯不及壺飱 䬳小器壺大器喻不能圖遠 先一飯矣 夫差謂句踐曰

寡人禮先一飯矣言已齒長也 脫粟飯 公孫弘 傳飱 韓信令裨將傳飱破趙會食注飱小飯也 文王飯 侍文王一飯亦一飯再飯亦再飯 飱有

帖三　七

陪鼎免粟飯 晏子食免粟飯

粥第十一

爲粥以待衛國之餓者 衛公叔文子 賦民粥 陸績爲郡戶曹民飢太守賦粥續簡閱人衆評以名氏 飴餓者 王曾爲吳國內史年飢作饘粥以飴餓者 饘於是粥於是以餬予口 正考父鼎銘 居喪食粥 行麋粥 月令八月養食衰老 豆粥 光武至無蔞亭大寒馮異上豆粥上謂諸將曰昨得豆粥飢寒俱解

羹第十二

若作和羹 爾爲鹽梅書 羹定 定熟也鄉飲酒也 儀禮 大羹不和 無鹽 芼羹 內則云芼羹菽麥唯所容 羹食自諸侯至庶人無等 庶羞異也 羹齊視夏時 宜熱 大羹不致 傳 和如羹焉水火醯醢鹽梅以烹魚肉 未嘗君之羹 一杯亡國 戰國策中山君饗大夫司馬子期在焉羊羹不徧子期怒走投楚說伐中山君君亡曰吾以一杯羹致亡國也 爛手 劉寬將朝婢翻羹汙其衣遽收之寬見曰徐徐羹爛汝手 陶石 公起 不受遺贈啖無蓴羹無鹽不糝 孔子陳蔡閒七日不食藜藿不糝 蓴羹 陸機詣王濟濟指羊酪謂機曰吳中何以敵此機曰千里蓴羹未下鹽豉 庾袞藜羹不糝 門人進飯曰已食訖 羹頡侯 高祖兄子 識母羹 後漢陸續字知初繫獄見餉羹知母來怒以爲卒通意續曰識母羹葱必寸斷肉方正以此知也 遺 漢高祖謂項羽曰若烹太公遺我一杯羹 樂羊食盡 樂羊圍中山中山人烹其子遺之羹樂羊食盡 黿羹 傳楚人獻黿於靈公公子家與子公將朝靈公子公之食指動謂子家曰他日指動必食異物及入見靈公進黿子公笑曰果然靈公問笑故且告及食大夫黿召子公而弗與子公怒染指於鼎嘗之而去

肉第十三

有肉如坻 左傳 如陵 濡肉齒決 乾肉不齒決 鳥獸之肉不登於俎則公不射 寘堇於肉 堇鳥頭毒藥也 拔劍割肉 東方朔伏日 藿

肉酒董賢客欒蕃肉　六十非肉不飽宿肉　鼠盜張湯爲兒守舍鼠盜肉　烏攫黃霸使吏食於道旁烏攫其肉吏還霸迎

勞曰乃爲烏攫肉吏大驚以爲霸知其起居不敢有隱也　一肉公孫弘食不過一肉　束縕蒯通曰里婦夜亡肉姑以爲盜逐之諸母束蘊請火於亡肉家曰犬暮得肉遽呼

婦還　肉林漢武　兼肉漢劉虞爲上公食無兼肉　舉太山以爲肉曹植與吳質書願舉太山以爲肉　持蒲作肉

秦趙高爲丞相指鹿爲馬以蒲作肉　對屠門而嚼桓譚新論人聞長安樂出門西向笑知肉味美則對屠門而嚼　分羊甄宇拜博士每臘詔賜博士羊

羊有大小肥瘦博士祭酒議殺羊稱分其肉又欲投鉤宇恥之去傷儒因取瘦者不復爭　肉敗不食語

炙第十四

嘬炙禮無嘬炙謂一舉盡

欒近貪　牛心王羲之年十三周顗異之時重牛心炙座客未敢先割啖羲之乃知名　行爵食炙傳欒寧　處外禮膾炙處外　未熟

欒寧將欲飲酒炙未熟　欲炙之色顧榮與同僚宴飲見執炙者狀貌不凡有欲炙之色榮割炙啖之曰豈有終日執之不知其味及趙王倫敗榮被執其人爲督率

救榮得免　馬行炙帝王記曰紂宮九市車行酒馬行炙　魚炙國語屈建曰祭典庶人有魚炙之薦　爭食而死風土記吳王闔閭女嬌恣嘗與王爭

食魚炙怒恚而死

膾第十五

膾鯉詩云魚鱉膾鯉　膾不厭細　紅鮮鷹刃落俎西征賦華魴躍鱗素鮒揚鬐

饔人縷切鸞刀若飛應刃落俎靃靃霏霏紅鮮紛其初載賓客賫而遲遲　素膚雪散七命曰支離飛霜鍔紅肌綺散素膚雪落婁子之毫不能廁其細秋

蟬之翼不尺擬其薄　鮮鯉之膾七發　纍疊縠七發曰纍如疊縠離若散雪輕隨風飛刃不轉切　食魚豈其食魚必河之魴　芥醬

語魚膾非芥醬不食　用葱禮曰凡膾春用葱秋用芥　冬宜鮮鮮魚生　聶而切之禮牛與羊魚之腥聶而切之爲膾　處外膾炙

處外　姜詩母好膾好江水庭中出水味如江水每日出雙鯉魚以供母膾其孝感如此　鈞庭中介象字元則與吳主論膾何者最美象曰海中鯔魚

爲上美也令於殿前庭中作方坎汲水滿之象垂綸於坎中食頃得鱠魚作膾 釣盤中 左慈字元放以銅盤盛水釣水中引出魚皆長三尺以作膾 王餘魚 吳王

行江中食膾有餘棄於水化爲魚今有王餘魚是也亦名膾骨也

脯脩第十六

乾肉 膞 腊 周禮腊人掌乾肉凡脯腊膴胖之事注乾肉大

腊也小腊小者也脯片也捶而施薑桂曰腶脩膴胖皆謂夾脊肉也 腒 鱐 腒乾雉鱐乾魚 不食 子曰沽酒市脯不食 束脩 子曰自行束脩已上則吾未嘗

無誨焉 左朐右末 禮既以補脩置左朐右末注取便也屈中曰朐音衢 乾肉不齒决 尹祭 祭宗廟之禮脯曰尹祭 腶脩

禮 鬼侯 紂脯鬼侯以享諸侯 噬腊遇毒 噬嗑 乾肉一束 國語楚成王聞子文朝不及夕每朝設脯一束 濁氏 貨殖志濁

氏以胃脯而連騎注以湯燖羊胃以椒薑 野蒲變而爲脯 潘岳西征賦 失脯 桑虞宿寄客失脯虞解衣償之也 嫁人之

贄 脯脩棗栗禮 王 衽受 穀梁魯昭公奔齊齊使高子以脯遺公公衽受 燕脯以毒 驪姬 削脯犒師 劉表出單左慈

白有薄禮即以犒師以刀削脯投地百人接脯脯亦不減 麟肉脯 神仙傳王遠至蔡經家設麟肉脯

鮓第十七

遺母 陶侃遺母一坩鮓母

封鮓還責侃云云 又 孟宗字恭武爲監魚池司馬自結網取魚作鮓寄母母曰汝爲魚官而獲鮓豈家至戶到告也 龍鮓 世說有人遺張華鮓華曰此龍肉也遂以苦

酒沃鮓鮓中有五色光也 啓 齊王融謝司馬賜魚鮓啓曰東越水羞寔鱀乘時之美南荊任土方揖鮓魚之最 十斛鮓 陶侃故事曰蘇峻上成帝十斛鮓 晉

青肉紫 漢昭帝時釣得蛟長三丈帝曰此魚鱗之類命太官爲鮓骨青肉紫食之甚美帝更求之不獲

醢第十八

女醢二十人 周禮醢人

職女醢謂女奴曉醢者 百二十甕 膳夫掌王饋食醬醢百有二十甕 覆醢 禮孔子哭子路於中庭既哭問使者曰醢之矣遂命覆醢 四豆 醢人之實

享之 執醬而饋 食三老五更於太學天子執醬而饋 不得不食 語不得其醬不食 蒟醬 武帝使唐蒙使南越南越食蒙

醫如乘駿 取實爲醬 彭越 往年醢彭越 千
史記通邑大都醯醬千甔 比千乘之家 賣醬 張氏賣醬而踰多 覆

瓿 劉歆謂揚雄曰今學有祿利尚不能且如太玄何吾恐後人覆醬瓿 瓿音部小罌也 又 馬醢 後漢侯上至[illegible]并趙王庶兄胡子進狗膘馬醢 魚醬 晉武帝與

山濤書兼餉 榆莢醬 白虎通曰榆莢醬 醬曰醯醢音奚 上 取於鹽 風俗通曰醬成於鹽而鹹於鹽 南宮長萬 宋人醢之

啓 梁劉孝儀謝[illegible]醬啓曰[illegible]傳旨退謝可[illegible]醢[illegible]賞追[illegible]矣言 芝蘭葉之醬 枚乘七發曰芍藥之醬 神藥 漢武內傳曰西王母謂帝曰神

藥上有連珠雲醬玉津金醬中有元霜之醬 十二香 神仙食經十二香醬以沉香等物為之服之 雷鳴 風俗通曰雷鳴不得作醬令人腹中雷鳴 百甕

晉襄公斬其夫人醢 醢百甕 醢第十九 女醢 周禮醢人女醢[illegible]供五齊七菹凡醢醬之物王舉則供醢六十甕供后及世子之醬 醯醢 醓醢

鹽梅以烹魚肉 亂內 醬 內則 醢醬 威 和羹之用 乞醯 論語孰謂微生高直或乞醯焉乞諸其鄰而與之 苦酒 魏名臣傳曰中書監劉放

司官順[illegible]酒[illegible]百[illegible]刀之末[illegible]謂苦[illegible]也 鳳赫鳴醋 漢武內傳西王母謂帝曰仙藥有鳳赫鳴醯 鹽第二十 煮火海為鹽

文戎鹺 祭祀之禮鹽曰鹹鹺 作鹹 書洪範下潤作鹹 蜀井 蜀都賦云家有鹽泉之井 鹽[illegible] 若作和羹爾惟鹽梅 和羹 注見上

形鹽 鹽虎形賓客之禮 鹽人 掌鹽以供百事之鹽 苦鹽 不練治之鹽祭祀用之 散鹽 練治之鹽 者 天承鹽為 飴鹽 三者

膳羞供飴鹽 鹽之恬者今戎鹽有之 齊南鹽 凡齊事供齊南鹽 齊[illegible]鹽[illegible]若者 近鹽 [illegible]氏之[illegible]鐵而近鹽傳 鹹鹽價 漢書宣帝[illegible]曰鹽人之

食而賈[illegible]固其[illegible]天下之鹽 食者之將 夫鹽食者之將[illegible]通行[illegible]無 魚鹽 [illegible]上谷有魚鹽[illegible]之利 賈鹽 [illegible]

天竺國有[illegible]鹽 鹽一名[illegible]國 官鹽 張[illegible]上言鹽食之急[illegible]不可[illegible]可自[illegible] [illegible]鹽 [illegible]第五[illegible]名曰[illegible] 煮鹽 [illegible]

言若司馬文王曰今臣平蜀之後嘆此棄吳人席卷之時然大學之後將士嚴勢日更吳會與此爲軍資之要 梁秦之鹽 諸子曰吳荒有梁餐之虞臨無有齊東之貢 虞

阪之載 騏驥駕鹽車上吳坂阪馬爲之悲鳴而長嘶 鹽味生 晉符朗字元達甚味會稽王道子設食之盡江左精饌食畢問曰關中之食孰若此朗曰皆好

會嘗鹽味少生于鹽字夫果如其言 修飾 徐邈字景山嘉會城守盧武威酒皇未曾論以次當敦軍用會鹽 青紫 西域記曰西將有青鹽紫鹽方寸等食味甚善

美也

酪第二十二

以爲醍醐 禮 太玄之酪 漢武內傳西王母曰仙家藥有太玄之酪 食酪得疾 晉陸玩嘗詣王導食酪因而得疾

與導書曰僕吳人幾爲傖鬼 指酪 陸機詣王武子武子指酪以示機曰卿東吳何以敵此機曰千里蓴羹未下鹽豉 賜 晉起居注詔曰尚書令荀勗羸久疾酪可賜

乳酪太官賜石給之 酪漿 文選李陵書曰膻肉酪漿

蜜第二十三

東寒采蜜 餳蜜以甘之 子虛文選 蜜餌 楚辭粔籹

蜜餌有餦餭 作甘其味甘鼠矢 吳志孫亮方食生梅使黃門以銀椀并蓋就中藏吏取蜜漬梅黃門素恨藏吏以鼠矢投蜜中白亮亮吏不甘亮令破鼠矢中燥黃門乃伏罪 上藥 漢武內傳下藥有中華紫蜜雲山朱蜜 買蜜 東觀漢記李通傳曰光武與兄共買蜜合藥後即位乃賜通

白蜜一石問曰何如長安時買蜜 蜜房 蜀都賦蜜房郁毓被其阜

餅第二十四

漢書百官表少府屬有湯官主餅餌 買餅 漢宣帝微時每買餅所從買者輒大售 一笥餅 後漢趙典世祖少遊舊以微時嘗以事拘新野嘯爲市吏饋餅一笥帝不忘乃賜御服食及乘輿衣物自嘏之曰一笥餅得都尉何如 麥飯 賈餅 後漢趙岐賣餅 印綬易

餅 魏略本祖謂丁斐曰印綬何在丁易餅耳 十字坼 何曾每宴見不食太官所設帝輒令取其食蒸餅不坼十字不食 畫餅 盧毓言有名如畫地爲餅

餅不可啖食 弱如春綿 白若秋練 束皙餅賦 吳均餅說 范羊山王月白似梁市口聞見色而心迷

粥第二十五

嗜芰 芰菱也國語屈到嗜芰有疾召宗老而屬之曰祭我必以芰及祥宗老將薦芰屈建命去曰祭國君有牛享大夫羊士有豚犬之奠庶人有魚炙之薦籩豆脯醢

上下共之不羞珍異不陳庶侈夫子以私欲干國之典左史倚相曰君子以違而得道故進退周旋惟道之從注屈建屈到之子 曾晳嗜羊棗 孟子曰曾

子不食羊棗 公儀休嗜魚 人獻魚不受曰吾嗜魚可致魚受人魚罪奪吾祿人寧肯饋我 太子嗜鮑魚不與 賈誼書曰太公傅太子發

嗜鮑魚公不與曰鮑不登俎不可以非禮食太子 姜詩母好江水 見會稽門注 鄭伯有嗜酒 傳伯有良宵也 從飲好

從其所好飲食男女之大欲存焉是人之所欲 好牛心 王右軍 嗜菖蒲 周文

好擬驢聲 隴經 齊宣好竽 竽

食器第二十五

維筐及筥 詩于以盛之維筐及筥 疏以

達 春食麥與羊其器疏以達 高以粗 夏食菽與雞其器高以粗 廉以深 秋食稻與犬其器廉以深 闔以掩 冬食黍與彘其器闔以掩

圜以閎 中央土食稷與牛其器圜以閎 器之溉者 禮飾食於君君賜餘器之溉者不寫其餘皆寫注云重汙君器溉謂滌不溉謂萑竹之器

操以受命 記凡進籩豆簞笥問人者操以受命如使之容注籩豆實棗栗肉或以葦或以茅或以簞笥盛饌 執簞 公羊高子執簞國子執壺漿曰聞君歛

執饌食未熟敢受鷚於從者昭公以狂受之注器圜曰簞 熟食養熟肉 簞食瓢飲 顔回 奪金簞 史記曰蔡澤入於道見遂入簞之懸遇吾金簞於途

不置箸 王召亞夫食獨置大胾無切肉又不置箸 注胾大臠肉也 樏上三杯 樂傳儉 借箸 張良借前箸以籌之 無下箸處 何曾

日食萬錢 既作象箸 史記紂作玉杯 琉璃食器 晉武幸王氏家食器盡琉璃 玉卮無當 卮當底也

賜食第二十六

賜

之王食 書惟辟玉食記美食 與之禮食 傳晉侯以饗禮為之能以刑佐民與之禮食使佐新軍注禮食以表其功 公賜之食 傳潁考叔

有獻於公公賜之食食舍肉 飫賜 傳將賞爲之加膳加膳則飫賜 注飫賜以酒食賜下無不飫足 食存人欲 主恩 賜表遠下 畢頒賜

周禮凡肉脩之頒賜 好賜 又曰凡王之好賜肉脩則饔人供之 注好賜王所善而賜之 正席先嘗 君賜食必正席先嘗之敬君之惠也 賜腥 君賜

腥必熟而薦之 注薦其先祖也 侍食於君 君祭先飯 懷餘肉 史記詔賜東方朔食於前飯已盡懷餘肉去衣盡汚 賜食於家 如

在上前 漢萬石君 記曰若賜之食而君客之則命之祭然後祭先飯徧嘗羞

飲而後命之品嘗之然後唯所欲 君未覆手不敢飧 飧勸食也 飧者三 一飯勸如是

食多 魏辛毗守幽州好酒食飲啖兼人帝賜食於前大飲長盤左右相饌數人益之乃供太祖壯之 賜果 禮曰賜果於君前其有核者懷其核 後漢孔融常侍御詔賜奇果

受者皆懷之榮獨舉手捧以拜帝笑曰真儒生也

嗟食第二十七

附 乞食 求食 食我 少施氏食我以禮 嗟來之食

予惟不食嗟來之食以至於此 簞食 趙宣子見翳桑餓人與之簞食壺[illegible]也 乞食 史記伍子胥夜行晝伏吹笙乞食於吳市 君子苟無禮

雖美不食 禮 與塊 重耳乞食於野野人與之塊 爲食於路 黔敖以食餓者 旦炊蓐食 韓信常從南昌亭長

寄食數月長妻患之乃晨炊蓐食時信往而不爲具食信乃自絕而去也 求餘鶴 晉庾悅嘗食鵝劉毅字希樂求其餘不應毅銜之熙中奪悅豫章解其

軍府使人諷示其旨悅慙懼而死

饋食第二十八

漂母 見王孫而進食 漢書漂母飯韓信信曰吾必重報母母怒曰大丈夫不能

自食吾哀王孫而進食豈望報乎後信賜以千金 僖妻賢公子而饋 饋飧 傳僖負羈之妻賢公子重耳乃饋盤飧寘璧焉公子受飧反璧 食我

以禮 孔子曰吾食於少施氏而飽少施氏食我以禮 親饋 禮主人親饋則拜[illegible] 饋 [illegible]食 禁醬 禮[illegible] 饋熟食 空器 荀[illegible]若[illegible]

昭欲進曹公九錫或以爲不可及𢦏病操饋之食發視之乃空器也遂飮藥卒

異味第二十九

必嘗異味 傳子公之食指動以示子家曰他日我如此必嘗異味及宰夫將解黿乃染指於鼎嘗之而出 魚鼈鼉膾鯉 詩 炰封熊之蹯 翰音之跖雞跖 鸞鷩髀 髀股也必爾反 猩脣 肉之美者猩猩之脣 臑鼈炮羔 臇鳧煎鴻鶬 臇臛也子兗反 犓牛之腴 勺藥之醬 薄耆之炙 秋黃之蘇 白露之茹 蘭英之酒 並文選 凝脂之飯 春卵夏筍 秋韭冬菁 魚鱻 薧薨之物 鮮生肉薧薨乾肉也 體名 禽獸支節 肉物 胾臠蹯之屬

天子食第三十

膳羞 膳夫掌王之食飮膳羞凡王之饋 食用六穀膳用六牲飮用六清羞用百有二十品醬百二十甕注此王舉之饌也六穀稌黍稷粱麥苽也六牲馬牛羊豕犬雞也六清水漿醴涼醫酏也八物淳熬淳母炮豚炮牂擣珍漬熬肝膋也 一舉 王日一舉注去殺牲盛饌曰舉一舉謂朝食 侑食嘗食 以樂侑食膳夫授膳祭品嘗食王乃食注曰侑勸也禮飮食必祭示有所先也每品食皆嘗之 不舉 大喪大荒大禮天地有災邦有大故則不舉 燕食 謂王者日中與夕食 奉膳 奉進也 稍事 非日中大事之時而閒食謂之稍事 不會 歲終惟王及后之膳不會注云不計多少優尊也 王膳 以供王之膳 孟春食麥與羊 孟夏食菽與彘 稷與牛 季夏中央土 乃以彘嘗麥 孟夏 稻與魚 孟秋 農乃登穀天子嘗新 孟冬 黍與彘 孟冬 天子之閣左達五右達五 共十閣食庫 冬生菜 召信臣字公翁爲少府奏太官冬生葱韭茹覆以屋廡夜爇蘊火待溫氣乃生之不時之物有傷於人奏罷之也注云爇古然字 充君之庖 天子四食 白虎通曰天子日四食明有四方之物平旦食太陽之始晝食太陰之始餔食少陽之始暮食少陰之始

薪柴第三十一

薪蒸 傳藪之薪蒸虞候守之大曰薪小曰蒸 收秩 月令季冬

令有司收秩薪柴以供郊廟乃百祀之薪燎 析薪匪斧不克 詩析薪如之何匪斧不克 鬼薪 漢法罪人徒者使伐鬼薪以供宗廟 後來
居上 陛下用人如積薪後來者居其上汲黯謂武帝云 負薪 朱買臣見夫婦離門 不流束薪 曳柴 遠揚 詩取彼斧
斨以伐遠揚 薪之 詩云芃芃棫樸薪之槱之 烘燎 詩惟彼桑薪卬烘于燎卬我也 錯薪 詩曰翹翹錯薪言刈其楚 委人 以法供祭祀之薪蒸
木材賓客供其薪芻喪紀供薪蒸大材軍旅供委積之薪芻凡蹤材共野委野委謂廬宿止薪芻也又九式七芻秣之式也 桂玉 戰國策蘇秦之楚三日乃見王曰楚國食貴
於玉薪貴於桂 負荷 其父析薪其子不克負荷 勞薪 破車脚 枯梧 列子曰枯梧樹者鄰父曰枯梧不祥伐之鄰父因請為薪鄰父乃不悅
尺燼 納薪 炙筆硯 顏斐字文林為京兆守課人置薪兩束當輸租時納備寒用炙筆硯 薪是獲尚可載 哀我憚人
亦可息大車詩刺人勞也 有洌氿泉無浸穫薪 詩見毛 桐薪 巨斧斲乎桐薪不待剞時良日然後破之淮南子 綢繆
束薪 曲突徙薪 棄薪 汝南先賢傳曰蔡順以至孝稱順少孤養母嘗出求薪有客卒至母望順不還即心動棄薪馳歸問其故母曰有急客來
吾噬其指以悟汝也 如束濕薪 史記甯成為漢中尉嚴酷時人語曰謹上操下如束濕薪

芻草第三十二

秩芻 月令季冬命有
司合秩芻以養犧牲注芻草稅也 草刈則畢至未發秋政則人不敢草也 草刈是刈取草也秋則草木成可刈 澤
農之貢 草貢 周官秸服禹貢 納秸 芻蒭 芻秩之式 周禮九式七曰芻秩之式 峙乃芻茭 書 編
菅秉秆 傳楚令尹郤氏取一編菅焉或取一秉秆焉投之遂不爇注秉把也 既飛 草稅 無縱芻言宜正竹刑

菜第三十三

季
秋務畜菜 月令 旨蓄 詩曰我有旨蓄可以禦冬 野人獻芹 屈到嗜芰 踐葵 魯漆室女曰昔有客駢馬園中

馬逸踐予葵使予終歲不飽葵 祭韭 秋韭 冬菁 葑菲 詩云采葑采菲無以下體注葑菲蔓菁與葍之類也 其蔌維何 維筍及蒲

蔌菜也 烹葵及菽 七月 其甘如薺 釋菜 合舞 釋菜禮先師菜蘋蘩之屬 葱渫處末 渫烝葱也處醯醬

之末 鴽釀之蓼 釀謂切雜 䟽食語 茹葷 莊子云顏回不茹葷三月 切葱若薤 禮 有畦 殖貨志云菜不茹

有畦 一百本薤 龔遂為渤海太守教人種百本薤五十本葱一畦韭 冬生菜 注見上 噉薤留白 庾亮噉薤留白云可以種陶侃歎曰

非唯風流兼有為政之實 綠葵含露 白薤負霜 堇荼如飴 毛詩 葱必寸斷 後漢陸續字智伯初下獄

知毋自餉食曰毋所作羹美其葱必寸斷 韭曰豐本 祭宗廟之禮 擇葱薤 禮為君子擇葱薤必絕其本末注為有萎乾也 灌園 嵇康

與呂安灌園於山陽 碧海之琅菜 漢武內傳西王母曰仙之上藥有碧海之琅菜

炭第三十四

伐薪為炭 月令季秋 豫

讓吞炭 掌炭 林衡掌炭之徵令以時入之權量受之供邦國之用 陰陽為炭 隧炭 楚獲吳舟使隨人守之環而塹之及泉盈其隧炭

陳以待命 廢於鑪炭 邾莊公下急執夷射姑不得怒自投于牀廢于鑪炭爛墜也 蜃炭 華元樂舉葬文公用蜃炭注以禦濕也 熾炭于

位 寺人柳有寵太子佐惡之太子居喪柳熾炭于位太子將至則去之欲其溫煖又有寵 炭輕重 淮南子曰水勝故夏至濕火勝則冬至燥燥則輕濕則重故先

冬至夏懸土炭於衡各一端令適停冬至陽氣至則炭仰而鐵低夏至則炭低而鐵仰也 禁 王莽欲防人盜鑄禁人不挾銅炭 獸炭 晉羊琇屑炭和作獸形

掘得 交州記曰寧扁頭山越王炊爨之處掘得炭 離合 淮南子曰譬如冰炭紐繩也何時而合注曰冰寒炭熱無時得合 天帝裝炭 越王句踐有寶

劍五薛燭曰當造之時雨師灑掃雷公擊橐蛟龍捧爐天帝裝炭 啓 庾肩吾云識懿曼倩似見昆明之灰請愧伯勞鳥不復因人之熱劉孝威謝東宮賚炭啓曰洛城雪深不見

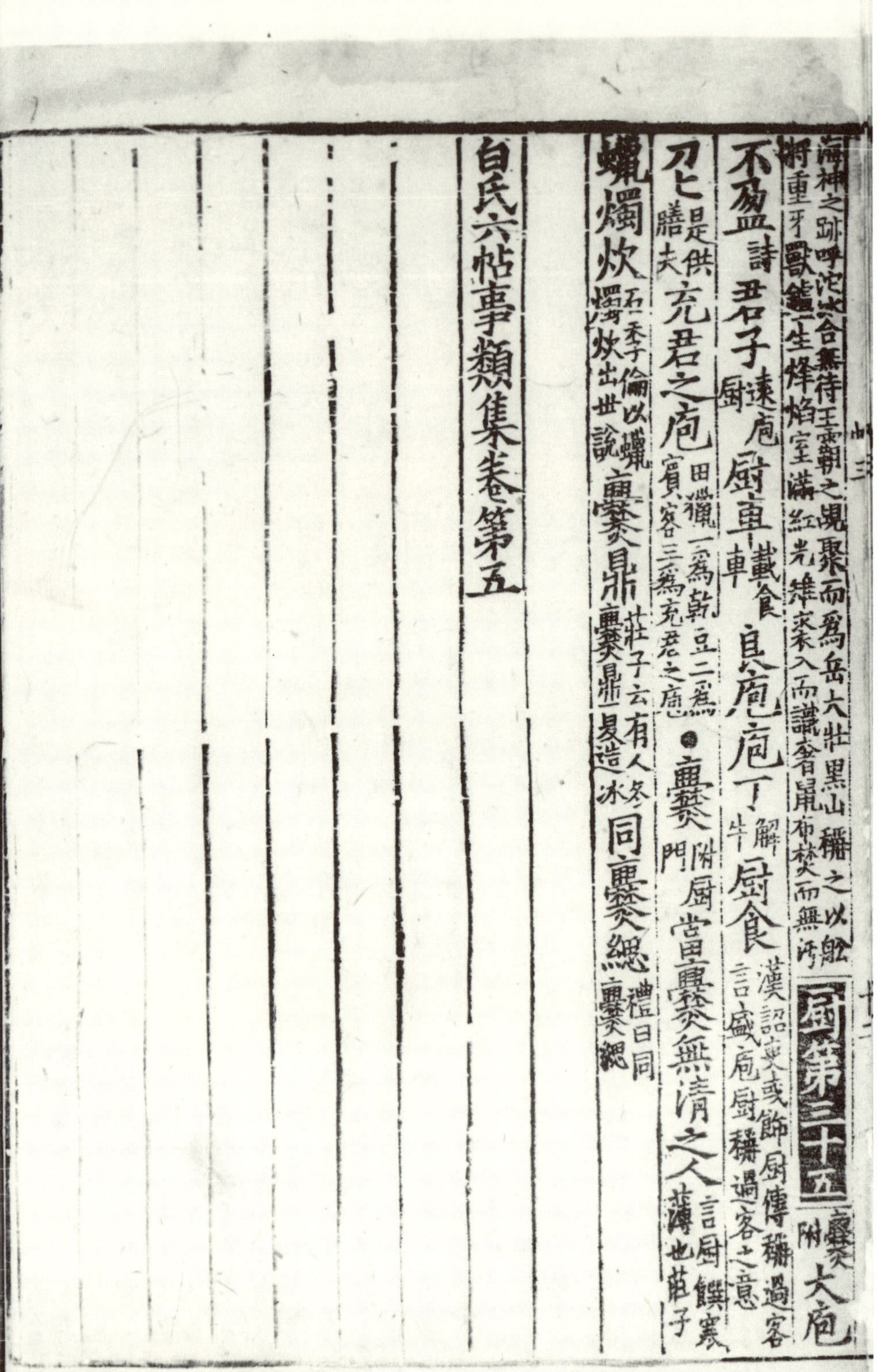

海神之跡呼沱水合焉待王霸之現聚而爲岳大壯黒山稱之以舩將重牙戰艦一生烽焰室滿紅光雜家入而識香鼠布焚而無汚

廚第三十五　附爨　大庖

不盈　詩　君子遠庖廚　車　載食　良庖　庖丁　解牛　廚食　漢詔吏或飾廚傳稱過客　言盛庖廚稱過客之意

刀匕　是供　膳夫　充君之庖　田獵一爲乾豆二爲賓客三爲充君之庖　●爨　附廚門　當中爨無清之人　言廚饌寒薄也　莊子

蠟燭炊　石季倫以蠟燭炊　出世說　爨鼎　莊子云有人冬爨鼎夏造冰　同爨緦　禮曰同爨緦

白氏六帖事類集卷第五

白氏六帖事類集卷第六

凡八十三門内四十三門附

夫婦第一

夫夫婦婦（所謂順也傳）　夫和妻柔（夫和[illegible]義妻柔而正[illegible]聽而婉）　宜家（宜爾室家）　偕老（與子偕老）

如賓（冀缺耨其妻饁之敬相待如賓晉侯曰能敬必有德以爲下軍大夫）　鳳皇和鳴（懿氏卜妻敬仲其妻占之曰吉是謂鳳皇于飛和鳴鏘鏘）

伉儷（不能庇其伉儷）　好合（妻子好合如鼓瑟琴）　二物（傳謂夫婦[illegible]以經二物[illegible]）　妃耦（各有妃耦）　侍執（巾櫛）　禮閑男

二姓義合夫妻 絲蘿 古詩與君結新婚兎絲附女蘿 琴瑟 齊體 夫妻齊體 齊眉 梁鴻妻孟光饋食舉案齊眉 家

肥 夫婦和家之肥也禮 必敬 禮曰昔三代明王之政必敬其妻子妻者親之主也敢不敬焉 中則內饋 外言內和 男行女隨 刑于

寡妻 寡嫡也言文王先施法於妻而後及乎邦家 以和夫妻 禮 夫義婦聽 禮 甚宜其妻 宜善也禮

妻有服 不舉樂於其側也禮 移天之義 一齊之義 一與之齊 驚焉死 鄭袤遇風疾遭母憂疾甚發動妻哭而驚焉死妻

家訟之不能自治死於獄中 加杖 過立加杖以禮之也 希見 晉劉毅敬齊妻子有 朱博不好酒色之宴夜寢早起妻希見其面 又 劉基 字敬

與 與君輩弟居夜卧早起妻妻希見面諸弟敬憚之門無雜賓客 刀環擊 魏略桓範為冀州牧屬鎮北將軍呂昭昭本名達士於範後謂妻曰我寧作卿向三公長跪

不能為呂子受屈妻曰君爲在東廷欲擅斬徐州案今妻爲呂屈辱爲上也範怒以刀環擊妻妻傷胎死人謂君辭爲下範竟病不就州 疾貪 王衍妻郭氏貪戾無厭不

能禁有幽州刺史李陽京師大俠郭氏憚之衍曰非但我言卿不可李陽亦言不可郭氏爲之小損 老而納正室 魏鍾繇老而納正室蓋取宗子雖七十無主婦之義

殺 朱浮字叔元爲彭寵所攻道走恐不脫乃下馬刺其妻僅以身免 又 齊伐魯魯欲將吳起起妻齊女也起殺之明不適齊及爲將大破齊軍 同心 同心 伉儷

細君 東方朔謂妻曰細君 孺人 禮曰大夫妻曰孺人 **婚姻第三** 媒禮附 嬪爲妻 虞書見成妻在塗播婦 男女以正 婚

因 以婚姻必告父母 及時 男女得以及時 三星 在戶在隅婚姻時也 百兩 以之迎 燕爾 新婚燕燕之 求女子有行 遠父

弟 母兄 爾室 宜爾室家 我儀 實維我儀 反馬 既嫁三月而反馬也 鳴鳳 鳳之兆 注見上 從人 女子從人 藝麻 結

禱九十 親結其禱九十其儀 有室 三十壯有室禮 不息燭 子曰嫁女之家三日不息燭思相離也 取婦之家三日不舉樂思嗣親也 娶婦之家

三日不舉樂思嗣親也謂重世□也又曰婚禮不用樂幽陰之義也欲令子婦深思其義也 有歸 女子有歸 會遵附遠之文 娶於異姓所以附遠厚別

也卜先近之日 禮吉事先近日 親迎 男女親迎男先於女剛柔之義 婚 會室 婦降自阼階授之室明婦為家主 二十 女二十而嫁聘則為妻

二姓 合二姓之好 六禮 納綵問名納吉納徵請期親迎 會奠鴈 御輪 會 合巹 禮曰主人揖入於廟婿執鴈入揖讓升堂再拜奠鴈降出御

婦車而婿授綏御輪三周共牢而食合巹而酳所以合體同尊卑以親之也 著代 承家 男贄 大者玉帛小者禽鳥以彰物也 女執贄 不過榛栗棗脩

以告處也 萬代 婚禮萬世之始 秦晉 匹也何以卑我 高國 傳曰敝反必娶無棄日此役也不死於高國高國貴族也 歸我 仲子歸于我注婦人

謂嫁曰歸 好仇 良匹 求士 娶妻 陰禮 周禮以陰禮教親女之禮也婚姻以時則人不怨注陰禮男則男女不怨曠 多婚 周禮荒政十曰多婚

注荒年不備禮婚姻也詩曰古者國有凶荒則殺禮多婚會男女之無夫家者所以蕃育人民 嘉禮 冠婚之禮 許嫁 禮曰女子許嫁纓注云繫纓示有從人之

謂端 授幣 禮 女有歸 禮 婚以禮成 妻由義合 布幣五兩 御輪三周 既繫許嫁之纓

遂執告虔之贄 女辭家而適人 辭家 委巷在塗 是禳家事 必慎令儀 婚雖著代 禮貴及時 衿

鞶革展慶 榛栗告虔 女既辭家 婦將授室 桃李 恐失當年 榛栗 遂移他族 娶妻巫家女 漢黃霸字次公

為陽夏游徼與善相者共載見一婦人相者曰此婦人不然相書不可用也霸推問乃鄉里巫家女也遂娶妻合富貴後至丞相 配嫁 晉書武帝制女年十七父母不嫁使長吏

配嫁 世婚 漢鄭崇字子游本高密大族世與王家相嫁娶也 適婦先配 傳曰陳鍼鄭公子忽如陳逆婦先配而後祖子曰是不宜為夫婦誣其祖矣 三月

乃奠菜 儀禮婦入三月乃奠菜以篚祭用櫱祝曰某氏來婦敢奠菜于皇舅某婦拜扱地扱地奠男又稽首也 承我宗事 儀禮醮子曰

往迎爾相承我宗事施衿施鞶母施衿結帨勉之於母曰[illegible]庶母及門内施鞶申之以父母命[illegible]遂人以禁[illegible]勸婚姻也

周禮判妻入子者皆書之媒氏掌萬人之判男女自成名已上皆書年月日以名焉令男三十而娶女二十而嫁凡判妻入子者皆書之注入子嫁

宴也又云客媵姪娣不聘也書之别未成婚禮也入幣不過五兩凡嫁子娶妻也穀圭以聘女若栗文也造端禮造

端乎夫婦重責卒於婚中以著代重責婦順焉嗣親娶婦之家三日不舉樂思嗣親也人序婚姻不賀人之序也匪寇婚媾易謂無寇

難即往說婚也遠恥公羊婚禮不稱主人遠恥也宋公使公孫壽來納幣稱宋公辭窮劉范劉氏范氏世為婚姻聞子有客賀娶妻曰聞子

有客使某秦禮在途稱婦公羊在國稱女在途稱婦入國稱夫人繫援董叔娶於范氏曰求以繫援也他日董祁愬於范獻子獻子執而縛

之於庭槐叔向曰求繫援既繫矣求援既援矣而欲得之所謂也遲暮離騷恐美人之遲暮暮及年歲之未晏繁息漢書惠帝詔女子十五已上至三十不嫁

五筭欲人繁息句踐令國中女子十七不嫁罪父母太早王吉字子陽以夫婦人倫為之大綱夭壽之萌世俗婚姻太早未知為人父母之道而有子故人多夭省俸魏志王

祿賑婚姻任延為九眞太守駱越人無嫁娶禮延令男年二十五至五十女年十五至三十相匹配貧無娉財令長吏已下省俸祿賑之悔婚襄字偉

元與管彥男女各始生許為婚彥為西夷校尉襄女更許人彥弟馥白襄襄曰賢兄薨于洛陽隨妻還臨淄用意如此乃悔婚之有賀婚晉王彪之曰賀娶妻者是因酒

食而有慶語愚謂無克相賀之禮而有禮既共慶會之義亂倫之始陸玩為侍中司空兄曄錄尚書父英高平相玩子納尚書令王導初至江左請婚於玩玩曰培

塿無松柏薰蕕不同器玩雖不才不為亂倫之始女壯勿用娶女易姤卦也老而納正室上注鍾繇見彈非耦齊也

約彈王源嫁女與滿璋男繇為彈文曰璋之下錢五萬為聘餘直納妻王滿連姻實駭物聽潘楊之睦有異於此文選王滿注見上潘楊潘岳作仲武誄曰

潘楊之睦有自來 禁相賀 宣詔郡國二千石或禮不爲苛政禁人嫁娶不得具酒食相賀召 是廢鄉里之禮令民無州樂非所以導民也其勿行苛政也 軺軿

劉歆等新定婚禮親迎立軺軿 馬軺立乘小車也軿馬韈駕也 諸生皮弁 韓延壽爲潁川定嫁娶喪祭儀品令文學 校官諸生皮弁執俎豆爲吏民行嫁娶禮 皮

馬之禮 晉所司奏婚禮納徵大婚用玄纁束帛加圭馬二駟王侯玄纁束帛加璧乘馬大夫 玄纁束帛加羊古以皮馬爲庭實天子加穀圭諸侯加大璋可依周禮改璧用璋其

羊鴈酒米玄纁如故諸侯婚禮加納綵告期親迎各帛 五匹及納徵馬四匹皆夫家自備唯璋官爲具也 用羊 晉書云羊者祥也然則 婚者有羊蓋未始也 斂錢

助婚 既脩字宣居貧年三十未有室王敦等守之 斂錢爲婚皆名士也時有求入錢不得者 舊姻 詩曰不 思舊姻 委禽 公子黑彊委禽 焉黑字子晳

人倫所資 伉儷 斯重 齊體一行 義存 偕老 形分一氣乾坤爲八卦之門 人列三才夫 婦爲人倫之

首天地之位既分 夫婦之 禮斯著 入幣五兩 束帛 周禮 三十而娶 周禮曰男三十而 娶女二十而嫁 ●媒 附婚 姻門 匪

斧 詩析薪如之何匪斧不克 娶妻如之何匪媒不得 因針 線因針而入不因針而急 女因媒而嫁不因媒而親 伐柯 如之何匪斧不克娶 妻如之何匪媒不得

不交 禮曰男女 無媒不交 媒娉彊媒良媒從人口歸 因媒 而嫁 媒氏 周 禮 行媒 禮曰男女非有 行媒不相知名 女

因媒嫁 不因 媒親 妻以禮求爲人作媒 晉 人 書索紞字叔徹有令狐策夢立冰上與冰下 問紞曰冰上爲陽冰下爲陰陰陽事也君當

共語君當爲人作媒冰泮而成婚果 而太守因策求張氏女仲春成婚 離第三 怨耦 曰 仇 失儷 儷耦也鳥獸 猶不失儷儔 仳離 有女 仳離

啜其 泣矣 棄背 花落色衰 復相棄背 愛弛 以色事人 色衰而愛弛 義絶 夫婦之 義絶 反目 易曰夫 妻反目 同心 有 怒 我

怨 及爾偕老 老使我怨 不娶二三 女也不爽士貳其行 女也罔極二三其德 衰薄 夫婦日 衰薄 谷風 刺夫婦 失道也 離絶

弃其舊室夫婦離絶國俗傷敗 覆水難收 斷絃可續 塵涯浮沉異路 弦筈離合非常 上山採蘼蕪下山逢故

夫 叱狗 鮑永字君長養後母至孝妻嘗於母前叱狗永即去其妻 唊棗 王吉字子陽妻取東家棗妻唊吉吉乃去婦東家欲伐樹請吉去婦復還 求

去 朱買臣負薪其妻羞之求去買臣曰吾五十當富貴今四十矣妻怒曰終當餓死遂去之 去室 蘇武還漢生妻去室 下堂 糟糠之妻不下其堂 糟糠

棄 去閭 故人從去閭 送織 薄送我織 伋也之妻 子思曰不爲伋也妻者是不爲白也母 秋扇 棄捐篋笥中恩情中道絶 別

鶴 商陵牧子娶妻五年無子父母欲爲改娶乃援琴爲別鶴操 比予于毒 弃我如遺 十三 出妻逐於境外 言三三其德也 管子

禮曰舅姑怒則子放婦出而不表禮焉 不表謂不明言其過 不宜其妻 宜善也 禮 東藴

去婦復還 不安 左傳莒子娶妻于向向妻不安而歸莒人入向以姜氏還也 來歸 傳凡諸侯之女歸寧曰來出曰來歸 喪服 喪服小記婦當喪而

出則除之爲父母喪未練而出則三年既練而出則已未練而反則期既練而反則遂之注云當喪當舅姑之喪出除喪絶族 逆喪 穀梁杞伯來逆叔姬之喪傳曰夫無逆出

妻之喪 無子 梁叔魚三十無子欲出其妻向翟曰吾年四十有子五人恐子晩出爾非妻之過矣 陳平兄 漢陳平與兄伯居嫂嫉平不親家產伯聞逐其妻

金賞 霍光以女妻金賞以霍氏事有萌牙上書去妻上哀之得不坐法 李充 後漢李充家貧兄弟六人同衣遞食妻竊謂充曰妻有私財願分異充曰醞酒具

會鄉里共議及賓至充從座中跪白母曰此婦無狀教充離異充母兄弟不可承宗事遂呵叱妻出門 黃允 後漢以黃允爲儁才知名郭林宗曰惜有絶人之才恐守道不

篤袁隗見允曰得壻如此人足矣允聞之遂遣其妻夏侯氏婦謂姑曰今日見弃方與黃氏長乞一會以展離訣集客二百餘人婦懷袂而數允隱匿穢事十五言畢登車而

去允遂發於世 仇怨 晉書王珣及珉皆謝氏壻太傅安既與珣絶婚又離珉妻遂成仇怨 蕩舟之遣 傳齊侯與蔡姬乘舟于囿蔡姬蕩公公懼變色禁之

不止公共怒歸之末之節也蘇人冢之遇故妻朱買臣字翁子爲會稽太守入吳界見故妻與夫治道令後車載其夫妻到太守舍園中給食一月妻自縊死與夫錢令葬

遂以妻與人東胡使使求冒頓妻閼氏左右請擊之冒頓曰奈何與人鄰國惜一女子乎取所愛閼氏與之始託微波終傾覆水卷流黃

以去閣罷織素而登山於妻有春尚妍桃李之姿任胥無情頓故松蘿之契妄一其心士二其行參

商參怨徒悲出閣之情水大生離評古荅下山之明懸秋風於靜室臉淚恒齊鑒明月於

空牀愁膓欲斷雖求里母東蘊難招繼召鄰人斷絃可續生離楚辭曰悲莫悲乎生別離●夫妻再合附離門

黃昌字眞聖初爲書佐其妻遇賊被掠轉入蜀爲人妻後昌爲蜀郡守其妻因治事至於府中昌以其不類蜀人問其由妻一一曰妾本會稽書佐黃昌妻遭亂入蜀昌左足

下有黑子常自言當爲二千石昌出足示之相持悲泣乃還爲夫妻陳詵妻晉李繁姊先適陳詵生四子遭亂詣賊請活姑命賊遂掠將詵更娶嚴生子繁後得

姊歸詵詵籍王二妻及李曰詵疑制服以言於庾亮亮司馬王愆期議曰案禮不二嫡故惠公元妃卒繼室以聲子諸侯猶然況庶人乎爲詵也妻則爲嫡也母嫡之制服無所

疑矣詵有老母不可莫之養食妻無歸期納妾母也李雖没賊尚有尋求之理而便娶妻詵之短也詆讓之夫不達禮義施孝敬妻失身以部雖而不棄者以非其罪李繫野之人臨

虎請姑除不忘顧可謂婦矣士喪禮曰繼室故繼母事之如嫡故先嫡後繼亮從之妻妾晉賈充前妻李氏坐流徙後娶郭氏女後李氏以大赦得還詔充置左右夫

人充母亦勅充迎李氏郭氏恚曰刊定律令佐命之功我有其分李那得與我並乃爲李築館舍於外同姓婚第四辨姓男女辨姓禮之大同君

子惡之子產曰僑聞之內官不及同姓其生不殖美先盡矣則相生疾君子是以惡之晉侯內實有四姬焉實同姓不娶買

妾則卜禮曰娶妻不娶同姓故買妾不知其姓則卜之不書姓傳曰昭公娶于吳故不書姓徒聞盧癸賦詩

斷章之義 孰曰昭公知禮 陳司敗問昭公知禮乎孔子曰知禮司敗曰君娶於吳為同姓謂之吳孟子君而知禮孰不知禮 避宗 盧蒲
癸娶慶舍女同宗也人謂之曰男女辨姓子何不避宗何也曰宗不余避余焉避之詩賦斷章予取所求焉惡避宗注云苟有求於慶氏不畏避宗譬言如賦詩直取斷章之義
不蕃 傳曰男女同姓其生不蕃 附遠 禮娶妻於異姓所以附遠厚別也 有別 男女有別 無別無義 禽獸之道 防人 禮曰
以禮防人魯春秋猶去夫人之姓曰吳其死曰孟子卒姓同故也 本枝 同族曰 [illegible]魯曾之 百代不通 禮曰百代而婚姻不通者周道然也 出
嗣而婚本族 魏志陳矯本劉氏子出嗣舅氏而婚本族徐宣每非之太祖惜其材乃下令曰喪亂前事一切勿論 姓同源異 司空陳萊
王基當世大儒而不達禮為子納司空王沉女以姓同源異 又 王基娶王士女以為源異不同而娶之 設法而威小 制禮以防君子 賢婦五
妻柔 而正 婦聽 而婉 婦順 禮曰婦順備而后內和理然後家可長久 四德 婦言婦德婦容婦功 執婦道 以成肅雍之德 婉
婉聽從 婉言語婉容貌 邦之媛兮 詩云美女為媛 下之 趙姬謂趙衰曰請逆盾及其母曰得寵而忘舊何以使人固請逆之以叔隗為內子
而已下之以盾為才使為內子使其子下之 讓夫 樂羊子得遺金而歸其妻讓之曰妻聞君子不以小利污其行 如玉之德 之心 匪石作程垂
範閨闈和柔婉淑叶淑女之詩守夫人之法 晉書時人稱鍾夫人之禮郤夫人之法 謝女之貞 道韞 曹
家之訓 大家 婦式 婦之式周禮 從夫 禮曰婦人從人者幼從父兄嫁從夫夫死從子 甚宜其妻 宜善也禮 姆教 姆是女師
教以德禮 和順積中 禮 婉容 禮 鳲鳩鵲巢 鵲巢夫人之德也國君積行累功以致爵位夫人德如鳲鳩乃可配焉
采蘩 夫人不失職 晏子之御 史記晏子相齊其御之妻窺其夫擁大蓋策駟馬意氣揚揚其妻請去是日夫自抑損晏子問之以實對薦為

大夫

林下風閨房秀 王凝之妻謝氏道韞有才辯同郡張玄妹有才質適顧氏每稱之以敵道韞有尼濟遊二家或問之荅曰夫人神情朗徹有林下之風顧家婦冰清王映是閨房之秀

戒夫 傳曰伯宗每朝其妻必戒之曰盜憎主人民惡其上子好直言必及於難伯宗不從故及國語又曰伯宗歸喜曰吾言於朝謂似陽處父妻曰處父華而不實伯宗飲諸大夫酒妻聽曰大夫莫子若也然民不能其上久矣往云上謂賢在人上

知人 晉王渾妻鍾氏名琰有女才淑求賢夫有兵家甚俊欲妻之令與羣小吏處琰自於帷下觀之曰此人才足拔萃然地寒壽促不足展其器遂止其人數年卒

才學 竇滔妻蘇氏善屬文滔符堅時坐徙流沙蘇氏織錦作迴文詩以贈滔循環讀之辭甚清婉

智略 晉書孟昶妻周氏昶弟顗之妻從妹家並富昶與劉裕謀討桓玄欲散供軍謂妻曰幸早離絕脫富貴相迎周氏曰事不成於奚官中奉養家妻謂昶曰君舉措非謀時子安在抱兒示之曰此可賣不惜傾產給之及明發謂顗妻曰夢不好門內不宜赤色我悉取作七日藏厭乃置帳中以絳與昶得七十被服赫然云云

武勇 晉書苻登妻毛氏善騎射登爲姚萇所殺乃率壯士與姚萇戰殺傷甚衆爲萇所執罵萇而死

又 劉遐妻邵續女驍果有父風遐爲石季龍所圍妻單將數騎拔出遐於萬人之中又田防爲亂遐應之妻止之不從乃密燒甲都盡

又 張茂妻陸氏茂爲吳郡守被沈充所害陸氏傾家率茂部曲爲先登討充充敗爲陸所殺

女 荀崧女灌崧爲襄城太守爲杜曾所圍欲求救於平南將軍石覽灌始年十三率勇士數十人踰城突圍且戰且前詣覽乞救師至賊走

患富 吳志李衡每欲治家妻輒不聽後遣人於武陵龍陽洲作宅種甘橘千樹臨死勑兒曰州里有木奴千樹亦當足衣食爾母曰汝父恒稱太史公言江陵千樹橘當封君家吾曰蓋人患無德義不患不富

牛衣 漢王章與妻居冬無被臥牛衣中泣章妻怒呵曰京師尊貴誰如仲卿不自憤激乃反涕泣後章至京兆尹欲上封妻止之曰人當知止章不從竟死獄中

鮑宣妻 後漢鮑宣妻桓氏字少君宣從桓氏父學父奇其清苦以女妻之資送甚盛宣不悅妻曰既承君子唯命是聽乃衣短布裳與宣共挽鹿車歸拜姑禮畢提甕出汲修行婦道宣至司隸

才學 後漢蔡琰字文姬感亂離悲憤作詩二首

又 劉臻妻陳氏正旦獻椒花頌

生徒受業 摩遲母宋氏置生徒百二十人隔絳紗受業 先姊行 秦隗妻馬融女少有才辯隗謂曰弟先兄舉世以爲笑今處姊未適前行可乎

對曰妾姊高顯未遇良匹不知鄙薄苟然而已 誡孫女 張負嫁孫女與陳平戒之曰無以貧故事人不謹事兄伯如父事嫂姑如母 齊眉 梁鴻伯鸞賃

舂於皐伯通廡下妻每饋食不敢仰視舉按齊眉 救夫罪 蔡琰字文姫重嫁於董祀祀犯法當死文姫詣曹操請之時賓客滿座操曰蔡伯喈女在外爲諸君見

之文姫進蓬首徒行請罪音辭清辯言甚哀痛操乃原祀罪 小郎解圍 謝道韞事見嫂叔門 詠雪 謝氏内集雪下安曰白雪紛紛何所似兄子朗

曰撒鹽空中差可擬兄女道韞曰未若柳絮因風起安大悦道韞王凝之妻

妒婦第六

婦怨 無終 女子難養 近之則不遜遠之則怨

豔妻之煽 詩豔妻煽方進 怨耦曰仇 疾郭氏之貪 王衍以其妻郭氏貪鄙口不言錢 傲佷 去度 反易 剛柔

愎慢 驕佚 蠱媚 惑亂 險詖 之心 不思淑女之章 且懷夫三人之法 三嫁 管子女三嫁入三舂穀言見出是不貞順

也 奇衺 媚也周禮 陰訟 謂爭中冓之言 庸奴其夫 外黃富人女庸奴其夫言視其夫若庸奴也 不宜其妻 宜善也禮

以此防人婦猶有不至者 不至謂不親於夫不孝於姑舅 婦姫順不修 禮 牝雞之晨 書曰牝雞無晨

牝雞之晨惟家之索 索盡也言雌代雄鳴則家盡 乗夫 詩乗陵也

喪夫第七

夫死不嫁 禮一與之齊終身不改故

夫死不嫁齊謂共牢而食 自誓 柏舟共姜自誓也共伯早死其妻守義父母欲奪而嫁之誓而弗詩故作是詩以絶之詩略曰之死矢靡佗 靡非忒天只人只也

晝哭 穆伯之喪敬姜晝哭孔子曰知禮也 天窮 老而無夫謂之寡此天人之窮而無告也 未亡人 寡婦自謂 殲我良人 郊

弔 傳曰齊侯伐莒莒獲杞梁齊侯歸遇杞梁妻於郊使人弔之對曰植之有罪何辱命焉若免於罪由有先人之敝廬在下妾不得與郊弔齊侯遂弔於室植杞梁名

城崩琴操曰杞梁死其妻無子乃哭夫屍於城下哭之道路聞之者皆揮涙十日而城崩　竹死湘川記舜巡狩蒼梧而崩二妃不從以涙灑竹竹盡成斑而死也

斷髪割鼻皆古之寡婦自誓不嫁　失儷煢孑獨　潘岳之賦共姜之詩　從子禮夫死從子　稽顙禮婦人爲夫與長子稽顙其餘則否　夜哭禮寡婦不夜哭　伊寡婦　鄰人之利　禮夫由義合喪以禮成　義重移

天哀深沒地　死則同穴　夫既遠至妾將壽依　屍還陰氏後漢陰瑜妻荀爽女名采采少寡父母還嫁與郭奕奕以詐疾召采采歸而懷白刃奕令執奪到郭氏僞爲歡𨒫四燈請共談奕敬憚之曙奕出采勑左右辨浴入室令侍人避以粉書扇上曰屍還陰氏字未成恐人來乃以衣帶自縊而死　刑

耳劉長卿妻桓鸞女生一男五歲長卿卒遠嫌不歸寧男十五而夭乃刑其耳自誓宗婦賢之曰若家無他意何貴義輕身曰先君五更尊爲帝師男五更尊爲帝師男以忠孝女以貞顯稱是以豫刑以明我情沛相三吉上奏題其門號景行義桓邑有祠　黃鵠歌列女傳陶嬰夫死守義作黃鵠歌歌曰悲夫黃鵠之早寡兮七年不雙鵷頸獨宿兮不與衆同夜半悲鳴兮想其故雄其命早寡兮獨宿何傷念此寡婦兮泣下數行嗚呼哀哉死不忘兮鳥尚然況其夫良雖有賢雄兮終不重行魯人聞之遂不復求　寡婦莒婦人莒子殺其夫己爲寡婦

喪妻第八

天窮禮老而無妻謂之鰥所謂天人之窮而無告也　舞鏡孤鸞念其群見鏡而舞　鼓盆莊子妻死惠子弔之乃鼓盆而歌　悼亡潘岳有悼亡詩　失儷伉儷　廬杖晉劉寔字子眞喪妻爲廬杖之制終喪不御內輕薄笑之寔不以爲意　祥服世說孫楚妻亡至祥服乃爲詩以悼之以示王武子武子見其文曰未知文生於情情生於文覽之悽然增伉儷之重　傷

神世說荀奉倩妻曹氏有豔色妻嘗病熱奉倩以令身熨之妻亡人弔不哭而傷神無幾奉倩亦卒　宴會免官晉書廬江太守梁龕明日當除婦服今夕請客奏妓丞相長史周顗等三十人同會司直劉隗奏曰夫嫡妻長子皆杖既除而宴請免龕官削侯爵顗等知龕有喪吉會非禮宜奪俸一月　殺妻史記

呉起仕魯齊人攻魯起娶齊女爲妻恐疑之起欲就召乃殺其妻以明不與齊也遂攻齊大破自縊朱買臣既爲會稽守其妻羞乃自縊而死自溺秋胡妻恨
其夫乃自溺而死蕣華葛里不杖禮曰爲妻喪父母在不杖不稽顙私喪妻喪也禮妻以義親服從恩制再娶呉志
孫承字仲嗣喪妻父昭欲爲索諸葛瑾女孫權聞而勸之遂爲婚行志後漢符融妻亡無以殯斂鄉人欲爲備棺服融不受曰古之葬者弃之中野唯妻子可以行其志
但即土埋藏而已葬妻後漢陳蕃喪妻還葬鄉里人畢至唯許劭不往或問曰仲舉性峻峻則少通不可造又時人多不行妻服云云佳人難再
得荀粲字奉倩娶曹洪女亡歎曰佳人難再得具上注輕重相反張璠漢記山陽太守薛勤喪妻不哭臨殯曰幸不爲夭折復何恨又王龔妻亡與
諸子並杖行服時人兩譏之葬妻犯禾季子羔葬妻犯人之禾申祥以告曰請庚之子羔曰吾爲邑宰於斯買道而葬後難繼也不再娶漢王
駿妻死不娶或問之駿曰德非曾參子非華原何敢再娶又韓詩外傳曰曾參喪妻不更娶人問之曰以華元善也又後漢楊喬早喪夫人不娶又魏志管寧妻卒
知故勸再娶寧曰每省曾子王駿之言意常嘉之豈違本心倚戶觀化莊子德宮之喪潘岳誄楊仲武曰德宮之喪謂妻喪也後[illegible]

第九殺前妻子後漢龐參爲太尉夫人疾前妻子投於井殺之參素與洛陽令祝良不平肆吏入太尉府按驗其事遂[illegible]家焉繼室傳臧宣叔
娶于鑄生賈及爲而死繼室以其姪穆姜之姨子逐子薛包字孟嘗母喪以至孝聞父娶後妻而憎包乃出之包日夜號泣不能去至以毆杖毆不得已廬於舍外旦夕
入而灑埽父怒又逐之乃廬於里門晨昏不廢積歲餘父母慚而還之謀出外蜀志劉表受後妻語愛少子琮長子琦謀自安游後園上高樓去梯謂諸葛亮曰言
出子口入吾耳可言乎亮曰君不見申生在內死重耳在外而安琦乃陰規出計非等閑之語也織縑[illegible]詩新人工織縑故人工織素

妾第十賤妾
魏武子有賤妾疾曰必嫁是妾及病甚曰我死以爲殉及卒子從理命嫁之嬖妾[illegible]歸妾[illegible]又燕燕衛莊姜送歸妾也衣帛季孫相魯無衣

帛之

買妾 不知其姓則卜之 織蒲 臧文仲妾織蒲三不仁也 奔則為妾 聘則為妻 不敢失 孝經曰理家者不敢失於臣妾

不聘 傳聲伯之母不聘穆姜曰吾不以妾為姒 謗妾 書曰不敢誘偷臣妾汝則有常刑 當夕 禮妻不在妾御莫敢當夕 當夕謂進御於君 上僭 綠衣衛莊姜傷己也妾上僭夫人失位云云 生子 禮妾將生子及月辰使人日一問之謂諸侯也 有子則緦 禮士妾有子而為之緦無子則已 長子服 妾為君之長子與女君同注不敢以恩輕服君之正統 妾祔 於妾祖姑無妾祖姑則易牲而祔於女君可也注曰女君嫡祖姑也易牲而祔凡下女君一等 自獻其身 以此防民民猶有自獻其身 脅齊媵之先者 公羊禘于太廟用致夫人稱姜氏賤也譏以妾為妻脅於齊媵之先者注公聘楚齊君媵會公以為夫人也 無以妾為妻 孟子齊桓公盟諸侯于葵丘再命曰無以妾為妻 原欲并之 國語楚司馬子期欲以妾為內子訪左史倚相曰吾妾原欲并之注內子服衡笄 外婦 漢齊悼惠王母為高祖外婦 旁妻 王禁多娶旁妻禁元后父 小妻 武王詔枚乘乘孽子皐之母小妻不肯隨乘 恒妾腐木 劉輔上書於成帝曰腐木不可以為柱卑人不可以為主 毒 張彭祖以舊恩封陽都侯為小妻所毒薨漢宣帝時 為妾

出妻 魏氏春秋鍾會母寵於父繇繇出其夫人太后為言文帝詔復之繇憤志餐椒致噤乃止 喪服 車胤上言喪服禮制庶子為母緦麻三月傳曰尊非為體

賢妾 蘇秦謂燕王曰客有遠為吏其妻私人夫至使妾舉藥酒進之妾欲言其藥恐逐主母勿言殺主父於是佯僵仆而弃酒主父大怒笞五十杖妾一僵上存主父下存主母身受笞在忠信而得罪也 絡秀 周顗母李氏字絡秀顗父浚為安東將軍求絡秀為妾父兄不許絡秀曰門戶殄瘁何惜一女子遂與之生嵩謨嵩顗長母曰我屈節為汝家妾不為我親吾亦不惜餘年顗等從命為方雅之器也 見夫人 晉書漢魏故事王公群妾見夫人夫人不荅拜新禮亦宜荅拜摯虞議曰以妾事女君如婦事姑則敬與婦同而加賤也宜不酬荅 齊縗 禮悼公之母死哀公為之齊縗有若曰為妾齊縗禮與公曰吾得已乎哉魯人以妻我言皆為我妻也文過之言

官女妾也　奔子孟信子泉丘女夢以帷幕孟氏之廟遂奔於孟信子　送妾祭遵兄以遵無子以妾送之遵不受曰以身任於國不敢慮繼嗣也

美人第十二

淑姬詩彼美叔姬可與晤歌　螓首蛾眉清陽婉兮靜女其姝彼美淑姬見上注　詢美詢信也　鍾美尤物傳夫有尤物足以移人　甚美必有甚惡　捧心而嚬　施芳澤　設笄珥珥瑱耳也　靡曼　稚齒婑媠列子子產弟公孫穆後庭北房擇稚齒婑媠　趙女鄭姬　北方有佳人美者顏如玉　如玉見上注　姱容脩態楚辭　雲雨巫山神女朝為行雲暮為行雨　千金買笑　巧笑之瑳瑳巧笑貌　佩玉之儺乃可反行有節也

妬第十三

螽斯美后妃無妬也言若螽斯不妬忌則子孫衆多也螽斯羽詵詵兮宜爾子孫振振　逮下樛木后妃逮下也言能逮下而無嫉妬之心焉　夫人無妬忌之行則惠及賤妾　入宮而妬史記女無美惡入宮而見妬　專房之寵　賈氏之種晉武帝欲為太子納妃帝曰賈氏之種妬而少子　樊氏之賢楚莊王樊姬進女於王勝己者二人如己者七人　惡女之仇史記好女入室惡女之仇　不宜其妻宜善也禮　夫婦之道苦苦謂不至不答　不使視傳叔向之母妬叔虎之母美而不使視叔向曰深山大澤實生龍蛇予懼生龍蛇以禍汝予何憂　弃子後漢龐參妻弃前子於井中　絕嗣晉書曰賈充妻郭槐疑充視乳母筥叔之其子黎人思慕乳母不食他乳遂死及生小子亦然充遂絕嗣　無此向謝太傅劉夫人不令公有別房公頗欲立妓妾生姪等微達此旨共評夫人因方便稱關雎螽斯有不妬之德夫人問誰撰此詩荅云周公周公是男子相為耳使周姥撰詩當無此語　南郡主欲殺李氏妬記曰桓司馬以李勢女為妾南郡主拔刃率婢數十人往李所因欲斫之見李在窗前梳頭髮垂委地姿貌絕麗乃徐下地結髮斂手向主曰國破家亡無心以至今日若能見

鍛猶生之年神色安正辭音悽惋主乃擲刀抱之曰我見猶怜何況老奴 害色謂之妬 密置妾 王導妻曹氏性妬導憚之乃密置眾妾於別館

以亂之曹氏知而將往導恐被妻辱遽命駕猶恐遲以所執麈尾柄驅牛而進 永絶 謝邈妻鄭氏妬怨邈與邈書邈以書非婦人之辭疑其門生仇玄達為之作遂

斥逐玄達也 被傷 晉祖約妻無男性妬約亦不敢違忤嘗夜寢於外為人所傷疑妻所為求去職不許劉隗劾曰約幸荷殊寵當敬以直内而患為婢妾身被刑戮宜

貶黜帝不罪 寵第十三 畫眉 漢京兆尹張敞為婦畫眉長安傳張京兆眉有司奏宣帝問之對曰臣聞閨房之中夫婦之私有過於畫眉上愛其能

不責之 遺肉 漢武帝令東方朔自責朔曰拔劍割肉一何壯也割之不多又何廉也歸遺細君又何仁也上笑賜酒一石賜肉百斤將遺細君 悅己 女為

悅己者容 荀奉倩之深情 鍾夫人之重愛 小吏為妻先引 蕭望之為御史大夫使小吏冠法冠為妻先引遷太子太傅

甚宜其妻 宜善也禮 擇璫 賦珥 食殘桃 竊三車 [illegible]第十四 思伯樹萱 詩曰焉得萱草言樹之背

願言思伯使我心痗 望夫化石 望夫不歸身化石於山之上 飛蓬 詩曰自伯之東首如飛蓬豈無膏沐誰適之容云云 迴文 竇滔妻見賢婦

門注 蕩子不歸 古詩蕩子去不歸空牀難獨守 牽衣 魏文帝詩將適千里道妻子牽衣袂 斂衽 禮夫不在斂枕篋簟席襡器而藏之襡亦

藏也 塵泥之難 古詩君為清路塵妾作濁水泥 攀桃李兮不忍別 [illegible]第十五 勢婚附 非偶

左傳鄭公子忽有功於齊齊侯請妻之忽辭人問其故忽曰人各有偶齊大非吾偶也今奔齊之急而授室以歸是以師婚也 辭與弟 傳撤無存之父將室之辭以與

其弟曰此役也不死反必娶於高國注言欲立功娶卿相之女 又 後漢王謙為何進長史以謙名公之胄欲與為婚見其二子使擇焉謙不許以疾免 又 魏志賈詡字文

和嫁娶不結高門天下之論智計者歸之 又 魏志張範字公儀袁隗欲以女妻範範辭不受 又 桓階字伯緒劉表欲妻之姪女階自陳結婚處非不受 又 陸兗

爲侍中司空見諱尚書僕射録尚書事父英高平相玩子納尚書令王導初至江左請婚於陸陸曰培塿無松柏薰蕕不同器玩不爲亂倫之始 **又** 漢雋不疑字曼倩爲京兆尹大將軍欲以女妻之固辭久之以病免 **又** 楊駿欲以女妻鄭默默曰每讀雋不疑傳常嘉之 **中宮女** 典略曰中宮常侍唐衡故以女妻汝南傅公明公明不娶轉以女妻荀彧彧父緄慕衡勢識彧娶之爲論者所譏臣松之云時閹豎用事四海屏氣尤懼唐衡威權莫二順則六親以安違則大禍立至斯以存易亡之由昔蔣詡姻于王氏無損清高之操緄之此婚庸何傷乎彧字文若 **不許婚** 孫權遣使爲子求關羽女羽罵辱其使不許婚權大怒 **悔婚** 王裒偉元與管彥爲友約男女爲婚彥後葬父於洛陽裒遂別嫁其女謂彥弟馥曰昔嫁姊妹皆遠吉凶斷絕今賢兄葬父洛陽則京邑之人豈吾結好之意哉馥曰嫂是齊人也當還齊裒曰豈有葬父洛陽而隨妻還齊如此去就復何婚之有 **諫婚** 晉劉寔妻卒華氏將以女妻寔寔弟智諫曰華家貪類必汚門戶寔辭不得已竟婚而生子夏寔後坐夏受賂免官頃之爲大司農又以夏犯罪免官 **裒婚** 見裒部注

擇夫第十六 女自擇冥婚

美如陳平 陳平長欲娶富者莫肯與貧者平亦恥之富人張負有女五嫁而夫輒死人莫敢娶平欲娶之負謂其子仲曰吾欲以女妻平仲曰平貧不事產業負曰人有美如陳平肯長貧賤乎遂以女妻平 **徐吾犯妹** 左傳鄭徐吾犯之妹美公孫楚聘之矣公孫黑又使彊委禽焉犯請於二子請使女自擇焉子皙盛飾而入布幣而出子南戎服入左右射超乘而出女自房觀之曰子皙信美矣抑子南夫也夫夫婦婦所謂順也遂適子南公孫楚也 **王濬妻** 晉王濬字士治爲河東從事刺史徐邈有女才淑擇夫未嫁邈乃大會佐史令女於內觀之指濬告母邈遂妻焉 **季芊** 楚昭王將嫁季芊芊曰所謂女子遠丈夫也鐘建負我矣請妻鐘建吳人入郢之時昭王奔隨鐘建負季芊走而從王 **賢如伯鸞** 後漢梁鴻字伯鸞同縣孟氏有女狀肥醜而黑力舉石臼擇對不嫁年至三十父母問故女曰欲得賢如伯鸞者鴻聞而娶之 **呂子衡** 呂範字子衡邑父劉氏家富女美範求之女母嫌欲勿許與劉氏曰吾觀呂子衡寧當久貧者乎遂與婚之 ○**冥婚** 附擇夫門取合葬事用 **嫁殤** 周禮媒氏禁嫁殤者遷葬者 **合葬** 魏武帝愛子倉舒

卒欲求邴原女合葬原拒之曰合葬非禮也又娉甄氏亡女合葬也　又明帝愛女淑薨取甄氏之從孫合葬　死則同穴

待妻以禮第十三

始由義合然以禮成　如賓　齊眉　見面漢宋博字子元夜寢早起妻稀見其面　若嚴君後漢張湛字子孝矜嚴好禮居處必自修整雖遇妻子若嚴君　如君臣後漢馮良字君卿志行高整非禮不動遇妻子如君臣鄉黨以爲儀表　荅拜後漢樊英有疾妻使婢拜問英下牀荅拜陳寔怪問之英曰妻者齊也共奉祭祀禮無不荅　待妻有禮吳志顧悌字子通待妻有禮常夜入晨出希罕見其面疾篤妻出省之悌令左右扶起冠幘加襲衣趣令妻還其貞潔不瀆亂如此　南面北面晉何曾閨門整肅年老相見皆正衣冠相待如賓己南面妻北面再拜上酒酬酢既畢便出一歲如此不過再三　自責後漢仇覽雖在燕居必以禮自整妻子有過免冠自責妻庭謝候覽冠乃敢升堂矣

列婦第十四

聶政姊史記聶政殺韓相政毀面抉目自屠死韓購以千金久之政姊榮聞之曰吾弟爲吾任重自刑以絶妾奈何畏殁身之誅滅賢弟之名乎乃之韓市呼天者三死政之旁也　磨笄山趙襄子登夏屋山請代王使廚人操銅斗行斟代王殺之其姊聞之呼天摩笄自殺因以爲其山也　代夫留獄中盛道妻趙氏字媛姜益部耆舊傳云盛道聚衆敗當死媛姜夜告道遠逃遂立門戶妻留獄代君媛姜乃解道桎梏子翻五歲令攜走度道遠以實告應時見殺道會赦歸終身不娶　夫惡自殺漢國闕都妻趙宗女阿少少閑婦道而都多行無禮都父偉謂阿少曰當以道匡夫阿少恨曰義言不用君必謂我不孝教若言見用是謂子違父而從妻不如死乃自殺　手刃夫讎吳志弁妻呂氏字榮弁爲博徒不治行榮流涕進諫榮父欲奪之榮誓不肯弁乃感勵改行遂成名本州辟至壽春盜害之刺史[illegible]羅捕得盜榮手斷其頭而歸榮并　臨危請姑晉禮志云李繁妻先適陳詵爲妻而遭賊於城請姑命賊掠將去繁後得消息往迎還詵王衍懇闕議李繁野人而臨危請姑不忘順可謂婦矣議者欲令在沒略之中有貞無二是望人人爲宋伯姬也　孝婦陝婦人養姑甚謹家欲嫁之毀面自誓後叔姑病忌在夫家欲婦乞餓不得因誣殺其母

有司誅之烏衆鳴屍上咸夏暴葬之十日不腐蟲獸亦不敢境內經年不雨守延壽爲太守訪其墓祭謚曰貞烈婦其日大雨

家道第十九

家人女正位乎內男正位乎外易
家有嚴君父母之謂也家人有嚴君焉
夫子之家事理子隨武
刑于寡妻至于兄弟以御于家邦詩言文王自家刑國
萬石君漢石奮子孫爲小吏來歸謁必朝服見之有過失不誚讓爲便坐對案不食子孫相責因長老謝改之乃許子孫在側時宴必冠申申如也雖便坐非正寢也
理家如官後漢李通嚴毅治家如官庭
教養子孫鄧禹教養子孫爲後世法
閨門自守親司馬朗父防閨門自守諸子雖冠成人不命則不敢進不命坐不敢坐不指所問不敢言父子之間整肅如此
整肅晉何曾至孝閨門整肅自少及長無樂嬖幸之好與妻相見正衣冠相待如賓己南面妻北面再拜上酒酬酢既畢便出一歲如此不過再三曾字敬孝又庾亮字元規美姿容談論風格峻整動由禮節閨門之內不肅而成或以夏侯泰初陳長文之倫人擬其方嚴罕莫敢造
率子抱孫王羲之率諸子抱弱孫一味之甘割而分之以娛目前教養子孫敦厚退讓依陸賈班嗣揚王孫之處世也
家人嗃嗃嚴酷甚也
婦子嘻嘻失家節也
免冠自責見上注

父子第二十

天性父子之道
父道子道人父人子
才不才亦各言其子也
各子其子各親其親
爲愛子牛齊景公銜繩爲孺子牛而折其齒孺子荼
斯子吾有斯子
親後子者親之後也敢不敬與禮
莫知其惡諺曰人莫知其子之惡也
堂構書曰若考作室既底法厥子乃弗肯堂矧肯構
父慈子孝所謂六順
負荷古人言其父負薪其子不克負荷
天明傳曰爲父子兄弟以象天明
冬夏之日趙衰冬日之日趙盾夏日之日冬日可愛夏日可畏
雙珠韋端有二子元將孔融與端書曰不意雙珠生於老蚌
荀陳之會世說曰陳太丘詣荀季和貧儉無僕乃使元方將車季方持杖長文尚小著車中既至荀使叔慈明行酒餘六龍下食文君小坐膝前于時太史奏五里內賢人聚長

文舉也 阿戎談 王戎字濬沖父渾阮籍謂曰濬沖清賞非卿倫也與卿言不如與阿戎談 厚於慈 禮以此防人人猶有薄於孝而厚於慈 父為

子隱 直在其中 以篤父子 禮 家肥 禮曰父子篤夫婦和家之肥 異宮 禮曰命士以上父子皆異宮崇敬也 見父子之

倫焉 禮厚敬 禮父子不同位以厚敬者也 無能 禮父之親子也親賢而下無能故父尊而不親 父止於慈 禮為人子止於孝為人父止

於慈也 父兮生我身之貳也 禮 槇聊有實 螽斯之詠 孝養厥父母 書 陟岵 陟彼岵兮

瞻望父兮 無父何怙 從命 禮從命不忿微諫不倦勞而不怨可謂孝矣 饋獻 父母在饋獻不及車馬示人不敢專 不奸 傳父子不

奸之謂禮 有子有父 公羊曰父有子子不得有父注云有子謂廢輒之義可立不以父命辭王父命衞侯輒也 子由父疎 穀梁仲嬰齊卒

此公孫也子由父疎也 視友 史記趙禹謂將軍曰不知其子視之友 遺體 霍去病至河東傳舍使迎父仲孺仲孺趨拜謁將軍迎拜跪曰不早知為大人遺

體 父子之閒 人所難言武帝謂田千秋 三君 陳紀元方弟諶季方與父寔齊德同行號三君 一而已 傳父一而已 惟其

疾之憂 喜懼 父母之年不可不知一則以喜一則以懼 子為親後 慈乃行先 禍患相收 莊子假之亡也林回棄千金之

璧負赤子而趨或曰其布與赤子之布寡矣為其累與赤子之累多矣棄千金負赤子者彼以利合此以天屬天屬之親窮迫禍患相收也 子為三公 蔡謨為太尉父

在田里每有遷職輒一詣京師適會歲節公卿詣謨府奉酒上壽極歡人皆慶美 兼愛敬 故母取其愛而君取其敬兼之者父也 託子於人

子胥使齊託其子於鮑氏吳王聞之怒賜子胥屬鏤劍自刎而死 敬父書 託 吳顧愷字子通每得父書常掃灑几筵舒書於上拜跪讀之每句應諾畢復

再拜若父有疾耗之問即臨書垂泣語聲哽咽也 ● 訓子不訓 附父子門 義方 石碏曰臣聞愛子教之以義方 過庭 孔子嘗獨立鯉趨而

帖三　二十二

過庭曰不學詩無以言不學禮無以立鯉退而學詩禮也 **遠子** 又聞君子之遠其子 **敎忠** 孫寔曰子之能事父敎之忠也古之制也父敎子貳何以事君

慈敎 父慈而敎子孝而忠 **七子之業** 晉劉殷字長盛有子七人各受一經一門之內七業俱成 **嚴父愛子天性之恩** 日嚴之敎

父父子子詩禮之訓 **幼子** 幼子常視無誑長者與之提攜則兩手奉長者之手負劒辟咡詔之則掩口而對皆幼子之敎 **幼學**

人生十年曰幼學餘具儒敎幼學門 **不就師傅** 子既生不免於水火母之罪也成童不就師傅父之罪也 **將紹家聲** 孝賢庭訓 **嚴君**

之道 敎子之方 **居家** 自相勗導豈不優於嚴君耶萬石君也 **尊嚴** 之儀 **馮奉世** 奉世子野王通詩史遂通易次立通春秋

史參通尚書 **刑國** 自家刑國 **不敎吏職** 漢薛宣子惠爲彭城令宣過其縣橋梁郵亭不脩宣心知惠不能留數日終不問惠以吏事惠知不

稱宣意使掾送宣令掾自從其所問宣以不敎戒惠吏職之事宣笑曰吏道以法令爲師能與不能自有資財何可學也 **各使守一藝** 後漢鄧禹子十

三人各使守一藝敎養子孫爲後世法 **臨刑告子** 范滂字孟博被誣下獄謂其子曰吾欲使汝爲惡惡不可爲使汝爲善我亦不爲惡行路聞之莫不流涕

又 鄭玄字康成戒子益恩書曰吾年七十自非拜國君命親族之憂展敬墳墓當扶杖而出門家事大小汝一承之爾煢煢無同生之相依勗求君子之道云云 **不**

訓 後漢馬廖不訓諸子友人楊終戒之廖曰皎皎然所在察也 **八務七識** 諸葛氏春秋諸葛亮作八務七識六恐五懼皆有條章誡勵諸子弟

不聽訓 陳萬年疾召子咸敎誡之咸睡頭觸屏風萬年怒將杖之咸曰具曉所訓大抵敎咸諂也萬年遂不復言 **撻子** 崔烈有重名靈帝時入錢五

百萬爲司徒名譽遂減問子鈞曰嫌其銅臭烈舉杖擊之鈞服武弁而走烈曰死卒父撾而走孝乎鈞曰大杖則走小杖則受烈慙而止 **又** 王丹子有同志遭喪在

山中請往弔之丹怒撻之令還鄉而已人往問之丹曰交友之道未易言也全者鮮矣 **班白逾峻** 孫盛安國年老還家性方嚴有軌憲雖子孫班白而庭訓愈峻

●不慈附父子門 乃疾厥子書曰父不能字厥子乃疾厥子言不慈也 瞽叟人不父父不父子不子 滅親傳石碏純臣也大義滅親其子厚與州吁同弒君碏殺之 不慈父不慈子不孝祇服厥父 瘞子郭巨 無兒鄧攸字伯道棄子活兒子後竟無兒人曰皇天無知使伯道無兒 易子宋人易子而食 父頑母嚚 信讒琴操尹吉甫信後妻之讒而逐伯奇伯奇自傷無罪乃援琴作履霜操而死故文選曰掇蜂滅天性 棄子鄧攸事見上注 慈幼周禮以保息六養萬民一曰慈幼慈愛小幼也 刲牛之子騂且角雖欲勿用山川其舍諸言父雖惡不害子善 殺子晉獻公將殺其太子申生 父之罪也成童不就師傅父之罪也 慈愛慈幼禮曰慈幼爲其近於子也 劫貨不救後漢喬玄字公祖遷侍中以疾罷就醫西里舍玄少子十歲獨遊門次有三人持杖劫執之入舍登樓求貨玄不與司隷圍守恐殺其子未欲迫之玄瞋目呼曰姦人無狀豈以一子之命而縱國賊遂進攻玄子亦死玄乃詣闕謝罪請下天下凡有劫貨皆併殺之不得贖以財寶開長姦路 三綱絕矣漢逢萌見王莽殺子宇曰三綱絕矣不去禍及遂隱 殺子漢金日磾子爲帝弄兒上前驕逸後於殿下與宮人戲日磾遂殺之 食羹樂羊食子肉羹 烹子蜀程畿子郁在郡龐羲辰告畿曰爾子在郡不從及禍畿曰曰樂羊食子羹美非無父子之恩 爲國晉郤續行樂陵太守石勒招之續以孤危權附勒段匹磾要續歸元帝從之其下諫曰子危矣續泣曰出身爲國豈顧一子而爲叛臣遂絕勒勒竟殺其子 畜我不卒父兮母兮畜我不卒

●喪子附父子門 喪明子夏喪其子而喪其明曾子弔而哭之曰喪爾子而喪其明爾罪三也子夏投其杖而拜之曰吾過矣 嬴博延陵季子適齊其長子死葬於嬴博之間還封且號者三日骨肉復于土命也夫 七旬潘岳西征賦曰夭赤子於新安坎路側而瘞之亭有千秋之號子無七旬之期雖勉勵於延吳實潛慟於予慈注赤子以三月壬寅生五月甲辰夭六十餘日也 潛慟見上注 珠碎於掌上 蘭敗於庭中 投車楚靈王聞羣公子之死自投于車下 擠于溝壑

曰人之愛其子也亦如予乎侍者曰甚焉小子差而無子知騰于講聲 情鍾 晉王衍字夷甫喪幼子山簡弔之衍悲不自勝簡曰孩抱中物何至於此衍曰聖人

忘情最下不及情情之所鍾正在我輩簡服其言更為之慟 仁與達 晉書王栝二子烈芳同時而亡將死烈欲還葬舊土芳欲留葬京邑栝流涕曰不忘故鄉仁也

不戀本土達也仁與達二子俱有 稽顙 禮為長子稽顙重正體也 子既不幸 老將晉誄 長子服 禮庶子不得為長子三年不繼祖與禰

故也注明達一統 不哭 列子東門吳子死不哭其相曰公之愛子天下無有今死而不哭何也吳曰吾嘗無子無子時無憂今子死乃與向無子同吾何憂 無益

損 晉魏舒字陽元子混先卒舒每哀慟既而歎曰不及莊生達矣豈以無益自損 封篋 王導還臺愛其子悅悉嘗不送又為母錄衣斂豬篋中物悉亡導還臺至於

送慟哭至臺父母封篋不忍開之 裝金救 陶朱公中子殺人於楚朱公遣少子裝黃金千斤賂罪長子請行到楚遺莊生莊生言王將赦天下長子以為自當免遂

不與莊生怒反言於王先殺朱公子而後赦長子持弟喪歸朱公曰吾固知必殺汝弟汝見吾貧苦時重惜金所以卒殺汝弟 無子 附父子門 天窮 老而無子

天人之窮 叔向之憂 亘憂無子也 伯道無兒 皇天無知使伯道無兒伯道鄧攸字也 擠溝 小人老而無子知擠于溝壑見左 絳人

絳縣人老而無子預於城杞之食辱在泥塗趙孟謝之 無後 子文無後何以勸善 妻無子 衛莊公娶于齊東宮得臣之妹曰莊姜美而無子衛人為賦

碩人 又 晉獻公娶于賈而無子 何以能育託身於人 樓護字君卿故人呂公無子歸護護養之終身 為將不受妻

後漢蔡遵為征虜將軍同産弟孫以遵無子取妻送遵遵不受曰自以身任於國不敢顧繼嗣之計 遺孤 附父子門 孤兒 愛子 託子恤後

皇恤我后 負薪 孫叔敖死無立錐之地其子負薪於楚 牧豕 陳祐年二十而孤家貧牧豕於長垣澤中其父之友謂曰子二千石子牧豕縱子無恥奈何先

君 六尺之孤 可以託六尺之孤謂幼君 少孤 孔子少孤不知其墓 孤子 死王事者之子周禮 不逮事父母 謂少孤也 以縗

抱之禮父没子幼則以襁抱之慈幼見上恤孤禮字孤不能字人之孤無父何怙有子嗜依漢帝既臨

張禹有託安昌侯張禹疾病罷侯車駕親臨令幼子拜於林下山公尚在嵇紹不孤嵇康臨刑謂子曰山公尚在汝不孤

仲宣無後魏王粲死後二子犯法誅絶後時父祖在漢中聞粲子死歎曰孤若在汝不使仲宣無後也虎子吴陵統卒二子皆孫權收養宮中愛又遇

與諸子同賓客進見呼之曰此吾虎子八歳令讀書十一令乘馬及長追録統功封亭侯還其故兵●知子附父子門莫若父知子莫若父知臣莫若君

擧子祁奚請老晋侯問嗣焉稱解狐其讎將立而卒又問焉對曰午也可午奚子趙奢史趙括少學兵法父奢不能詰然不謂善曰兵死地而括

易言之敗趙必括也吴恢後漢呉祐父恢爲南海欲殺青簡寫經祐諫曰踰越五嶺俗多珍怪此書若載成必兼兩昔馬援以薏苡興謗王陽以囊衣徼名恢曰

呉氏世不乏季子石苞石苞臨終分財與諸子不及崇崇母爲言苞曰小兒雖小後自得之王昶晋王湛有隱德兄弟以爲癡父昶獨異焉索靜

每曰吾子琳廊廟器非簡禮用州縣不足污吾兒矣姚弋仲仲令子襄討石閔謂曰汝才十倍於閔謂不從坐呉志[illegible]子張叔累遷司直封侯父山

陰縣卒知淑不良表請有罪不從坐詔許之●業官附父子門明經丞相漢書韋賢字長孺子玄成以明經位至丞相故語曰遺子黄金

滿籯不如一經司徒鄭袤美鄭武公父子並爲周司徒善於其職也父作子述禮父作之子述之謂文王武王之業清白問絹晋胡質任

魏爲荆州刺史子威自京師省父自驅驢不止傳舍留十數日告歸父賜絹一匹威曰大人清白何以得此曰吾俸禄之餘及威爲徐州刺史武帝問之曰卿清孰如父對曰臣父清

畏人知臣清畏人不知業書晋書王羲之子獻之並能書謝安問獻之君書何如家君荅曰當不同大夫漢書杜延年爲御史大夫以居父官不敢當父

崔曰位坐卧皆易其處也張奐子猛魏略張奐爲武威太守時猛母方孕夢印綬登樓而歌旦告奐奐訊占夢占夢曰夫人生男復臨此郡必死官乎及生猛以

建安中爲武威太守殺刺史邯鄲商州兵圍之猛急恥見擒曰豈使乎頭過華陰歷先君之墓乎乃登樓自燒而死矣　賛代　漢書公孫賀自太僕御遷丞相其子敬聲

代父爲太僕卿　韋康　三輔録曰康字元將代父端爲荊州刺史父出止傳舍康入官時人榮之　辛毗　魏志辛毗爲衛尉卿子敞亦爲衛尉也　同官隔

坐　呉録紀亮爲尚書令子隲爲中書令每朝會詔其御坐屏風隔其坐也　周公拜前魯公拜後　尚書劉馥爲楊州太守恩

化大行子靜爲廬江守詔曰卿父昔爲彼郡可謂能克負荷也　三代爲司隷　後漢趙興不拘忌諱三代爲司隷　父子爲　世祖令鮑昱封降胡撒問

有所怪吾昱曰通官文書不著姓怪司隷下著姓世祖曰吾欲令天下知忠臣子復爲司隷也　● 父子同戮　附父子門　父子伏誅　漢書昌周紆字文通爲

沛郡守爲人酷虐後坐事父子皆伏誅　及宗　後漢公孫賀爲丞相子敬聲爲太僕敬聲有罪賀請捕朱安世以贖子罪安世曰丞相禍及宗族矣　子代父

死　史石奢相楚行縣有殺人者追之乃其父也縱其父還而自拘曰殺父立政非孝也廢法縱罪非忠也臣當死乃自刎而死　● 假父假子　附父子門　何

晏　魏略太祖納何晏母收何晏養宮中服飾擬太子文帝憎之謂之假子　秦朗　獻帝春秋曰秦朗父爲張飛所殺太祖納其母愛朗謂人曰豈有愛假子如孤

者　**母子第五**　母慈子育　有慈無威　母取其愛　孝經　厚其慈母也　天只　水火　子旣生不免水

火母之罪　母德母儀　陟屺　詩　母氏　劬勞聖善　何恃　無母何恃　靡依　匪母　母兮鞠我　腹我育我畜我長我

欲報之德昊天罔極　三年免懷　子生三年然後免於父母之懷　不獨子其子　禮各子其子也　從子　禮婦人從人者也夫死從子

慈愛無能　禮母之親子也賢則親之無能則憐之　母養　如母而養之　旁無几杖　後漢胡廣年八十心力克壯爲太傅繼母

在堂朝省膳旁無几杖言不稱老母卒居喪盡禮三年　母在爲敵獲　徐庶母爲曹公所得庶謂劉備曰本欲爲明公效疉數今失老母方寸亂矣請從辭

慮降曹公 拜畫象 漢金日磾母教誨兩子有法度上聞嘉之病死詔圖畫日磾母見象常涕泣 ○賢母 附母子門 聖善 母氏聖善我無

令人 三徙 孟子之母三徙擇鄰以教子 買豬 韓詩曰孟子少時問東家殺豬何爲母曰欲啖汝既而悔曰吾聞胎教割不正不食席不正不坐今適有知而欺之是教之不信乃買豬肉以食之 寄鮓 吳錄孟仁字恭武本名宗爲監魚池司馬自結網捕魚作鮓寄母母還之曰汝爲魚官以鮓寄母非避嫌疑也 陰德 孫叔敖幼時逢兩頭蛇畏後人見乃殺埋之其母曰汝有陰德必有陽報汝無憂矣 埽墓 漢嚴延年爲河東太守峻刑酷法吏人號曰屠伯其母知終伏誅乃曰不意當老見壯子被刑戮今去汝東歸埽除墓地耳言待其喪柩也遂歸見昆弟宗人復言之後歲餘延年果弃市東海莫不賢其母 不食 漢書雋不疑爲京兆尹母錄囚徒其母問以平喜而食否則怒不食故不疑爲吏嚴而不殘 以爲己子 莊公妻無子戴嬀生桓公莊姜以爲己子言若己生 以爲嫡子 趙姬請逆盾與其母來以盾爲才以爲嫡子而使其三子下之 不哭 禮公父文伯之喪敬姜據其牀而不哭曰吾有斯子也吾以爲賢人也及其死也朋友諸臣未有出涕者而內人皆行哭失聲斯子也必多曠於禮矣夫內人妻妾也 舉德 晉吳隱之字處默居喪過禮與韓康伯母鄰康伯母聞隱之哭謂其子曰汝居銓衡當舉此人及康伯爲吏部尚書遂舉隱之階清級 趙括 傳史趙王使括爲將代廉頗其母請於王曰括必敗請不從坐後果敗王乃赦其母 王陵母 在楚使人於漢謂陵曰漢王長者善事之無以吾爲念因對使者自刎以固陵志 叔向母 叔向欲娶申公巫臣氏其母止之曰甚美必有甚惡叔向懼不敢娶平公彊使娶之生子伯石其母將視之及堂聞其聲而還曰豺狼之聲非此莫喪羊舌氏遂不視之 陳嬰母 秦末天下兵起嬰亦起衆母曰自吾爲汝家婦長見貧賤卒富貴不祥不如以兵屬人事成少受其利 王經母 秦末天下兵起嬰亦起衆母曰自吾爲汝家婦長見貧賤卒富貴不祥不如以兵屬人事成少受其利 王經母 魏王經爲尚書高貴鄉公欲討司馬文王經及王沈王業謀經諫以爲魯公不忍季氏卒有乾侯之禍欲業馳出告文王經獨不告被收辭母母顏色不變笑而應曰人誰不死恐

不得死以此併命何服之有　才學 漢崔篆母師氏能通經學百氏之言王寵以殊禮賜號義成夫人　崔寔母 後漢崔寔母劉氏博覽書傳寔

為五原太守能致母有助也　生徒受業 晉韋逞母宋氏父世儒學虞立秦苻堅立講堂置生徒百二十人隔紗幔受業號文宣君侍婢十人　智

略 何無忌母劉氏弟牢之為桓玄所殺常思報及無忌劉裕定謀於是屏風内制檄劉氏以器覆燭窺之泣曰我不如東海呂母賊黜其志常思哀促其壽矣

養前妻子 羊祜前母孔融女兒發祜與祜同母兄承俱病祜母不能兩全乃專心於發遂得濟也　截髮待客 陶侃字士衡孝廉范逵

嘗過侃時倉卒無以待客母謂侃曰汝但留賓客吾為計乃截髮為雙髲賣易酒餚極豐備歡樂從者亦過望逵至京師稱述侃侃遂知名　罵賊而

死 楊阜字義山冀州軍事馬超攻破冀殺刺史阜外兄姜敘屯歷城阜見敘母說其中事責敘不討賊敘母然之勸敘與阜起兵超禽得敘母母罵超超殺之太祖下詔

褒美之　遺母鮓 陶侃母湛氏侃少為縣吏嘗監魚池以坩鮓遺母母封鮓責之曰爾以官物遺我不能益我乃增吾憂也　○惡母　母嚚 舜

不安其室 衛之淫風流行雖有七子之母猶不能安其室言欲再嫁者也　投杼之疑 曾參母方織人告曰曾參殺人母無憂告三乃投杼而起　掇

蜂之讒 伯奇後母令奇掇蜂因而讒之其父尹吉甫乃逐之欲罪也　寤生遂惡 鄭莊公寤生驚姜氏遂惡之後遂復為母子如初也　棄

子 路有飢婦人抱子棄草間避　棄女堤下 宋芮司徒生女子赤而毛棄之恭姬之妾取以入名之曰棄　棄子冰上 史記姜嫄踐巨人跡而孕生子

為不祥棄之冰上飛鳥以翼覆之故名棄周祖后稷也　新息婦人殺子 後漢賈彪為新息令人貧困多不養子彪嚴為制與殺人同罪城南有盜

害人城北有婦人殺子彪出按掾吏欲引南彪怒曰賊寇害人此有常理母子相殘逆天違道遂驅北　慈幼 周禮　棄子 後漢龐參妻棄前妻子於井中矣

畜我不卒 父兮母兮畜我不卒　○娠孕 生育生附　生育 既生既育比予于毒　嗣續 以嗣以續　續莫大焉

父母生之夢蘭鄭文公有賤妾燕姞夢天使與己蘭曰以是爲而子既而文公與之蘭而御之曰妾不才幸而有子將不信敢徵蘭叔卿之寶

蘩衍盈升芣苢婦人樂有子也采采芣苢薄言掇之男子之祥吉夢維何維熊維羆男子之祥維虺維蛇女子之祥弄璋弄瓦

乃生男子載衣之裳載寢之牀載弄之璋其泣喤喤乃生女子載寢之地載衣之裼載弄之瓦贈鯉孔子子生三月有饋鯉魚者乃名子曰鯉字伯魚生老

蚌孔融與韋端書曰不意雙珠生於老蚌繼體承家繼代以承家有文在手傳宋武公生仲子有文在其手曰爲魯夫人故仲子歸于

我又邑姜方娠太叔夢帝謂己子名曰虞及生有文在手曰虞遂以名之同物傳云桓公曰是生也與吾同物命之曰同謂同日生也三月禮子生三月而父名

之聞聲不親叔向娶夏姬之女生子伯石其母及堂聞其聲曰豺狼之聲是必喪羊舌氏遂不見之聞聲觀狀楚司馬子良生

子越椒良見子文曰必殺之是子也熊虎之狀豺狼之聲不殺必滅若敖氏矣良不可後果滅若敖氏掌上之珠懸弧之慶男子初生以桑弧蓬

矢六射天地四方示男子有事於四方又男女生男子設桑弧蓬矢於門左女子設帨於門右也月辰禮妻將生子及月辰居側室夫使人日再問之至于生子復使人

問之諸侯之禮也翦髮子生三月之末擇日翦髮爲鬌男角女羈否則男左女右鬌遺髮也負髮子生三月始負子以桑弧蓬矢射之

父母全而生之孩而名之子生三月妻以子見夫人門外阼階妻抱子出升自西房父執子之右手孩而名之撫其首也皆諸侯之禮食

母禮諸侯冢子生卜士之妻大夫之妾使食之大夫之子有食母士之妻自養其子庶人禮庶人無側室生子及月辰夫出居羣室其問之與子見父之禮無

以異也子既生見父父無循其首自也厥初之生有後之慶寢牀見上注婦孕不育易乃多妄災孕者傷也胎

夭多傷胎生者不殰卵生者不殈言殰敗也殈裂也毛者孕育能育何以能育不班

不副無災無害 謂姜嫄生后稷也副音芳福反毛詩 似己 莊子厲人生子恐其似己夜生取火視之厲醜人也 三歳不孕 易

誕彌厥月先生如達 達羊子言易産姜嫄 彌月不遲 彌終也十月生子不遲緩 接子 凡接子擇日冢子則太牢謂天子世子太

牢庶人特豚士特豕大夫少牢 綬帶 穀梁一人生三人綬帶 賜酒 句踐令有娩者以告公令醫守之生男壺酒一犬生女壺酒一豚生三人公與之乳母二人與之

餼 給復 漢書民産子復二歳 胎教穀 後漢章帝賜姙者胎教穀三斛夫復一歳著於令 神光 鷹姬生四子見神光照社試藻之乃得黃

金蠶子官學蓋有手名 兆叶熊羆 慶傳嗣續 從在手之文 徇徵蘭之詩 名子 雙生累嬴

見下斯過註 居上爲兄 公羊言古人尚質雙生以後生者爲兄取以居上 則百斯男 詩太姒嗣徽音則百斯男 螽斯 子孫衆多

宜爾子孫 陸終生六子 史記陸終氏生六子坼剖而生焉 不夫而孕 列子曰思女不夫而孕 又 漢書言哀牢夷者其先有婦名沙壹居牢

山捕魚水中觸沈木若有感因懷姙十月産子十人 産敬驚死 鄭炎字文勝好學風疾恍忽至孝母憂疾甚發動妻始産而驚死妻家訟之不能理死獄中

棄之不死 韓朗字伯奇生三日遭亂棄於荊棘數日兵解母往視尚有氣息乃收養及長舉爲孝廉 居然生子 姜嫄無人道居然生后稷

鬻子之閔斯 鬻稚也稚之病也 脩己 背坼而生禹 簡狄 胷剖而生契 生齒 家語男子八月生齒七歳而齔 墮

地 范曄母如廁而生曄額爲塼傷因小字塼 天地相應乃得化淳男女反配乃得化生陰陽

不對生可得乎 易損封注 過期 梁嬴孕過期卜將生一男一女男爲人臣女爲人妾過期謂十月不生 ○遺腹 附母子內 小

同 鄭玄別傳曰玄子爲孔融吏舉孝廉融被圍往赴難被賊害有遺腹子以丁卯日生玄以丁卯歳生故名曰小同也 李陵 漢書李廣子當戶當戶早

卒有遺腹子後有虞之風烈 **泗水王** 漢泗水戴王前薨無嗣國除後宮有遺腹子煖相内史不奏言上聞而怜之立煖爲泗水王相内史皆下獄

○**出母** 附母子門

白也之母 子思曰爲伋也妻是爲白也母不爲伋也妻是不爲白也母故孔氏不喪出母自子思始也

不喪 注見上

子上之母 禮曰子上之母死而不喪門人問諸子思曰昔者子之先君子喪出母乎曰然子之不使白也喪之何也子思曰吾先君子無所失道道隆則從而隆道汙則從而汙伋則安能爲伋也妻者云云 注禮爲出母期父卒爲父後者則不服

無服 禮爲父後者爲出母無服注云不敢以私喪廢祭祀之禮

慰心凱風 美孝子也衛之淫風流行雖有七子之母猶不能安其室故美七子能盡其孝道以慰母心詩曰有子七人莫慰母心

母不顧 吳駱統字公緒母改適爲華歆小妻統時八歲遂與親客歸會稽其母送之拜辭上車面西不顧母泣於後御者曰夫人猶立統曰不欲增母思故不顧也

○**母賤** 附母子門

子貴 史記姑布子卿見無恤曰此眞將軍也簡子曰此母賤翟婢也子卿曰天之所授雖賤必貴

母微 裴秀秀母婢也秀年十八有令望而嫡母猶姑令秀母下食衆賓見並起拜之母曰微賤如此應爲此兒

不聘 傳聲伯之母不聘穆姜曰吾不以妾爲姒也

○**後母** 附母子門

織屨給子 漢翟方進爲小吏蔡父相有封侯骨西至京師受經後母隨之長安織屨以給射策甲科

迎後母不至 漢何武後母在遣使迎會盜賊留止不至哀帝策免曰君孝聲不聞其上印綬也

事適

謹 後漢馮衍子豹年十二後母惡之因夜行毒而豹敬事愈謹

無几杖 注見上

雙魚躍出 晉王祥繼親朱氏欲生魚祥解衣將剖冰冰解雙魚躍出又思黃雀炙有數雀飛入幕中有丹柰命令守之風雨抱樹而泣

安下祜母 羊祜前母孔融女生兄發初與祜同母兄承俱得病祜母度不能兩存乃專心養發得濟

不肯隨之官 傳咸爲州繼母杜氏不肯隨咸之官表解職又去以繼母具下注中

官舍施靈 傳咸繼母喪以繼兄弟乃使官舍施靈

誣盜 閻纘後母誣纘盜父金訟於有司被請議所弃十年無怨色孝謹不怠後意解乃移中正復品

蒲麻紵衣 王延

帖三　一

後母以蒲穰與延紵衣姑問之不言夏扇枕席冬以身溫母愛魚求不得杖之流逐血叩而哭忽有一魚長五尺躍出冰母食之積日不盡於是撫之如己之子也

不能去 薛包字孟常彰母憎包分出之包日夜號泣不能去被打不得已廬於舍外旦入而洒掃父怒又逐之乃廬於里門晨昏不廢積歲餘父母慚而還之後六年服喪過乎哀戚

慈愛 程文矩妻穆姜有二男而前妻有四子四子以母非所出憎毀日積而穆姜撫字益隆衣食皆兼倍所生文矩卒或謂母曰四子不孝何不分母曰方以義道導之使善及前妻長子興遘疾困母親調藥餌恩情篤密久乃寤喚三弟因曰繼母慈仁我曹過深矣遂將三弟詣南鄭獄陳母之德狀己之罪乞就刑縣言於郡郡守表異其母蠲傜遣四子許以脩改

託疾求和 楊厚字仲桓母與前妻子博不相安厚年九歲思令和親乃託疾不言不食母知其言懼然後改恩加篤

敬諫母 王祥弟覽字玄通母朱氏遇祥無道覽數歲見祥被撻輒涕泣抱杖及長每諫母少止使祥非理覽亦與焉虐使祥妻覽妻亦趨往祥漸有時譽朱尤嫉乃酖祥覽知取酒祥亦爭之不與朱奪遽覆之後每食覽必嘗之朱意乃止也

兄弟第二十二

不睦　分財　兄喪　用刑　患難　別離　義兄弟附

天倫 鴈行 兄弟之齒鴈行

棣萼 棠棣之華萼不韡韡

莫如 凡今之人莫如兄弟

終鮮兄弟 維予與汝

外禦 其侮

致美 史侯 有言兄弟致美

陟岡 陟彼岡兮瞻望兄兮兄曰嗟予季行役

予弟一 吾兄

鶺鴒在原 急難 兄弟急難

魯衞 之政兄弟也

兄愛弟敬 兄愛而友弟敬而順所謂六順

恭友 孝悌

不間於言 孝哉閔子騫人不間於其父母昆弟之言

兄良 弟悌

共被 續漢書姜肱兄弟三人皆以孝行著名肱年長與二弟共被臥親友如此

易衣 汝南記李充兄弟六人家貧易衣而出併日而食

兩驥 劉正兄弟二人時號兩驥

八龍 荀爽兄弟八人時人號曰八龍

連枝同氣 同胞

三張 陸二

五常

友于 子曰孝乎惟孝友于兄弟施於有政是以爲政語

稱悌 鄉黨稱悌焉

貴介 左傳曰王子圍寡君之貴介弟也介大也

事長 以敬事長則順

禮順 教人禮讓

莫善於悌　弟悅敬其兄則弟悅　人兄教以悌所以敬天下之爲人兄者也　骨肉之恩　血屬　手足之愛　仁兄令弟
哲兄寵弟　季孟之間　以睦兄弟禮　長恩幼順禮　家肥兄弟睦家之肥禮　旁理禮曰
旁理兄弟理正也　敬長禮曰敬長爲其近於兄也　至悌禮　立敬禮曰立敬自長始可教人順長類兄也　令兄詩此令兄弟綽綽有裕
兄必長之辛廖語　恩推　形影　寡兄書曰乃寡兄勗　諸兄之言亦可畏也　兄及弟矣式相好矣
無相猶矣　匪他豈伊異人兄弟匪他　具來兄弟具來　莫遠具爾戚戚兄弟莫遠具尓　恩則友維此王季因心則友　倡
予和汝伯兮叔兮倡予和汝　和協寡人有弟不能和協　辭辟後漢鍾皓字季明以二兄未顯故不受公府辟　夾河爲郡
杜周二子夾河爲郡　敵吾一體漢詔兄弟敵吾一體一支謂同父母也　令兄北鄉丞相田蚡召客飲坐其兄蓋侯北鄉自坐東鄉爲漢相尊
不可以兄故私橈由此漸驕　託病不仕魯恭憐弟平小欲就其名託病不仕　佯喑不仕後漢董恢弟翊名高於恢宰府先辟之翊佯喑不肯仕及
恢被命乃就孝廉　俱在朝趙孝辟太尉府顯宗聞其篤行寵異之詔禮十日就行官至長樂衛尉弟禮爲御史中丞帝嘉衛長樂衛尉府太官送供具對盡歡數年
禮卒令孝從官屬送喪歸也　喪毀劉紆早失母同産弟平尚幼紆鞠育與同起臥及成人未嘗相離平卒紆哭泣歐血而死　白眉馬良兄弟五人並有才名
鄉里諺曰馬氏五常白眉最良眉中有白毫因以爲是稱　王祥弟覽見後母門注　難爲兄陳元方季方共論其父因白寔曰元方難爲兄季
方難爲弟　又王珉字季琰少有才藝善名出珣之右語曰法護非不嘉僧彌難爲兄法護珣小字僧彌珉小字　六龍卞壼兄弟並登宰輔世稱卞氏六龍　第五
之名晉何準兄爲驃騎勸準今在仕準曰第五之名何減驃騎準兄弟中第五也　優劣戴逵逵之弟並驍果多權略逵厲操山東而逵以武勇顯謝安

問志業何如逵曰下官不堪其憂家兄而不改其樂倶病王徽之與獻之倶病術人曰應終而有生人辭代則死者可生徽之曰吾才不如弟請代術人曰凡代死者己年
有餘今君與弟筭倶盡何可代獻之卒徽之奔喪不哭直上靈牀坐取獻之琴彈之久而不調曰子敬人琴倶亡因一慟而絶八達安平王兄弟八人時號八達出
下策周顗字伯仁友愛過常弟嵩因酒曰兄才不及弟橫得重名狀嵩燭投之顗神無忤徐曰阿奴火攻誠出下策競爽二恵競爽猶皆善也
累世同居後漢蔡邕與從弟同居三世不分則鄉里伏其義又桑虞累世同居閨門雍穆云云讓兄鄭均仲虞兄爲縣吏頗受禮遺均諫不從
乃爲傭得錢帛歸與兄曰物盡可復得爲吏坐贓終見損棄兄感言遂爲廉絜託疾求異異後母門注不過從兄飯帝問第五倫伯
魚曰聞郷爲吏不過從兄飯有之乎對曰臣少遭饑亂實不敢妄過人飯帝大笑劉璡束帶璡兄瓛每隔壁呼璡璡束帶而後語連枝同
氣無鳴四鳥之悲金友玉昆詳見三荊之哉陟岡之望尸一深在原之情逾迫切偕崇共被之仁並篤同居之愛
○不睦附兄弟門不悌失教傳段不悌故不言弟稱鄭伯譏失教也不義不暱鬩牆兄弟鬩于牆管蔡
閔管蔡之失道小忿兄弟鬩自忿不廢懿親義乖不問恩匪相容不令爲瘉不令兄弟交相爲瘉不能和協
鄭莊公曰寡人有弟不能和協而使餬其口於四方不可以據詩亦有兄弟不可以據據依也縱尋斧焉傳宋昭公群公子樂豫曰公族
公室之枝葉也葛藟猶庇其本根故君子以爲比而縱尋斧焉必不可用也不友書云兄不友弟不恭不相能也日尋干戈高辛二子
長曰閼伯季曰實沈君于曠林不相能也日尋干戈以相征討不協吾兄弟之不協焉懲諸侯之不協匪人于弟不念天顯大
不克恭厥兄言爲人弟不念天之明道不能恭事其兄書兄亦不念鞠子哀大不友于弟言爲人兄

不念鞠子之可哀大不能和友于弟不悌之刑周禮以八刑糾萬人二曰不睦之刑三曰不悌之刑也言不虧恩失信信蠻夷之訴

絕兄弟之國晉信皆祁訴以絕魯無復入偃之門主父偃為齊相偏召昆弟散五百金與曰無復入偃之門火攻

見兄弟門注攻弟秦譚欲攻弟尚王僭諫曰敗亡道也兄弟左右手譬言人將鬬斷右手曰我必勝乎排擯蜀志許靖與從弟劭俱知名有人倫臧名私情

不協劭為郡功曹排擯靖不得齒叙也斁敗五常恩歸一體既彰尋斧之醜並鶫尺布之謠道既乖於家

肥罪宜論於邦憲既虧魯衛之義是同齊楚之失弟雖乖於克順兄亦乘於相容情雖不

同無絕其愛傳謂奴畜衛青少時自平陽公主家歸其父父使兄弟牧羊先母之子皆奴畜之不以為兄弟皆能刷羽

懷彼猷心異和氏之兄弟側目生嫌導薛包之執模脫身而去須敦友于之心遠失孔懷之禮事乖

友弟迹忝參同雖有兄弟不如友生尺布可縫漢文徙淮南王於蜀嚴道不食而死人謠曰一斗穀尚可舂一尺布尚可縫兄弟二

人不相容○分財附兄弟門不相容見上注推弟漢南記陰慶為朝陽侯其弟負與丹皆為郎慶推其居第園田奴婢分與員丹但歸印而已

當代稱美之讓田益部傳李孟元性恭順與叔子就同居就有痼疾孟元推所有田園悉以讓就夫婦紡績曰給而已推財王商為侯推財與弟身無所受

脫身史卜式脫身出分取羊百餘口餘田宅財物悉與弟式乃入山牧羊去婦洪南記李充兄弟六人貧無擔石之儲其妻謂充曰我有私財可異居充乃集

宗族而起白母曰此婦令充異居吡之出門訟田漢韓延壽為左馮翊行縣至高陵有昆弟訟田延壽傷曰骨肉爭訟是教化不至乃閉閤自思過於是訟者相責讓肉袒

願以田相和然死不爭延壽恩信如此無有訟人也班諸貧者禮子柳之母死既葬子碩請以賻布之餘具祭器子柳曰君子不家於喪請班諸兄弟之貧者

自撾繆彤字公豫兄弟四人同財及各娶兄弟求分異形乃掩戶自撾曰脩身謹行學聖人法將以齊整風俗奈何不能正家及諸婦聞之叩頭謝過更爲敦睦之門

取肥田許荊祖父武第五倫舉武乃爲孝廉以二弟普晏未顯欲成之乃謂曰禮有別居乃割財爲三分自取肥田奴婢鄉人皆稱二弟義讓普晏等以得舉武乃會宗族泣曰吾盜聲位二弟未立所以自取大分今理產所增三倍於前悉推二弟一無所留

取荒田薛包好學行弟求分財異居包不能止乃中分其財奴婢取老弱者曰我共事久矣田園取其荒者曰吾少所理意所戀也器物取朽損者曰我素所服身口所安

虧魯衛之義既不相容聽齊楚之辭是爲俱失

情乖致美分且求多

多自與項羽

短於財卜商

均分君子取分分爭辨訟非禮不決禮

躬自厚也分無求多臨財無苟得分割且分

○死喪附兄弟門

天倫之感

孔懷死喪之感兄弟孔懷

哭廟孔子曰兄弟吾哭諸廟

寡兄弟子路曰吾寡兄弟而不忍除也姊喪

灑血陳業兄渡海同死六十人骨肉消爛而不可別業乃剖臂流血以灑骨上而後可別也

含齏徐苗弟亡臨殯口中有齏臘苗含去之

獨亡之憂司馬牛曰人皆有兄弟我獨亡也

不縗禮郕人有兄弟死而不爲縗者聞子皐爲郕宰遂爲之縗郕人曰蠶則績而蟹有筐范有冠而蟬有緌兄則死而子皐爲之縗

終鮮

兄弟惟予與汝詩

斷手之悲

同母異父禮公叔木有同母異父昆弟死問於子游子游曰其大功乎狄儀有同母異父昆弟死問於子夏子夏曰我未之前聞也魯人則爲之齊衰縗今之齊衰縗狄儀之問也

奔喪禮奔兄弟喪先之墓而後之家爲位而哭

旁殺禮謂兄弟之喪以親疏爲輕重

存乎書策子曰兄弟之喪存乎書策矣言其右常禮也

內除禮兄弟之喪喪內除哀隨禮殺也

如剡期之喪如剡言痛也

人琴俱亡注見上

哀毀注見上

棣萼凋零

形影增悲人琴增慟

不離墳墓後漢馬援

兄卒稷行服期年不諱墓所也心喪三年馬稜伯威少孤依從兄毅共居恩猶同産毅卒稜心喪三年○用刑事具刑法罰親事中鄭伯
克段傳鄭伯克段于鄢段不弟故不言弟稱鄭伯譏失教周公殺管管蔡流言以亂周室周公乃殺管叔而放蔡叔無使滋蔓段不
弟祭仲諫曰無使滋蔓蔓難圖也蔓草猶不可圖而況君之寵弟乎遷蜀嚴道注見上荊雖念於同根古詩三荊
同根生喻兄弟草宜除於滋蔓孽由自作法豈相容漢書兄弟二人不相容漢文淮南王也揚
干亂行晉侯不罪其用鉞傳晉侯弟揚干亂行於曲梁魏絳戮其僕晉侯謂絳曰寡人有弟不能教訓使干大命絳
辭曰不敢廢命至於用鉞鮒也鬻獄叔向亦明其正刑鮒叔魚也叔魚為理官納雍子之女鮒罪邢侯邢侯殺雍子叔向
曰三人同罪施生戮死可也雍也買直鮒也鬻獄刑侯專殺其罪一也仲尼曰叔向古之遺直也治國制刑不隱於親絕愛恩斷斷手痛之天
倫固絕不友匪人失教虧恩雖義除三惡而教失五常雖存國禁慈愛家肥恩既遺
於形影義逐奕於急難非大義之可誅亦小過而宜忍○患難附兄弟門爭死孔融兄褒以容張儉事發
兄弟爭死竟坐褒讓生令平伐死載旌史衛宣公與伋子白旌告盜曰見白旌殺之壽子聞之載其旌而往盜殺之伋子至曰我之求也彼何罪
焉請殺之又盜殺之二子同舟思伋壽也二子爭相為死衛人喜之而作是詩見危授馬秦録姚襄戰馬中流矢弟萇下馬授襄襄曰天下可無我不
可無兄患難相死禮詣賊相代後漢趙孝弟禮為賊所得將食之孝自縛詣賊曰禮瘦不如孝肥賊感其意而俱捨其兄弟
遇赤眉王琳弟又兒萌梁國車成弟為賊所得與趙孝事同又淳于恭弟為賊所得請代得免死也爭死姜肱與弟季江詣郡夜於

道逢賊欲殺之肱兄弟爭前死賊遂釋之但奪衣資矣 急難 兄弟急難 別離 附兄弟門 四鳥之悲 孔子聞婦人哭聲謂顏回曰此非獨

喪哀又有離別之苦何以知之曰昔桓山有鳥生四子羽翼既成將欲分飛聲類於此問之果然父死賣子以葬 三荊之變 田眞兄弟欲分其衣庭前三荊便枯兄弟

歎之却合樹還榮茂也 陟岡之望 見上 在原之恩 [illegible]山季[illegible] ○ 義兄弟 附兄弟門 孔子兄事子

產 史記孔子過鄭與子產如兄弟兄事子產 張湯趙禹 [illegible]張湯趙禹共定律令務在深文禹[illegible]府湯爲庭尉交歡湯兄事禹 季心

心長事袁絲以兄事之而弟畜灌夫籍孺子 立侍終日 蜀志關羽張飛爲別部司馬先主與二人寢則同牀恩若兄弟而稠人廣坐立侍終日 孫權

母 謂權曰公瑾伯符同年小一月耳我視之如子汝可兄事之也 叔姪第三十三 姪女附 繼叔附 猶子引進 禮兄弟之子猶子也蓋引

而進之也 廣受之榮 漢疏廣爲太子太傅兄子受爲少傅朝廷以爲榮也 籍咸之會竹林南阮北阮 晉書阮咸

字仲容任達不拘與叔籍爲竹林之興諸阮居道北籍咸居道南南阮富而北阮貧 吐哺 世說郗鑒永嘉亂窮餓鄉人共食之常携兄子及甥鄉人辭不能兼口乃

獨坐往輒含飯於兩頰歸吐與二子 垂誡 馬援有誡兄子嚴書 香囊 晉書謝玄好佩紫羅香囊叔患之而不欲傷其意因戲賭得焚之即止

杖 晉謝安嘗欲詣陸納納兄子俶密作食供之納設茶果而已俶下精餚食客罷納大怒杖三十曰不能光我叔父而乃穢我素風 千里駒 晉書苻朗字文

達堅從兄子也堅常目之曰吾家千里駒 諸父 詩我有肥羜以速諸父 囊言 傳曰寡人之出叔父無囊言 篤猶子之愛 文選

癡叔 晉書王湛字叔冲兄弟宗族皆以爲癡兄子濟因武帝見濟輒曰卿家癡叔死未濟常無以荅復 問濟 共談易剖析精妙大奇之初曰臣叔不癡山濤已下

龔舒已上由是顯名 十起 後漢第五倫字伯魚或問倫有私乎曰人亦見子嘗病一夜十起退而安寢余子有病雖不省視而通夕寢若是可謂無私 雪詩

晉謝安常內集俄而雪下安曰何所似兄子朗曰散鹽空中聊可擬林下之情見上幼姪早孤恩深伯道晉書鄧攸字伯道永
嘉亂走擔其兒及弟子綏度不能兩全乃謂妻曰吾弟早亡唯有一息不可絕應自弃我兒其妻泣從之長兄生沒念功與夷宋穆公疾屬兄
子與夷曰先君舍與夷而立寡人寡人不敢忘若弃德不讓是廢先君之舉先君若問與夷其將何辭以對乃立之自捶後漢淳于恭兄崇卒恭養孤幼教訓學問有不
如法反自捶以感悟之兒慙改過辭辟命避叔父後漢劉[illegible]有高節以叔父遼未仕縣州郡之命太尉未讓嘉甘其志義故遼爲諸公所辟至太尉號爲賢相
推與伯父後漢張禹字伯達推田宅與伯父身自寄止分封魏志云王基封安樂鄉侯上疏求分封二百戶賜叔父子喬爵關內侯以報叔父詔特
聽之詣賊張範字公儀子陵及弟子戩爲山賊所執範詣賊賊還範子範曰君厚矣吾將繼小請以易之賊美其言感而悲還之叔母勸晉書皇甫
謐字士安年二十不好學遊蕩得瓜果與叔母任氏曰三牲之養無慰我心昔孟母三徙身終篤與子對之流涕謐乃感激帶經而農又羊耽妻辛氏字憲英鍾會爲鎮西憲
英謂從子祜曰會非凡下之道畏有他志云云祜常送錦被審悉反覆之芝蘭玉樹謝玄與從兄朗爲叔父安所器因戒約子姪曰子弟預何人事譬言如芝蘭
玉樹欲使生於階庭也伯兮叔兮燕私詩諸父兄弟備言燕私又千里駒魏曹休字文烈太祖族子太祖曰吾家千里駒賣
子活姪晉孔嚴字彭祖爲吳興太守時餘杭婦人經年荒賣其子以活夫之兄子又武康有兄弟妻各在孕弟遠行未返遇歲荒不能兩全棄其子而活弟之子
嚴並褒爲之論者美焉伯叔母之喪踴不絕地如此者由文矣哉義服恩輕也

姪女

附叔姪門

兄之子子謂南容邦有道不廢邦無道免於刑戮以其兄之子妻之篚器之訓晉書庾衮亡兄子女芳將嫁美服既備衮乃刈荊爲箕箒命
芳曰汝將事舅姑灑埽庭內之道也故賜汝篚器之美欲使汝溫恭朝夕柳絮之詩晉書王凝之妻謝氏道韞叔安常問毛詩何句最嘉道韞曰吉甫

作詠沐如清風又嘗內集儼而雪下安曰何所似道韞曰未若柳絮因風起安大悅適凝
之不審贊曰王郎謝氏之子不惡汝何恨也道韞曰不意天壤之中乃有此王郎也
禮南宮 禮南宮縚之妻之姑之喪夫子誨之髽曰爾無總總爾爾無扈扈爾蓋榛以
為笄長尺而總八寸注總謂高大扈扈謂大廣總束髮垂為飾齊衰
之髽八寸也縚南宮縚字
子容妻孔子兄女也
夏侯淵 魏志淵字妙才時大亂飢
之棄其子而活亡弟孤女
遺腹姪女 後漢劉平
弟仲為賊
所殺扶母奔仲遺腹女一歲平抱仲女而棄其
子母欲還之平曰力不能兩活仲不可絕類
● **姪繼叔** 附叔姪門
恭繼顯宗 後漢侯
恭字叔
高讓之兄子湛弟顯字偉文治
晉詩位至光祿無子以恭為嗣
亮求喬嗣 蜀志諸葛喬字伯松亮兄瑾第
二子也亮無子求喬以為嗣
少繼
從父 宋書謝弘微本名密年
十歲出繼從叔父峻
長還本生 晉皇甫謐字士安漢太尉嵩之曾孫也出
繼叔父從居新安謐年四十叔父有子
謐喪本生
遂還其父
甥舅從舅
諸舅 詩曰既有肥
羜以速諸舅
我甥 詩曰展我
甥兮展誠
渭陽 渭陽康公
念母也秦
康公送晉文公于渭之陽曰我送舅
氏如母存焉何以贈之路車乘黃
白水之誓 晉文公謂子犯曰所不與舅氏
同心有如白水投其璧于河
明珠
王武子衛玠之舅也武子語人曰
與吾甥坐璣珠若明珠之在我側
宋鄭 傳曰宋
鄭甥舅
我之自出 謂我
甥也
酷似其舅 何
無
忌
吐哺 見叔姪
門注
屬從 禮屬從者所從雖沒也亦服
注屬從謂為從雖沒亦為之服
母黨 禮曰睦於父母之黨
可謂孝矣黨親也
豈
伊異人 兄弟
甥舅
伯舅叔舅 長曰伯舅
少曰叔舅
元舅 王之元舅
文武是憲
汾王之甥 韓侯娶妻
汾王之甥
宅相 晉魏舒字元陽少孤為外家寧氏所養寧
氏起宅相者曰當出貴甥為外家成此一宅
賞愛 殷浩甥韓康伯浩賞愛之
浩被廢從東陽康伯隨至
徙所歲餘還郡浩餞詠曹顏遠詩富貴他人合貧賤親戚離因泣下
康伯讀和有恩理浩發之曰康伯能自標置自是出群器
乞墅 謝安與張玄賭墅圍
謂甥羊曇曰以墅乞

政安薨曇輟樂彌年行不由西門路嘗因石頭大醉不覺至州門左右曰此西州曇悲感以馬策叩扉詠曹子建詩生存華屋處零落歸山丘慟哭而去　焉有此甥

王忱造其舅范甯甯曰卿風流雋望後來之秀忱曰不有此舅焉有此甥　輕舅　劉縚於公座戲調其舅柔湛湛不堪曰汝今復加我可謂世無渭陽情絢父重卽王胡

外孫與舅有不叶之論絢字宣美　食肉　國語晉公子重耳以戈逐其舅子犯曰若吾無濟吾食舅氏之肉　不討賊　漢郭解甥恃解彊人酒人不堪怒殺

之而逃解以甥不直不爲討賊　魏舒少孤　長於甯氏　周翼無託　養在郤家

內外兄第二十五

合謀　魏志楊阜與外

兄姜敘合謀攻馬超大敗之以報殺本州刺史太守韓　令鼓琴　晉阮瞻字千里讀書不甚研而默識其要善彈琴伯兄潘岳每令彈琴終日達夜無忤色不可得以

榮辱　讓封　羊祜進爵乞封舅子蔡襲　不餞送　城陽太守梁柳皇甫謐從姑子之官有勸謐餞之謐曰柳爲布衣送迎不出門食不過鹽菜貧不以酒

肉爲禮今作郡送之是貴城陽太守而賤柳豈中古之人情非吾心所安也　朗陵公　文選詩序曰朗陵公何敬祖余之從外兄也

嫂叔第二十六

不通問　禮嫂叔不通問問遺也　無服推遠　禮嫂叔之無服也蓋推而遠之　不撫　禮嫂不撫叔叔不撫嫂爲喪服中　爲位　禮子

思之哭嫂也爲位　爲別　世說阮籍嫂常還家籍見之爲別或譏之籍曰禮豈爲我設耶　溺　孟子曰嫂溺援之以手權也嫂溺不援禽獸　前倨後

恭　史記蘇秦饑饉而歸兄嫂弟妻不下機嫂不爲炊及爲秦相佩六國相印歸昆弟妻嫂側目不敢視秦秦笑謂曰何前倨而後恭嫂謝曰見季子位高金多也

不長者　漢高祖微時嘗與賓客過其丘嫂嫂厭叔伴爲羹盡轢釜賓客已去而視釜中有羹由是怨嫂羹盡及立獨不封其子太上皇爲言高祖曰非敢忘也

爲其母不長者故封其子爲頡羹侯轢音歷　不冠　後漢馬援敬事寡嫂不冠不入廬　爭田　逸民傳高鳳爲太守所召恐不得免乃與寡嫂爭田由是不仕

不如無　陳平兄伯常縱平遊學其嫂嫉平不仕家產人或問平何食而肥嫂曰食糠覈耳有叔不如無伯聞之逐棄平棄其妻覈音紇糠中不破者　小郎

新婦魏志曰王澄字平子衍季弟衍妻郭氏貪鄙令婢擔糞澄年十四諫郭郭怒謂澄曰昔大人臨終以小郎囑新婦不以新婦囑小郎因捉衣裾杖之澄踰窻而去
得免解圍晉王凝之妻謝氏道韞獻之與客談議詞理將屈道韞遣婢白獻之曰欲與小郎解圍乃施青紗步障自蔽論獻之前義客不能屈也親省
青囊藥晉書顧含字弘都嫂老失明含躬親省視病須髯蛇膽爲藥含求不得有童子持一青囊授含開視乃髯蛇膽出戶化爲青鳥飛去嫂疾便愈也
養嫂東方朔上書曰臣少失父母長養兄嫂又後漢第五訪字子謀少孤貧傭耕以養嫂親舒曰得八百戶長將老嫂入官舍斷驗足矣殺嫂
晉書慕容熙字道文僭即尊位寵嬖苻氏立爲皇后苻氏死嫂張氏美姿容熙乃殺之以爲苻氏之殉葬白團扇歌樂志云白團扇歌者晉中書令王珉
與嫂婢有情其婢製白團扇歌以贈珉可謂之母禮謂弟之妻婦者是嫂亦可謂之母乎家嫂晉謝朗早卒總角新起文體羸未堪勞叔父安欲
令與沙門支遁講論相苦嫂王氏再遣令還安欲令竟論王氏因云新婦一生所寄唯見子遂流涕安謂座客曰家嫂情辭閑麗恨不使朝士見之盗漢書人言陳平善盗
嫂又直不疑爲郎朝廷毁不疑曰狀貌雖美善盗嫂不疑曰我無兄然終不自明

姑第二十七

諸姑詩曰問我諸姑遂及伯姊從姑傳姪
其從姑絶地禮曰姑姊妹之大功踊絶於地如知是者由文矣哉注降服恩重也受我而厚禮姑姊妹之薄也蓋有受我而厚之者注以夫家厚故我薄

姊妹第二十八

伯姊注見上歸妹既嫁姊也女弟妹也月爲姊王者姊事月也留錢風俗通太原郭子廉
飢不可得食寒不可得衣一分及一芥不取諸人過姊留餅密留五十錢於席下而去姊親傳君子曰禮謂其姊親而失姑刖姊韓子梁車爲鄴令其姊往
見之暮而後至閉門因踰郭而入梁車刖刖其足趙成侯以爲不慈奪之璽而免之同氣共胞血屬骨肉之愛從兄禮婦人從人者
也幼從父兄嫁從夫也東宮之妹詩碩人美莊姜曰東宮之妹内賓儀禮有司徹曰主人洗獻内賓于房中内賓姑姊妹也從妹傳連

穪有從妹在公宫無寵使聞公收育從妹後漢盧延遺王莽亂延從女弟年在孩乳其母又能活之棄於溝中延哀而收養遂至成人不留沐並

德信嘗過姊姊為殺雞炊黍沐不留飦惡姊夫留錢范丹字史雲候姊姊飯之以姊夫不德留錢二百

● 賢姊 附姊妹門 詈言 楚辭曰女

嬃之嬋媛兮申其詈余注嬃屈原姊也申重言也言嬃責原不與衆合乃見流放來率引數怒也余猶我也 義烈 史記聶政姊事見上烈婦門 教弟 賈逵

年五歳其姊聞鄰中讀書每抱逵聽之逵年十歳乃暗誦六經姊曰吾未有教入門欲安得三墳五典讀之逵曰憶昔抱聽鄰家讀書 與粟 吳志駱統字公緒年八歳時飢

多有困者統為減飲食飼之其姊仁愛見統甚哀曰何不告我而乃自告以私粟與統 磨笄自殺 趙襄子誘殺代王王夫人襄子之姊聞之磨笄自殺 託

弟於人 梁冀誅李固固少子燮字德公姊文姬賢而有智謀匿燮乃告父吏王成曰君執義於先公今委君以六尺之孤李之休戚在君矣成乃將燮東下得全

● 姊喪 附姊妹門 尚右 禮孔子與門人立拱而尚右二三子亦皆尚右孔子曰二三子之嗜學也我則有姊之喪故也二三子亦皆尚左 不忍除 子路有姊

之喪可以除而不除孔子問之曰何不除也子路曰吾寡兄弟而不忍也孔子曰行道之人皆不忍也先王制禮過之者俯而就之不及者跂而及之不可踰也遂除之 ● 寡姊

附姊妹門 不嫁 東觀漢記秦彭字伯平為山陽太守欲嫁寡姊姊不嫁乃引鎌自割 引刃 烈女傳桓林姊姊夫劉敬仲早亡桓氏引刃割耳以示林 事

不諧矣 後漢宋弘為太尉時帝姊湖陽公主新寡帝與共論群臣以微觀其意主曰宋公威容臺臣莫及帝曰試圖之主坐於屏風召弘問曰貴易妻人情乎弘曰糟

糠之妻不下堂帝顧謂主曰事不諧矣 老姊求名 蜀志郭弈井遷雍州刺史有寡姊姊下僮僕多有犯而殺人者吏執之弈曰大丈夫豈以老姊求名遂遣而不問

● 嫁姊妹 附姊妹門 歸妹 婦人謂嫁曰歸 東郭偃之妹 傳齊棠公之妻東郭偃之妹棠公死偃御崔子弔之見棠姜美使偃娶

之偃曰同宗也君出自桓我出自丁又筮之不吉曰嫠婦也何害前夫當之矣 徐吾犯之妹 見上擇夫門注 得臣之妹 衛莊公娶于齊東宮

利臣之妹美而無子外妹左傳聲伯嫁外妹管于奚之女於施孝叔郤犨來聘求婦於聲伯聲伯奪施氏婦以與之外妹謂同母異父也●姊妹壻

維私詩曰譚公維私爾雅云姊妹之夫爲私鍾瑾妻李膺妹李膺祖脩言鍾瑾好學類我家以膺妹妻之絕穀

晉書郤超爲臨海太守與姊夫王羲之邁世修黃老絕穀之術申祥之哭言思祥妻之昆弟也道原之睦潘岳誄曰潘楊之睦有自來矣道原岳

妻之兄弟

祖孫第二十九

孝孫祭稱孝子孝孫也順孫史虞翻孝養祖母縣舉爲順孫孫謀詩曰貽厥孫謀以燕翼子祖

業傳序云弘宣祖業抱孫禮抱孫不抱子此言孫可以爲王父尸必復畢萬筮仕曰公侯之子孫必復其始也舍孫公儀仲子之喪仲子

舍其適孫而立其庶子檀弓免焉子服伯子曰昔者文王舍伯邑考而立武王微子舍其孫腯而立衍也仲子亦猶行古之道也孔子曰否立庶子周禮立適孫纘乃祖

服服行事也纘繼也爾祖毋念爾祖王父禮曰逮事王父母則諱王父母謂之祖父母也忝祖忝辱也名孫凡父在孫見於祖禮

名之謂生子見於祖以名之上殺謂祖以上喪服亦漸殺輕也下治禮上治祖禰尊尊也下治子孫親親也治下也自義率祖禮自仁率

親等而上之至于祖名曰輕自義率祖順而下之至于禰名曰重一輕一重其義然也注自用也率循也用恩則父母重祖輕用義則祖重父母輕也哀孫禮喪稱哀

子哀孫也銘禮銘者稱揚先祖之美也此孝子孝孫之心螽斯之慼螽斯羽詵詵兮宜爾子孫振振兮必興吾門陳蕃年[illegible]見時祖

寔謂宗人曰此兒必興吾門與硯晉范喬字伯孫年二歲時祖馨撫喬首曰所恨不得見汝成人以所用硯與之五歲父母告喬喬執硯涕泣受賜官

晉鄧攸祖殷有賜官勑攸受之後太守勸去之攸舉孝廉攸曰先人所賜不敢改也靈運謝玄子瑍不惠早卒瑍子靈運才藻豔逸玄曰我尚生瑍瑍那得生

靈運委脫列子曰子孫非汝是天地之委蛻也本枝詩文王子孫本枝百世不爲子孫留財產列子衞端木叔子貢世子

也籍先貲累千金年六十棄家散産一年盡一不爲子孫留財散之一國及病無藥石之儲死無葬埋之所受施者相與及子孫之財也

又 疏廣歸鄉里以所賜金日與鄉里樂飲子孫因鄉里長者勸以及身在時爲子孫致業廣曰此金聖主之所賜以惠養老臣豈顧愚子孫矣

拜畫象 魏志曹休文列甞爲吳郡太守休後至吳於太守舍見壁上祖父畫象恭敬非急乃下榻涕泣同坐嘉之也

假託 魏賈詡字文和道遇氐羌同行數十人皆爲所執詡曰我段公外孫也汝別埋我我家必厚贖之段熲昔爲邊將威震西土故詡假而釋於氐羌氐羌畏不敢害也

祖母老辭官 晉李密字令伯徵爲太子洗馬以祖母劉氏年老無人侍養乃上表陳情辭官

字孫 虞詡祖父爲縣獄吏多所平理曰于公子孫竟至三公吾雖不及于公子孫何必不爲九卿遂字詡曰升卿

祖母思芹 劉殷祖母王氏盛冬思芹而不言殷知之時年九歲乃於澤中慟哭乃有芹生於地得斛餘至芹生乃盡也

女第三十

賢女 淑女 處女 處子

處室 也

如玉 有女如玉

懷春 有女懷春

聞琴 蔡琰字文姬邕之女也邕夜鼓琴絃絶琰年六歲曰第二絃絶邕曰偶中爾復曰吳季札觀風知興亡之國師曠吹律識南風不競由此言之何足不知也

詠雪 見庭女門謝道韞事

贖父罪 史記太倉令淳于公有罪當刑無男有女五人公罵其女曰生女不生男緩急非有益其女緹縈自傷泣乃上書曰妾父爲吏齊中皆稱廉平今坐法當刑妾願沒入官爲婢贖父刑罪使得改過自新書奏文帝哀憐其意乃下詔曰夫斷支體刻肌膚楚痛者除肉刑

憂國危 魯漆室邑之女過時不適人倚柱而嘯鄰婦曰子欲嫁乎曰非也予憂魯君老太子幼鄰婦曰此丈夫之憂也女曰不然昔有客過繫馬園中馬逸踐予葵使予終歲不食葵鄰女奔倩予兄追之逢水溺死使予終身無兄予聞河潤九里漸洳三百步今魯君老悖患君臣父子被其辱婦人獨安所避乎

知肉味 後漢孔融被誅女年七歲男年九歲寄他舍主人有遺肉汁男渴而飲之女曰今日之禍豈得久活何賴知肉味乎

女工 詩序曰后妃在父母之家則志在女工之事躬儉節用師傅可以歸寧父母

晩嫁 黃公有女至美其父常謙曰醜人謂實然故過時無娉者

笄年 禮女子十有五年而笄二十而嫁

從人

禮婦人從人者也從父兄嫁從夫設帨禮女子生設帨於門右帨帨巾也鞶絲禮女子生鞶言教之鞶絲女工十年不出禮女子十
年不出長可居內姆教女師歸寧詩歸寧父母傳曰杞伯姬來歸寧問父母安不女中王魏文帝郭皇后少而父永奇之曰此乃吾女中王遂以女王
爲字愛女張爲病帝臨問因言臣四男一女愛女甚於男遠嫁藏楊太守冀使不爲父子私恩願與相近歸徙咸爲弘農太守沉江叔先雄流求求父屍事具
孝感門喜書魏文帝甄后九歲喜書視字輒識數字用諸兄弟筆硯兄謂曰汝當習女功用筆爲學當作女博士耶后曰古者賢女未有不覽前世成敗不知書何
以見之供賓客周顗母李氏字絡秀顗父浚爲將軍出獵遇雨止李氏會貴父兄不在絡秀聞浚至與婢於內宰豬羊具饌甚辦不聞人聲浚怪使人窺之
見一女甚美因求爲妾父兄不許秀曰門戶殄瘁何惜一女遂許之邦之媛也美女爲媛彤管有煒毛詩女美女壻三十一
孫壻附玉潤晉樂廣字彥輔人謂之氷鏡女壻衛玠字叔寶時號玉人故時語曰婦翁冰清女壻玉潤玉鏡臺世說溫嶠字太真從姑劉氏甚麗姑
屬嶠曰佳壻難得但如嶠比如何曰何敢希汝比數日白姑已得壻身名不減嶠因下玉鏡臺一枚姑大悅既婚交禮女以手披紗扇撫掌大笑曰吾固疑是老奴果如所卜
愛壻佳壻子壻文人行之以子妻之子謂公冶長可妻也雖在縲絏之中非其罪也以其子妻之嫁子子女也周禮從
服禮從服者有從重而輕夫爲妻之父母也承子授壻禮婚禮壻親見於舅姑舅姑承子以授壻恐事人違也注舅姑妻父母也以女授壻而戒之無令違
於婦道親受禮壻揖讓而升堂蓋親受之於父母甘公之遇恭祖後漢陶謙字恭祖同縣甘公出遇之見其容貌駐車與語甚悅因許與女夫
人怒甘公曰彼有奇表長必大成遂與之太守之器伯珪魏志公孫瓚字伯珪爲郡門下書佐有姿儀音聲太守器之以女妻之又張華字茂先少
孤貧牧羊鄉人劉放奇其才以女妻之又吳志呂範字子衡少爲縣吏有姿容邑人劉氏家富女美範求之母嫌欲勿與劉氏曰觀呂子衡寧當久貧賤耶遂與婚之

妻以孫女漢陳平貧以席爲門富人張負見其門多長者車曰豈有如陳平而久貧賤者乎遂以孫女妻之再嫁漢張耳亡命游外黄外黄富人女甚美庸奴其夫去投父客父客素知張耳而遂嫁之絶婚魏志袁術公路爲子索呂布女後布怨術女已在途追還絶婚出贅漢賈誼曰商君遺禮義弃仁恩并心於進取行之二歲俗日敗故秦人家富丁壯則分出贅貧注分音扶問反不當出在妻家猶體有肬贅一日贅質也以身爲質友壻嚴助待宴上問所欲對曰家貧爲友壻所辱顧爲會稽太守撾婦翁後漢帝戲第五倫曰聞卿爲吏撾婦翁不過從兄飯有諸對曰臣三娶妻皆云無父請倩史記黄氏請倩注倩女壻東齊閒謂壻爲倩吾兒誤我魏略太祖以丁儀令士未見欲妻之問五官將五官將不可及辟儀儀到喜嘉其才曰丁掾即兩目盲亦當與女況但眇吾兒誤我五官將卽文帝也禁臠晉武爲晉陵公主求壻謂王珣曰如眞長子敬便足珣曰謝混雖不及眞長不減子敬未幾帝崩袁崧欲以女妻之珣曰卿莫近禁臠東牀坦腹太尉郗鑒使門生求女壻於王導導命東廂徧觀子弟歸謂鑒曰王氏諸子並佳咸自矜持唯一人東牀坦腹食若不聞訪問乃羲之遂妻孫壻李膺祖脩以鍾瑾好學似我家以膺妹妻之

娣姒第三十三

娣姒爾雅曰長婦謂稚婦爲娣婦娣婦謂長婦爲姒婦不以妾爲姒傳聲伯之母不聘穆姜曰吾不以妾爲姒注兄弟之妻相謂爲姒鍾郝之禮法晉王渾妻鍾氏字琰弟湛妻郝氏皆有德行琰雖門高與郝氏相親重郝不以賤下琰琰不以貴陵郝時人稱鍾夫人之禮郝夫人之法

子婦第三十四

特豚禮曰婦以特豚饋明婦順雙鯉姜詩字士游母好生魚及江水其妻取水不及時詩乃弃妻寄鄰舍常作膾請鄰母送詩母母感之呼還舍傍輒有泉味如江水兼躍雙鯉以供母膳爲婦三歲爲婦靡室勞矣執婦道婦禮四德婦德婦言婦容婦功婦順家肥廟見家和姑慈婦順傳曰姑慈而從婦聽而婉禮之善物也注從尊也婉順也授室禮舅姑降自西階婦降自阼階授之室也宜家宜爾室家雞鳴盥漱禮曰婦事舅姑如事父母雞初鳴咸

盡敬也婉娩聽從婉言語娩容貌叱狗東觀漢記鮑永妻嘗於母前叱狗永即去之肅雍之德柔正之道恭承
舅姑和協婦姒父戒母戒爾舅爾姑穀梁曰送女父不下堂母不出祭門父戒之曰謹慎從爾舅之言母戒之曰謹慎從爾姑之
言夫夫婦婦所謂婦順也取婦之家三日不舉樂思嗣親也成婦之義禮三月而廟見稱來婦也擇日而祭於禰成婦之義也謂舅
姑沒也內和禮曰婦順備而后內和內和理然後家可長久也婦式婦人模式周禮姑喪南宮縚妻姑之喪夫子誨其髽親饋禮婦既家
婦盥親饋舅姑卒食婦餕餘私之也私循恩也私貨子婦無私貨無私蓄無私器不敢私假不敢私與藏以待乏禮婦或賜之飲食衣服布帛佩
帨茝蘭則受而獻諸舅姑舅姑受之則喜如新受賜若反賜之則辭不得命姑更受賜藏以待乏注或賜之謂婦之兄弟待舅姑之乏以進之請其故賜婦若
有私親兄弟將與之則必復請其故賜而後與之注故賜謂前舅姑所及賜之物者明禮讓於賜也婉容禮一不至禮曰以此防人婦猶有不至者謂不親夫不事
舅姑之側也婦本於孝家語於尊安既辭家婦將授室

舅姑第三十四

如事父母內則婦事舅姑如事父母
雞初鳴咸盥漱櫛縰縰謂束髮也笄總首飾衣紳紳帶左佩紛帨帨拭巾也右佩箴管線纊施縏
袠大觿木燧備尊者之所用衿纓衿結也衿音其眹反綦屨綦屨繫也綦音忌以適父母舅姑之所
及所下氣怡聲問衣燠寒疾痛苛癢而敬抑搔之待舅姑之禮也不傳舅姑之衣
衾簟席枕几不傳傳移也綦屨袛敬之勿敢近佐餕凡朝外恒食子婦佐餕應唯敬對在舅姑之所有命應唯敬對也進
退周旋慎齊升降出入揖遊不敢噦噫嚏咳欠伸跛倚睇視不敢

噎渫寒不敢襲癢不敢搔勿逆勿怠子婦上孝者敬者舅姑之命勿逆勿怠必嘗而待必
服而待若飲食之雖不嗜必嘗而待加之衣服雖不欲必服而待是善事我子不宜其妻母曰善事我子行夫婦之道沒身敬之不衰也舅
沒而姑老傳家事於子婦必請於姑請於舅姑冢婦所祭祀賓客每事必請於舅姑不敢專擅也介婦請於冢婦也命適私
室凡婦不命適私室不敢退待之以讓也大小必請婦將有事大小必請於舅姑也勿庸疾怨子婦未孝未敬勿庸疾怨姑教之若不可
數而後怨之先舅先姑沒則曰先舅先姑不幸子百父曰嫁不及舅姑謂之不幸柔色以温之

出婦第三十五

事見夫妻
籍門中疾怨子婦未孝未敬勿庸疾怨表禮若不可與子放婦出而不表禮焉注雖當出猶為之隱表禮謂不明其過犯也甚宜不
悅禮曰子甚宜其妻父母不悅則出之婦當喪而出則除之當姑舅之喪也為父母喪為父母喪未練而出則三年既
練而出則止未練而反則期既練而反則遂之禮女嫁為父母期若出者却服三年不宜其妻注見上束蘊蒯通曰臣之里有婦姑使守肉夜亡其肉
姑以為婦盜逐之當有里婦束縕請火曰昨暮犬得肉姑懃追其婦還水遲妻詩母好江水妻常取之一日來遲母渴詩遂遣其妻

親屬第三十六

六親老子曰六親不和有孝慈九族以親九族九族既睦内睦外侮傳周之有懿德猶扞有外侮扞禦侮者莫如親之也敦敘協和貴
親綏族既睦不忒和同德惟暱近仁不遺親厚骨肉之恩廣枝葉之庇親親之殺長長會
立愛惟親立敬惟長葛藟刺桓王也周室道衰弃其九族骨肉將離無親宗族枝葉先落不庇本根義
惟立愛仁貴篤親遠邇六親血屬周親棣華之詩葛藟之刺不睦之刑周禮以八刑

糾萬民二曰不睦之刑不獨親其親大道之行各親其親大道旣隱旁殺謂親屬之喪服以親疎爲殺也從服
禮曰從服謂夫謂妻之父母妻爲夫之黨也見親疎之殺焉禮三族失其和禮協比其鄰昏姻孔云
瑣瑣姻婭兩壻相謂爲婭瑣瑣細小皃掩義禮門内之理以恩掩義親叛傳楚公子比族盡親叛可謂無主也分親傳庶
人子商各有分親皆有等裹分狀闊反親去聲無絶其愛情雖不同無絶其愛親之道也展親書時用展親弃親用
羇用豎簡公衆叛親離州吁杕杜晉人剌其君不親宗族縱斧宋昭公欲去群公子樂豫曰公室之枝葉也不可縱尋斧焉

宗族第三十七

不親宗族附父黨爾雅父黨爲宗族也稱孝宗族稱孝焉吾宗傳曰晉吾宗也豈害我哉糾
合宗族糾宗綏族本枝百世宗族旣睦道雖無頗親疎本恩禮則有殺先親後疎杕杜見上
侄宗族不親本根無庇傳叔向曰肸聞之公族將畢其宗族枝葉不先落根本從而亡也無縱斧於葛藟
宜解網於竹刑道乖綏族義賞篤親小忿雖有小忿不廢懿親散金史記蘇秦既歸散金宗族散財史記范勝字無忌散
財五百萬以施宗族也宗人族子宗易於下禮祖遷於上宗易於下故敬宗所以尊祖也易疎也親屬竭矣禮四世緦
服之窮也五世祖免殺同姓也六代親屬竭矣戚單於下婚姻不通禮曰庶別姓於上戚單於下婚姻可以通乎子曰繫之以姓而弗別
綴之以食而不殊雖百世而婚姻不通周道然也言雖疎遠不可通婚也繫之謂宗籍也戚單言親盡漸疎父母之黨禮睦於父母之黨可謂孝敦敘
九族親以飲食之禮周禮大宗伯以飲食之禮親宗族兄弟注人君有食宗族之禮以親之文王世子曰族食世降一等太傳曰繼之以姓而不別

綴之以食而不殊 三族不虞 儀禮士昏禮請期曰唯是三族之不虞注三族父昆弟已昆弟子昆弟 宜弔不弔宜免不免 禮族

之相爲也宜弔不弔宜免不免有司罰之 至于賻贈承含皆有正焉 謂宗族之相爲也承讀爲贈 宗子雖七十

無主婦 諸婦不可無統也 合族 君子因睦以合族合族謂與宗人燕也 亢宗 子太叔曰吾不能亢身安能亢宗 奪宗奪嫡

漢書梅福曰諸侯奪宗聖庶奪嫡注奪宗始封之君尊於諸侯則奪其舊爲宗子之事者奪嫡謂文王舍伯邑考而立武王是也 老而納正室 見婚姻門注

宗子 禮適子庶子祇事宗子宗子不敢以富貴加於宗子入宗子之門以寡約入必獻其上而服其次若非所獻則不敢入宗子之門宗子正宗敬宗者也 族類 傳曰

非我族類其心必異 聚族 保族 其家宗姜 展親 分寶玉于叔伯之國時庸展親 弃親用羈 周單襄公弃親

用羈羈用卿士也 縱斧 見上 衆叛親離 州吁

奴婢第三十八

贓獲 風俗通古制無奴婢即犯事者也贓者被贓罪沒

入爲官奴婢獲者逃亡獲得爲奴婢者也 丹書 傳斐豹隸也著於丹書欒氏之力臣曰督戎國人懼之斐豹曰苟焚丹書我殺督戎宣子喜曰所不焚丹書者有如皎日

遂殺督戎注豹犯罪沒入官故以丹書其罪 家僮 僮僕 應門 李令伯表曰內無應門五尺之僮 蒼頭 後漢彭寵蒼頭子密等三人殺寵

封侯相 衞青與諸羣奴居有一鉗徒相青曰當封侯青曰爲人奴得免笞罵足矣敢望封侯 鉗徒 見上注 略賣 欒布爲人所略賣 得

翁 風俗通龐儉少失父不知所在後穿井得錢行求蒼頭乃父也時人語曰鑿井得銅買奴得翁 遺陸賈 史記陳平結歡太尉勃陸賈之力於是乃遺陸

賈以奴婢百人也 賜霍光 漢宣帝詔大將軍霍光賞奴婢七十人 同席 史記任安爲衞將軍舍人過平陽主主家令與騎奴同席而食乃援刀而

斷席別坐也 八百 卓氏富家僮八百人 入于罪隸 周禮其奴男子入于罪隸女子入于舂藁注云謂坐盜賊則沒入官爲奴即今之奴婢古之罪人也

不爲奴 又曰凡有爵者與七十者與未齔者皆不爲奴注有爵者謂命士已上齔七八歲初毀齒者是也 奴僕 衞青奮於奴僕 因奴正士 尚書言箕子爲之奴 奴虜黠奴 齊俗賤奴虜而刀閒愛貴之桀黠奴人之所患唯刀閒牧使之逐魚鹽商賈之利終各得其力起富數千萬也 殺奴 田儋陽爲縛其奴從少年之廷欲得殺其奴注古者殺奴婢皆告官如不告者罪之 限數 哀詔諸侯王已下及豪富人多畜奴婢有司條奏諸侯王奴婢二百人列侯公主百人關內侯吏人四十人年六十已上七十已下不在此數犯者以律論過節則役縣官 指千 漢僮手指千比千乘之家 奴誤殺子 宋則逃而舍之 是無陪臺 私屬 王莽曰秦置奴婢之市與牛馬同蘭今改奴婢曰私屬皆不得買賣也 賣良人 賢行奴 李善字次孫本李元蒼頭也建武中元家疾疫相繼死沒唯孤子續始生數旬諸奴婢欲殺續分產善傷不能止乃負續逃亡服丘畂中親自奉養乳爲生汁雖燥居濕雖在孩幼奉之如長君有事長跪請白而後行閭里感之續年十歲與善歸本縣理舊業告奴婢於長吏悉收殺之續鍾意上書言狀世祖詔拜善及續並爲太子舍人後爲本郡太守路經元墓躬自除草洒埽自執爨炊備饌祭祀拜辭哭泣而去 班氏奴 初班子孟堅在竇憲府有奴于洛陽令种兢車騎吏呵之奴醉罵兢兢大怒時畏憲不敢發及憲敗賓客皆逮捕兢捕繫固固遂死於獄中 有士風 華覈嘗爲石崇蒼頭性廉直有士風崇岳見而稱異勸崇免之乃還鄉里 禁殺 光武詔天地之性人爲貴殺奴婢者不得減其罪 炙灼 光武詔敢炙灼奴婢論如律免所炙灼者爲庶人 射傷人 光武又除奴婢射傷人弃市律 長命奴 世說云并州刺史畢軌送故漢渡遼將軍范明友鮮卑奴年三百五十歲言語飲食如常人 知文章 郗愔字方回有蒼頭善知文章王羲之愛之每稱奴于劉恢恢問何如方回羲之曰小人爾何得比郗公恢曰不如方回故歸奴爾 傾辱 執傾辱之事 先掠 光武詔吏人遭飢亂爲青徐賊所掠賣爲奴婢欲去恣聽之敢拘制以掠人論也 報讎 欒布爲奴於燕爲家主報讎也 家僕 史記與人家僕雜居齊酒也 乏使 謂無人使也 慫頑 左傳 忿嫉于頑 書元 庸奴其夫封不

義侯後漢詔討彭寵能者封侯寵蒼頭奴子密殺寵朝廷以奴殺主不義復不可不封乃封為不義侯平頭奴子提履箱古詩曰婢

附奴門贓獲見上注奚人周禮奚三百人注云今官婢也官婢史記太倉令淳于公將刑少女緹縈上書請沒官為婢贖父罪女奴青衣侍婢

遺陸賈賜霍光見上注汙朝衣東觀漢記劉寬簡略夫人欲試寬伺當朝裝嚴訖使婢奉羹翻汙朝衣婢遽收之寬徐徐曰羹爛汝手

覆毒酒列女傳主父妻淫於鄰主父還為毒酒使媵婢進之婢欲言恐逐主母不言害主父於是佯僵覆酒主父怒笞之妻恐婢言欲殺婢婢執杖將死不言主父弟告主父乃放妻納其婢為妻爛手見上注微賤裴秀母婢也秀年十八有令望而嫡母猶斯今秀母親下食衆賓皆起拜之母曰微賤如此應為此兒必貴

史記姑布子卿見無恤曰此真將軍也簡子曰此母賤翟婢也曰天之所授母雖賤子必貴也泥中之怒劉處義說曰鄭玄家奴婢皆讀書嘗怒一婢撻於泥中一婢問曰胡為乎泥中答曰薄言往訴逢彼之怒代死列女傳曰翟素者翟氏之女也遭賊欲犯之臨以白刃青衣婢名青乞代賊遂殺素欲犯青青曰我代素素者恐其被恥獲害為今素尚死何以生為父殺之乃生無恤終因子貴作嬪主父人未詳失賢苟古今之可徵雖微賤而何害侍婢殺

主漢大司空扶平侯王崇就國歲餘為侍婢所殺也認孫守藏後漢梁冀認孫壽舊以為守藏婢盜白珠紫金限數見奴門逃而

含之其無陪臺私屬見奴門誦賦蜀志劉琰侍婢十人皆能為聲樂又悉誦讀魯靈光殿賦綠珠石崇有妓曰綠珠美而艷善吹笛孫秀使人求之崇盡出婢妾示之使曰美矣然奉命求綠珠崇曰綠珠吾愛不可得也秀竟誅崇累騎阮咸素幸姑婢婢從姑去時方有客咸借客馬追姑家婢既及與婢累騎而還客非之團扇歌晉樂志團扇歌者中書令王珉與嫂婢有情愛甚篤嫂箠婢過苦其婢素善歌而珉好把團扇故制此歌也奴價倍

婢價祖訥字士言貧常自炊爨養母北平將軍王敦聞之遺其二婢辟為從事中郎人戲曰奴價倍婢價訥曰百里奚何必輕於五羖羊皮邪作法買

婢 晉郭璞愛主人婢無由得乃取小豆三斗繞主人舍散之主人晨起見赤衣人數千圍其家就視即滅主人請璞璞曰君家不宜畜此婢宜於東南二十里賣之勿爭價妖可滅主人從之璞陰遣人賤買此婢復爲符投於井中赤衣人二皆反縛自投井中主人悅璞乃攜婢而去

周禮 女酒女漿女醢女籩女鹽女冪 女酒巳下皆奄其事在者從坐男女沒入縣官古曰女奴今之侍官婢也少小要覆物曰冪

女祝 女奴曉祝之事

女史 女奴曉書

女工 女奴曉裁縫

豈唯炊爨之勞 抑亦巾箱之寵

丸藥 陳壽居喪使婢丸藥客見之沉累數年

隨軍 馮緄爲車騎將軍擊蠻張敞承宦官言劾緄將侍女二戎服自隨也

事類備 傭賃門

得僮僕貞 易

僕臣臺 傳曰人有十等

廝輿之卒 漢書淮南王書廝輿之卒有一不備而歸注廝析薪輿主駕

僕賃 傳中鮮虞僕賃於野以喪莊公賃身爲僕也

我僕痡矣從者病 僕人役

賤隸僕使

乳母第四十

慈母 昔者魯昭公少喪其母有慈母良及其死也欲喪之有司以聞曰古之慈母無服今君爲之服是逆古典公不忍爲之練冠自昭公始

君命所使教子也 禮外有師傅內有慈母君命所使教子何服之有

徙邊 史記漢武帝少時東武乳母常養帝詔令乘車馳道乳母子孫奴婢橫暴不忍致法有司請徙於邊郭舍人謂乳母曰人辭去勿疾行而數迴顧乳母如其言舍人叱之曰何不疾行陛下壯矣寧須汝乳活悟乃不令乳母徙邊

抱子 桓玄初生魁偉姊母抱詣溫易人而後至重兼常兒也

令取金環 羊祜五歲時令乳母取所弄金環即詣鄰人李氏東垣桑樹中探得時人以李氏子祐前身生也

葬以卿禮 列女傳曰魏節乳母者魏公子乳母也秦破魏皆誅諸公子乳母與公子俱亡秦軍追見爭射之乳母以身蔽公子公子與乳母俱亡秦王義之葬以卿禮

食我之恩 推燥就濕

●孩幼 附乳母門

實覃實訏厥聲載路誕實匍匐克岐克嶷以就口食 路大也覃長也始能坐訏張口也嶷識也岐知人意

五月能言 莊子老聃曰舜之治天下使民心變民孕婦十月生子子

生五月能言注敎人之速不至乎孩幼而治識別人之意未孩而已釋人言競敎之速〻髮矣嬰兒老子云嬰兒之未孩終日號而不嗄童養常兒注見上

襁褓三月○童丱附乳母門雉齒上見齔兒戲竹馬之戲三赦周禮三赦一赦曰幼弱隅坐

童子隅坐而執燭隅坐不與成人並禮晏起禮孺子早寢晏起唯所欲食無時注孺子幼子也居喪禮童子哭不偯不踊不杖不菲不廬

注不備禮也竹馬是乗期郭伋以敎信雉雛不捕感魯恭以懷仁不衣裘裳禮童子不衣裘裳言太溫

也童心魯昭公年十九猶有童心奉雉曾子母曰子〻長矣能奉雉以從哉蓋五六歲常視無誑禮云童子常視無誑童

子何知傳齠齓綺紈之歳佩觿詩云童子佩觿佩韘幼儀禮云生六年學幼儀成童舞象學禮舞勺

十三學樂誦詩舞勺七年曰悼禮七年曰悼悼與有罪不加刑焉幼冲侗愿子曰侗而不愿吾不知之矣無知詩樂子之無知互

鄉難言猶能絜己論語互鄉難與言童子見門人惑子曰人絜己以進與其絜也不保其往也闕黨童子何

欲成人闕黨童子將命者出戶或問之曰益者與子曰吾見其居於位見其與先生並行非求益者欲速成者也幼學禮十年曰幼學揔角

丱兮孩提負劍辟咡詔之則掩口而對謂若負劍抱之也扶牀羈貫穀梁云子生羈貫成童不就師父之罪也羈貫謂交午翦髮也

○幼敏附乳母門對日後漢黃琬字子琰年七歲詔問曰蝕多少對曰日蝕之餘如月之初京師知名後乃拜童子郎也參玄揚子法言曰吾家鋼

烏九歲預吾玄文也家禽郭子曰揚氏子年九歲聰惠孔君平詣楊謂之曰此君家果答曰未聞孔雀是夫子家禽辯鬭孔子見二小兒辯鬭一見

曰日初出大如車蓋及中則小是上下遠東西近也一小兒曰日初出則陽皺及中則熱是上下近東西遠也夫子竟不能決甘羅十二為秦相克岐克

岐嶷 謂幼有知識 遜遞（悌） 幼而不遜悌 長安遠於日 晉明帝年五六歳元帝坐之膝上適有人從長安來帝問之曰長安何如日遠明帝曰只聞人從長安來不聞人從日邊來以此可知帝奇之後集羣臣言其對因復問之明帝曰日近元帝問何以異昨日之對對曰舉首即見日不見長安 夙生知之性 有老成之風 弱不好弄 傳曰吾弱不好弄 弄戲也弱幼也 奇骨 晉桓温桓彝之子未朞温嶠見之曰此兒有奇骨可試使啼曰真英物也彝以嶠賞遂名之曰温 成人之風 奇童九歳屬文 班孟堅九歳善屬文 不治屋室 陳蕃字仲擧年十五居室不治人曰孺子何不掃除曰當掃除天下 諫父 吳祐字季英父恢為南海太守欲殺青簡寫書祐年十二諫父曰南方素多珍怪此書成載之兼兩昔馬援以薏苡興謗也 無雙 黄香幼岐嶷人語曰天下無雙江夏黄童 造謁 孔融字文擧九歳詣李膺門謂門者曰與府君有親門者為通膺見曰與僕何親融曰先君孔子與老聃有師資之道僕與公亦累世通家膺大奇之 任氏童 魏任嘏先世皆早成人人語曰蔣氏翁任氏童 遺客書 虞翻字仲翔年十二有客候其兄不過翻追與之書曰僕聞虎魄不取腐芥磁石不取曲針客奇之 苦李 當路有李子羣兒競取王戎年七歳獨不取曰李子當路而繁必苦李也果然 不惜環 傳暢小時父友戲解其金環都不言惜 見故吏 桓玄年七歳服終州府文武辭其叔沖沖撫玄曰此汝家故吏玄流涕被面 鼠齧衣 魏鄧王蒼舒操子也操馬鞍為鼠所齧庫吏懼死沖乃以刀穿破衣而為憂曰俗以鼠齧衣不吉操曰無害俄而庫吏白鞍事操曰小兒衣服尚被齧況鞍乎不罪吏也 賈誼年十八 名播郡中河南尹吳公擧之 終童 終君年十八歳時號終童西征賦曰終童山東之英妙 英妙 注見上 懷橘 吳陸績字公紀六歳見袁術術出橘食之績懷三枚去拜辭墮地術曰陸郎作賓客而懷橘乎績跪答之曰欲以遺母術大奇之 劾鼠 張湯為兒守舍鼠盜肉父笞湯湯乃掘得鼠及餘肉劾鼠掠治訊鞫論報具獄磔于堂下父視其文辭如老獄吏 稱象 孫權[illegible]象於魏魏祖欲稱之不可得子蒼舒曰[illegible]載於舟刻其[illegible]具本入多少以他物校

帖三　三十九

之即知輕重乃從之觀師秦師伐滑過周王孫滿尚幼觀之曰秦師輕而無禮必敗果敗於殽聖童任延長孫年十二學於長安明詩易春秋號曰任聖童

小器遠成朱勃字叔陽年十二誦馬援兄况况方飲言辭閑雅援見之自失况乃酌酒慰援曰朱勃小器速成然當從汝稟學勿畏慢人

者魏司馬朗九歲有人道其父字者朗曰慢人者不敬其親怒字又魏常林字伯槐年七歲父黨造門問伯先在否何不拜林曰臨子字父何拜

之有客大嘉之從軍呂蒙年十五六竊隨姊夫鄧當戰當見驚呵叱不能止歸告蒙母母怒之蒙曰貧賤難可居脫有功富貴又張昭弟子奮年未

二十造打城攻步騭薦之以其年少不顧奮曰昔童汪踦奮不才爲少也遂領兵又孫策年少領父舊兵號孫郎殺父侍見見母子門口殺

竒上附乳母門殺童刺忽也昭公有殺童之志不與忠圖而使祭仲專于鄭狂童恣行謂突與忽爭國不見子都乃見

殺童

白氏六帖事類集卷第六

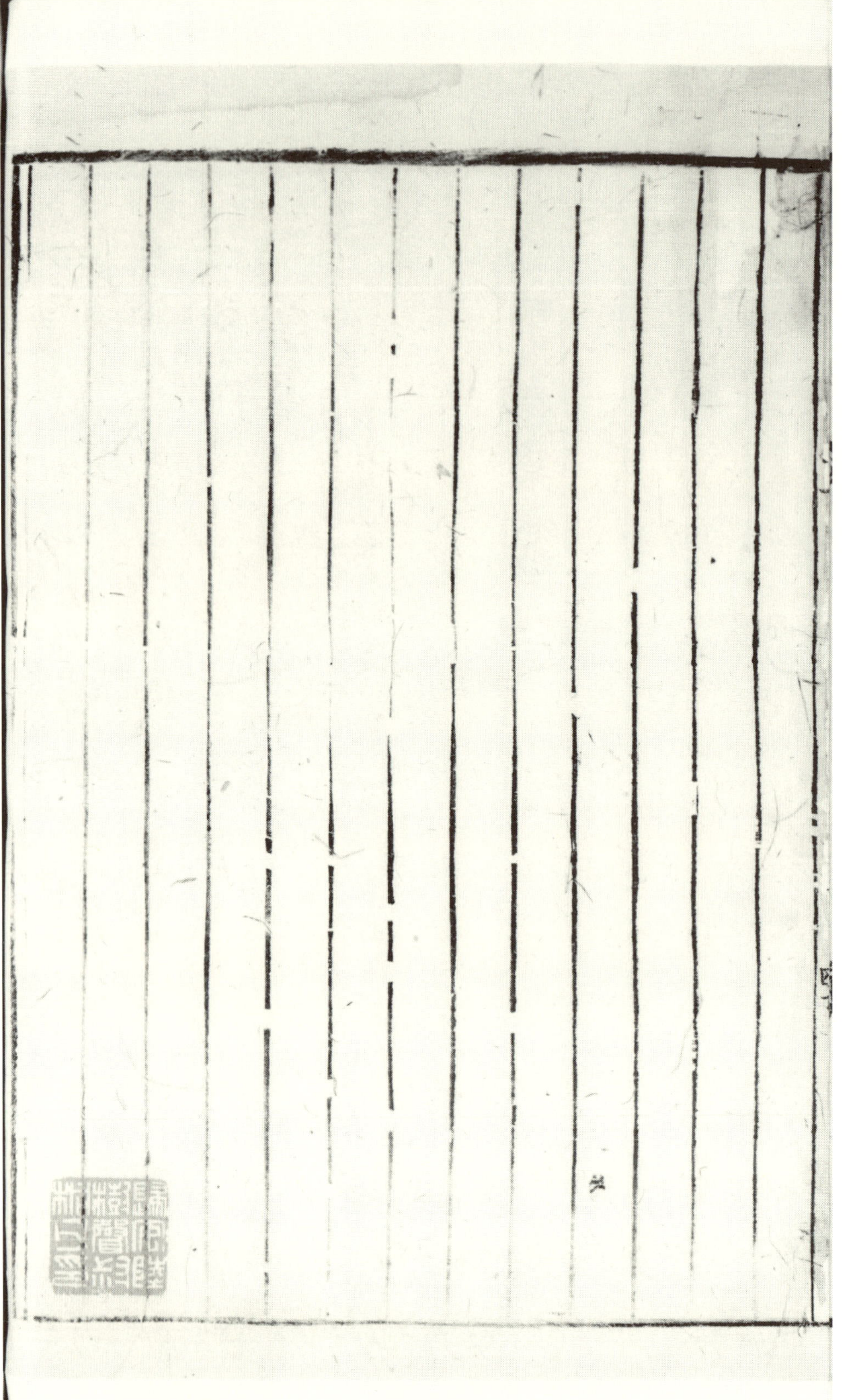

白氏六帖事類集卷第七

凡六十七門　内三十四門附

美丈夫第一

彼美　難能 子游曰吾友張也爲難能也然而未仁 言子張容貌人難能及　堂堂 曾子曰堂堂乎張也難與並爲仁矣　冠玉 漢書陳平美丈夫如冠玉耳其中未必有　傅粉 何晏字平叔美姿儀而絶白魏文帝疑其傅粉　遺帽 晉書王濛字仲祖美姿容嘗覽鏡自照稱其父字曰文開生如此兒耶嘗帽破入市買之羣嫗悅之爭遺之帽　擲果 晉潘岳字安仁至美每行於道羣嫗常擲果盈車　明珠玉人羊車 衞玠字叔寶在鄴亂之中乘羊車於洛陽市市人咸曰誰家玉人王武子玠之舅也語人曰與吾外甥並坐烱然若明珠之在我側後亭人羣之看殺　麈尾 晉書王夷甫美姿容執玉柄麈尾與手無別　龍章鳳姿 嵇康字叔夜長七尺八寸好容皃舉土木形骸不自飾然而龍章鳳姿天質自然　凝脂點漆 晉王右軍目杜弘治曰面

如凝脂目如點漆此神仙中人也 如瓠 漢書張蒼肥白如瓠 白皙 傳陳武子字子彊白皙而長其鬢髮如黑也 閑麗 宋玉體貌閑麗 甚美 賦
直不疑狀貌甚美 美豔 傳宋公子豔美而豔 端正 吳志孫桓儀容端正 彼姝者子 邦之彥兮詩 鄒忌之慕徐公 問其妻妾
與客曰我與城北徐公孰美 子游之稱張也 具上注 貌先五事 洪範九五事一曰貌 且高崇甚惡 華至孝子孝孔門
張華能 稱彥仁於言偃 苟德行之無取 雖容貌而何爲 望其容貌使無慢易之心 漢相 漢王商長
八尺餘鬚髯甚鴻大容貌絕人單于來朝御視遷延卻退天子聞而歎曰眞漢相 目若懸珠齒如編貝 東方朔也 若畫 後漢馬援美眉目如畫
秀而文 子太叔賢大夫 父母遺德 莊子盜跖謂孔子曰長大美好人見而悅者此吾父母遺德丘雖不吾譽吾不自知耶 連璧 潘安仁夏侯湛並美
美容每同行人謂之連璧 堂堂田郎 田鳳爲郎端正入奏事靈帝目送題柱曰堂堂乎京兆田郎字秀宗

神彩容儀第二

神清 [illegible]尚論
中朝人物劉琰云杜乂膚清衛叔寶神清爲有識所重如此 視日不眩 王戎字濬沖幼穎悟神彩秀徹視日不眩裴楷目之曰戎眼爛爛如巖下電 風塵外
物 王戎曰王衍神彩高徹如瑤林瓊樹自是風塵外物 太傅門 王衍神情明秀王澄曰兄形似道而神鋒太儁 ○容儀 附 美鬚髯 晉書 白皙
竦眉目美鬚髯美也 奇士 漢江充魁岸容貌甚壯帝望見之曰燕趙固多奇士 甚都 司馬相如車騎雍容閑雅甚都都閑雅之稱 玉人 裴楷字叔則爲
吏部侍郎風神高邁容儀俊爽特精羸瘦時楚人謂之爲玉人矣 如鐘 陸機身長七尺其聲如鐘 狀異常人 蔡邕字伯喈謂從弟谷曰董卓性剛遂非濟吾
遁逃山東以待如何谷曰君狀異恒人每行觀者盈集以此自匿不亦難乎邕乃止 以容爲官 漢徐生善爲容孝文時以頌爲禮官大夫傳子至孫延襄襄其姿性善
爲頌不能通經延頗能未善也襄亦以容爲大夫至廣陵內史頌音容 取貌失人 新野功曹鄧衍以外戚小子侯預朝容姿趨步有出於衆顯宗目之特賜輿服虞延

雖有容貌而無實行未嘗如禮帝後遷衍醜帝卒 衍本醜下服父喪帝聞乃歎曰知人則哲以延爲明 司馬

醜丈夫第三

六極 洪範六極六曰惡惡醜也 孔醜 亦孔之醜 不臧 宵貌 兒宵 陋 陋質 貌容 獰兒 秦孟陽醜每出人惡之 之輩 恥小丈夫 孟嘗君田文也 一言而善

傳晉叔向適鄭鬷蔑惡而立於堂下一言而善叔向聞之曰必鬷明也下執其手以上 三年一不笑 傳賈大夫惡娶妻而美三年不言不笑御以如皐射雉獲之其妻始笑而言

狂且 古之醜人也詩曰不見子都乃見狂且 名動 孫卿子曰衛靈公有臣曰公孫呂身長七尺面長三尺廣三寸名動天下 睅目 華元睅其目皤其腹睅大皤腹大

欽頤 周燮字彥祖 椎顙 呂氏春秋陳有惡人曰敦洽讎麋椎顙色如漆黑也 折頞哆喙 辨命論哆喙蹙頞形之異也哆謂口張不正音侈喙

子羽甚惡以貌失人 史記澹臺滅明字子羽狀貌甚惡孔子以爲才薄既而受業名振諸侯孔子曰吾以言取人失之宰我以貌取人失之子羽

鬷蔑不颺因言見用 傳叔向謂鬷蔑曰今夫子少不颺子若無言吾其失子矣遂如故交注不颺顏貌不揚顯也 睅目佐宋 華元

蹙頞相秦 史記蔡澤魋顏蹙頞頞鼻蹙也澤爲秦相 子張難能 稱未仁於言偃 高柴甚惡推至孝於孔門 家語高柴子羔見甚惡爲人篤孝知名於孔子門 苟盡美之可嘉 韋孔醜之何害 雖伯倫之形不妨賢士 劉伶字伯倫形貌醜悴肆意放蕩名與七賢 而承宮之狀難示遠人 後漢承宮名著單于單于使求見宮曰夷狄聞名者貴異也臣貌醜不可以示遠人乃以大鴻臚魏應代之 無以貌取何陋之有 行步醜僂 後漢蔡義年八十餘爲丞相短小無鬚眉貌似老嫗行步醜僂

母欲棄 周燮字彥祖生而欽頤折頞醜狀駭人其母欲棄之父不聽曰吾聞賢聖多有異貌興我宗者此兒也 黑而上僂 晏子牛黑而上僂豚目而豕喙豹長而上僂 隱似己 莊子厲人夜半生子其父取火視之恐其似己厲人醜人也

美婦人第四

被美人兮 彼姝者子 美

人麗人佳人其姝靜女其姝婉兮孌兮窈窕淑女邦之媛兮鍾美傳天鍾於是鍾聚色桃李詩華如桃李姱
華顏如舜華國色見公羊傳巧笑倩兮美目盼兮如玉燕趙多佳人美者顏如玉千金之笑千金買笑閑美且都蛾眉詩手
如柔荑膚如凝脂螓首蛾眉光可以鑑傳昔仍氏生女鬒髮甚美光可以鑑名玄妻美髮之是不嗣焉西施南威戰國策晉文公得南威三日不聽朝
遂推南威遠之曰後世必以爲色亡國巫峽之女湘川之神傾城絕代李延年歌曰北方有佳人絕代而獨立一顧傾城人再顧傾人國北方南國
曹植詩云北方有佳人容華若桃李東鄰宋玉曰東鄰之女增之一分則太長減之一分則太短施朱則太赤施粉則太白盈盈樓上女古詩靡顏膩
理楚辭云不待脂粉淮南子不待脂粉西施陽文傾國專房宜笑楚辭曰既含睇兮又宜笑注皓齒也袨服靚粧蒙妍姿
靨質一笑舜顏金鈿飾首羅縠被身丹脣皓齒詩稱女德女有於婦禮載婦容不事於色揆五
事莫先於德稽四德無大於容姱容楚辭曰姱容脩態晤言彼美淑姬可以晤言灼灼其華姬姜令色孟
娵古之好女也音鄒楚辭玄鬢翠蛾美豔○美色害德附美婦人門甘其美甚惡叔向欲娶申公巫臣氏其母曰
吾聞甚美必有甚惡而天鍾美於是必以是有敗也夫有尤物足以移人苟非德義則必有禍尤物見上傾國人移易色子夏曰賢賢易色語誨淫
之容伐性之斧易云冶容誨淫三代之亡蔡子之發曾此物也書皆因女寵蔡子中注魚入鳥飛莊子西施毛嬙人之美也魚見
之深入鳥見之高飛南威注見上孔妻美豔宋華父督見孔父嘉之妻于路目逆而送之曰美而豔遂殺孔父而娶妻殤公怒督遂弑殤公矣
孫壽媚惑後漢梁冀妻孫壽色美善爲妖態作愁眉墮馬髻折腰步以爲媚惑冀甚寵其恣日甚後與奕宮自以他奇衺媚也易注有南威

之容乃可以論於淑媛（有豔麗泉之利乃可以議於斷割）豔妻煽方處○難濟（附美婦人門）釋羑里之執（史紂囚西伯於羑里閎夭之徒以有莘氏之美女獻於紂紂大悅乃釋西伯而歸）解平城之圍（桓譚論曰高祖被圍平城說閼氏言漢有美女天下無雙急則進單于單于得必大重之則閼氏之寵衰矣是謂出奇計也）

醜婦人第五

甚惡宵形（宵貌畫陋）嫫母（醜女）鍾離之后（列女傳齊邑之女曰鍾離齊宣王之正后也爲人極醜臼頭深目大節卬鼻結喉肥項少髮折要出胷皮膚若漆行年四十無所容入銜嫁不售乃拂拭短褐自詣宣王願備後宮宣王納之以爲后）登徒之妻（宋玉曰登徒子之妻蓬頭攣耳齞脣歷齒旁行踽僂又疥且痔登徒子悅之生五子）許允之婦（郭子許允之婦奇醜交禮竟不復入房許曰婦有四德卿有幾答曰新婦所乏者容爾士有百行君有幾許曰皆備婦曰君好色不好德何謂皆備許有慙色遂相敬重）晉惠妃（賈充女醜而短黑色）陋質（詭容鄙皃）効嚬（西施病捧心而嚬鄰之醜女亦學之）況賢惟易色（醜不謗淫）徵美豔之妻（且聞亂宋）稽宿瘤之女（絡見興齊）苟德行之可稱（雖鄙陋而何害）苟宵貌之不臧（雖効嚬而孔醜）首若飛蓬（膏沐無用）膚如點漆（脂粉何施）雖天地之委形（合齊美惡）而男女之大欲（亦本妍蚩）無徵惡於下山（宜鑒形於止水）稽六極且聞於惡（考四德不見其容）詩稱女美（必在於賢）禮載婦容（不專於色）苟以德稱（何宜貌取）龐廉（楚辭哀時命云古之醜婦人龐音龍）

長大人第六

埋首於子駒之門（傳魯叔孫得臣敗長狄于鹹獲長狄僑如富父終生舂其喉以戈殺之埋其首於子駒之北門鄋瞞伐齊齊獲其弟榮如埋其首於周之北門鄋瞞由是遂亡注鄋瞞長狄國名蓋長三丈骨節非常恐後代怪故記其處所）長狄眉見軾（穀梁傳獲僑如兄弟三人造宮中國凡射不能害得臣善射射其目身橫九畝斷首而載之眉見於軾）防風

骨專車 家語呉伐越隳會稽獲骨專車呉子使来問仲尼仲尼曰禹會諸侯於塗山防風氏後至禹戮之其骨節專車 身横九畝 長狄身横九畝

骨節十圍 晋書尹緯字景亮長八尺骨節十圍魁梧有大志 十丈 國語曰人之長者不過十丈數之極也 龍伯國之大人 列子帝

令巨鼇負五山龍伯國之大人釣兩鼇合負而歸帝怒之 蓬萊山之奇士 漢書王莽時有奇士長丈六腰十圍出自蓬萊山自言巨無霸車不能載三

馬不勝卧則執鼓 視跡於襄武 魏志咸熙二年襄武縣有大人見長三丈餘跡長二尺二寸白髪著黄單衣 見體於臨洮 史記秦始皇時

有大人見臨洮長五丈脚跡長六尺 鴻大 漢長樂尉馬騰身長八尺身體鴻大面鼻雄異 魁梧 後漢趙壹字元叔體貌魁梧身長九尺望之甚偉持才倨傲 乗

土 禮斗威儀曰君乗土而王者其人長大 禹 長九尺九寸 湯 長九尺 孔子 長九尺 伍子胥 長一丈 韓信 長八尺九寸 東方

朔 長九尺三寸 金日磾 長八尺 車千秋 長八尺 頎而長兮千仞 楚辭曰東方長人千仞唯魂是索 乾坤賦象

宗類分形 非無長短之差 自有洪纖之別 短小人第七 侏儒 方言侏儒短小人也傳臧紇戰敗國人歌曰侏儒侏儒使我敗于邾

注臧紇短小故也又東方朔云侏儒飽欲死 僬僥 國語僬僥氏長三尺短之極也注西南蠻也 優旃 史優旃秦倡侏儒也 巨靈 漢武故事東郡進一短人長

七寸名巨靈 眇小丈夫 孟嘗君也 飽欲死 東方朔曰臣長九尺三寸俸一囊粟錢二百四十侏儒身長三尺亦一囊粟錢二百四十侏儒飽欲死臣饑欲死

二尺 廣延之國人長二尺 一寸 神異經西北荒有小人長一寸朱衣朱冠 晏子短以相齊 晏子長不滿三尺而相齊 蔡義小

而佐漢 漢蔡義為丞相年八十短小無鬚髮行歩俛仰常兩吏夾持乃能行也 短主簿 王恂為桓温主簿為人短小故號曰短主簿 若不

勝衣 孫卿子葉公子高短小行若不勝衣 侏儒 漢書東方朔謂侏儒曰帝以若曹耕田力不及人從軍不任擊事無益於國今欲盡殺若曹侏儒大懼 長

七寸 神異經西海有一鵠國人長七寸日行千里如飛百物不敢犯畏海鵠鵠吞之壽三百歲在鵠腹中不死或云李子敖也 短黒 賈充女晉惠妃醜而短小 是

以區區最質 還爲楚國之寶 瑣瑣微容 遂入蔡嵐之賦 僬僥不可使舉 侏儒不可使援 形貌第八

圓首方足 首圓象天足方象地 乾爲首 坤爲腹離爲目艮爲手震爲足坎爲耳巽爲股兌爲口易說卦云 筋骸之束 禮云人陰

陽之交五行之秀氣實之會筋骸之束 駢脅 晉公子重耳駢脅 蜂目豺聲 楚公子商臣蜂目豺聲忍人也 熊虎之狀 豺狼之聲越椒 深

目㬉喙 豎牛 睅目皤腹 華元睅其目皤其腹睅目出也皤腹大也 宵形天地 漢書宵類也謂圓首方足 頭小而銳 史記

平原君武安君頭小而銳 婦人女子 人聞張良勇智以爲其狀貌魁梧奇偉乃若婦人女子 猿臂 李廣 眞漢相 漢王商長八尺餘體鴻大容貌

匈人單于來朝仰視遷延却退天子聞而歎曰眞漢相也 顴見耳 蜀先主劉備 燕頷 班超燕頷行食飛鳥肉萬里侯相後封爲定遠侯 鳶肩

梁冀 魁岸 江充 龍章鳳姿 嵇康譚土木形體人以爲龍章鳳姿天質自然 脩容 目容端 口容止 不妄動 頭容

直 足容重 黒而上僂 豎牛 眼如紫石稜 鬚如蝟毛磔 桓温 奇表 後漢李固字子堅皃有奇表頂

角犀舉足龜背龜文 ● 影 附形貌門 日中無影 神仙人與虛合體故日中無影雪中無跡 服丹 韓終久服丹無影 罔魍魎 莊子云衆

魍魎問影 處陰休影 影疾行逍 影 人有惡影而走者不知處陰而影滅 老人子無影 補影隨形 若補影隨形也 顧

影何暴自喜 欲影之直 必端其表 ● 相似 附形貌門 有若 史記孔子既沒弟子思慕以有若似孔子相與立爲師師事如孔子

優孟 優孟爲孫叔敖衣冠抵掌譚論象孫叔敖楚王及左右不能別 陽虎 子畏於匡蓋孔子皃似陽虎匡人過而圍之陽虎陽貨也 逢丑父

公子遂鄧父似齊傾公故代傾公為晉獲也　且無典形　後漢孔融與蔡邕素善邕卒有虎賁士皃類蔡邕融每酒酣引與同坐曰雖無老成人且有典形　張

衡後身　語林曰張衡死蔡邕母始孕二子才皃相似時人云邕是張衡後身　兄弟　陳國張伯偕弟仲偕相似妻子不能別　惟肖　肖似也尚書　吾

面　人心不同其如面焉吾豈敢謂子面為吾面焉　厲人　莊子厲人生子恐似己厲人醜人也　紀信詐降　紀信皃似漢王乘黃屋車左纛詐稱漢王出降項羽

富第九

五福　二曰富福　富而可求　語　哿矣富人　詩　聚斂　季氏富於周公而求也為之聚斂而附益之可也語

貨殖　子曰賜不受命而貨殖焉　家富　禮家富不過百乘　多積　儒有不祈多積積財貨也　潤屋　曾子曰富潤屋　潤身

德潤身　貨以發身　禮仁者不以財發身言仁者務施故發身於令名　發財　不仁者以身發財言不仁者不務施故發財於令名也　素封

史記富者無祿秩之奉爵邑之入而與之比者命曰素封　金穴　郭況富號金穴　積財　晉書石崇喜營生積財如山岳也　藏鏹　巨萬　卓鄭

猗陶　蜀卓氏程鄭陶朱猗頓四人並古人之富者　日食萬錢　何曾　千駟　四馬千駟　齊景公有貨財　惟王不殖貨財　豐財　徇

財　貪夫徇財　憂貧　好利　生厚德正　禮記人生厚而德正言才足則思無邪　雖生厚而德正　忠則無邪　苟恬

富而持盈　驕而生亂　安富　周禮以保息養萬民六曰安富七曰富謂下其稅不專取也　既富　子適衛曰庶矣哉冉有曰既富矣又何加焉曰教之也

家累千金　子貢　田農　漢秦陽以田農而富一州　販脂　翁伯販脂而傾縣邑　賣漿　張氏以賣漿而踰侈　灑削　質氏以灑

削而鼎食　蒯治刀劒　胃脯　濁氏以胃脯而連騎　馬醫　張里以馬醫而擊鍾　谷量牛馬　史烏孫保畜牧乃衆求殊物遺戎王戎王與

之積畜用谷量牛馬始令比封君烏孫氏縣名保其名　顏子一瓢　景公千駟　貨財山積　牛馬谷量　放利而行　以財自衞　積千

僮僕指千巨萬貲財巨萬財雄□固自敘云遠附以財雄比邊富埒王者瞻烏爰止于誰之屋言烏集富人屋朝請漢貨殖傳烏氏

倮畜牧及衆斥賣求奇繒物間獻戎王戎王什倍其償予畜畜至用谷量牛馬秦始皇令倮比封君以時與列臣朝請貲如苴成都羅裒貲至巨萬初裒賈京

師爲平陵石氏持錢石氏貲次如苴親信之厚資遺令往巴蜀數年間致千餘萬裒舉半遺曲陽侯依其權勢時當物備力餘貸郡國人莫敢負如苴如氏苴氏皆富人也

高貲晉楚之富孟子曾子晉楚之富不可及也彼以其富我以吾仁彼以其爵我以吾義吾何慊哉爲仁不富爲富不仁用財

自衛巴寡婦清史○戒懼附富門幅利傳晏子不受邑子尾問之曰吾不受邑非惡富也恐失富也富如布帛有幅焉爲之制度使無遷夫人生

厚而利於是乎正德以福爲幅幅利過則敗吾不敢貪多所謂如福也無驕富而無驕好禮富而無驕未若富而好禮者也人之所欲不處

子曰富與貴是人之所欲不以其道得之不處也不義如浮雲不義而富且貴於我如浮雲不淫禮富貴而知好禮則不驕不淫能散

積而能散辭富君子辭富不辭貧不仁爲富不仁爲仁不富去泰聖人去甚去奢去泰損之而益益之而損知足知止念失

富之由必因厚利思遠貧之識□□□敢□義居利思義聖人不積君子識盈戒之在德辭宋

人之寶曾是不貪讓齊國之封□非惡富夫物惡盛唯神害盈知止者富老子念其陋屋無祿

實辯慮以焚身非道不處貲富能訓書言貴富而能順教訓也善富貨殖傳任氏折節爲力田畜人爭取賤價任氏獨取貴善

富者□□散施後析象□國爲□□國卒象□□多藏厚亡太守有貲財二億家童八百人及之義乃以金帛貲産周施親疏須知止足之由□□鉢刀

之□○驕逸附富門處樂子曰不仁者不可以長處樂怙富子太叔曰無怙富又子晳怙富而卑其上不亡傳曰富而不驕□□而不亡者之有也

斯亂子曰小人富斯驕驕斯亂聖人之制富使人富不足以驕也故亢詘不亢詘於富貴註亢詘失節皃服文彩而驕易生老子曰服文彩厭飲食是爲

道夸食膏粱而性難正國語曰膏粱之性難正言易驕難正持盈老子遺咎富貴而驕自遺其咎期侈富不與侈期而侈自至也

期驕尚書云位不期驕注云不期與侈期而驕自至也禍敗門附富怙富子皙怙富而卑其上不能久也蘊利傳生厚鄭殺駟

秦傳鄭駟秦富而侈嬖大夫也而常陳卿車服於其庭鄭人惡而殺之偏重必離子高曰吾聞所求無厭偏重必離言如物偏重必離敗焚身

傳象有齒以焚身賄累賈害傳厚亡多藏必厚亡老子既生生之大厚亦安安而能遷富謂之殃傳慶封奔吳吳

與之朱方富於其舊惠伯曰天殆富淫人慶封又富矣穆子曰善人之富謂之賞淫人之富謂之殃天其殃之也其將聚而殲旃覆餗之必毀盈必毀天之道

禍生屬鼠列子曰虞氏梁之富人財無量登高臨大道陳酒擊博俠客相隨行樓上擲下博者射中兩擒而笑飛鳶適墜其腐鼠而中俠客俠客相謂曰虞氏富

樂久矣我不侵犯乃辱我以腐鼠必當滅之乃聚衆攻之滅其家注驕奢之致禍非以一筌也象有齒而焚身人懷璧而賈害○貪富附富門

專利申侯而不厭予取予求不汝瑕疵敗類貪人敗類盈厭叨餮貪食貪于飲食冒于貨賄侵欲崇侈不可盈厭饕餮

貪財貪食也逞無疆之欲以不貪爲寶子罕無欲實難放利而行多怨敗度欲敗度貪

惏貪冒屬厭願以小人之腹爲君子之心屬厭而已懲肆去貪載寶孔子曰南宮敬叔反必載寶而朝孔子曰喪不如速貧之愈也

欲不可縱志不可滿苟得臨財毋苟得貪無求多也貪多是無厭也不可厭也其能久乎争利禮

不縱欲神亦害盈貪夫徇財復傷害罪可欲罪莫大於可欲不以義制將由惡終無醉飽之心廉恥

無德而貪不義而富以徼大利必有近憂小人喻於利語無德而貪子罕謂之喪寶不義而

富仲尼喻於浮雲貨力而已禮貪泉南海有貪泉人飲之皆貪吳隱之酌飲曰使伯夷叔齊飲之必不易心也廉恥缺詩云白華

廉恥缺則廉黷貨無厭戒得戒之在得行妨難得之貨令人行妨老子楊公不惑楊秉云不惑酒色財憂貧貉

豈可盈是不可厭語叔向云人道惡盈○吝嗇附富易坤為地為吝不足觀子曰如有周

公之才之美使驕且吝其餘不足觀也短於財仲尼不假蓋於子夏曰商之為人也短於財吾聞與人交護其短取其長所以能久曹洪魏志曹洪家富性吝

魏文帝在東宮時從洪貸絹不如意恨之牙籌晉王戎園田水碓徧於天下執牙籌晝夜筭計儉嗇不自奉養天下謂之膏肓疾女適裴頠貸錢數萬錢久不還女歸寧

戎不悅遂還直乃悅從子婚遺一單衣婚訖却索之又家有好李賣恐人得種恒鑽核破而賣之錢癖和嶠富擬王者而至吝人謂之有錢癖以此獲譏食不足

晉太有田四百頃食常不足甚愛必大費老子云既纖周人既纖纖嗇者儉嗇也而師史尤甚轉轂百數賈郡國無所不至雒陽街居在齊秦楚趙之中

富貴驕矜以久賈過邑不入門設用此等故師史能致十千萬纖嗇說苑孔氏南陽大鼓鑄連騎遊諸侯有游閑公子之名然其贏得過當瘉於纖嗇也儉嗇

魯人儉嗇而丙氏尤甚家自父兄子弟約俯有拾仰有取富至巨萬公侯富儉張安世尊為公侯食邑萬戶然而身衣弋綈夫人自紡績家僮七百人皆有手技

貴第十

人之所欲子曰富與貴是人之所欲不以其道得之不處也尊貴傳曰人是以能尊其貴貴是故能守其業常尊貴者

常尊在天富貴在天金張漢功臣家唯金張二人親近貴寵比於外戚許史許氏史氏皆漢之外戚並重侯累將寵富極貴冠蓋如雲貂

蟬飛翠緌紺幘玉念榮身以庇族無欲寶貴難思刻責己而立身非道不處衣錦漢書富貴不歸

故鄉衣錦夜行 紆青拖紫 鏘金鳴玉 鏘金 榮曜 華 議貴 周禮 曰議貴 暴貴 禮 崇高莫大於富貴

西園侍士 箋列東閣迎賓 八珍 九醞 樽俘 ○爵位 門 富貴 青紫之拾 拾七葉 左思詩云金張藉舊業七葉

五侯 漢成帝同日封舅五人為五侯 垂三組 漢陽僕為將軍懷黃垂三組以誇鄉里 佩六印 蘇秦歸洛陽佩六國

朱輪十人 漢書曰楊惲家盛時乘朱輪十人 全一門三后 三皇后 後漢梁冀一門 六蕃 九公 荀彧子孫 九葉九公 漢

一品之貴 周禮九命 百乘之家 卿大夫 萬石 君石奮 金貂七代 金張 九蕃 四至 九卿 三入 承明廬 席

寵 向書 代綰青綬 門傳四代五公 後漢袁氏 ○飛燿 門 寵辱若驚 老子曰得之若驚失之

若 知懼思降 傳貴而知懼懼而思降 人也不在經籍 登 浮雲 於我如浮雲 不義而富且貴 不處 不以其道得之不處 邦

無道 焉恥也 富且貴 必毀 盈必毀 天之道 持盈好禮 富貴而知好禮則不驕 不驕不淫 不廉 禮曰聖人之制富貴也使人富不足驕貴不廉

不辭貧 辭貴 不辭賤 三命益恭 傳三命益恭故鼎銘曰一命而僂再命而傴三命而俯正考父也 身退 功成

名遂身退 天之道 去甚 去泰 下人 家語以富貴而下人何人不與 物惟恐盛 害盈 知止 知足 寡悔 寡尤

有寵辱之驚 無喜慍之色 令尹子文 貴而能貧 懼以知降 鄭子張黜官 傳鄭子張

有疾使黜官歸邑曰吾聞富而能貧可以後亡 三子生在 不泰 晏子曰善戒之 晏嬰辭邑 見誡 富門寵辱必驚焉 已而無慍

止足 史蔡澤曰吳起 公孰見與過至 知止足 長為陶朱 侯曰吾聞欲而不知止 所欲也

成功之下不可久處　不過六百石後漢馮湊兄晏審素養志自修爲官不過六百石輒自免去　張良曰家世相韓及韓滅不愛萬金之
用爲韓報仇彊秦天下震動今以三寸舌爲帝者師封萬戶侯於良足矣願弃人間事欲從赤松子游乃學道引欲求輕舉也　疏廣謂受曰知足不辱遂乞骸骨歸○
驕泆附貴門　處樂子曰不仁者不可以長處樂　不驕君子泰而不驕　恃寵子太叔曰無怙富無恃寵　蔑禮尚書世祿之家鮮克繇禮
其亡傳戎也驕其亡乎公叔戌也　斯亂驕斯亂　充詘禮不充詘於富貴充詘喜失節皃　服文采而驕易生　食其膏粱而性難
正並見上注　持盈老子　遺咎富貴而驕自遺其咎　期驕位不期驕見上注　聖人去泰君子戒盈　代祿之家伯有侈
不能久矣　公孫驕其將亡乎　宣驕崇侈○貪貴附貴門　進取狂者進取　志不可滿知足不辱知止不殆　躁
求苟得　曼滿之欲爲卿且闘及禍傳鄭公子曼滿與王子伯廖語欲爲卿伯廖告人曰無德而貪後一歲鄭人果殺之　駟秦
不守其位終見伏誅傳駟秦富而侈變大夫也而常陳卿之車服於其庭鄭人惡而殺之子思曰不守其位而能終者鮮矣　不義而
貴無德而祿無德而貪　逞無疆之欲　爭名於朝　敗度欲敗度　以徼大利必有近憂　貪冒之人將寡力焉
禮不縱欲人有惡盈　罪莫大於可欲　不以義制將自惡終　無以寵利居成功謂貪而不退也
貪以敗官爲墨　受爵不讓詩　朝廷之位讓而就賤禮　暴泰貴伐禮詩刺在位貪鄙無
功受祿也　知進而不知退

貧賤第十三

懸磬室如懸磬言空也傳　屢空子曰回也其庶乎屢空　我寠詩終寠且貧莫
知我艱　惡衣惡食子曰士志於道而恥惡衣惡食者未足與議也　不以貨財爲禮貧　君子不辭子曰君子辭官

不諂貧　貴而能貧見上注　食貧三義食貧　邦有道貧且賤焉恥也　身安白社業儒青雌　賑窮恤

貧周禮以保息六養萬人三日賑窮四日恤貧　大惡禮記曰死亡貧苦人之大惡存焉　始因十盜之由六韜曰貧者十盜謂收種不時憂歸

鮮能養女大多之類　終標六極之數洪範六極二曰貧也　處約凍餒國語叔向見韓宣子憂貧叔向賀之曰吾有卿名而無卿實無以從二三子

吾是以憂子賀我何故對曰昔欒武子無一畝之田諸侯親之戎狄懷之以正晉國今吾子有欒武之貧吾以為能脩其德所以賀若患貨之不足予何暇賀之　將轉

瀟蹙蓬門下客華戶輕生　之於貨財禮義　關於○安貧附貧門　無諂貧而無諂　來樂若貧而樂

道居常榮啓期曰貧者士之常居常而待終　不去貧與賤是人之所惡不以其道得之不去也　不改其樂一簞食一瓢飲在陋巷人不堪其

憂回也不改其樂賢哉回也　樂在其中矣飲水曲肱而枕之樂亦在其中矣　簞食無憂顏回　琴歌自樂榮啓期云

雖富哉是人所欲　而貧者亦士之常　非病原憲居蓬戶之中衛日而食子貢連騎請之憲杖藜而出子貢曰先生何病憲曰今貧也非病子

貢慙之　有守心無淫行魏伐　不憂君子憂道不憂貧語　不懾貧賤而知好禮則志不懾　君子居易以俟命　樂道安

德文子樂道而忘賤安德而忘貧也　晏如揚雄家產不過十金無儋石之儲晏安如也　雪不干人大雪丈餘洛陽令按行見人家皆除雪而來安門無

行路謂安死矣令看之見安偃臥問之苍曰大雪人餓不宜干人令以為賢遂舉為孝廉　荷鋤東陂且棲遲於衡泌學經南畝常偃息於

蒿萊　黔婁貧人○孤貧附貧門　天窮禮曰老而無夫曰寡老而無妻曰鰥老而無子曰獨少而無父曰孤此四者天人之窮而無告者皆

有常　保息賑窮周禮司徒以保息六養萬人一曰慈幼二曰養老三曰賑窮天人之窮者救之　天窮地著不分孤寡傳不分救

也煢獨煢瘠介獨以養孫老周禮恤之之艱阨窮困以肺石達窮民周禮以肺石達窮民凡遠近煢獨老
幼之欲有達其上而長不為達者立於肺石三日士聽其辭以告於上而罪其長人是以息小人懷惠語布德施惠月令仲春
養幼少存諸孤月令孟冬恤孤寡以逮不足大道之行使老有所終幼有所長
鰥寡孤獨廢疾皆有所養老幼孤獨不得其所禮老窮不匱化將
行於邦家惠宜逮於孤獨惠必及下禮上恤孤則人不倍介特單獨子惠困
窮撫俗字人邦不施惠老將轉依道存愛物政在養民○窮濫附貧門窮斯濫矣子曰
君子固窮小人窮斯濫矣不仁處約子曰不仁者不可以久處約不能居常姑欲行儉疾貧子曰好勇疾貧亂也無怨
子曰貧而無怨難利回君子不為利回回邪也憂貧竊利斯約斯盜子曰小人貧斯約約斯盜故聖人之制富貴也使貧不至於約
隕穫禮不隕穫於貧賤穫困迫失節之皃○居處附貧門環堵蓽門甕牖儒有一畝之宮環堵之室蓽門圭竇
蓬戶甕牖四壁司馬相如居徒四壁蓬蒿張仲蔚所居蓬蒿沒人白社董威輦常宿洛陽白社中時乞於市蝸舍席門陳平
立錐史孫叔敖為楚相及死其子無立錐之地懸磬之室繩樞之子陋巷顏子蓬戶不完原憲蒿萊之
下且甘原憲之貧單陋范丹字史雲草室居之所居單陋隘陋○衣附貧門惡衣恥惡衣惡食者未足與議易衣而
出禮藍縷敝衣風塵化緇古詩京洛多風塵素衣化為緇百結董先生衣百結縕袍衣敝縕袍與衣狐貉者立而不

恥者其由也與被褐帶系牛衣王章貧臥牛衣懸鶉子夏之衣藍衣圖寒文子無表肘見踵決莊子曾子
子在衛縕袍無衣十年不制衣正冠而纓絶捉襟而肘見納履而踵決衣無卒夜之虞食擧兼晨之畜人生到此天命何知○食
附貧門惡食注見上一簞食一瓢飲飲水曲肱而枕之樂亦在其中矣併日而食禮言二日用一日食塵
甑范丹甑中生塵釜中魚躍擔石之儲魏志華歆清貧家無擔石之儲絶糧子在陳絶糧從者病莫能興霖雨莊子子輿與子桑爲友霖雨十
日子輿曰子桑殆病矣裹飯往食之十旬九食子思甘藜藿文選充虛接氣文子曰聖人食足以充虛接氣也菜色不舉
火莊子曾子在衛三日不舉火糠豆不贍貢禹妻子藜羹不糝半菽藿菽相半發憤忘食語居
唯四壁飲一瓢啜菽飲水菲食菜食○傭賣附貧門賣樵朱買臣賣樵薪其妻恥之請去鬻畚晉書
王猛少貧鬻畚南畚販繒灌嬰書傭王高晝則傭賃夜則燒塼傭賃舂梁鴻字伯鸞傭賃舂多能鄙事子曰吾少也賤故多能鄙事
傭書後漢班超家貧常傭書又吳闞澤德潤居貧常爲人傭書以供紙筆所寫既畢誦之亦訖　賤第十　蓽門圭竇蓬
戶甕牖之人謂貧賤也是人之所惡子曰貧與賤是人之所惡不以其道得之不去也邦有道貧且賤焉恥也吾少也
賤故多能鄙事朝不坐宴不與言賤也白屋周公下白屋之士也馬轡蘇秦先貴張儀來謁坐於馬轡而食之爲本老子貴以
賤爲本繩樞之子漢陳涉甕牖繩樞之人也布衣何賤之有妨貴賤妨貴所謂六逆傳○甘賤附賤門執
鞭子曰富而可求雖執鞭之士吾亦爲之好禮不懾貧賤而知好禮則志不懾君子不辭子曰君子辭貴不辭賤俟命君子

居易以俟命　不隕穫於貧賤　樂道　文子曰樂道而忘賤　有守心　而無淫行　在約　思純　雖賤者　是人之所惡　而
貧者　亦士之常　賤而知命　何必躁求　貴且在天　豈宜苟得　降志辱身　柳下惠字展禽　辱且不驚　老氏
之戒　已而無慍　子文之賢

志節第十三

在心為志　匹夫　不可奪志　隱居　以求其志　詩言志　子有
四方之志　盍合　言爾志　願聞子之志　言以足志　不言誰知爾志　過橋而題　果乘駟馬
漢司馬相如字長卿蜀郡北有升遷橋相如往長安乃題橋柱曰丈夫不乘駟馬不復過此橋中郎果如志　入關而歎　終擁使車　漢郭丹字少卿入關
而歎曰不乘使者車不復出關後奉使南陽果乘高車　宰天下之志　漢陳平少時為里中社宰分肉甚均父老謂陳孺子曰善為宰平曰使宰天下亦如之後漢用
其策遂定天下　埽天下之心　後漢陳蕃侍與奉室有蕪不除薛勤曰孺子何不埽灑荅曰丈夫當埽天下安能事一室乎勤曰大奇哉　澄清之志
後漢范滂為清詔使攬轡慨然有澄清天下之志也　棄繻　漢終軍字子雲西遊入關關吏與軍繻軍曰大夫西遊終不徒還遂棄繻而去後拜謁者持節出關關吏曰此
前棄繻生也　投筆　後漢班超字仲升家貧傭書歎曰大丈夫當學傅介子立功異域以取封侯安能久事筆硯乎後果立功封定遠侯　鴻鵠之志
漢陳勝字涉少與人傭耕乃歎曰大丈夫當富貴謂能與於豪矣者哉共耕者笑曰形容若是安得當富貴勝曰嗟燕雀安知乎鴻鵠之志哉　卿相之盟　史吳起出衛
郭門囓臂與母盟曰不為卿相不復却入衛門也後果如其志　有志無時　後漢趙岐字臺卿嘗病與兄婦曰我死爾乃置一圜石於墓前誌之云漢有逸人姓趙
名岐有志無時命也奈何後疾瘳仕至太僕岐本名嘉　希顏之志　慕藺之議　人之所欲　天必從之　大志遠略　砥礪名節
擲版　後漢逢萌給事縣為亭長時尉過萌候迎拜謁既而擲版歎曰大丈夫安能為役役之長安學也　不從斗筲　郭泰林宗世貧賤母令給事縣庭林

帖四　九

晉白大夫夫安能從斗筲之役遂就屬彥宗學 隱逸第十四 高尚其事 退藏於密 中清 身中清發中權 養素

緩役自責 守適 絜身避地 樂天 德底而上 樂天其中 作者七人 隱居以求其志 逸人放言 不言世事論語虞仲夷

逸言 遺有隱居 夷齊 許 巢 避秦 桃源 蓬蒿 張仲蔚隱居蓬蒿沒人 小隱 隱山藪 賣藥 後漢韓康者字伯休賣藥不二價長

樊女子就買卻休執價不移女子曰君乃韓伯休耶何不二價康且恚其名聞乃遁霸陵山連徵不至竟不復出 採薇 夷伯叔齊不食周粟乃採薇後人詰之餓死首陽

山 名振京師 漢鄭子真不屈其志耕於巖谷中名振京師 谷口 鄭子真隱居谷口 逍遙 放曠 至人遺物 文 慕山林

之操 晉陶潛字淵明少慕山林之操行高絜退居山林以琴酒自娛 志外臣 上士 老盤 在磵 白駒在谷 隱山 玄豹 玄豹隱霧

鳴鶴在陰 嘉遯 高蹈 肥遯 終身不仕 禮 名因跡晦 遺尊以志 遺形塵累 遠禮反性 逃名 放性 畢婚

晏 尚長字子平 變姓名 梅福 自謂羲皇之人 安貧 齊之力 獨樂其志 禮君子之道闇然而日章 非時不

見 禮 韞跡匿光 鏡聲藏影 方外之人 高名 行獨 寧性 名 逃遁 遺榮無悶 易遁世無悶 營以養

正月德 養德 棲遲 衡門之下可以棲遲 棲遲偃仰 離俗抱甕 漢陰丈人抱甕灌園 渾沌之術 孔子曰彼渾沌之術丘惡

手知之 蜀嚴 沉冥 漢書蜀郡嚴君平 四皓 七 四皓 采芝 四皓一乘 皆至嵩山 不一 恥車駕 桓帝車駕過漢濱人皆觀之有一丈夫耕

如故帝問之不顧 韋駕云云不告姓名 隱居之服 身有隱居之服 梁鴻妻 蝸牛廬 焦先孝然作蝸牛廬中吟其中 蘇門 阮籍詣蘇門 門隱者有

竹實數斛杵臼而 邑藉長嘯而喜 月犯少微 吳中隱士當死謝敷乃卒 五柳 門種五柳 一徑 蔣詡歸杜 陵有三徑 富春渚 嚴陵往 釣所

來胥胥 王良病歸誠欲過友人友人不肯見曰有忠言奇謀當取大位何其往來胥胥不憚煩者也 非聘則徵 市屠蟠子龍太尉黃瓊辟

不就後會葬瓊名豪家譚論莫多蟠辭南郊上士與之對臨別執蟠手曰君非聘則徵不久當相見上國蟠作色拂衣而去 鴻飛冥冥 弋者何慕當高遁不仕也

刺史贄 後漢韋著隱居孝威刺史行部執贄見曰孝威居身如是甚苦終曰幸得保性命使君居夕陽之位守當不苦耶 露寢 魏志高士傳焦宋孝然結草廬

於河閒後野火燒之乃露寢雪中袒卧人視之益奇故後至百餘歲乃卒矣 編草不為堂 魏孫登公和無家屬土窟中居夏則編草為裳冬則被髮 人中

龍 晉宋纖字令艾隱居太守馬岌具威儀鐃鼓造之纖不見岌歎曰名可聞身不可見德可仰形不可覩人中龍也 來視母疾 晉夏統仲御隱居不與親族相

見後母疾統侍藥宗族因得見 勠斷家事 尚長字子平建武中婚嫁畢勠斷家事勿復相關當如我死遂肆意與同志好會遊五岳名山而不知所終

門室有名 孫含君道在單縣自號高家丘子門曰歸厚之門室曰慎獨之室 素履 守道自貴 人各有能 勝任斯其性

遠 於焉逍遥 辰祥降靈 山河叶瑞 味太玄而拔俗 守虛白而齡學 洗耳潁川 垂綸漢水 俯

臨盤石 御劉貞松 名利不混其情 榮辱匪易其操 樂學 棲左林谷 翦蘭 蘭有貞尚 養拙 刈葵早暮幽貞 亭

亭朝月 遠照山扉 蕭蕭清風 傍來蘭牖 應曜 上南嶽李自國武王左傳曰邢晉應韓武之穆也漢有應曜隱於淮陽山中與四

皓俱徵曜獨不至時人謂之曰南山四皓不如淮陽一老八代孫應劭集解漢書云 ○大隱 隋隱逸門 朝市 大隱朝市 牆東 後漢王君公遭亂不仕儈

牆東也 降志辱身 同塵 和光光之 傅遊于朝 不貴軒冕之榮 自得山林之趣 擿撰 晉謝萬志人皆仙其德秦守

遣使奉謁不答太守恨使捕提吏曰子康賢天下之所知在與人敬往必不獲勞山民累相率持兵捍禦吏入設備而還 子真隱於吳市 梅福字子真隱

姓名爲吳市門卒 曼倩遊於漢朝 東方朔字曼倩 韜光 避俗 隱時出處 與道沉浮 貞不絶俗隱不

違親 范汪美袁閎也 吏隱 王喬爲葉令老聃柱史 君平之居卜肆 莊子之吏隱 於長陵灌園 伯休賣藥 吾無

隱乎闤闠 息藩 鄭良 干木 鼓刀 朱亥 夷門 侯嬴 被髪 董京字威輦至洛陽行吟常宿白社之中時乞於市肆之間得碎

韜晧以自晦復得金帛佳錦則不受 孫登 楚黄[illegible]白社與語[illegible]歸而不肯也 坐嘯蹤 後漢郭林宗雖善人倫而不爲危言覈論黨事起[illegible]閉門得免 築土

自閉 後漢袁閎[illegible]黨事將作閎遂散髮絶世欲投深林以母老不宜遠遁乃四周築土室於庭以爲房室自牖納食旦於室中東向拜母母思閎時往窺之去便掩閉兄弟

妻子莫見 似狂 向栩甫興少爲書生[illegible]講老子狀如學道又似狂生[illegible]披髮著絳綃頭常於竈北坐板床久有膝踝之處不語人[illegible]試而不現之 見之矣

第十五 附 不起 徵士 席之 來 軟輪 之聘 用之則行 捨之則藏 有道則見 無道則隱 安車 漢西[illegible]山東[illegible]

爲書畢辭客車[illegible]以爲客乃出 德成而上 藝成其中 旁求 又俊乂 天下 玄豹隱霧 遯藪 雖欲 白駒在場 宜 亦

弓旌 蒲帛 翹車 翹翹車乘招我以弓 士之車古者聘士以弓也 往聘 賁帛 易曰賁于丘園束帛戔戔 蒲輪 蒲輪[illegible]

生 鶴書賢遺林藪 賁于丘園 將弘濟濟之多 士在 戔戔 廉之好爵 實被在谷 周行

往進之門 聘以尊賢 仕而貴義 舉逸人 天下之人歸心焉 辟命書 結諸 而結諸 身勤爲之駕 高

明德者長吏必身勸之駕 謂令爲駕 賢龍勝曰[illegible]見國[illegible]

身自往勸以車駕一而遣之 宜[illegible]帝曰大夫乘私車來耶勝曰[illegible]

蒸鷹成君 陳寔父子世[illegible] 聘辟不應有司[illegible] 遣 部命[illegible]以禮[illegible]遣之乃至 初

不起後應[illegible]召不至東平王蒼爲驃騎將軍辟而不應焉後朝會戲之對曰先君秉德以臨下故臣可得不來驃騎執德以檢下故臣不敢不至月餘却歸又

李喜累辟先公以禮見待三府不就景帝命爲從事中郎引見曰先君辟君不應今至何也對曰先公以禮見待喜得以禮進退明公以法臨下故不敢不來席上禮儒有席

上之珍以待聘席猶鋪陳也陳上古之道令貢識治國白虎通天子聘求士者令貢識治國之道三旌之禮聘士之禮續食武詔民有明當世之

務習先聖之術者驛次續食與計偕式盧魏文侯過段干木之盧必式之往來屑屑見隱逸門注奪牛翁韓康伯休桓帝徵不得已辭安

車自乘牛車先使者行亭長以韓徵君當過發人牛治道見康以爲田叟也奪其牛康釋駕與之使者至曰奪牛翁即徵君也夢求一哲人夢得高宗夢得說曰

夢帝賚予良弼其代予言乃審厥象營求諸野說築傅巖之野惟肖聘丘園之耿介辟郡國之賢良選就賢辟命皎皎白駒

[illegible]五反伊尹史伊尹隱居使人聘之五反然後肯三謁孔明徐庶謂先主曰諸葛孔明卧龍也可就見不可致屈先主遂詣亮凡三失望

樊英[illegible]帝備禮徵聘詔責郡縣郡縣駕載上道到猶稱疾彊輿入殿猶不屈使就大醫養[illegible]天子爲設壇席有司奉引賜几杖拜五官郎將讓者初爲必不降志及引問又無

奇謨[illegible]帝失望〇不起前徵聘門遠邦陽貨謂孔子懷其寶而遠其邦可謂仁乎鳥獸不可與同羣孔子曰不降

其志不屈其身者伯夷叔齊與願守所志後漢周黨字伯況好清節被徵不得已乃著短布單衣穀皮綃頭及引見伏而不謁因陳願守所志帝許之也

不辱其身見上注洗耳許由隱於箕山堯聞其賢聘爲九州長由聞其聲乃洗耳於潁川之側唐堯高許由之風見上注

漢帝重嚴陵之志後漢嚴光字子陵光武欲授之官光武曰昔帝堯大聖許由洗耳於潁濱今臣欲效箕山之操陛下遵帝堯之跡光武雖重之

寘敬高士之風難奪匹夫之志擧全獨行儒有獨立特行且亂大倫子路曰不仕無義欲絜其身而亂大倫名

職士唐曰名職我身位累我身　抗高尚之風則宜矯俗遇休明之日安可遂邪不仕無義非仁遂邪不事王侯

高尚其事　終徵三旌之禮鄭勛五反之命　樂而無悶寵則可驚　遺榮自汙高鳳自言巫家以辭辟命復恐不免乃與寡嫂爭田

詩　與夫傴僂從公未若逍遙樂道　育白駒之德亦既逢時　蘊玄豹之心猶思避世　時有昬明理道亂

包舒卷出處行藏　優詔猶遺物累　不召之臣公事詔揚秉辟著並稱疾不至有司劾大不敬正罪周景遣詔等識秉以退讓爲

節雖遠及席之望遯逸遠迹是柳荀進之風明主遠之世必有不召之臣也　後應聘見上注　圖形後漢桓帝徵姜肱不至遣工畫其形狀肱卧幽室以被韜

面竟不出　慰遺見上注　慇勞以官職昭帝徵涿郡韓福至年老賜帛遣歸書曰朕愍勞以官職之事大夫其歸修孝悌以教鄉里行道傳舍縣次具酒

食從者及長吏存問八月常賜羊酒衣一襲以中牢　持毒藥公孫述持毒藥徵李業業曰欲以高位重餌遂飲毒藥而死　以明自煎龔勝被王莽徵不食

而死有老父來弔甚哀曰膏以明自煎龔生竟夭天年非吾徒也遂出不知其姓名矣　詭辭王莽徵薛方方辭曰堯舜在上下有巢許陛下興唐虞之風臣亦欲守箕山之

奉若善其言不遑也　從吾所好與子　猶隱　不可詘蜀李彊爲益州牧謂揚雄曰吾真得嚴君平矣雄曰君備禮待之此人可見而不可詘及相見卒不敢請爲從

事不稱臣後漢王霸字儒仲徵到尚書拜稱名不稱臣有司問其故霸曰天子有所不臣　偃仰以沐堯曦棲遲而歌舜壑　杖藜含

雅符三徑之歎　飲水曲肱簞食一瓢之樂　閇門以射卻婦餘人　結宇幽巖時堪養性　不事王侯有軒冕

曳尾塗中楚王使使聘莊周周謂使者曰吾寧曳尾於塗中　商賈自穢王烈太守欲以爲長史烈爲商賈自穢得免　姓氏十六

舜典曰別生分類生姓也別其姓分其類　百姓　書曰錫土姓以所生之土　得姓　受氏傳曰若夫保姓

受氏以守宗祊世不絶祀無國無之請族傳曰羽父請謚與族因生以賜姓因其所生以賜姓若舜由嬀汭生故以陳爲姓胙之土而

命之氏報之以土而命氏國陳之類也諸侯以字諸侯位卑不得賜姓故臣因其王父字以爲氏爲謚因以爲族或以先人之謚稱以爲族

官有世功則有官族邑亦如之謂取其舊官舊邑之稱以爲族展氏公命以字爲展氏無駭公子展之孫故爲展氏因功

命氏居官以爲姓氏漢食貨志言武帝初如此倉氏庾氏之類也第五後漢第五倫其先齊諸田徙園陵多以次第爲氏也爭先

後晉王導與諸葛恢戲爭族氏王曰人言王葛不言葛王何也恢曰譬如驢馬驢能勝馬乎庶姓薛庶姓也我不可以後之族類賜姓金日磾七世内侍本

以休屠作金人祭天故賜金氏以官漢武時爲吏者而子孫居官者以爲姓氏今倉氏庾氏也品官晉摯虞字仲治撰族姓昭穆十卷上疏進之以爲足備物廣多聞人

以爲定品違法司徒劾之詔原之○改姓附姓氏門推律漢書京房字君明本姓李推律自定京氏而姓栺樹伯陽生於李樹下遂指李樹爲姓劉

婁之賜婁敬賜姓劉氏曰婁者劉也疎束晉束晳其先疎姓避亂改姓因去疎之足爲束馬矢大司徒馬宮本姓馬矢遂稱馬氏張祿

范睢變姓名曰張祿先生冒姓衞青父鄭季給事平陽侯主家與少兒通生青故冒姓衞氏又漢張孟爲灌嬰舍人得幸進之二千石冒姓灌氏孟灌夫父也民

無上吳志氏儀本姓氏孔融嘲之曰氏字民無上可改爲是遂改徐衆評曰古之建姓或以所生或以官號或以祖名今離析文字橫生諱忌本誣祖也避仇改

姓束晳本姓疎避仇改姓爲束又嵇康其先姓奚以避怨嵇山以爲氏又范蠡浮海出齊易名爲鴟夷子後至陶爲陶朱公妨父晉陳元達字長宏後部人也本

姓喬以生月妨父故改姓陳戴盬第五倫官未達客河東變姓名稱王伯齊戴盬往來太原上黨所過輒其除

名字第十

幼名冠字正名

名不正則言不順男子世冠而字父前子名君前臣名名子名以制義晉穆侯以條之役生太子命之曰仇其弟

以千畝之戰生命之曰成師師服曰異哉君之名子也夫名以制義義以成禮易則生亂君命太子曰仇弟曰成師始兆亂矣兄其替乎

子同生 魯侯問名於申繻對曰凡名者有五有信有義有象有假有類 以名生爲信 若唐叔虞魯公子友 以德命爲義 若文王名昌武王名發 以類命爲象 若孔子首象屋丘山遂名 取於物爲假 若伯魚生有人饋之魚因名之曰鯉 取於父爲類 若子生與父同日名曰同 不以國 不以官不以山川不以隱疾不以畜生不以器幣 以國 則廢名 以官 則廢職 以山川 則廢主 以畜生 則廢祀 以器幣 則廢禮 晉以僖侯 廢司徒 宋以武公 廢司空改司空爲司城也 魯以獻武廢二山 二山具敖也魯獻公武公故廢二山也

大物不可以名 是以大物不可以命 嘉名 楚辭朕皇考曰伯庸肇錫予以嘉命 三月而名 禮云子生三月父親名之既冠而字之名者所以正體定心意字者所以崇仁義敘長幼 不以日月山川 禮曰名子者不以日月不以山川 有文在手 成季生而有文在手遂以命之以友又唐叔虞生有文在手曰虞遂名虞 孩而名之 禮子生三月父執子之右手孩而名之孩謂撫子頭也 不敢同名 禮大夫士之子不敢與世子同名

寤生 鄭莊公寤生驚姜氏遂名寤生也 名終將諱 傳曰周人以諱事神名終將諱之 待事而名之 晉越生子將待事而名之楊州之役獲焉名曰楊州叔孫獲長狄僑如因名子曰僑如甚越欲比之 求名而亡 此謂名聲之名 二名非禮 公羊曰仲忌此何忌也譏二名非禮也注云難爲諱一字爲名難言而易諱所以長臣子之敬不通下 君臣同名 公羊叔向曰臣有石惡今曰衛禮惡爲君臣同名君子不奪人之名不奪人之親所名君不聽臣易名所以重父之命也 小同 後漢郭玄字思益有遺腹子玄以其有手文似已名之曰小同 三明 後漢段熲字紀明與皇甫威明張奐然明並知名京師稱梁州三明 二稺 後漢周澤字稺朝孫堪字子稺故京師號二稺 難犯易避 吳主孫權曰禮名子難犯易避令太子名靈靈弓之靈也 因賞 桓彝

生子温嶠賞之曰有奇骨具英物遂名之曰温

祖有陰徳 虞翻祖父爲獄吏有陰徳曰吾子孫何必不爲九卿者遂名翻字升卿

晩有子 賈充父逵晩始生充言後有充閭之慶因名充字公閭

名失則愆

傳

依謙 晉王昶文舒爲其子弟作名皆依謙以見其意故從兄子默字居靜沈字處道子渾字仲玄深字道沖遂作書戒之曰以玄默沖虚爲名欲使汝曹顧名思義不違越也

應童謡 晉桓豁字朗子聞苻堅國中有謡云華謂堅石打破有子二十人皆以石爲名以應之

○同名字 附名字門

小冠子夏 漢杜欽字子夏時杜鄴亦字子夏俱有令名欽損目時人號爲盲子夏欽惡其號稱疾見抵更著小冠自別時人因號小冠子夏

南北玄 吳郡太守張玄之與謝玄同年名亞於玄時稱南北玄

三明二穉 注見上

驚座 漢陳遵字孟公豪俠所在人懷之唯恐在後時列侯有與遵同姓名者每一至門人曰陳孟公座中莫不振動既至而非遵因號其人爲陳驚座

投杼之疑 曾有與曾子同姓名而殺人者人以告曾子母母織如舊不信之及三人來告投杼而驚起

○改名 附名字門

吾子已孤 不更名

慕藺 史司馬長卿名犬子慕藺相如之爲人遂改名相如

改命 楚王曰子文無後何以勸善使復其所改命曰生注云易其名也子文孫克廣也

變名 梅福變名姓隱於吳市門卒

避難改名 後漢趙岐字邠卿初名嘉生御史臺字臺卿後避難改名字以京兆長陵人示不忘本土也

因夢改名 魏程昱本名立少時夢上天兩手捧日太祖曰卿當爲吾腹心乃立上加日而爲昱

改字 諸葛喬字伯松瑾第二子本字仲慎亮未有子求喬爲後瑾啓吳王而遣之故改其字

諱第十

卒哭 乃諱

聞名心瞿然將諱之 傳周人以諱事神名終將諱之

辭曹 羊祜爲荊州刺史及卒有遺愛故荊州人爲諱改戸曹爲辭曹

諱新 禮卒哭以木鐸徇于路捨故而諱新注云設謂高祖之諱新謂新死者之諱

詔王之忌諱 周禮小史王有事詔王之忌諱注忌先王死日諱先王名

逮事 禮逮事父母則諱王父母不逮事父母則不諱王父母注逮及也云以二廟事祖雖不逮亦諱之

大夫之所有公諱 避先王諱

婦諱不出

門 母之諱宮中諱妻之諱不舉諸其側 與君之諱同則稱字 入門問諱 名其二諱 國語范獻子聘魯問具敖二山對曰先君獻武之諱也獻子歸告人曰人不可不學吾適魯名其二諱 請長吏諱 晉書王述字懷祖為揚州長史主簿請諱報曰亡祖先君名播海內內諱不出門餘無所諱 改選 晉江充叔父春為宜春令充因上疏曰故事祖父官與名同者皆從改未有身與官職同改選臣以為臣子開地春秋不奪人親之義朝廷從之 同官犯諱 禮志云太元十三年召孔安國為侍中安以王愉名犯諱不得連署求解有司議云公廳無私事尊公命私王制屬家禮也王祜許翼曾是出制外夫皇朝禮大百僚備職偏官列署動相關涉者人遂其心則易官易職遷流莫已 改郡字 晉咸和元年當徵蘇峻司徒王導欲出王舒為郡以舒父名會乃拜撫軍將軍會稽內史上疏以父名會不作會稽朝廷改會字同音異於禮無嫌舒陳狀音雖異而字同乞換他郡於是改會為鄶 二名非禮 廢名廢主廢禮廢職廢祀 並見名字門 奉諱惡 太史典禮執簡記奉諱惡 王父母兄弟世父叔父姑姊妹子父同諱 父為其親諱則子不敢不從諱 〇不諱門 附諱 臨文不諱 詩書不諱 廟中不諱 二名不偏諱 夫子之母名徵在言在不言徵言徵不言在 父前子名 君前臣名 對至尊無大小皆稱名也 禮不諱嫌名 謂聲相近 不逮事父母則不諱王父母 謂孤幼不及識父母思不及於祖此庶人也適士二廟事祖諱不逮猶諱祖也 君所無私諱 臣於君前不避家諱尊無二也 大功小功不諱 士於大夫之所有公諱無私諱 不敢自諱 凡祭不諱 教學不諱

報德第十九

無德不報 何以報德 厚報 求仁得仁 以德報德 則人有所勸 大惠 敢忘大惠 欲報之德 惠不可弃 實見身 以德報怨則寬身之人也以怨報德則刑戮之人也 修舊好也重

施而報子桑曰重施而報君將何求重施而不報其人必推〻推門〻難也背施無親三施而無報謂秦閉晉糴何以報
我何以報君報者倦矣施者未厭背惠忘舊仁不遺舊不敢忘德感國士之恩
人惟求舊施報禮曰大上貴德其次務施報禮尚往來禮曰往而不來非禮也來而不往亦非禮也不望其報儒有
推賢而進達之不望其報禮小人懷惠語報余莊子忘我道不虛行仁無遺舊故人念舊感恩忘
我實多則吾豈敢瓊瑤木瓜美齊桓公也衛有狄人之敗齊桓公救而封之衛人思欲報厚之云投我以木瓜報之以瓊瑤投我以木李報之以瓊玖匪報也
永以爲好也鬼結草晉魏顆見老人結草以抗杜回杜回秦將也夜夢之曰予是所嫁婦人之父也爾用先君治命余是以報之三舍子犯曰微楚之惠不
及此退三舍避之所以報也一餐戰國策楚王伐中山中山君亡有二人執戈隨其後二人曰臣之父嘗餓君以一餐餔之父死且曰中山有事汝必死救之一飯
范雎云一飯之恩必償餓人宣子舍於翳桑見靈輒餓不食三日矣與簞食既而爲公介倒戟以禦公徒而免宣子問其故乃翳桑之餓人也問其名居不告而退
遂自亡言其不望報也僖妻之饋公子晉公子重耳至曹僖負羈之妻而饋盤餐食寘璧焉後晉侯伐曹令無入僖負羈之宮而免其族報德也
綈袍范雎寒須賈取綈袍遺之後云吾不殺汝以汝有綈袍之恩也報國士豫讓曰范中行以衆人遇我我以衆人報之智伯以國士遇我我以國士報之
絶纓之臣竟荅恩於楚主啖炙之士終酬德於顧榮蛇銜珠隨侯見傷蛇以藥治之後銜夜光珠以報恩龜顧印
見印綬門往客泣珠泉客宿將去泣珠於盤以酬主人雀持環後漢楊寶見病雀療之因將歸置巾箱中採黃花蘂食之贈命愈飛去曰爲黄衣少
年持玉環來報之綈袍雖薄尚繫須賈之仁簞食且微終酬宣子之惠盜驂之臣致奏君之難生死骨

肉 傳蘧子馮曰吾見申叔夫子所謂生死而骨肉也 褚中 荀罃在楚鄭賈人將寘褚中以出既謀而未行而楚自歸之後賈人如晉荀罃善待之如實出己 投

金於承塵 後漢雷義常濟人於死罪後以金二斤謝之義不受金主默然乃投金於承塵而去 蔑我大惠 傳 報生以死報

死以力 制服祭祀 韋泓遇喪亂親屬並盡客遊洛陽素聞應詹名遂託焉詹與分甘苦樂情若兄弟遂隨積年爲營伉儷置居宅并薦於元帝辟公

府後泓至少府詹卒感生成之恩遂爲詹制朋友之服哭止宿草也 父事 張蒼當斬王陵言赦之及貴常父事陵陵卒後蒼爲丞相洗沐朝陵夫人上食然後歸 祠

以賓位 李固既誅門生王成匿其少子燮得免成卒燮以葬之每節爲設上賓之位而祠之 謝恩第二十 屢謝 叔向不謝 祁奚之免

已傳 晏子贖越石父 史越石父賢在縲紲晏子解左驂贖之載歸不謝子入門石父請絕晏子攝衣謝之延爲上客矣 恨謝 漢張安世薦士士謝

之大恨不爲通 爲國 魏陳羣言劉翼於太祖太祖赦之翼深德羣羣曰議刑爲國非爲私 拜官公門謝恩私室 非義也張安世云 不謝

范滂孟博繫獄霍諝理之免後詣諝不謝或譏之滂曰叔向祁奚云云 夢第二十一 吉夢維何 維熊維羆 夢美 傳宋得臣曰予夢美

必立 我夢 乃占我夢 吾夢 傳吾夢如是 爾何夢矣 文王謂武王曰 無夢 文子曰至人其寢無夢 休徵 咎徵 髣髴若

夢 文選 胡蝶 莊子夢爲胡蝶詡詡然飛 夢友死 范式字巨卿與張元伯爲友巨卿病卒夢元伯曰吾死某日葬子能相送乎及葬柩不進母曰必待張元

伯元伯至柩乃進 論夢 衛玠問樂廣夢廣云是想玠曰形神不接而夢豈是想玠思之經日不得成疾廣故命駕往剖析之則愈廣歎曰此賢胸中必無膏肓之疾也 又

或問殷浩曰得位而夢棺得錢而夢糞何也浩曰官本臭腐故得官而見屍錢本糞土故得財而夢穢時以爲名言 草蟲書 王隱晉書唐琮夢蟲繞身遂效其形

而作草蟲之書 夢協 二人夢爲 同夢 詩甘與子同夢 魂交 莊子云其寢也魂交其覺也形開 占六夢之吉凶 周書六夢想

十四

思倡書懽候五句之虛實列子曰西極有人不食不衣而多眠五句二覺以夢中所爲者爲實堯舜上聖符域內之
休徵夢書曰堯夢乘青龍上太山舜夢擊鼓桀紂下臨作寰中之不軌桀帝黑風徹其宮紂帝大雷擊其首夢也
出眼中遽獲金鏁之報述征記陳留周氏婢入山採樵夢見一女曰吾眼中生刺乞拔之當厚報此婢乃於朽棺中見髑髏草生眼乃拔
之即於處得金鏁一雙角生頭上兆閒刀用之災蜀魏延年丞相長男掘得錢而被買幽明
錄丞相茂弘夢人欲以百錢買大兒長豫後掘得一窖錢其數百萬長豫無病而死秣陵陶令枉殺人而致殂述征記陶繼之爲秣陵令枉殺樂
伎後夢伎來曰訴天得理今來相取遂跳入口中纔斯須而死賈弼易頭之時文章可玩幽明錄賈弼夢見人曰愛君美貌欲易君頭許之
後能半面笑半面啼兩手把筆文辭各異謝奉說夢之日凶具被擧搜神記謝奉與郭最善忽夢郭與人爭錢因墮水死奉爲凶具與喪覺
即往獄與具說獄曰吾昨夜夢與人爭錢爾悵不語落廁而死奉爲凶具一如前夢吉夢門附夢得說書高宗夢得說乃營求諸野曰夢帝賚予良弼
說築傅巖之野惟肖九齡武王曰夢帝與我九齡男女之祥吉夢維何維熊維羆男子之祥維虺維蛇女子之祥徵蘭燕姞夢天使與
己蘭曰妾不才幸而有子將不信敢徵蘭乎文公曰諾生穆公名之曰蘭也周公孔子曰吾不復夢見周公龜見解網言彼元君魚求去
鉤感諸武帝豐年詩牧人乃夢大人占之衆維魚矣實維豐年旐維旟矣室家蓁蓁豐之兆也天樂秦穆公夢遊天上觀鈞天廣樂帝錫瑞命
秦遂大昌懷蛟董仲舒吐鳳揚雄作甘泉賦成夢吐白鳳授筆江淹夢授五色筆文辭日麗吞鳥羅含夢吞五色鳥辭學乃日新
日入懷孫堅夢日入懷中而生策松生腹吳丁固夢松生腹上占夢曰松十八公也後十八年當爲公三刀王濬夢三刀後爲益州刺史爲

帖四

烏宋昭公夢爲烏咮加於南門尾加於北門曰予夢必立樹梓周書太姒夢見商之庭產棘小子發取周庭之梓樹化爲松栢棫柞驚寤告文王文王召太子占之

於明堂王乃與太子發並拜吉夢受商之大命於皇天腸繞吳門孫堅母夢腸繞吳昌門寤母曰安知其非吉徵也吞三爻吳虞翻立易注奏上

曰臣郡吏陳桃夢臣與道士相遇放髮被鹿裘布易六爻撓其身其三以飲臣臣乞盡吞之道士曰易道在天三爻足矣豈臣當受經也禾三穗蔡茂字子禮夢坐大殿極廣

有三穗禾茂取中穗輒復失問主簿郭賀賀曰殿前有禾人臣上祿也中穗中台也禾失爲秩君其爲公果如言矣●凶夢門附夢豎牛叔孫夢豎牛卒以餓

死曹人社宮傳曹人或夢衆君子立於社宮而謀亡曹曹叔振鐸請待公孫彊許之聲伯涉洹傳聲伯夢涉洹或與己瓊瑰之水聲伯以瓊瑰懼不敢

占之三年而後言言之至暮而卒兩楹之奠子曰余疇昔之夜夢坐奠於兩楹之間予殆將死矣遂寢疾七日而歿白虎史秦二世夢白虎齧左驂丨曰涇水

爲祟黃熊傳晉侯有疾夢黃熊入于寢門子產曰黃熊鯀化入于羽淵晉侯祀夏郊疾乃有間荀偃墜地而荀偃死陶桓車而歸韓詩二

豎之災晉侯病夢二豎子曰居膏之下肓之上其奈我何咎徵惡夢周禮妖夢是踐秦伯執晉侯云亦晉之妖夢是踐歲在

辰鄭玄夢孔子告之曰起今年歲在辰來歲在巳既寤知命將終有頃寢疾其年六月中卒夢賦王延壽字文考曾有異夢意惡之乃作夢賦自厲後溺水死年

二十山上有水魏鄧艾伐蜀夢坐山上有水流問爰邵邵曰山上有水蹇蹇利西南往有功也不利東北其道窮也往必克蜀其不還者乎井中生

桑蜀何祇夢井中生桑趙直曰桑非井中物井中非桑生之所桑字四十八恐君壽不得過此祇曰足矣●占夢門附夢乃占我夢大

人占之召彼故老評之占夢張嶷問象竟爲大郡之徵後漢張嶷字子禮夢象五爲不善問萬推推曰君當

爲大郡而不善終象者大獸獸者守也故象以齒焚身後爲笑內史爲亢竟所害蔣琬占牛卒踐上公之位蜀蔣琬字公琰夜夢有一牛頭流血

門下流血滂沱趙直曰見血者事分明也牛角及皐八公字之象位當至三八公果爲中書令

吉凶之兆　休咎之徵

六夢 周禮占夢以日月星辰占六夢之吉凶謂以日月會合辰參之以占夢也一曰正夢謂無所感動平安自夢二曰噩夢噩愕也謂驚愕而夢也三曰思夢四曰寤夢謂覺所道而爲夢也五曰喜夢謂喜悦而夢六曰懼夢謂恐懼而夢季冬王夢聘問獻吉夢於王拜受之獻羣臣之吉夢也乃舍萌于四方以贈惡夢注云舍萌釋菜也贈送也

得天 傳晉侯夢與楚子搏楚子伏己而盬其腦子犯曰吉我得天楚伏其罪吾其柔之

射月 傳晉呂錡夢射月中占之曰姬姓日異姓月也必楚王也

聲伯夢涉洹 見凶夢門

夢中占夢 莊子長吾子謂瞿鵲曰夢飲酒者旦而哭泣夢哭泣者旦而田獵方其夢也不知其夢夢之中又占焉無異寤也固乃非常人之所知

水邊女子 魯勝爲淮南太守夢行水邊見女子猛獸自後斷其鞶囊占者曰水邊女汝字也斷鞶囊者新獸頭代故獸頭也不作汝陰作汝南太守也後漢時

二棺 後漢李充夫人夢天落二棺於充前問索紞曰棺者職也當有人舉君二官再遷果然

虜脫上衣 李充又見一虜脫上衣索紞曰虜去上男字也夷狄陰類君婦當生男也果如其言

內中有人打 宋桶夢內中有人打著赤衣桶手把兩赤杖極打之問索紞曰內中有人肉也兩赤杖者箸也極打之君必遇飽肉食也

二角 索紞夢東有二角詣紞大角朽敗小角有題一在前一在後也紞曰大角朽敗府廨棺也小角有題所詣也一在前凶也一在後背也當有凶背之問後三日凶問果至

噉人脚 張邈妾夜夢狼噉一脚紞曰脚肉被噉爲却字當不行不應命而卒

立冰上 崔鴻三十國春秋曰令狐策夢冰上立與冰下人語紞曰冰上爲陽冰下爲陰冰上與冰下人語爲陽請陰媒介事也士如歸妻迨冰未泮君其爲人作媒乎策曰老夫耄矣不爲媒矣俄而太守田豹因策爲子求張女恰至仲春而成婚

芻狗 魏志周宣字孔和太史問宣夢見芻狗狗得飲食又云夢見芻狗曰當墮車折脚又云夢見曰有火災皆驗太史曰三問之皆不夢卽試君爾何以皆應曰神靈祐君與夢無異

帶夫印綬 張奐爲武威太守妻懷孕夢之帶夫印綬登樓而歌占者云當生子復此郡爲此授果然

馬舞 黃平夢居中馬舞數十人向馬拍手索紞曰馬火也馬舞火起也向馬拍手救火也平未歸而火發

寢第三

乃寢乃興

乃安斯寢北堂 安寢北堂上 晝寢 宰予晝寢子曰朽木不可雕也糞土之牆不可污也於予與何誅 晏夜不寢 晏晚也

不食終夜不寢 寢不言 論語 寢不尸 尸陳手足如死人 安身 傳夜以安身 夙興夜寐 詩 畏聖人之言 寓予

宰予之嘲 後漢邊韶字孝先教授數百人曾晝日假臥弟子私嘲曰邊孝先腹便便懶讀書但欲眠韶答曰邊為姓孝為字腹便便五經笥但欲眠思經事寐與孔子同夢與周公通意

師若可嘲出何典記嘲者大慚 寢無伏 伏而覆也禮 寢恒東首 禮君子寢恒東首首東首生氣 寢衣 論語必有寢衣長一身有半 尚寐無覺

詩云夙興夜寐 假寐 趙盾盛服將朝尚早坐而假寐鉏麑見曰不忘恭敬民之主也 明發不寐 詩曰耿耿不寐

遊俠二十三

意氣 史記意氣高作威於世謂遊俠 惡少 漢昭帝元鳳五年發三輔及郡國惡少年以戍遼東 英雄之域 西京 遊俠之場

結客少年場 輕死重氣 結黨連羣 殺吏報仇 漢書長安奸猾浸多少年殺吏受財報仇相與探丸為彈得赤丸者斫武吏黑者斫文吏

長安城中薄暮塵起剽劫死傷橫道及尹賞為長安令乃穿地數丈名為虎穴捕羣盜內穴中數日視其屍相枕藉而死 幽并之俠 曹子建詩借問誰家子幽并遊俠兒

俠見 張趙之倫 並俠客見文選 劇孟之俠 漢書劇孟洛陽人以任俠知名 季布之諾 漢書季布任俠立然諾諾之信氣蓋關中

俠客 少年合衆 連交 節慕原嘗 名亞春陵四公子也文選 結儔附黨 五陵之俠 豪家俠右 感分

遺身 七啓曰雄俊之徒交黨結倫輕生重氣感分遺身此遊俠之徒 求名 殺吏 買勇 報讎 然諾 則黃金不易 失意 則白

刃相讎 燕市 荊軻飲燕市 夷門 侯嬴夷門抱關 操丸之俠 之讎 劇刃 杯酒間 古詩失意杯酒間白刃起相讎 背公

死黨 謂六國時背公死黨之義成守節奉上之義廢漢興叔以匡正遊俠序 言信行果 太史公曰遊俠行雖不軌然猶言必信行必果 知藝交

正非明王在上示之以好惡齊之以禮法曷由知禁而反正　四豪六國之罪人謂孟嘗君等四公子　殺身亡宗郭解之倫匹夫之細竊殺生之權觀其溫良汎愛振窮周急謙退不伐亦皆絶異之資惜乎不入於道德放縱於末流殺身亡宗非不幸也華遊俠傳序　藏活豪士魯朱家藏活豪士以百數陰脫季布於厄及布貴終不見　劇孟周亞夫至河南得劇孟曰七國舉事而不求劇孟吾知其無能爲已母死送車千乘而家無十金之產　郭解字翁伯精悍陰賊少藏亡命作姦剽攻劫鑄錢掘冢年長乃改節以德報怨解姊子爲人所殺賊害自歸解解曰吾兒不直遂不罪其賊以此時人皆義之解出入人皆避爲恭餘未嘗叅車入縣庭解兄子[illegible][illegible]頭公孫弘曰解以布衣以睚眦殺人解不知罪尤甚遂族解之　氣蓋關中季布弟季心長事袁絲爲當灌夫氣蓋關中少年任俠者竊借其名以行者衆也　不以親爲解袁盎家居劇孟嘗通盎盎厚待之人謂盎曰孟博徒也將軍何自通之盎曰孟急人之急造其門不以親爲解　橫潁川灌夫交通無非豪桀[illegible]潁川潁川之人歌曰潁川清灌氏寧潁川濁灌氏族　推埋王溫舒少時推埋爲姦　借客報讎朱雲字游少通輕俠借客報讎　馳騖閭閻　權行州里力折公侯　柳市萬章字子夏居長安柳市

故舊第二十四

娶舊[illegible]著具本門中　故舊不遺則民不偷　不弃故舊無大故不相弃讀　求舊人惟求舊家舊　半面之故　敬故周禮太宰以八統馭萬人二曰敬故謂不遺舊　久要子曰久要不忘平生之言　原仲季友傳曰季友如陳葬原仲仲季友之舊也　恤養故人漢樓護君卿有故人呂公無子歸養身與呂公妻呂嫗同食及護居妻子頗厭[illegible]漢書曰呂公以故舊老窮寄身於我義所當奉養養呂公終身

託孤第二十五

託孤可以託六尺之孤　託妻子後漢朱暉同郡張堪素有名稱嘗於太學見暉重之接以友道把暉臂曰欲以妻子相託堪卒妻子貧暉[illegible]視贍之　崔琰魏崔琰友人公孫方宋階早死琰撫其孤遺恩若己子　兒子毛玠居[illegible]布衣蔬食撫兄孤子甚篤厚　凌統吳凌統爲將軍有功卒二子幼孫權收養宮中教讀書十日一乘章焉會群臣常召統子出示之曰吾家虎子　山公無

嵆紹嵆康臨刑謂子紹曰山公尚在汝不孤矣 分宅居 張商字君嗣與楊恭善及恭早亡遺孤孝成人商迎與分屋居事恭母恭子長為娶婦迎還其父門
戶列恤故舊賑贍 襄宗行義至甚也 分食邑 魏曹眞字子丹少與宗人曹遵鄉人朱讚並事太祖二人早亡 眞乞分所食邑封遵讚子詔褒美之賜分邑以封二人子為關
內侯食邑百戶 字人之孤 王戚 監李 恤孤 上恤孤則民不倍 養幼少存諸孤 [illegible] 善戲
謔兮 不爲虐兮 謔浪笑敖 中心是悼 伊其相謔 惟士與女 戲謔 玩人喪德 狎侮 君子罔以盡人心 前言
戲之爾 謂劉鄩 馬用牛刀之言 論語 好弄 好弄戲也 傳夷吾弱不好弄 晏嬰 善謔 晏子 晏日 安疏鄣 [illegible] 不常矜
莊 鄭玄詩箋云君子之德有張有弛不常矜莊故有戲謔之言 子雲之解客嘲 揚雄之尚白 孟堅之荅賓戲 孝先
晝寢 弟子興便寢之嘲 言偃弦歌 仲尼發割雞之戲 鍾馬有利鋒之戲 士龍有白雉之嘲
陸雲與荀隱語曰既開青雲覩白雉何不張爾弓發爾矢 荀曰本謂雲龍騤騤乃是山鹿野麋獸弱弩彊是以發遲 天子無戲言 周公謂成王 不敢戲
言 成王沒齒 受侮 不旁狎 禮不旁狎旁猶泛也狎侮慢也 戲色 禮曰不戲色 斬之 李篤 敬子今子魯四也吾不斬子
矣萬病之蔡 戲宋公注戲而相狎曰謔也 狗門 晏子短小使於楚楚人為小門延晏子晏子對曰使狗國者從狗門而入臣使楚不當從狗門而入 縛盜 又
盜置晏子之前楚王謂晏子曰齊國人也善盜乎晏子曰臣聞橘生江南北則為枳 葉
徒似而味不同水土異也此人生於齊不為盜入楚為盜得無水土為盜耶
諸葛子瑜 吳諸葛瑾字子瑜面長似驢吳王使優人牽驢入題其上曰諸葛 子瑜 瑾子恪即請筆益兩字曰之驢人伏其敏捷即以驢賜恪 白頭
翁 吳諸葛恪侍讌坐有白頭烏集殿前恪曰白頭翁張昭年老疑恪戲之因曰恪欺陛下未有鳥名白頭翁者 [illegible] 恪曰白母有鸚鵡寧請 [illegible] 父相弄 [illegible] 此有 [illegible] 不

罪張昭有悟於聽聞好狎不好狎納侮無磨寵納侮書行前後晉孫綽與公好譏調與習鑿齒共行綽在前顧謂習曰沙之汰之瓦礫在後習曰
簸之揚之糠粃在前潞涿君劉章有從事張裕饒鬚先主嘲之曰昔涿縣多毛姓東南西北諸毛繞涿郡裕曰昔有作上黨潞長遷涿郡令去官還家人與書欲署
潞則失涿署涿則失潞乃署潞涿君先主無鬚故有此荅以先祖相識貢禹嘗宴朝士庾純後至謂曰君行常在人前今何在後純曰旦有小市井事不了是以
來後純之先曾為伍伯者充之先為市魁者故此相譏侮予或敢侮予

笑第二十五

爰笑爰語載笑載言啞其笑矣
巧笑倩兮囅然而咍莞爾而笑夫子何哂掩口而笑笑不至哂父母有疾哂不露齒
謔浪笑傲一笑千金樂然後笑人不厭其笑公叔文子胡盧宜笑既含睇兮注宜笑齒
白也楚辭先笑而後號咷頭沒杯案魏太祖與人譚論戲弄盡無隱諱及歡悅大笑至於頭沒杯案中餚饍霑污於巾幘也笑疾
陸機見張華華令雲來機曰雲有笑疾及雲至見張華以錦囊盛鬚髯雲見大笑不止又著衰絰上船見水中影因大笑落水救之獲免必笑傳曰弱人必笑哂
夫子之哂之宴笑晏晏言笑晏晏晏安詩啞啞笑言啞啞易嘻嘻[illegible]子嘻嘻[illegible]吝易

喜第二十六

式宴以喜
詩無喜色子文三仕為令尹無喜色喜形於睢盱小人喜悅之貌楚殺子玉晉侯喜可知也受官喜毛義家貧
養老親張奉慕其名候之會府檄至以義守令義捧檄入喜見顏色奉心賤之不知其為親也孔子攝相史孔子由大司寇攝行相事有喜色門人問之孔子曰昔
樂其貴歟喜下人得吾也一則以喜謂孝子見親年老而猶克壯也喜生於風則哀矜而勿喜

怒第二十七

將子無怒馮怒怒逢彼之怒君子如怒王赫斯怒慍見子路無慍色子文三已之無

慍色 忿恚難 君子九思 一朝之忿 忘其身 顏回不遷怒 忿懥 懥怒 忿疾 于頑 宜無悔怒德

忿窒慾 易損卦言可損之善莫大於忿慾 內奰于中國 奰音贔不醉而怒曰奰 衆怒不可犯 傳 難犯 衆怒

如水火 鬩然 今執事鬩然授兵登陴將以誅罪 注 鬩鬭怒貌 含怒不怒而威 神有怒 佞倪同心不可以有怒 譴怒敵

天之怒 逢天憚怒 憚厚也 武怒 奮其武怒 室於怒市於色 怒室家作色於市人 色勃 髮衝冠

藺相如怒髮上衝冠 奮髯抵几 朱博 齊吏 怒 忿擊伏屍百萬流血千里 天子之怒也 秦王謂唐雎云王聞布衣之怒

乎王曰免冠徒跣以頭搶地 唐雎曰不然必伏屍二人血流三步 怒生於兩 傳 王奮厥武 如雷如霆 如虓虎 詩

拜揖第三十

周禮儀九拜 拜有九 門享用儀用禮 再拜拜揖 禮 手容恭 禮 吉拜 凶拜非三年喪以吉拜 凡男拜尚左手

左陽 女尚右手 右陰 八十者拜君命一坐再至 略 禮 再至至地 九十者君使人受 不使婦人拜也

吉事雖有君賜則肅拜 低頭而已 凶事則手拜 手至地也 大夫稽首再拜君荅拜

之 禮無不荅 加勞賜一級無下拜 傳 王使宰孔賜齊侯胙將拜孔曰且有後命天子以伯舅耋老加賜一級無下拜 下禮也 鍾

離意受賜不拜 頒賜贓物 贈子以拜 陳遵 王昇謂 介者不拜 品秩殊等 拜揖異儀 吉凶異道

拜揖殊宜 位既殊於品列 拜則異其節文 不拜揖 客亢禮 漢汲黯字長孺見將軍以亢禮人或說黯不可以不拜之日夫以大將軍

有揖客反不重耶 又 汲黯見田蚡未嘗拜揖 揖三公 後漢趙壹字元叔為上計吏到京師見司徒袁逢受計 計吏數百人皆拜伏庭中莫敢仰視壹獨長揖而已逢望異

之命讓之曰小郡吏揖三公何也 責稽首 傳齊人責稽首注往一年齊侯為公稽首公不荅故也 揖丞相 漢書郅都為中尉丞相條侯至貴而都揖丞

相也 稽乎頎乎 禮曰拜而後稽顙稽乎其順也稽顙而後拜頎乎其至也注此周之喪拜先觸地無容哀之至也三年之喪吾從其至者注董者尚哀戚自昔如嚴可也

大夫之臣不稽首 以避君也 不面拜 君有賜不面拜為君之荅己也 揖官屬 漢蓋寛饒次公左遷衛司馬先是方部見衛尉

拜謁寛饒視事按舊令遂揖官屬已下衛者俟司馬不拜自此正焉 雅拜 何武舉方正一人舉者召見行禮盤辟雅拜有司劾舉武不當 率卑禮以

長揖 西征賦説亞夫 教拜 朱博子元為瑯邪守門下掾貢遂耆老至大儒教授數百人拜起舒遲博出教主簿曰貢遂書生不習吏禮主簿且教拜起閑習乃止

舒遲 注見上 參軍 晉孫楚字子荆為著作郎參石苞驃騎將軍事負其才氣頗侮易於苞初至長揖曰天子命我參卿軍事因此嫌隙遂搆苞奏楚與吳詔[illegible]

政楚亦抗表自理 一拜一起 吳主謂蜀使伊籍曰勞事無道君對曰一拜一起未足為勞 特揖 孤卿特揖 旅揖 大夫 旁三揖 士 揖人

必違其位 環拜以鍾鼓為節 環謂旋拜 三肅使者 郤至對楚子以軍事不敢拜故三肅使者 拜賜 拜加捨其

大而拜其細 尚能拜起 黄霸不去老聾吏曰尚能拜起 避 齊桓受胙 恐貽天子之羞 下而[illegible]亞夫建營 實曹[illegible]軍之令

耆老加恩 齊侯敘之賜 介冑難犯 郤至成三肅之儀 馬援受梁松拜 援歸疾松候之拜牀下援不荅曰我松父

友雖貴不可失敘松恨之 常林不止晉宣王 晉宣王以鄉中林鄉邑之耆德每為之拜或謂曰司馬公貴重公宜止之林曰司馬公曰欲敦長幼貴賤非吾所

畏拜非吾所制言者蹴踏而退 王拜不拜晉王 吳戴宮生公門注 責桑梓拜 何幾為鄉亭令性務嚴責鄉里勢豐等拜或曰禮敬年爵以德

為主令鄉拜勢慣傷風俗機不以為慙

行步第三十二

禮曰凡升階聚足連步以上 謂足不相過 上於東

階則先左足上於西階則先右足堂上接武跡相迨也堂下布武舉足成跡規行矩步不舉足
車輪曳踵凡執主器執輕如不克行不舉足車輪曳踵注主君也如輪行不離地恭慎周旋中規折旋中矩謂行步君與尸行接武躡躡也
大夫繼武跡相及也士中武跡相離也凡行容惕惕惕惕行貌足容重欲遲行步則有環珮
之聲行中節也千里之行始於足下學步壽陵餘子學步於邯鄲失其故步匍匐而反跚蹝步舍車而
徒易賁其趾舍車而徒義不乘也賁飾也肆夏采薺周禮行以肆夏趨以采薺樂儀也栗階而升凡栗階不過二等與先
生並行闕黨童子父之黨隨行兄之黨鴈行朋友不相踰翔步徒行步目國語足以步目吾不徒
行玉趾憚行詩豈敢憚行畏不能趨

趨第三十二

趨進翼如帷薄之外不趨堂上不趨
執玉不趨趨蹌詩巧趨蹌兮疾趨疾趨則欲發而手足無移發起也無移手足正也齊如流身行
剡剡而起纓疾趨之貌徐趨徐趨沒階趨進也翼如遲遲緩緩後漢趙堪為縣令謁府趨步遲緩門亭長譴堪便解印而去
趨以采薺注見上周走以呼齊疾使人楚國趨登晉靈公飲趙盾酒將殺之其右提彌明知之趨登曰臣侍君宴過三爵非禮也遂扶
以下二節禮君召以二節二節以趨以走鯉趨論語

灑掃第三十三

禮凡為長者糞之禮必加帚於
箕上取其兩手捧箕其恭也謂初執箕時也以袂拘而退其塵不及長者謂埽時也以袂擁以箕自帚之前令塵不揚
向而扱之不向尊者亦示之恭也灑埽進退則可矣子游曰子夏之門人小子當灑埽應對進退抑末也本之則無如之何本者謂

禮也糞其除先人之敝廬邊韶子太叔傳彌埽不灑埽詩子有庭内不灑不埽埽地而祭埽門魏勃埽丞相曹參門埽
室陳蕃字仲舉所居一室不埽人問曰孺子何不埽除蕃曰大丈夫當埽天下安能事一室乎擁篲迎門執箒所過糞其除第五倫字
伯魚不達客河東變姓名稱王伯齊載鹽往來太原上黨所過輒爲糞除陌上人號爲道士備灑埽納女於大夫禮

白氏六帖事類集卷第七

白氏六帖事類集卷第八 凡七十九門 内二十六門附

孝第一　養禮二　孝行三　祿養四 榮親附　父母疾五
違離六 覲省附　孝感七　毀傷八　不孝九　天子孝十
諸侯孝十一　卿大夫士孝十二　庶人孝十三　事親禮十四　忠十五
忠義十六　忠孝十七　不忠十八　義十九　義感二十
智二十一　智謀二十二 機權 先見 識 聰悟 博物附　信二十三 誠感附　仁二十四
寬恕二十五　直二十六　德二十七 德量 陰德 德感人 世德附　規誨二十八
賢德二十九 薦賢 知賢　行三十　性情三十一　命三十二　節操三十三

高潔三十四　修整三十五　縱逸三十六　風流三十七　剛三十八
豪邁三十九　柔四十 怯懦附　褊急四十一　儉四十二 衣食儉附　勤四十三
急慢四十四　謙讓四十五 謙損以貴下士　恥尚四十六　貞四十七　恭敬四十八
謹四十九　慎五十 慎密慎終鑒誡　儆慢五十一 驕附　勇五十二 無勇附　壯五十三 壯士不肖附

孝第一　詩凱風美孝子也能盡其孝道以慰母心 七子之母　白華美孝子
之絜白也南陔孝子相戒以養也書奉先思孝克諧以孝蒸蒸乂不
格姦人之行莫大於孝聖人之德無以加於孝爭君子務本本立而道
生孝悌也者其爲人之本與事父母能竭其力父兮生我母兮鞠我
長我育我出入腹我欲報之德昊天罔極　宗族稱孝焉邇之事父弟子入則孝 出則弟　子生三年
然後免於父母之懷　予也有三年之愛 於其父母乎　州閭鄉黨稱其孝也父父子子天之
經地之義人之行子道君子頃 音跬 步之間不敢忘孝　潁考叔純孝也 愛其母而施及莊公
傳孝子不匱 永錫爾類　曾閔之行　綵衣弄烏 老萊子年八十衣綵衣為嬰兒戲於父母之前　扇枕溫席
舉廉　孝聞當時生則敬養無違 孟孫問孝子曰無違　用孝 養父母　嚴五[illegible]卩之音　百行之先　君

子篤於親也篤厚當孝理之時懷歸淳厚之德天地之經膝下故親生之膝下日嚴嚴致敬於父母
也天性父子之道天性也行成於内孝由中出孝哉閔子騫烏反哺六行之先周禮六行孝友爲先父在
觀其志父没觀其行請敦不匱無御有辭仁親之道執以爲恭爾雖有說謂之曰孝吾則
不知家統乎尊行先乎孝行以内成陶乎孝理根以天性因心之孝名以孝聞禮由棘恩制
心夭夭母氏劬勞蘭陔庭闈陟岵孝子行役思念父母師氏三德教國子三曰孝德以知惡逆三行一曰孝行以親
父母不遺惡名禮父母既没慎行其身不遺父母惡名可謂能終矣噬指蔡順字君仲養母求薪客至母望順不還母乃噬指順心動弃薪走歸母
畏雷巨孝江革事具下注事親孝與士信臨財廉取與義分別有讓恭儉下人
云云養禮第三南陔孝子相
戒以養也採蘭有事弟子服其勞有酒食先生饌曾是以爲孝乎
言未足爲孝也服勤至死凡爲人子者冬温而夏凊昏定而晨省定安牀衽省問安否曾子
曰君子所謂孝者先意承志諭父母於道參直養者也安能爲孝乎
小人皆能養其親君子不敬何以辨陸績懷橘九歳字公紀子路負米下
氣怡聲和氣愉色傷哉貧也子路曰傷哉貧也生無以爲養孔子曰啜菽飲水以盡其歡斯之謂孝禮曰君子
之孝養也樂其心不違其志生則親安之祭則鬼享之居則致其敬養則致其樂子

曰今之孝者是謂能養（至於犬馬皆能有養不敬何以別乎）文王之爲世子也朝於王季日三

雞鳴而衣服至寢門外問内豎曰今日安否食上必在（在察）視寒暖之節

食下問所膳（問所食）命膳宰曰末有原（末勿也原再也令其食物無再進也）問所欲而敬進之

（内則）父母在朝夕恒食子婦佐餕（子與婦食其餘食）父沒母在冢子御食（侍母食也）羣子

婦佐餕如初禮（宜然）孰饘蘇嘗而薦之非孝也養也養可能也敬爲難

敬可能也安爲難孟子云曾子養曾晳既食問其餘乎曰有（恐曾晳要分賜

與人）曾申養曾子既食問有餘乎曰無矣將以復進也若曾子者所謂

養志也曾申者養口也事親如曾子可也父母何嘗（何食詩刺勤勞不得養父母）慈

以言甘禮就養無方大養（後漢書曰夫鍾鼓非樂之本而不可去三牲非孝之主而養不可廢言能大養則周公致四海之祭以義則仲由

之菽甘於東鄰之牲也）行傭供母（江革字次翁客下邳行傭供母母老恐擾動自在轅中挽母車）父母老不辭官（晉賈充責桑純父母

老不歸養中丞孔恂劾詔下議何曾等曰禮之禮律八十者一子不從政九十者家不從政新令亦如之桑純父年八十兄弟六人三人在家不廢侍養於禮律未有違）解

職就養（傅咸字長虞出爲冀州刺史繼母杜氏不肯隨咸之官咸自表解職也）祖母老辭官（李密字令伯徵爲太子洗馬密以祖母劉氏年

高無人奉養上表陳情不應命）

孝行第三

子曰父母唯其疾之憂色難（承順顏色爲難）父母之年

不可不知一則以喜一則以懼見其壽考則喜見其衰老則懼孝哉閔子騫爲人不閒於其
父母昆弟之言爲人子者出必告反必面所遊必有常所習必有業恒
言不稱老廣敬也不登高不臨深不苟訾不苟笑孝子不服闇服事也闇中爲
事好生嫌疑不登危懼辱親也父母在不許友以死不有私財父母命呼唯而不諾
手執業則投之食在口則吐之走而不趨曾子曰身也者父母之遺體
敢不敬乎居處不莊事君不忠涖官不敬朋友不信戰陣無勇非孝也五者
不遂災及於親不敬焉遂成也敢一舉足不敢忘父母是以道而不徑徑邪道也舟而不游不敢
以先父母之遺體行危殆一出言不敢忘父母是故惡言不出於口忿
言不及於身不辱其身不羞其親可謂孝矣父母在不稱老閨門之內戲
而不歎君子以此防人人猶有薄於孝而厚於慈蒸蒸舜也孜孜漢明帝鮑永去妻永字君長妻於母前叱狗永遂去之
違命則不孝傳敬親者不敢慢於人孝經事親者居上不驕爲下不
亂在醜不爭三者不除雖日用三牲之養猶爲不孝也孝莫大於嚴父尊嚴其父敬其父則子悅
修身愼行恐辱先也居父舊官漢杜延年拜御史大夫居父舊官不敢當其舊位坐臥皆易其處所子曰

孟莊子之孝也其他可能也其不改父之臣與父之政是難能也 爲人子者三賜不及車馬 恐尊踰孝於父
有三 小孝用力中孝用勞大孝不匱慈愛忘勞可謂用力矣尊仁安義可謂用勞博施備物可謂不匱也矣 父母在不敢有其身不
敢私其財 示民有上下也 傷足不出 樂正子看下堂而傷足數月不出猶有憂色 全歸 父母全而生之子全而歸之可謂孝矣 三
年無改於父之道 可謂孝矣 不擇祿 子路曰家貧親老不擇祿而仕 倚門 王孫賈年十五母曰汝朝出晚來倚門望暮出不
歸倚廬望 不許友以死 聶政不受嚴仲子金以母在未敢許人之死 冣孝 萬石君子孫咸孝建爲冣 號哭救父 樂恢年十一父爲縣吏得
罪將殺恢伏寺中晝夜號哭令哀之而赦其父 遇賊 江革字次翁臨淄賊起負母逃走遇賊不忍害 傍無几杖 胡廣年八十繼母在堂口不稱老旁無几
杖 忌日三日不食 申屠蟠字子龍 驢鳴 戴良字叔鸞母好驢鳴良常學之以悅母 手不驅蚊 晉吳猛常手不驅蚊畏其噬母
去也 眇目 殷仲堪父病積年揮淚眇一目 取江水 姜詩母好江水詩見爲母常取之後被江水溺死恐傷母情詐言遊學餓而舍傍涌泉如江水并雙鯉同出
慰母心 有子七人莫慰母心 揚名後世 見下注 身輓車 見上注 江革事 聞父耕泣 晉趙至景眞詣師受
書而泣師怪問之曰我未能養使老父勞苦師甚異之 扇枕 王延字元惠子親夏則扇枕冬則以身溫之 洗浣 石建爲郎中令每五日洗浴歸舍竊問侍者取親
中帬廁牏身自浣浣注 親父也中帬言中衣也廁牏汁衫也牏音投 持遺劍 張武父奉使戰失屍骸武每節持遺劍至亡處祭酹而還 拜晝圖 金日
磾見母畫象則拜 又 晉許孜生有孝行圖父母像於廟朝夕拜之 郭巨瘞子 見宋略

祿養第四 榮親附

孝乃先行
祿宜親及 祿非爲己 養貴逮親 鴻既漸而于干 烏豈忘於反哺 欲養而親不待 韓詩曾子曰往而不還者

二十二

親也故孝子欲養而親不待是故椎牛而祭不如雞豚之逮親存也初吾爲吏祿不過鍾釜尚欣然而喜者樂其逮親也既沒之後嘗尊官堂高九尺轉轂百乘猶北向而泣者悲其不逮吾親也

家貧親老不擇祿而仕 家語子路曰家貧親老不擇祿而仕昔者由也爲親百里負米親沒南遊於楚從車百乘累茵而坐列鼎而食願負米百里豈可得乎樹欲靜而風不止子欲養而親不待枯魚銜索幾何不蠹二親之壽忽如過隙子曰由也可謂恩之也

毛義捧檄 毛義家貧養親張奉慕其名詣義會府檄至以義爲守令義捧檄入喜動顏色奉心賤之及義母死除服舉賢良方正不就奉歎曰往日之喜爲親也

干及親之祿立身揚名 以顯父母

日用三牲之養

嗷嗷林烏 受哺於子

耿弇省疾 後漢耿弇父況疾兄弟三人皆垂青紫侍省疾當世榮之

虞譚母孫氏加金章 虞譚母孫氏夫亡不改節訓譚忠義後蘇峻反譚有功拜武昌侯太夫人加金章紫綬譚立養堂於家王導已下皆拜

感汝墳之就舉 周磐字堅伯居貧母儉薄不充嘗詩至汝墳之卒章慨然而歎乃解韋帶就養孝廉之舉卒章曰雖則如燬父母孔邇

公卿奉壽 後漢張酺字孟侯爲太尉雖在公位父常歸田里酺每遷職輒一詣京師適會歲公卿罷朝酺府奉酒上壽極歡卒日衆人皆榮慶之

將吏拜迎親 張遼文遠屯合肥時遣迎母至屯遼從出迎所督諸軍將吏皆羅拜道側觀者榮之

顧雍母臨賀之 吳志顧雍爲尚書令迎母於吳既至權臨賀之親拜其母於庭大臣畢會後太子往慶之

父母疾第[illegible]

喜懼之年 父母之年不可不知一則以喜一則以懼

左右就養無方 方常也左右扶持也

昏定而晨省 定謂衽席省問安否

父母有疾 冠者不櫛行不翔言不文琴瑟不御食肉不至變味飲酒不至變貌笑不至哂怒不至詈哂見齒也

行不能正履復不脫冠帶而養親有疾飲藥子先嘗之 禮

病則致其憂色不滿容色憂 王季不安節則內豎以告文王文王色憂王季復膳然後復初

文王有疾 武王不脫冠帶而養文王

一飯亦一飯文王再飯亦再飯旬有二日乃間 劉寮 禮曰下氣怡聲問衣燠寒 疾痛疴癢而敬抑搔之出入則或先或後而敬扶持

之禮曰親老出不易方復不過時黄雀 王祥至孝後母病思黄雀炙求之不得憂歎乃有雀數十飛入幕母感

之晉母失明處 彦母王氏因疾失明彦不應辟召躬奉病久婢使數見捶楚婢伺彦行取蠐螬炙飴之母食以爲美然疑是異物藏以示彦彦見而抱母慟哭

絶而後蘇母目豁然即開也 秦孝行 劉弘爲荊州奏其叙母老疾困賊至守衞不移以致拷掠幾至殞命可以訓彛臣子長益風教臣請敍爲鄉令

庾黔婁 父病而私嘗其糞

違離第六 附覲省

陟彼岵兮瞻望父兮陟彼屺兮瞻望

母兮父曰嗟予子行役母曰嗟予季行役父在不遠遊遊必有方 韋

懼之年靡瞻匪父 靡依匪母 凡爲人子所遊必有常親老出不易方復不

過時 不使憂也 扇枕之戀倚門之恩 並見上註 晨昏之禮 朝夕之戀 眷戀庭闈 心不違安

父母何嘗 飼食 夫爲人子者出必告反必面 ● 覲省 附違離門 胡威問絹 後漢胡威父質

爲荊州威自京來省父辭歸父賜絹一匹跪曰大人清苦安得此縑父曰吾俸祿之餘 又 秦宓字夏甫父賀爲彭城相宓往省謁變姓名徒行既至吏不爲通會阿母出

驚入乃自呼入 敬父書評 記 吳顧悌字子通每得父書必灑帚几擬致書於上拜跪讀之言每句應諾畢復再拜若父有疾即臨書垂泣即聲哽咽

孝感七

曾子至孝三足烏棲其冠 家語 美詩江泉 見孝門 孟宗泣而冬笋出 孟宗後母好笋

令宗冬月求之宗入竹林慟哭笋爲出之 劉殷哭而霜堇開 晉劉殷祖母冬月思生堇殷哭感堇生滿地 王祥感而黄雀

至見父母疾門又剖冰而雙鯉躍出王祥母思魚祥冬求魚冰祥剖冰合祥剖開感雙鯉出動天之德感神之誠天祚大
孝物感精誠孝非外至思自中來蛇膽顏含字弘都養嫂失明含嘗藥饌膳不冠不入嫂目疾須蚺蛇膽含計盡求不得有一童子以合授含含
開視之乃蛇膽也童子出門化爲青鳥而去嫂目遂差滅火後漢郭暉爲長沙太守有孝子古初遭父喪未葬鄰舍失火火大起初匍匐柩上號哭以身捍火火爲之滅誠感
異異之鶴叫晉吳隱之執喪過禮家貧無人助哭每至哭臨之時常有雙鶴鳴叫也七年粟劉殷至孝夢西籬下有粟掘之得十五鍾銘曰七年粟賜孝子
劉殷又二白鴻巢於庭赤烏巢門華陽國志吳順養母赤烏巢門白兔遊墓後漢方儲字明幼喪父事母母終負土成墳白兔遊其下烏
助成墳蕭廣濟孝子傳文讓養母至孝母亡兄弟二人役力葬不用傭賃之力葬葬日羣烏數千銜土壤助而成墳也又李陶母死陶墓側自治墓羣烏銜土
斷成墳貴墳自成生松竹孝子傳宗承父資喪舊墓負土作一夕而成墳土自高五尺松竹自生火越燒蔡順君仲母終未葬里有火發偪櫬含櫬
抱櫬叫哭火遂火越燒他舍馴兔連理蔡邕廬墓墓有白兔又馴擾木生連理感鳥獸晉許孜季義親歿柴毀負土成墳不受鄉人之助有哀其苦助者晝不
遂夜除之每一悲號鳥獸翔集列植松柏五六里一日鹿犯松栢孜歎曰鹿獨不念我乎明日
見鹿被猛獸所殺置所犯栢下孜悵惋不已作冢埋鹿猛獸即於孜前自撲而死孜數而埋
之孜樹木繁茂立宅墓側孝亡鄉在廬旁雉同擾鹿獸擾庭中失明後開見父母疾門又冰魚王延後母勍延求魚不得杖之流血延叩頭於冰而哭有一魚躍長五
尺孝女沉江後漢叔先雄父墮湍水雄感念常有自沉之意家人防之百餘日消懈因乗船於父墮處哭自投水其家夕夢雄曰卻後日當共父同出至期依之果與父
相扶持出投箋河伯吳郭荀孫宗君儒乗冰冒舅落河而死兄論於水側投箋與河伯岸側冰開儒屍浮出曹娥曹娥父爲巫祝於縣江泝濤迎婆娑神
溺死不得屍娥年十四緣江號哭晝夜不絕旬有七日遂投江而死抱父屍而出
身爲親後孝子行先將饋全歸必思[illegible]

曾子有疾召門弟子曰啓予手啓予足而今而後吾知免夫小子言全而歸也曾子曰身者父母之遺體敢不全乎
歸之上見不虧其體樂正子春下堂傷足足瘳數月不出猶有憂色門弟子問之對曰吾聞之夫子曰父母全而生之子全而歸之可謂孝矣不虧其體不
辱其身可謂全矣君子頃音跬步之間不敢忘父母乘險迴車漢王陽爲益州長史行至九折坂歎曰奉先人之遺體奈
何數乘此險遂以疾去後王遵除爲益州刺史至坂問曰此非王陽迴車之坂乎吏曰然遵叱其御曰王陽爲孝子王遵爲忠臣淑慎其身不敢毀傷
曾子曰身體髮膚受之父母不敢毀傷孝之始也一不辱曾子曰孝有三大尊親其次不辱其下能養慎行其身親之枝也孔子曰身也者親之枝也
敢不敬與千金之子不坐垂堂百金之子不立倚衡漢書恃遺劍張武父業戰死不獲屍武每哀絕即持劍於亡處祭酹而還
第五倫畢孝事後遺母喪過[illegible]傷哭墓不反因哀慟絕命

不孝第九

一不愛其親而愛他人者謂之悖德不敬其親而敬他人者謂之悖
禮以順則逆民無則焉凶德不在於善而皆在於凶德凶德謂悖德也薄於孝以此防民民猶有薄於孝而厚於慈大爲之防民猶有踰之匪人不
子遺親敗因嚴之教曾莫敬親正懲惡之刑豈容悖禮德非歸厚罪豈從輕旣不念於樣蘭
安可逃於覆載棄色難之訓曾是遺親當孝治之朝敢忽悖德猶爲不孝子曰居上而驕則亡爲下而亂則刑在醜而爭
則兵三者不除雖日用三牲之養猶爲不孝也莫大於不孝五刑之屬三千而罪莫大於不孝三者悖也非孝者無親非人之孝者是有無
親之心諫之執以從宜爾辭有說謂之敎孝吾則不知其父攘羊而子證之語殺父傳曰楚欲殺令尹子南子
南之子棄疾爲王御士王每見之必泣棄疾曰君三泣臣矣敢問誰之罪也王曰令尹之不能子所知也國將討焉爾其居乎對曰父戮子居安用之洩命重刑臣亦不爲遂子南[illegible]其[illegible]

曰行乎弃疾曰吾預殺吾父行將焉入曰臣土乎曰弃父事讎吾不忍也遂縊而死不孝之刑周禮以八刑糾萬民一曰不孝之刑糾孝糾察也周禮以鄉刑
糾孝傷考書子不祗服厥父事大傷厥考心母亡不歸史吳起與母別齧臂爲盟曰不爲卿相不歸遂事曾子頃之母死之母死起終不歸曾子薄之
而與起絕交傷父之心禮有無父之國則可逃形當篤親之朝如何禮省此父子之疏節也言非
至孝也子曰斷一樹殺一獸不以其時非孝寡人嘗學斷斯獄矣子弒父凡在官者殺無赦殺其人壞其室汙其
宮而豬焉弒君父之刑也子弒其父易莫慰母心詩曰有子七人莫慰母心

天子孝第十

至德要道子曰先王
有至德要道以順天下民用和睦上下無怨德之本夫孝德之本也教之所由生也加於百姓刑于四海以德教蓋天子之孝君子
篤於親則民興於仁君子謂在上也民德歸厚聖人則之夫孝天之經也地之
義也是以其教不肅而成其政不嚴而治其所因者本也本謂孝也因親以教愛先王見教之可以化民也故因嚴以教敬因親以教愛先
之以博愛而民莫遺其親孝理天下先王之以孝治天下也故得萬國之歡心是以天下和平災害不生禮曰至孝近乎
王至悌近乎霸塞乎天地曾子曰夫孝置之而塞乎天地溥之而橫乎四海施諸後世而無朝夕之謂孟子曰舜其大孝矣
五十而慕吾於大舜見之矣不以天下儉其親子曰舜其大孝也與德爲
聖人尊爲天子富有四海之內

諸侯孝第十一

在上不驕高而不危所以長守貴也制節
謹度滿而不溢所以長守富也制節儉費用謹度守禮法富貴不離其身然後能保其社稷而

和其民人蓋諸侯之孝也不敢侮於鰥寡治國者不敢侮於鰥寡而況於士民乎故得百姓之歡心以事其先君云云

卿大夫孝第十二

非先王之法服不敢服非先王之法言不敢道非先王之德行不敢行是故非法不言非道不行口無擇言身無擇行言滿天下無口過行滿天下無怨惡三者備矣然後能守其宗廟蓋卿大夫之孝治家者不敢失於臣妾而況於妻子乎故得人之歡心以事其親

士孝資於事父以事母而愛同資於事父以事君而敬同故母取其愛而君取其敬兼之者父也故以孝事君則忠以敬事長則順忠順不失然後能守其祭祀而保其祿位蓋士之孝也以顯父母子揚名於後世以顯父母孝之終也夫孝始於事親中於事君終於立身事君不忠朋友不信戰陣無勇非孝也

庶人孝第十三

用天之道分地之利謹身節用以養父母此庶人之孝也禮曰士庶人有善本諸父母書曰肇牽牛車遠服賈用孝養厥父母慶自洗腆致用酒

事親禮第十四

内則曰子事父母雞初鳴咸盥漱櫛縰笄總拂髦縰束髮音史冠緌纓左右佩用用器也左佩紛帨刀礪小觿金燧右佩玦捍管遰大觿木燧遰刀鞞以適父母舅姑之所下氣怡聲問衣燠寒疾痛疴癢而敬抑搔之抑按也搔摩也出入則或先或後而敬扶持之柔色以温之父母衣衾簟席枕几不傳傳移也杖屨祗敬之勿敢近父有所命應唯敬對進退周旋慎齊齋敬也升降出入不敢噦噫嚏咳欠伸跛倚睇視不敢唾洟

主爲不敬寒不敢襲襲衣也癢不敢搔不有敬事不敢袒裼袒裼父母唾涕不見輒刷去之冠帶

垢和灰請漱衣裳衣垢和灰請澣五日燂湯請浴燂溫也三日具沐其間面垢燂湯請

靧靧洗面也足垢燂湯請洗勿逆勿怠子婦孝者敬父母之命勿逆勿怠若飲食之雖不嗜

必嘗而待已不嗜者嘗而待命加之衣服雖不欲必服而待也父母怒撻之流血不敢疾怨起敬起孝

起更也親在行禮於人稱父母或賜之則稱父拜受之事親於尊父命呼唯而不

諾手執業則投之食在口則吐之走而不趨至敬也父黨無容敎弃危匝非餒莫敢用敎弃

柔敎敎器危匝酒器

忠第十五

在三之義父生之師敎之君食也無而利國猶或爲之有危則致

身死而同國無私不二竭力推誠臣事君以忠臨患不忘國忠也圖國忘死貞也臨大節而

不可奪君子也社稷之臣柳莊死公曰非寡人之臣是社稷之臣也苟利國家何以事君齊士蔿失忠與敬何以事

爭爲人臣者殺其身有益於君則爲之匪躬之節時危見臣節世亂識忠臣詩雖至而

節見史忠臣累至而行明貞臣雖至而節見爲下克忠書悃款之誠忠一之意見楚辭憂國忘家是以

公識私進思君子之事上也進思盡忠退思補過名以忠聞節固危見儒有忠信以爲甲胄又以爲寶以遺

事君不可則止事君不忠非孝也爲臣不全禮事君之小心禮圖國之大節忠節之屬

荀息竭股肱荀息曰臣竭其股肱之力加之以忠貞不濟則以死繼之子文毀家以紓楚國之難林父進思荀林父之事君進思盡
忠子囊城郢子囊將死遺言謂子庚曰必城郢君子謂子囊將死不忘衛社稷可不謂忠乎公家之利知無不為託六尺之孤
寄百里之命謂幼君文子死國難衛國有難公叔文子以死衛寡人不亦貞乎鬻拳納刑愛君鬻拳諫楚子而自刖君子曰可謂
愛君矣諫而自納於刑刑猶不忘納君之善鮑永哭墓後漢鮑君長使過更始墓下車哭盡哀帝問公卿曰何如張湛曰忠者禮義之宗忠不忘君行之高者
上悅王常心如金石後漢光武謂王常曰輔漢室心如金石真忠臣也是日拜為漢忠將軍孔達利衛請縊以死左傳孔達救陳
晉討之達曰苟利社稷請以我說達自縊而死安于寧趙將焉用生傳智伯請趙氏殺董安于安于曰我死而晉國寧趙氏定將焉用生吾死莫矣
乃縊而死嵇紹衛晃晉蕩陰亂百寮奔散唯嵇紹衛晃以身衛帝兵及御輦血濺御衣而死申蒯斷臂崔杼弑莊公申蒯斷臂與門者入哭
奉劍以呼天而死之弘演內肝呂氏春秋曰狄人殺衛懿公盡食其肉唯肝其肝弘演使還哭畢自取出肝內懿公之肝仇牧碎首公羊宋萬弑閔公仇
牧聞之趨而手劍叱之萬批牧首碎著于門牧可謂不畏彊禦胡綱懸衣冠後漢胡綱有志節王莽篡亂綱解衣冠懸府門而去龔勝推
印綬後漢王莽篡逆使奉璽書印綬迎龔勝勝推而不受曰吾受漢家大恩豈忍事二姓地下復見故主哉不食而死山甫補過詩衮職有闕惟仲山甫補之
能補過者也季文子無私積傳季文子卒宰庀家器為葬備無衣帛之妾無食粟之馬無藏金玉無重器備君子知文子之忠於公室相三君矣無
私積史魚尸諫史記史魚將死不令殯於寢曰吾生不能進蘧伯玉退彌子瑕死以自衛君來弔問之其子以告立進蘧伯玉而退彌子瑕上思利
人忠也傳為下克忠書丑父與君易位晉韓厥逐齊侯既及逢丑父與公易位使公下如華泉注丑父代公居位故公得下

車而免韓厥獻丑父欲戮子將戮之曰代其君任患者戮之不祥舍之以勸事君者乃免之　紀信乘車以誑楚　項羽圍漢王於城皐紀信曰事急矣臣請誑楚乃乘王車詐降漢王遂開南門而出羽闕之詐也大怒遂燒殺紀信也　王蠋縊樹　史燕入齊聞王蠋在畫邑令軍中環畫三十里無入畫蠋曰齊人多高子之義吾將封子萬家蠋曰忠臣不事二君貞女不事二夫齊王不聽吾諫故退耕今國亡無義自國遂繫頭於樹奮絕而死齊亡大夫入曰王蠋布衣義不北面於燕況食祿者乎相率以從王於莒也　卜式佐軍　呂嘉反卜式上書曰主愧臣死皆當盡節其賢駑下者宜出財以佐軍　黃權歸蜀無路　蜀黃權軍敗降魏魏文帝謂曰卿去無路歸義欲効由逆乎對曰臣降吳不可歸蜀無路故降魏後先主凶問至羣臣咸賀唯權獨否　恥棄不以賊遺君父　傳　誠志士之成仁　豈足夫之為諒　已死已亡豈同親暱之義　晏子曰國君為社稷死則死之為真社稷亡則亡之若為己死則為己亡非其親暱誰敢任之言親暱則當死私難　主在與在識為社稷之臣臣克艱厥臣　書虞　不避汚出不逃難　傳　殺身以成仁　伐任患　君若臨患無苟　豈免死為難　不得中行　識古人之重死　將期激節　豈志士之求生　君臣士臣　國語中行穆子圍鼓以鼓子宛支來令鼓人各復其所非寮勿從宿沙釐以其孥行從鼓子曰我君是事非常士也名曰君臣豈曰土臣穆子曰鼓有君矣曰臣委質於翟之鼓未委質於晉之鼓也　能執干戈以衛社稷　禮　社稷臣　漢文帝目送絳侯曰社稷臣袁盎曰功臣非社稷臣也社稷臣者主存與存主亡與亡諸呂用事絳侯為太尉奉柄不正共誅諸呂適會功成故曰功臣　又　上問汲黯何如嚴助曰居職無踰人使輔少主守城事賁育不如上曰古有社稷臣者黯近之　柱石　昌邑王淫亂霍光白太后廢之田延年曰伊尹相殷太甲安社稷宗廟後世稱忠將軍今為國柱石善能行之亦漢之伊尹　臨難致命　傳楚圍宋晉使解揚如宋曰晉師悉起將至矣使無降楚子囚之使反其言許之登車而呼宋人遂致其君之命楚子

爾殺之　又　吴楚反圍齊齊使路中大夫告急於天子天子復令齊王堅守三國合圍益急齊使
乃殺之　而入三國與盟矣若反言漢已破齊促降許之既至城下望見齊王曰漢與發
百萬軍使太尉 救齊大夫乃殺　忠不忘君

忠義第十六

不以財貨汙人　後漢宋□為郡吏太守以 或識市中牛不與曰吾以
財貨汙君況卒 孚贈非有罪也　請代長吏死　劉平為彭城吏龐萌反攻郡平扶持太守上書 以身代賊以刃止之中平負創乞以死代太守賊義平以已命贈欲
之　秦漢感劉備　劉備死群臣會賞秦漢不 貫秦漢以嘗為劉璋吏　冒法辭故主　臣姓江夏□太子發有司不許嘗 冒禁至伊水拜
辭　宿沙蹇廬門　見上　欒布哭彭越　布為梁大夫使齊還彭越首 布還奏事越頭下向而哭之　代太守罪　後漢周嘉
高祖梟宣帝時為獄書掾太守欲枉殺人嘉諫不聽死家詣闕訟 覆考欒曰頭著燕名但言時病將掠辭無撓當下獄至不食而死　七賢　秦□為郡門下
謀輩黃巾賊叛郡功曹封觀等七人以 身捍刃皆死謙得免詔復其門號七賢　負太守喪　劉茂為郡門下掾赤眉攻郡義長吏茂 負太守孫福踰牆藏於穴中得免
隱夜求食百餘 日賊去乃歸府　叱辱官長者　晉王育字伯春太守杜宣命為主簿宣左遷萬年令杜 令王彼詣宣宣不迎彼曰卿為二千石吾所敬也今吾儕
爾何不見迎欲以小雀遇我使畏死雞乎育執刃叱彼曰主辱 臣死小縣令敢輕辱吾君將刺之宣跣下抱育乃止由是知名　歸故主　曹公禽關羽禮之甚重而觀其無久
留意袁遣以請問之羽曰極知曹公待我厚然受劉公恩誓以共死不可背要當立效 報曹公而後歸及羽獲顏良曹公知其必去重加賞羽封所賜拜書告辭而去奔先主曹
公不令　官長引為證　後漢吳詠嘗為馬賢所辟史為太尉龐參掾賢參相誣罪應死 追之　咨引詠為證詠計理無所直自知而死二人爭知解涼州刺史張
範祭其墓　舉檣募救罪　鮑宣子都坐拒關使者大不敬下獄當死弟子王咸舉檣 掾其子孫　募救宣者會此集太學會者千餘人遂闕上書文守闕遂得
減死　行賂免長吏罪　太守君游以朱俊公寶為主簿淮坐 一等　死罪俊行賂得減死不知俊亦不言　行賂減罪　史弼字公謙

孝廉魏郎責貰郘行驂得減死變姓名（鄧融請廉范爲功曹融下獄范變姓名卒爲獄吏營護之及出獄又躬養融）

忠孝第十七

以孝事君則忠移孝爲忠王遵忠臣（部具孝）君親在難（魏夏侯肯年十三漢中之敗左右挽之以走肯曰君親在難焉）所走死奔會鎗以没

王經辭母（魏王經爲尚書高貴鄉公欲討司馬文王王沈王經皆預謀謀泄沈走告文王經獨不行被收泣辭母母顔色不變曰爲子則孝爲臣則忠人誰不死死得所何恨之也）

方寸亂矣（蜀徐庶從先主曹公獲其母庶辭先主而指其心曰本欲與將軍共圖霸業以方寸之地今失老母方寸亂矣無益於事遂詣曹公）

忠孝萃於一門（晉卞壼蘇峻反苦戰死二子眕盱見父没同赴賊見害母撫二子屍曰父爲忠臣汝爲孝子何恨徵士翟陽曰人死於君子死於父忠孝萃於一門）

違孝徇忠（晉溫嶠字太眞欲將命投崔氏固止之嶠絶裾而去後母亡阻亂不獲歸葬）

不以母辭（周處爲中丞朝逢惡其彊直及使隸夏侯駿西征孫秀知其將死謂之曰卿有老母可以辭免曰忠孝不兩全既辭親事君父母安得而子乎今日我死日也）

代父死罪（史石奢相楚行縣有殺人者追之乃其父也縱父而自拘曰以父立政不孝也廢法縱罪非忠也遂自刎以死）

隨母亡（畢諶爲兗州別駕張邈劫其母弟妻子太祖謝遣之諶老母在彼當去諶頓首無二心既出遂亡呂布破張邈生得諶謹擇太祖曰孝於親豈不忠於君乎不罪之用爲魯相）

不忠第十八

臣一主二姧以（事君）弃君（於惡）私政贊私（劉輩）毀信（廢忠）移事智伯（豫讓）交私諸侯（漢法）孟子曰長君之惡其罪小逢君之惡其罪大（逢迎也謂先意道之爲惡）居下（訕上）要君者無上利祿（三違）

（不出境則利祿也人曰不要君吾不信也）言不忠信（語）賊人之主事君不忠非孝也（禮）貳心懷貳

義第十九

詩書義之府也義者（利之本也）君能制命爲義義以（生利）利

者義之和也義以建利義以威令見義（不爲無勇也）義之與比禮以行義（尊卑有禮禮真宜也）見
義不爲（是爲人子）鬭而能徙（何以爲憂）將息爭端（俾知義所）名以義聞不爲義疚（疚病）
（也見義則不爲病）稱以好權（肅雖有說）謂之曰義（吾則不知）義以爲質以義（制事）子曰義者（天下之斷）
也義以爲上（君子有勇而無義爲亂小人有勇而無義爲盜）大道廢有仁義（老子）名以義聞（節因尊見）失
義而後禮（老子）上義爲之而有以爲（老）土地（儒有立義以爲土地）行而厭人張乃國維
（管子曰國有四維其二曰義）節不可奪（道不可屈）文侯軾廬於干木（段干木富於義故王乘爲之軾廬諸侯爲之止戈）馮
諼折券於薛人（爲孟嘗君市義）晉文公出定襄王（子犯曰人未知義未安其居文公於是出定襄王以示事君之禮）
也石碏滅親（大義滅親謂殺子厚）共叔多行（共叔段驕恣仲請討之莊公曰多行不義必自斃子姑待之）諭於義（君子）
聞義不能徙（是吾憂也）不義（而富且貴於我如浮雲）思義（君子行則思義）門內恩掩（門內之理恩掩義門）
（外之理義斷恩）不可劫以兵（文子曰夫爲義者不可劫以兵不可懸以利）以義衛身（文子曰仕治則以義衛身世亂則以身衛義）匡
邪矯枉（文子曰義者匡邪以爲正攘險以爲平矯枉以爲直）方外（易曰義以方外）存義（易知終終之可以存義也）達義（先王修禮）
（以達義）斷恩（注見上）思義（居則思義）然（後取）夫行義者（以立言踐行）豈徒徇名安己而
已（將以定去就之際夫專爲義則傷生專爲生則傷義義重於生全義可也後漢書）不謀舊國（史記樂毅去燕之趙趙王欲圖燕毅泣曰臣事昭）

王猶事大王若獲戾放於他國終身不蘇趙之使韓況燕昭王後嗣乎 **不忘舊主** 見上注 **慕義** 李膺門生皆禁錮侍御史景毅子寔爲膺

門徒未有錄牒故不及譴毅慨然曰本謂膺賢遣子師之豈可以漏脫名籍苟安于己自免歸人義之 **爭罪** 魏王思與梁習俱爲西曹令史思直日事失太祖旨

將加重辟時思近出習代往被收思乃馳還自陳己罪太祖歎習之不言思之識分曰軍中一有義士二人 **不邀功** 郭憲西平人仁篤爲一郡所歸韓約失信衆依羌

人多欲取約邀功憲責怒曰人窮歸我約病死楊遠斬約送欲讓憲名憲曰不生圖之賞取死人功太祖親疏問憲名不在中建以情對嘉憲賜爵關內侯 **默受罪**

後漢段熲討羌涼州刺史郭閎貪其功稽留熲軍其從者役久思鄉悉反叛閎歸罪熲坐徵輸左校羌復擾邊吏人守闕訟熲詔問狀熲謝罪不敢言枉京師稱爲長

者 **自表取罪** 雷義字仲公爲尚書郎有同時郎坐事當居刑義默自表取其罪而論冠同臺覺之委位白上乞贖義罪順帝皆赦其罪 **免罪不**

謝 范滂字孟博繫獄尚書霍諝理之得免滂到京師往見諝而不爲謝或讓之滂曰昔叔向嬰罪祁奚救之未聞羊舌有謝恩之辭祁奚有自伐之色竟無所言

養老窮 朱叢字君卿有故人呂公無子老窮託身於叢叢養其妻及公歿身 **恤孤窮** 楊峻字秀才同郡王象少孤爲人僕年十八見使牧羊而私讀書被

箠楚峻美其才質贖象著家中聘娶立屋然後與別 **又** 晉許子章聞王育傭牧學讀書失羊將鬻己償之章遂代育償羊給衣食使以子同學身長八尺鬚長三

尺容貌絕異後以兄子妻之爲立宅分之資產育貴之無愧色 **太守治病** 蜀張嶷字伯岐爲篤家貧廣漢太守何祗爲通達嶷與疎乃自轝詣祗託以治

病祗傾財治數年乃愈 **以馬易棺** 後漢劉翊子相過道逢病亡者以馬易棺脫衣斂之又逢故知困餓於路因殺所乘馬救之遂與俱餓死 **排患救**

患救解人矜窮權濟富羞義抱義見得思義仁義爲平權正路 孟子曰義者人之正

路也 **義感第二十** **送人喪** 後漢申屠蟠與濟陰王子居同在太學子居臨歿以身託蟠乃躬推輦送喪歸鄉里遇司隸從事義之爲封傳護送蟠投

傳不受也盜還馬孔嵩仲山正身厲行辭公府之京師宿下亭盜竊其馬尋是嵩馬乃責盜曰孔仲山善士豈宜侵盜送馬還之刺客不忍
殺崔琦謳刺梁冀冀令刺客陰殺之客見琦耕陌上懷詩謳詠乃以實告曰君賢不忍相殺君可亟逃吾亦從此亡矣琦去之琦音奇賊不入縣鄭玄逢高
密道遇黃巾見玄皆拜相約不敢入縣又袁宏見世亂乃[illegible]廢發位世莫能名黃巾賊入縣相約不入其廬託孤吳陸瑁同郡徐原愛居會稽素不相識臨死
遺瑁書託孤幼瑁爲起墓收導其子後漢傳論曰李膺振拔汙險之中蘊義生風以鼓動流
俗激素行以恥威權立廉尚以抑貴勢使天下之士奮迅感槩波蕩
而從之幽深牢破家族而不悔至于子伏其死母歡其義壯哉范滂至博將
訣辭母母曰汝今得與李杜齊名吾何恨哉張儉被捕亡抵孔褒遇融融匿之赤眉弛兵赤眉過姜詩里弛兵而過曰驚子大孝必觸鬼神魏
胡昭爲鄉里愛孫狼爲寇約不犯胡君不忍刺陽球使刺客刺蔡邕客不忍刺又劉平使刺先主亦然又靈公使刺趙盾亦然智二十一
智者樂水智者樂智者動不惑智者智者詐愚用人之智去其詐智者見於未萌智者
千慮必有一失愚者千慮必有一得漢書智者利人知人者知以恬養智以智養恬恬智交相養智者天下
之達德也何如其智言不智也挈瓶之智守不假器智者不失人其蔽也蕩好智不好學大智子曰棄其
夫智也與不以智役物聖人智者心之符文子神者智之役神清則智明智者心之符智公則心平絕聖棄智人利
百倍智不足稱陽處父不沒其身其智不足稱智者免禍由智免臧文仲之智可謂臧人矣臧文仲不智

者三（作虚器縱逆祀祀／爰居是三不智）智不如葵（仲尼曰鮑莊子之智／不如葵葵猶能衛其足）智之難也（有臧文仲之智／而不容於魯）

（柳有／由也）其智可及（甯武子邦有道則智邦無道／則愚其智可及也其愚不可及）既明且哲（以保／其身）樊遲問智（子曰／務民）

（之義敬鬼神而遠／之可謂智仁矣）子曰人皆曰余智（驅而納諸罟擭陷阱之中／而莫之知辟也言其愚）樗里之智囊（史樗里／子號多）

（智秦人／號智囊）管仲隨馬（桓公北征孤竹山失道管仲曰老馬／之智可用乃隨老馬行果得道矣）隰朋尋蟻（桓公北征孤竹／無水隰朋曰尋蟻）

（壤可得水乃掘／曦壤果然得水）倉舒稱象（魏武欲稱象而不可稱倉舒曰載於舟中／刻其至以他物驗之而可知矣大觀大悅）智有餘（陳／平智）

周萬物而不遺（易）智而不詐（張／老）智士無思慮之（變則不／樂莊子）智計歸之（魏賈詡／曰以非）

（太祖嘗問而謀策深長懼見猜嫌閉門而自處無／私交嫁娶不結高門天下論智計並歸賈氏也）宮之奇在虞（晉不／加兵）季梁在隨

（楚不／為謀）三仁未去（武王還師／不伐殷）智者所慮之於未形（達者所規／之於未兆）子胥（知姑蘇之轅／有麋鹿）

果（識智伯之／為雛抄）穆生（醴病以／免楚難）鄒陽（北游不／同吳禍）以賢勇智 智囊（晁／錯）智如炙輠（史淳／于髡）

（智如炙輠輠者車之盛膏器也／言炙之膏潰不窮言如髡之智也）桓範（司馬宣王將誅曹爽桓／範赴爽人曰智囊去也）杜預多智（人號／智囊）大智（若／愚）

不可以無涯之智役有涯之身（莊／子）

智謀第二十

易人謀鬼謀（百姓／與能）謀及卿士

（書）謀之孔臧（詩）謨謀乎其上（文／選）咨事為謀 好謀而成 謀不（失／利）疑謀勿成

（書）中智以上（荀息請以璧假道於虞曰玩好在耳目之前患在一／國之後中智以上乃能之臣料虞君中智以下也）運籌帷幄（漢／祖）

日進籌於帷幄吾不知子房　隨會其智傳曰隨會其智足使也　識理過人晉謝安壽日朝之辟務無問是非至於興廢大事衆莫能斷者
而舒徐為籌之多出衆表　知機者其神乎易　祭仲知權公羊宋人執鄭祭仲不名賢也為知權宋人曰為我出忽而立突仲不從則君必死
國必亡從其言則可以存易亡古人有權祭仲是反於經然後有善也行權有道自貶損以行權不害人以行權殺人以自生亡人以自存君子不為也　未可與權
可以適道未可與立可以立未可與權　行中權廢中權　見機而作不俟終日易　孟子曰嫂溺不援豺狼
也　王霸視河後漢世祖為王郎逐南奔至呼沱河使吏具舟楫還曰河流澌無舟可渡衆皆恐復使王霸往視霸欲安衆心且使至河乃止遂譎云冰堅可渡世
祖兵至河冰已合遂令霸護渡未畢二車冰乃解也　吾謀適不用　嘉謀嘉猷　謀於野　規矩成設大由小欲　彼有
人焉謀於長者　無謀　謀及婦人　謀及庶人　謀人之軍師敗則死之　謀人之邦邑危則亡之　張
儀在蘇秦虞闕　變通之間不容髮乘也　○先見附智謀門　至誠之道可以前知見乎蓍
龜動乎四體國家將興必有禎祥國之將亡必有妖孼見乎蓍龜動乎四體禍福將至必先知之　先覺抑亦先覺者是賢乎　知微知
章　叔向母聞男聲晉叔向母聞向男伯石生姆之及堂聞其聲而還曰豺狼之聲也非此莫喪羊舌氏遂不視之　子文欲殺越椒
楚子良生子越椒子文曰必殺之是子也熊虎之狀豺狼之聲不殺之必滅若敖氏之族　贈策士會將歸晉繞朝知其情贈之以策曰子無謂秦無人吾謀適不用也
見事遲史記范睢隨王稽入秦穰侯閲稽車中有客乎稽曰無睢曰穰侯智士而見事遲向疑車中而忘索之乃下伏車下穰侯行十里乃反使索車中　有
先知而無後識　思鱸魚晉張翰為齊王所辟因秋風起忽思鱸魚曰大丈夫所貴適意爾遂棄官歸江東俄而齊王敗人謂翰有先知之明　軍勝人

亡鍾會鄧艾伐蜀劉寔字子真歎曰二子必矣而皆不還客問之笑而不荅果如其言先見皆如此類也虞不臘矣晉假道於虞宮之奇曰虢虞之表也虢

亡虞必從之晉不可啓寇不可玩虞〻公不聽宮之奇曰虞不臘矣虢其亡乎屈瑕伐羅楚屈瑕伐羅鬬伯比謂其御曰莫敖必敗舉趾高心不顧矣

果敗穆叔見趙孝伯曰趙孟將死其言偷且年未五十而諄諄如八九十不能久矣偷苟且也先識後難智者見於

未萌求知太早同見彈以思鴞辨事方遲異在途而搜索許負之識條侯牛生白犢亂父

知其吉祥位賤朱輪趙母知其必敗●敏附智謀門敏則有功黎民敏德不忘敏叔向曰薳氏有饑荒楚冝哉子蕩乘君命

不忘敏加之以敏齊國莊子來聘禮成而加之以敏左傳告諸往而知來者敏於事而慎於言訥於言

而敏於行回也非助我者於吾言無所不說聞言即解無所起發增益吾與回言終日不違

如愚黙而識之無所請益聞一知十回也聞一知二賜也開敏張敖以公主子開敏敏給國語雞肋楊脩字德祖爲曹公

主簿操平漢中欲因討劉備而不得進欲守之難爲功於是出教唯曰雞肋衆莫曉脩曰夫雞肋食之無所弃可惜也公歸計決矣承意觀色脩子與以承意

觀色爲務再見梁惠王黙無言惠王問之曰前見王王志在驅逐後見王王志在音王曰誠聖人也●聰悟附智謀門識亡書漢武帝幸河東亡書三篋帝

安世識之寫得後購得本相校一無遺脫市肆閱書後漢王充字仲任博學不爲章句家貧無書常遊洛陽市閱所賣書一見誦得遂博覽百家之書

記貧人姓名後漢賈逵既孤仁郡戶曹歲荒人饑太守尹興使於都亭設食貧人常評名字畢太守問口說六百人姓名無差謬●博物附智謀門

張華博物記黙識四海之內若指掌也讀諸刺夏侯湛從祖榮第五子七歲日誦千言經目輒識之文帝召之時有客百餘人人奏刺

郷里姓名示之一編復讀誦之不錯一人
應奉讀書五行俱下為郡決曹吏行部錄囚數千人太守問之奉口説姓名罪狀輕重無遺脫一人
博物君子晉侯謂子産為博物君子博物多識王粲為侍中識竹簡晉束晳博物時嵩山下得竹簡一枚上兩行科斗字張華問束晳曰此漢明帝顯節陵中策文也驗之果然讀碑覆棊王仲宣與人共行讀道邊碑背而誦之不失一字又觀棊局壞覆之棊者不信以帕蓋更以他局爲之相校不失一路識部曲妻子吳宗極字徐穆為前將軍還遇賓人一面數十年不忘部曲萬口妻子盡識之

信

大信不約小信未孚人未知信未宜其用信以守禮失信不立信以接事小所以事大信也仗德莫如信言以出信穀信書匹夫一為不信爵不可也不可復之言信近於義言可復也車無輗軏子曰人而無信不知其可也大車無輗小車無軏其何以行之哉用情上好信則民莫敢不用情著誠去僞禮之經也作大事不以信未嘗可也寡信輕諾必寡信國寶信國之寶也信人之所庇言要爭[illegible]
好信不好學其蔽也賊伐原示信晉文公二三其德不信信及豚魚關而不立寧去兵食失則何行辭繇輗軏守約辭誠忠信以為寶以義甲胄是曰行先不為人下君之所司也名以出信名位不愆則為民所信信以行義義以成命小國所望而懷也信不可知義無所立四方諸侯其誰不解體信以守器動則不失信則車服可保節以識著名以信聞子路之言千乘之國不信其盟而信子路之言言誠信季布之諾諺曰黄金百斤不如季布一諾澶淵之會卿不書不信也夫諸侯之上卿會而不信竊名皆棄文子不為人下趙文

子能數信不爲人下也孔丘去食不得已而去於斯二者何先曰去食存信自古皆有死人無信不立子路無宿諾情於信也退
三舍晉文公與楚戰退三舍以報其德守信也冒雨赴期魏文侯與虞人期獵雨甚文侯曰與人期不可失信乃冒雨而赴也吳起終日
不食吳起與故人期食不至起終日不食來乃食郭細侯竹馬之期郭伋字細侯行縣有童見騎竹馬迎曰聞使君來喜故迎問伋
何日迴伋與之期及迴先期不入留一日以示信也范巨卿雞黍之會范巨卿張元伯千里爲雞黍之會及期果至登堂拜母尾生抱
橋而死與女子期也匹夫匹婦自經於溝瀆子曰豈匹夫匹婦之爲諒也自經於溝瀆而莫之知也信士分財
文子曰使信士分財不如定分而探籌何則有心者之平不如無心者之平晉侯存信去原晉侯圍原命三日之糧原不降命去之曰信人之所
庇得原失信云云子木弃信不及三年巨卿赴期無差千里進德易曰忠信所以進德也人之所助者信
信以結人周仁之謂信復言非信也言無善惡而必復之非義信也不欺之臣公羊曰區區宋國猶有不
欺之臣修辭立誠易曰閑邪存其誠修辭立誠所以居業也不勉而忠誠者不勉而忠不思而得相在爾室尚不
愧于屋漏著誠之義小人閑居爲不善無所不至見君子而後厭然揜其
不善而著其善人之視己如見其肺肝然誠於中形於外故君子必
愼其獨苟無盟信信以發志苟信不繼盟無益也言忠信行篤敬忠信禮之本也忠
信之人可以學禮臣能承命爲信信於民奉禮信於民而民信之矣情欲信信而後勞其

帖四　三十二

民信而後諫未信人以為謗己也信之所勸者信也積善之應傳子曰管寧在遼東三十七年歸海中遇暴風船没唯寧船自若時夜晦冥望見火光趣之得島出島無居人又無火燼行者咸異皇甫謐曰積善之應也耿恭拜井後漢耿恭字伯宗守疏勒城城中無水穿井十丈無水恭整衣冠拜井泉涌出神告亭崩晋徐苗有志行常宿亭舍有神告曰亭欲崩遽走出得免恥賣輕寶賣易辭賣也禮

踐言諾責與其有諾責也寧有己怨苟欲全吾言安得全吾身史要盟無質禮子曰負謂人之盟云云大道既隱小信未學稱以行權爾雅有說謂之守信吾則不知節以名聞名以信聞蘇秦以百詐成一信淮南子云

仁第二十四

仁者天下之表親為國寶親仁善鄰國之寶也神福仁而福淫體仁是以長人仁之本歟仁者安人智者利仁君子去仁惡乎成名仁者樂山仁者靜仁者壽智者樂可謂仁之方仁遠乎哉為仁由己仁者不憂甚於水火仁之於民也甚於水火水火吾見蹈而死者未見蹈仁而死者也蹈仁見上注當仁不讓於師有仁義大道廢仁者漢書仁者百行之宗稱曰用權爾雅有說謂之仁德吾則不知上仁為之而有以為老子三月不違仁回也三月不違仁其餘則日月至焉而已矣克寬克仁民罔當懷懷于有仁達德仁者天下之達德仁者必有勇勇者不必有仁宣𡰥訓人一日能用其力子曰有能一日用其力於仁矣我未見力不足者顏子好學三月不違其心見上注仲𡰥曰臧文仲不仁者三下展禽廢六關妾織蒲違仁君子無終食之間違仁求仁得仁伯夷

殺身不食周粟無求生以害仁有殺身以成仁好仁不好學其蔽也愚仁親以為寶舅犯曰亡人無以為寶仁親以為寶注云仁親行仁也仁之為器子曰仁之為器重其為道遠舉者莫能勝行者莫能致也與仁子罕言利與命與仁若聖與仁則吾豈敢仁則吾不知也仁以自衛家語古之君子以仁自衛惻隱之心孟子曰有惻隱之心仁也無惻隱之心非仁也仁而不貳無能違也里仁為美擇不處仁焉得智處仁依於仁游於藝天下歸仁一日克己復禮天下歸仁焉仁有三與仁同功而異情有安仁有利仁有勉強為仁仁之難成久矣君子而不仁者有矣夫未見小人而仁者人而不仁如禮何其仁不足稱也舅犯見利不顧其君其仁不足稱也放麑董仲舒春秋決獄曰君獵得麑使大夫持以歸大夫道見其母隨而鳴感而縱之君慍議罪未定君病恐死欲託孤幼乃覺之大夫其仁乎君麑以恩及人乎乃釋之以為子傅於議何又淮南子孟孫獵得麑使秦西巴持歸烹之其母隨而啼秦西巴不忍縱之孟孫怒逐秦西巴居一年取為子傅曰夫一麑猶不忍況人乎董仲舒曰君子不麑麑不卵不夭夭不諫使持歸非也然而中感母恩斷發君命使之可也力行近乎仁禮不背本范子曰不背本仁也不忘舊信也無私忠也尊君敬也仁以接事信以守之忠以敬之敏以行之事華大夫齊取數多者仁也田子方養老馬

寬恕第三十五

苞荒易爾無忿疾于頑書無求備於一人語必有忍乃有濟有容德乃大不怨臧文仲作不仁而施不恕勿施於人己所不欲其恕乎子曰有一言而可以終身行之其恕乎躬自厚而薄責於人則遠怨矣人之過也各於其黨觀過斯知仁矣小人不能為君子之行非小人之過也當恕而勿責寬

財得衆國君含垢傳天之道也曹參見人有細過掩匿覆蓋之丙吉不罪馭吏馭吏嗜酒[illegible]曹請斥之吉

曰以醉飽之過斥人欲令安歸乎不過吐丞相車茵西曹地忍之蒲鞭示恥羹爛汝手漢劉寬字文饒吏人有過但用蒲鞭示辱而已又

夫人欲試之趁朝裝畢使婢奉肉羹翻汙朝衣上遽收寬神色不異徐謂婢曰羹爛汝手耶宋則蒼頭誤殺子宋則子年十歲與蒼頭共弩射[illegible]

獸矢誤中則子死則恕不詰者美之不加聲於僮僕劉寬忠恕違道不遠慕容[illegible]恕其僕不以己能

責人不能玉褒忠恕而已認物與具稱法爭竊認門注避盜具凶惡門雜盜注一不見吏過曹參爲國相舍後園近

吏舍日夜飲呼從吏惡之引參遊園幸聞相召按之乃反取酒張坐飲亦歌呼相應見人細過專掩匿蓋覆敗面蔡系與謝萬爭言推萬落牀冠帽傾脫萬徐起曰卿幾敗我面

稱衆自安理遣衛玠叔寶嘗云人有不及可以情恕非理相干可以理遣故終身無喜愠之色

直第二十三

正曲爲直直哉惟

清司直彼己之子邦之司直直如朱絲繩如矢之直如弦之心直如弦死道邊舉直錯諸枉能使枉

枉者直民之生也直罔之生也幸而免言人生所以自然以正直直而無禮則絞好直不好

學其蔽也絞子貢曰惡訐以爲直者訐發人之陰私曰思無邪詩三百一言以蔽之古之愚也直

今之愚也詐庸爲直乎言非直也惡直醜正言害正直也可謂直矣大直若曲老子身由正

名以立友直子曰益者三友友直友諒友多聞獬廌宅買反觸邪奔無好惡屈軼指佞豈得悔亢稱以爲

權爾雖有說謂之曰直吾則不知盡忠事上正色事下立身勵物執俗端衰鮮移其是必正

施恵德輶如毛既飽以德以德綏我反德爲亂崇德報功在乎德
行惟德動天明德務崇明德惟馨四德具矣德成而上爲政以德弃
德不祥以德和人度德以處柔道以德欲報之德德惟善政汪汪萬
頃陂黄叔度大略趙充堤腹王襃之敗面見寛恕門超將中軍原軫將中軍先以下軍超將中軍故曰上德也德之
不修是吾憂也語有鄰子曰德不孤必有鄰德延延久也書惟寧王德延君奭秉德不康康安也非我周
秉德不康寧多方作德心逸日休周書周成王云云恃德者昌史黎民敏德虞書言民敏疾脩德言后克艱
厥臣知不易則政治德儉有度德廣所及望而畏之參於前也貌足畏也色足憚
也德禮不易英華外發尊在瞻視威而不猛威莊而安容止可觀動
則思禮行則思義監其德也德之恭也德之聚也德之輿也德施普也
德明惟明上德不德秩秩德音恭儉惟德率德改行果行育德樹
德務滋其德不回德音是茂禮以防德懿其文德既既我德皆有
嘉德 ● 陰德附德門韓厥存趙孤太史公曰韓厥感晉靈公絶趙孤以成程嬰杵臼之義韓氏陰德於趙其大者與魏終爲
諸侯十世宜乎邴吉病漢邴吉病上使加紼而封夏侯勝曰未死臣聞有陰德必享其樂以及子孫今吉未獲報非死病果愈于公門于公閭壞

父老治之公曰必高大其門令容駟馬高蓋我治獄多陰德子孫當有興者至定國果爲丞相**升卿**虞詡祖曰吾治獄多活人後世當雖不及于公何知不至九卿字
故字詡曰升卿**葬書生**後漢王忳字少林詣京師於空舍中見一書生疾困愍而視之生曰吾要下有金十斤相贈乞藏骸骨未及問姓名而絶忳鬻一斤營葬
餘悉置棺下無知者後忳爲大度亭長至亭有馬入亭中風飄繡被墮忳前忳後乘馬文年忳入他舍主人認馬忳具云云主人曰所埋者我兒也姓金名彥政以陰德葬君也
埋牛肉晉周放鄉人有盜牛者於塚間訪得密埋其肉不使知之**叔敖斬蛇**史孫叔敖見兩頭蛇恐人更見乃斬埋之叔敖母曰夫有陰德必有陽報
殺之當富貴後爲楚令尹**活千人有封**後漢和熹鄧太后訓女叔父後曰吾活千人有封兄訓爲謁者治石曰何歲活數千人天道可信家必蒙福初太傅禹
歎曰吾將百萬衆未嘗妄殺一人後亦有興者也**全濟**順列皇后父商曰我先人全濟河西活者不可勝數積德必報當在此女也**靜陰合德**
不告而退遂亡見孝禄養門**齊衰三年**史程嬰立孤兒詭還自殺趙武服齊衰三年春秋祀之世世不絶**行感**
內天惟報施神亦福謙**積善之家必有餘慶爲而不恃**聖人施德不望報老子**●德服**
人附德門**德則不競**左傳曰德則不競尋盟何爲**引車**史藺相如位在廉頗上欲辱之相如知每引車避之後頗肉袒負荊謝罪**德**
攻晉文公能以德攻人**飲德**吳程普以年長侮周瑜瑜折節下之不爲校普自敬伏乃告人曰與周瑜交若飲醇醪不覺自醉也**飽德**既飽以德詩
君子之德風人皆改操飾行許劭子將爲功曹太尉徐璆敬之府中莫不改操飾行同郡袁紹去濮陽令歸車徒甚盛入界
謝賓客曰吾輿服豈可使子將見之遂以單車歸也**孫期至孝**黃巾不犯孫先生舍以其至孝**陳寔所短**陳寔仲弓鄉里化其德人
有過曰寧爲刑罰所加不爲陳君所短**王烈誘人**先賢行狀曰王烈識道達義其誘人皆因性氣誨之後有盜牛者發曰罪責甘心乞不使王烈知也烈聞之

遺布一端以激其心後老父遺劒於路有一人守之乃是盜牛者 心服 戴良才高見黄叔度未嘗不正容乃歸惘然有失母曰汝復從牛醫兒來耶對曰良不見叔度不自謂不及既覩其人固難得而測矣陳蕃周舉相謂曰時月不見黄叔度則鄙吝心生蕃爲三公歎曰叔度在吾不敢先佩印綬 避盜 賞盜與盜開路並見盜門 牛犯禾 皇甫謐高士傳曰管寧幼安鄰有牛犯寧禾寧牽牛著涼處飲食過於牛主牛主大慙若犯嚴刑是以左右無鬬訟 河海之潤 河海潤千里盛稱及四海左傳 行成于身唯有德者 能以寛服人 德化 逢萌修道人者化之以德後漢 無毒草 譬如靈林無毒草威鳳在野集仁者是以子將爲吏人皆改操後漢許子將

● 世德 附德門

前訓 國語叔詹曰若用前訓文侯之功武公之業可謂前訓 世濟其美 不隕其名高陽才子 冢聲克紹前烈 書 父作之 子述之 無違命 傳曰自暮至瞽瞍無違命舜之先也 世名清廉 漢王吉至孫崇世名清廉 陳氏公卿 陳寔爲太丘長子紀爲司農孫羣爲司馬世有重名語曰公慙卿卿慙長 伏不競 後漢伏湛九世祖伏生經學清靜無競故東州號伏不競 楊氏名德 楊震伯起八世祖喜封赤泉侯高祖敞丞相公寶爲居自震至七世名德震及玄孫彪四世爲太尉世有名德 羊祜光世 晉清德聞祖續父述 汜毓 字稚春奕世儒素敦睦九世人號其家兒無常父衣無常主

規諫第二十八

贈人以言 史孔子去周老子送之曰仁者贈人以言夫聰明深察近於死者議人也博辯宏達危身也 規我 子產以他規我 卒事不規 傳曰王使叔譽立向戌子産之後以規過卒事不規曰禮吾所未見者有六焉又何以規之 良規 戰卿良規 大夫規誨 傳禰 察其過 匡其不及 善言 良箴 諍友

賢第二十九

直方大義以方外通天下之志 以賢 倒爵周禮 出其言善 則千里應之 髦士攸宜 昭明有融 高朗令終 南山

有臺樂得賢也　南有嘉魚樂與賢者共之　棫樸文王能官人也　愼其獨君子絜矩之道　有方之
士不尚賢使人不爭老子　恥名之浮於行　難進易退三揖而進一辭而退　賤貨貴
德賢者不隕穫於貧賤不充詘於富貴　貴賢去讒遠色賤貨貴德所以勸賢　清明在躬氣志如神　從善如流　賢哉
回也　求善不厭　賢者子孫冝有後也　行賢而能去賢　安往而不愛　賢人集荀陳之會見德門生　吉
人爲善惟日不足　擇善而從　爲善不改其度　孳孳雞鳴而起孳孳爲善堯舜之徒也　朝有
進善之旌　爲善最樂後漢明帝問東平王處家何等最樂對曰爲善最樂　詐善張儼居室鄙華過奢子游譏君人謂之詐善
偃曰人皆詐惡我獨詐善何傷乎　動不累高晉謝鯤通簡有識人服其遠暢而恬於榮辱自歎若織而動不累高　守節傳曰前志有之賢守
節　選賢與能　任賢勿貳　取一賢斂才　擧賢援能　進賢授上賞　親賢
下集隱也　賢賢易色　國之紀人之望賢者　信賢而任之君之明也　議賢而下之臣之忠也呂氏春秋
一沐三握髮一飯三吐哺周公下白屋之士後世稱聖賢　傷賢者殃及三代　蔽賢者身當
其害　達賢者福流子孫　嫉賢者名跡不全三略黃石公　人之清者爲賢　賢
不肖之杖淮南子　惟后非賢弗乂書　得地千里不如得一賢士呂氏春秋　黃金累千不如一賢　建
官惟賢書　素履復賤貨貴貴得賢以[illegible]齊　魏文得賢譽於諸侯魏文侯師卜子夏敬段干木田子方得譽於

諸侯叔堅圖形於屋廟後漢馬叔堅鄉里圖其形於屋原廟陳蕃解榻陳蕃爲徐稺特設一榻來則解之去則懸之

●慕賢附賢門執鞭所欣慕太史公曰晏子在余雖爲執鞭所欣慕傾慕漢臨邛令不敢嘗食身以請司馬相如往一座盡傾

慕之慕藺司馬相如本名犬子慕藺相如爲人遂名相如慕杜齊名見義感門注喜御荀爽常就李膺因爲其御旣還喜

曰今乃得御李君矣其見御慕也如此折角巾郭林宗行遇雨巾一角墊士人效折其巾角以效之墊蒲葵扇謝安風流時多愛慕故人罷中宿縣

還有蒲葵扇五萬安取中者攬之京師慕效競市價數倍掩鼻詠謝安能詠爲洛下書生有鼻疾故音濁名流學詠者掩鼻效之衣練王導爲太保時

帑藏諸庫中唯練千端鬻之不售國用不給導乃與朝士人各製練布單衣士人翕然效之練遂踊貴擇善而從何敢望回賜也希顏慕藺孟

母三徙以擇善見善如不及見善若驚聞義能徙里仁爲美擇不處仁焉得智衣潤而行霧

宣帝而潛於衣景慕景行龍門李膺元禮以聲名自高士有得接遇者名爲登龍門見賢思齊執轡魏公子執轡迎

侯式閭式閭魏文侯式段干木閭止戈於秦以己方人●知賢附賢門與選部知人藻鑒門雜吾之師表黃憲字叔度世貧賤

荀淑過憲於逆旅時年十四淑然異之謂子吾之師表也旣前見袁閬所未及勞問淑曰子國有顏子識之乎閬曰見吾黃叔度耶倒屣王粲字仲宣蔡邕

邕倒屣迎粲粲年少容貌小短一座盡驚邕曰王孫有異才吾不如也吾家書籍文章當盡與之張孝廉劉琰爲丹陽尹張憑字長宗詣琰琰延之上坐言論曰當

宿至旦遣之憑還遂還船須臾琰傳教覓張孝廉船便召同載託子薛宣爲不其丞琅邪太守趙貢見宣甚其能還至府舍令妻相見戒曰贛君至丞相我子亦中丞相

先識牛心王羲之字逸少年十三謁周顗顗異之時重牛心炙坐客未噉顗先割啖羲之由是知名又託子魏三輔決錄曰張既…見童

曉功曹游殷察之邀既過家設賓饌其妻笑之殷曰方伯器也與論王霸之略遂以子楚託之後既薦楚爲漢興太守　桒縣石苞字仲容西知名爲縣吏鄉人許劭見苞爲小器

見曰卿義兼章人當相引在朝何小縣乎苞曰不意允知己也如此　武庫五兵周弼見裴頠歎曰若武庫五兵縱横一時之傑　晏子贖越石

父在縲紲中見知人門　謝尚就袁宏見風流門

行第三十

行發乎邇見乎遠易　言

行君子之樞機易　行過乎恭　師氏教國子三行一孝行以親父母二友行以尊賢良三順行以事師長孝友

而睦姻親　行前定則不疚　危行危言　行成於內　行篤敬　行成而无言過其

行君子恥之　內行翟方進內行脩　善行脩身踐言謂之善行　積行累仁　行有枝葉　素行　景行　污行　違

行孟子曰柳下惠不羞汙君不辭小官進不隱賢必以其道遺佚而不怨阨窮而不憫與鄉人處悠悠然不忍去也曰爾爲爾我爲我雖袒裼裸程於我側安能浼我哉　徐景山

通介有恒語異節操門　魏虞欽晉書欒欽邈曰志高行絜　言顧行行顧言　士有百行　士二其行

儒行脩大行者不拘小節

情性第三十一

利貞者性情也易　懲忿窒慾

致命遂志　吉凶以情遷　愛惡相攻而吉凶生　情偽相感而利害生　習以性成　惟民生厚

因物有遷不忌不克　天命之謂性率性之謂道　人心不同其如面焉傳　卞急　好絜

郭莊公　成性　人各有性張華答晞孫遵曰人各有性長短自裁子欲爲我亦不能吾將效子亦數矣　厚貌深情禮　人各

有心翼奉字少君曰知臣之術在六情十二律　五性不相害五行所通之猶　六情更

發興 東方性仁西方性義南方性禮北方性智 觀情以律聽性以歷 明主所宜獨自辯與人共露之則不神獨行則自然 翼奉

弦 西門豹情急佩韋自戒後漢范丹以性褊急常亦佩韋自戒董安于性緩佩弦而自求 窮理盡性 以至於命 達於情 聖人達於情遂於命

性不可易 老子曰性不可易命不可變時不可止 性與天道 不可得而聞也 受性於父母 後漢高獲與世祖有舊祖曰欲

善當改剛性獲曰臣受性於父母不可改遂辭之 吟詠情性以風其上 詩序 反情以和其志 禮記 情深而反

明 禮 性猶湍水 孟子 性相近習相遠 語

命第三十二

樂天知命 故不憂易 窮理盡

性以至於命 以聽天命 得之自是不得自是以聽天命 不知命 無以為君子 五十而知天命 與命與仁 子罕言利

遂於命 莊子曰聖人達於性遂於命 命不可變 見上注 不知所以然而然得之在命 文子曰所受天

之命所遭於時有其才不遇於世命也求之有道得之在命故君子能以為善不能必受其福不忍為惡未能必免其禍故逢時進得之以義何幸之有不逢時必讓何不幸之有

道之將行命也 道之將廢命也 公伯寮其如命何 列子有力命論 各正性命 命可長也短

長之命不知命也 天命之謂性

節操第三十三

風雨淒淒雞鳴喈喈 雞猶守時喻君

子不改其度 達節 子臧曰聖達節謂不守小節 守節 次守節謂善人守其節若子臧季札之屬 失節 子臧曰不失節雖不能聖敢失守乎季札

曰雖不才願附子臧以無失節 不以利累形 莊子曰能尊生者不以養身雖貧賤不以利累形也 屠羊說辭賞 屠羊說楚昭王出奔王

反賞之說曰大王反國說反屠羊何賞之有 申包胥逃賞 楚昭王反國賞申包胥包胥曰吾為君也君既定矣又何求遂逃賞 苦節 易曰苦子石苦

節不可貞也天地節而四時成節以制度不傷財不害民虞吉有他不燕虞吉事也有等則告來他則不安言介節也我

心匪石不可轉也我心匪席不可卷也砥礪廉隅雖分國如錙銖不臣不仕其規爲如此通介有

恒魏盧欽著書稱徐邈曰志高行絜高而不悄絜而不介聖人以清爲難而徐公所易也問曰武帝時人以爲通自涼州還京師以爲介何也答曰往者崔毛用事貴清素之士

皆變易車服而徐公不改故人以爲通比來奢僭轉相放效徐公雅尚自若故前日之通乃今日之介是世人無常而徐公有常也徐邈字景山不可屈之色

晉庾袞有異行潁川太守以功曹命之不俟駕而往請受天下之役飾遵過之送通形盛恭而有不可屈之色乃厚禮而遣之懍然節槩楊暉書曰西河魏文

侯之居有畝于本田子方之遺風其人懍然有節槩知去就之分也布衣之戀後漢孔僖曾祖子建與崔篆友善篆事王莽勸子建仕對曰吾有布衣之戀子有衮

冕之志其道乖矣非耕不食後漢周燮有先人草廬結于岡畔下有陂田常肆勤以自給非身所耕不食也於陵子仲齊之巨擘

公孫丑曰陳仲豈不誠廉士哉孟子曰於齊仲子爲巨擘亦焉能賢以兄之祿爲不義之祿而不食以兄之室爲不義之室而不居避兄離母居於陵身織屨妻辟纑以易衣食以

母則不食以妻則食豈能充其義也魏王襃字偉元計口而食嘗刈麥人助之襃棄之不累主人晉劉寔清身行無瑕玷嘗貧每憩止薪水自給不累主人

口不言貨財手不執珠玉崔洪口不言貨財手不執珠玉汝南王以琉璃鍾行酒與洪洪不執遇姊餉留錢後漢

范丹字史雲候姊病姊飯之以姊夫不德乃留錢二百動不累高晉謝鯤通簡有恒有識者服其遠暢而恬於榮辱自處若穢而動不累高不失

漢節武蘇不肯乘車袁閎夏甫父賀爲彭城相閎往省謁變姓名徒行既至數日吏不欲通閎母出見驚白夫人乃密呼入去賀遣車送之閎稱眩

疾不肯乘車步擔告歸趙孝長平王莽時父爲田禾將軍以父任爲郎告歸嘗白衣步擔欲止郵亭亭長先時聞孝當過以有長者客埽灑待之孝不告其名長不肯納因

問曰聞田禾將熟子嘗過何時到乎曰尋即到矣 不食餽食 閔仲叔世稱節士嘗豈其李子取水兲遺之受而不食也 不受報恩金

雷義字仲公濟人死罪以金二斤謝之義不受人伺義不在乃以金置縣長承塵上義嘗脩屋得之其人已死無所還乃以金送縣 口腹不累 閔仲叔客居安邑老病家貧不

能得肉日買豬肝一片屠或不肯與安邑令聞勑使常給仲叔知而歎曰閔仲叔豈以口腹累安邑哉遂去客沛壽終 不取於人 常林字伯槐單貧自非手力不

取於人 不取死麋 晉郭文樂獸殺大麋於菴側文以語人人取賣之分錢與文文不取曰我若須此當自賣之所以相告正以不取聞者皆嗟歎之 不取魚

貴價 任嘏家貧賣魚會官稅魚價貴數倍嘏取直如常 贖生口 任嘏嘗與人共買生口各雇八疋絹生口家來贖直六十匹共買者欲隨時價取嘏

自取本價 不過從兄飯 帝問第五倫曰聞卿為吏不過從兄飯有之乎倫曰臣少遭饑亂實不妄過人飯 不留妹家 沐並德常

過姊妹為饌餐辭之叅而責不肯留 郭翻墜刀 於水人為一得便與其人不受 不受遺 羊陶字道……若安守于畫與陽遺家奉遺陽一……翻吏曰羅公

議致書言委叙而遺陽既無反致乃以貨之買物寄還寶見寶奉以為惠而反還之益歎異 如冰清 如玉如雲相明淨 計口而食

覧上注 高潔第三十四 鑑明則塵垢不污 神清者則嗜慾不誤 閔損 字子騫不仕大

夫不食汙君之祿 善與鄉人處 孟子曰伯夷非其君不事非其民不使思與鄉人處如以朝衣朝冠而坐於塗炭也 崔洪 口不言貨財 王夷甫

口不言錢 李膺高亮 無所交接唯以荀淑陳寔為師友 嵇康 叔夜性遠邈 范史雲之清 後漢范丹字史雲清節

閭閻里中得盜食實其素德更歴曰汝清高范史雲窮居結草而云不營表其子丹自號云 不言 白乎涅而不緇 論語 獨清 屈原 脩身第

三十五 脩身 慎言 言不過辭動不過則 意誠而正 後脩身 身脩而後家齊 君子潔身而脩德

三省吾身[illegible]不冠不入 馬援[illegible]遇妻子如嚴君 張湛居家修整 晉王[illegible]有風操[illegible]
通晉[illegible]見居室言善 千里應之 名教自有樂地 晉王澄字平子任放樂廣曰名教中自有樂地何必乃爾 整風教
[illegible]有風操[illegible]之爲人厚而[illegible]整風俗 攝以威儀 危坐 茅容季偉與等輩避雨樹下衆皆夷踞相對容獨危坐
[illegible]宗見而奇之 [illegible]吾身 是憲 吾身之默而留心道 知道本無爲 盡禮 盡禮之[illegible]容 曾子[illegible]入[illegible]而[illegible]
密[illegible] [illegible] 史丹 而心謹密 懷瑾握瑜 阮籍 不拘禮教 字嗣宗外坦蕩而内淳至[illegible]
王子猷訪戴 子猷居山陰夜雪[illegible]經宿[illegible]門不前而反 晉左太沖[illegible]日乘興而來興盡而反何必見戴 肆
心 傳曰昔周穆王欲肆其心周行天下 縱欲 禮[illegible]不入長吏 [illegible]中 謝光[illegible]送客[illegible]還[illegible]令不在[illegible]
入令[illegible]中尉令[illegible]之道 入車中 王徽之字子猷[illegible]首曰似 獸爲桓沖騎兵參軍沖問所主何署 曰似馬曹 又問馬[illegible]多少 曰未知生焉知死
從汴行值雨因下馬[illegible]入汴 馬曹 注見上 不知[illegible] 三公 王戎爲司徒開乘小馬從便門出遊 見者不知是三公 故吏多至大官
車曰公豈得獨擅一車乎
路相遇 衞中走馬 張敞爲京兆尹無威儀罷朝走馬章臺街使御吏驅自以便面拊馬也 福官長飲 桓溫與謝奕[illegible]
西司馬推布衣好常偪温飲 温走入避之[illegible] 酒就驃事 傑鵝[illegible] 王澄字平子爲荊州刺史送者傾朝見[illegible]
引温一兵師共飲曰失一老兵亦何所共 在温 不責之
上[illegible]果便脫衣上樹探鵲 醉臥 畢卓爲吏部郎 鄰之釀酒熟卓醉夜入其家盜飲醉 又
[illegible]反神氣蕭散旁若無人 便臥[illegible]間 守酒吏 曰得而縛之明旦看乃畢吏部也
阮籍鄰家少婦有美色當壚沽酒 籍嘗[illegible]婦[illegible] 沽酒 哭丘家女 丘家女有才色未嫁而死
醉便臥其側 籍不自嫌 其夫察之亦不疑[illegible] 阮籍不識其父兄徑往哭

而反□畫袁宇其父 胡母輔之彥國子謙之字 輔之亦不介意輔之酬歎

胡母輔之嘗歎入呼而共飲也 八達 光逸孟祖散髮裸袒閉戶數日 光逸孟祖太傅辟至蜀酣

謝鯤中呼輔之輔之曰我孟祖也遂呼入飲人謂之八達

風流第三十七

謝尚從江 至將起舞之亮曰諸君少住老子於此興復不淺便據胡牀與諸人詠謔竟坐

左右欲避[illegible]江會[illegible]在船中諷詠聲既清會 又樂[illegible]令問之乃是臨海鄭尚書[illegible]之[illegible]貴與

庾亮[illegible] [illegible]留白云可 [illegible]曰非唯風流兼有為政之[illegible]

剛第三十八

立地之道曰柔與剛 易 沉潛

不吐 與父以剛 傳 陽[illegible]與父過[illegible]從之及 不干時況在人乎吾子其不

曰吾未見剛者 或對曰申棖子曰棖也慾焉得剛 欲剛

王嘉剛毅 天子直[illegible]獲不改性 後漢高獲 [illegible]性獲曰

剛勁訐直 人之[illegible] 不能容 好剛不好學 其蔽也狂

彊不得死 季布為柔 [illegible]剛 虞翻 剛而不虔

達 孝經三十九 血氣方剛 戒之在鬭 小人

庾亮登樓 晉庾亮鎮武昌佐吏殷浩之徒乘秋月登樓不覺亮

遂將排戶守者不聽遂便脫衣露頭於狗 胡母輔之與謝鯤阮放畢卓羊曼桓彝阮孚 之曰彥國年老不得為爾將令我狗竇中東

不學 不及父而傲縱過之酣醉常呼父字

與袁宏譚 運自業謝尚鎮牛渚乘月與 袁宏臨海令為之子少孤以租

王樂 晉樂廣與王衍俱宅世事外見重 於時天下言風流者王樂為首

終日清譚 王衍字夷甫出補元城 令終日清譚縣務亦理

剛克 高明柔克 書 剛亦不吐 詩人有言剛則吐之 仲山甫剛亦

[illegible]而還其妻問之高曰以剛天為剛[illegible]猶子 改子懼罷其[illegible]是以吾之[illegible]晉[illegible]陽與父

[illegible]柔 [illegible]曰欲剛必以柔守之[illegible]成 [illegible]保之[illegible]於柔[illegible]欲[illegible]必[illegible] 漢

獲與世祖有舊 曰欲子[illegible]宜改常 傳 [illegible]受性父母不可改也遂辭去之

也 子路行行如也 剛貌 行行 血氣方剛

腸太剛 剛 折 雅剛 百鍊剛 近仁 子曰剛毅木訥

周壯不在 若善 [illegible]皆在 剛強者死之

徒隸夫家陂池田園宗族賓客為權利橫潁川 灌夫 潁川兒乃歌之曰 衛不避也 實負宮寵恃宮禁脅勢以

賛曰冀凶 宋公主田園 冀跋扈 後漢書曰梁冀字伯卓 召孫奮書 質帝目之跋扈將軍 守藏府盜珠十斛 南方之彊 而北方

之彊 剛嚴 負毦帶鈴 吳甘寧興覇少好游俠 招合輕薄少年為之渠帥 群聚相隨挾持弓弩負毦帶鈴 民聞鈴聲即知是寧 彊梁者

不得其死 老子 強梁者不得其死 聲 必及之 北宮黝善養勇者也 孟子 威重於太守 官居

東長 嚴重於太守 豪家奪吾民 不能彊外彊 恭顯任勢 [illegible]

立地之道曰柔與剛 易 柔克 見剛 不亦不茹 人亦有言柔則茹之 仲山甫柔亦不茹 詩 隨會胃柔

而不犯 傳 柔弱勝剛彊 老 柔弱者 生之徒 老 能下人 不犯 欲剛必以柔 上見

注 光武柔直 光武幸南陽宴父老 父老 歡曰 柔直 乃能至是 稱謂曰文叔少時謹信與人不 帝笑曰吾亦柔道治天下 莫過於水 老子

曰天下柔弱莫過於水 而能攻堅者莫之能先 之柔矣 遺詩 福名 可御剛 繞指之柔 舌柔口柔之人

雅柔而立 ○ 怯懦 附柔門 管仲三戰三北 子不以我為怯 知其 魏勃股慄 諸呂 齊王反 勃

曰夫勇 韓信胯下 淮陰市少年辱信曰不能死出我胯下 信 良久乃俛出胯下 一市皆笑以為怯

孫力 淮南王書曰 宮之奇懦而不能彊諫 左 懦夫 孟子曰聞伯夷之風 懦夫有立志也 無

無勇 駒失戈 晉 駒以戈 蒯聵登車 太子

投車下子良授太子綏而乘之曰婦人也言其懦也 脆弱 前漢云羌脆弱易敗國語 一本古失軾 事具下無勇門

褊急第四十一

邾莊公卞急 左傳邾莊公在臺臨庭閽以瓶水沃庭公怒閽曰夷射姑旋焉執之不得滋怒自投于牀廢于爐炭爛遂卒莊公卞急故及此 佩韋 范丹事見上注 蠅集筆端 魏王思為司農性急常書蠅集筆端驅去復來再三思自起拔劍逐蠅不得取筆擲地踏壞之 食雞子 王述懷祖性急常食雞子筯取之雞子轉於盤中不時可得怒擲于地以屐齒踏之又不得怒甚於地取以齒碎之又棄於地 公孫之亟也 晉使張骼輔躒致楚師求御於鄭鄭人使宛射犬御二子幄坐射犬於外既食而後食之乃戰射犬近不告而馳之收禽挾囚不待而出既戰二子問曰胡再不謀對曰曩者之言公孫之亟也言性急不肯受屈 量褊芑荒 德非含垢 忿不思難 褊心 魏君儉嗇褊急 無得而將之 後漢明帝褊急 嘗以事怒藥崧以杖撞之崧走入牀下帝急呼崧曰天子穆穆諸侯皇皇未聞人君起撞郎帝赦而止

儉約第四十二

禮與其奢也寧儉 以約失之者鮮矣 去奢去泰 老子 克儉克勤 書曰克勤于邦克儉于家 儉則固 奢則不遜儉則固與其不遜也寧固 物或損之而益 德儉 而有度 儉德 之恭 昭其儉也 儉固能廣 務嗇勤分也 嗇儉 示之以儉 曾子曰國奢則示之以儉國儉則示之以禮 慎乃儉德 躬儉節用 服澣濯之衣毛蒔 毀食省用節器用 蹦躋 節儉 省嗇昭節儉尚朴棄奢反本也 廉恥之心 躬自菲薄 儉而不陋 以知足為富 居其寶貝 丈夫處居其實不居華 戒生之厚 素業 清風 貴而能貧 節乃用足 儉為德泰 聖人不積 君子戒盈 人道惡盈 鬼神害盈易 能節禮樂 不忘恭敬 務利而避

害愼始而思終以道制欲見得思義革奢俗以從儉約澆風以反淳無欺暗室神明不罔當[illegible]
黜華去奢從儉從儉降身唯賢稱病砥礪清節欽承素風宜嘉清德舜尚素風德因
儉立名以清聞妾不衣帛馬不食粟季文子卒宰庀家器爲葬備無衣帛之妾無食粟之馬無藏金玉無重器備君
子曰相三君矣而無私積可不謂忠也賓以特牲晉飢晉侯命祈以幣更賓以特牲器用不作車服從儉注云皆務儉也行之期年國乃有節卑宮
室晉文公爲盟主宮室卑庳以崇大諸侯之館子曰禹卑宮室而盡力乎溝洫室不崇牆闈閭妻子不入官舍後漢王良
仲子在位恭儉妻子不入官舍當示禮之代自合執中守臨人之司豈宜偏下難爲繼也恥卑盈示禮
曾子國無道君子恥盈禮焉國奢則示之以儉國儉則示之以禮損之又損忌蟋蟀之謂何蟋蟀詩刺晉昭公儉也雖則
從儉去奢有以小爲貴者而乃失中難下然乃爲是過與儉卑儉卑隨類反迫下之義也禮矯俗律人奢雖
諷於蟋蟀儉亦刺於蟋蟀既異建中則難爲下況去奢者作戒示儉垂文語以執中未爲得也吁其僭上
不奢實乎是從以約之文未衡寧儉之戒雖激俗是稱而相時斷昧既非示儉之日自招失禮之尤況
當示禮之日自貽過下之譏奢侈敗風雖時所惡清儉激俗雖矯何傷罷露臺漢文帝欲作露臺計
費百金帝曰百金十家之産焉用臺爲遂罷之蟋蟀蟋蟀刺晉昭公之儉也不中禮故作詩以閔之葛屨刺魏君儉嗇褊急而無德以將之堯舜儉
儉書云堯舜堂高三尺土階三等茅茨不翦采椽不斲飯土簋啜土鉶糲粱之食藜藿之羹夏日葛衣冬日鹿裘其送死桐棺三寸此儉而以禮適也用過乎儉

用九天德不可爲首　誰敢不讓書　推賢讓能書　陽禮教讓則民不爭周禮讓

德於天天子有善讓德於天諸侯有善歸諸天子士庶人有善本諸父母　讓善善則稱人過則稱己則民讓善　大讓如慢　小讓如僞　不

爭道塗不爭險易之利冬夏不爭陰陽之和　讓而受惡觴酒豆肉讓而受惡人猶犯之　讓而坐下衽席之上讓而坐下人猶犯貴　讓而

就賤朝廷之位讓而就賤人猶犯君　能以國讓仁孰大焉宋公疾太子茲父請伯夷伯夷曰云云　范宣子讓其下皆讓

策其馬孟之側後入爲殿抽矢策其馬曰非敢後也馬不進也　三以天下讓太伯能以禮讓爲國乎何有　謙受

益棄德不讓書　玄成謙遜下士遇知識步行必下從者與載送之　王佃有平吳功無矜滿之色　不以名位格物

陸玩通雅不以名位格物誘納後進謙若布衣由是搢紳莫不蔭其德字也　劉寔字子真以世多進趣致崇讓論也　不以能驕人尹翁歸　讓

德之主　上能下競　能以禮讓不爲禍先　雖賢貧而已矣然陋如之何　問高難對　謂下易悲　向

鷦衝而自愧鷦鷯路以發鳥魂　太伯三讓　晉侯三辭　夷齊讓國　虞芮讓畔　不讓當仁不讓於師　崇讓

論劉寔子真以世多進趨著崇讓論　●謙損附讓門　損益　盈虛與時偕行易　酌損損上益下

人說謙讓　滿招損謙受益　自卑而尊人　難進易退　曲則全窪則盈敝則新老子　毋吝羽

歸謙退不以於驕人　慮以下人　不自滿假書　裒多益寡　●以貴下士附讓門　結韤王生

處士也於庭中三公九卿盡會立于生顧謂張釋之曰吾韤解爲我結韤釋之跪而結之或謂王生徽也　執轡魏公子無忌自執轡虛左迎侯嬴嬴曰臣有友人在

屠請其過之聊朱亥也實從怪公持久立朱亥之家公子顏愈謹爾以貴下賤大得民也易降尊就卑貴而能降

降心相從周公下白屋吐哺不及發食遷

恥辱第四十六

其心愧恥若撻于市伊尹恥其君不及堯舜有恥且格格正也恭近於禮遠恥辱也衣敝縕袍與衣狐貉者立而不恥者其由也與不恥惡衣惡食不恥縲紲管子曰不恥縲紲恥天下之不治非人孟子曰無善惡之心非人也知恥彭辭知恥恥之左丘明恥之丘亦恥之

恥躬之不逮坐於塗炭孟子曰伯夷與鄉人處如朝衣朝冠坐於塗炭之上推之望望然若將浼焉浼汙也知恥近乎勇地有餘而民不足君子恥之

貞第四十七

貞勝吉凶者貞勝者也貞者事之幹也利貞者性情也天地之道貞觀者也日月之道貞明者也公叔文子卒公曰衛國有難夫子以其死衛寡人不亦貞乎送往事居偶俱無猜貞也傳貞而不諒貞主人天下之動貞夫一者也一有元良萬國以貞一人元良萬邦以貞共貞我二人共貞德貞恒其德貞師貞丈人吉易貞正也卜貞周禮卜來歲之貞

恭敬第四十八

天道敬親人道好讓敬遠恥過恭寡能自中出肅乎容貌禮由外作愼爾威儀相下以卑起敬思恭德由愼立名以恭顯毋不敬禮事思敬貌思恭居處恭執事敬如祭之敬若思之狀出門如見大賓使民如承大祭恭近於禮遠恥辱也卑讓禮之宗也敬可棄乎恭敬德之聚也能敬必有德恭則不侮慮以下人謙也克恭克讓

爲人上者奈何不敬恭人詩云戰戰兢兢温温恭人兢兢業業業業戒慎慄慄危懼敬之敬

之命不易哉君子正其衣冠尊其瞻視儼然人望而畏之乾乾夕惕貌思恭語接下思恭

貌曰恭洪範自卑君子自卑而尊人致敬禮君子致敬所以免禍致恭易君子致恭以存其位各敬爾儀

敬爾威儀敬禮之輿也傳勤禮莫如致敬夙夜惟寅寅敬也謙受益傴僂

恭貌怵惕敬貌剋己復禮檢身恭己其行己也恭子產讓爲禮宗敬乃德聚恭而

無禮子曰恭而無禮則勞慎而無禮則葸葸畏懼也鞠躬入公門鞠躬如也踧踖恭貌禮主於敬行先乎恭理躬

禮曰致禮以理躬則莊敬莊敬則嚴儀子曰敬而不中禮謂之野恭而不中禮謂之給文以君子之容敬慎者仁

之地也色莊者乎三命傴僂傳正考父三命茲益恭故鼎銘云一命而僂再命而傴三命而俯循牆而走亦莫予敢侮假寐晉趙

盾將朝尚早坐而假寐鉏麑曰不忘恭敬民之主也循牆而走注見上執轡迎侯嬴見上注軾廬魏文侯軾廬於段干木止戈於秦矣

握髮周公下白屋之士一飯三吐哺一沐三握髮昔三代明王之政必敬其妻子也遇妻子若嚴君張湛事

萬石君恭敬過宮闕門必下車趨見路馬必式上賜食於家必稽首俯伏而食如於上前終日危坐陶侃爲荊州恭而近禮終日斂膝危坐

聖役人恭儉以求役人卑以自牧敬以內直敬慎不敗天道虧盈而益謙鬼神害盈而福

謙

謹第四十九

庸行之謹庸常也易謹於事先王克謹天戒書謹序丞相田千秋謹

學）全身 張安世以謹厚全身 老謹 石慶爲丞相上以老謹無能不責 鄧通 以謹媚上 履霜堅冰 蓋言謹也易 謹
而信 汎愛衆而親人 子曰謹而信 有責堯哲無累後人

慎第五

敬慎不敗 易 不自滿假
書 涉于春冰 兢兢業業 夕惕若厲 怵惕惟厲 怨豈在明不見是圖 不矜細行
終累大德 克自抑畏 慎而無禮則葸 葸畏懼貌 君子無易由言 耳屬于垣 執虛如執
盈 入虛如有人 戒慎乎 其所不睹恐懼乎其所不聞 慎獨 莫見乎隱莫顯乎微故君子慎獨 清不必慎 晉李緒至
秦州刺史司馬景王曰爲官長清慎勤上曰不得已何去曰慎爲大清者不必慎慎者不必清 石慶數馬 石慶爲太僕御出上問車中幾馬慶以策數馬畢
舉手曰六馬慎如此也慶於兄弟中最爲簡 君子思患而預防之 可不慎乎 言行君子之樞機也 繫于苞
桑 其亡其亡繫于苞桑云云易 奔車之上無仲尼 覆車之下無伯夷淮南子 慎微 董仲舒云盡小者大慎微者著 宿衛忠
慎 魏許緒字仲康爲武衛中郎曹人自荊州來朝謁太祖未出於殿外召又便坐語緒辭天子將出還入殿人問之緒曰彼雖貴外藩也入室語何私乎祖聞善之
謝絕知友 史趙禹爲人廉倨爲吏已來舍無食客公卿相造請禹終不報務在絕知友賓客之請孤行一意而已 惟精惟微 不可不察 死
生在天 善敗由己 行不三思 還同捨魯之役 智乘百慮 頻涉謂秦之幾 位不可不慎乎 一失其位不得
列於諸侯況其下乎 慎言語節飲食 執輕如不克 克勝也禮 慎於行 ○慎密 附慎門 君子慎
密不出也 君不密則失臣 臣不密則失身幾事不密則害成 慎以避禍 不言溫樹 孔光守法度脩故事

上有所問據經對時有所上言輒削草稾與樞密歸家燕語不及朝省事或問溫室樹何木光對以他事不畏愼後漢陳寵爲尚書性周密常稱人臣若不畏愼在樞

密拒絶親友壞本任放爲黃門侍郎每納忠言輒手壞其本有智防魏荀攸謀密自從太祖征伐有智防謀帷幄時人子弟莫知所言焚

草羊祜叔子典樞要嘉謀讜議皆焚其草決已輒病張安世職樞機以謹愼周密自著每定大政正輒病莫敢出聞有詔令乃驚使吏之丞相府問焉

朝廷大臣莫知其預議毀草樊宏廉節所上便宜及言得失輒手自書寫毀削草本公朝訪逮不敢對衆小吏爲密楊阜義山爲將作大匠欲上

蹕省宮人不見幸者召御府吏問後宮人數吏守舊令曰禁密不得宣露阜怒杖吏一百數之日國家不與九卿密乃與小吏爲密乎帝聞敬憚之○愼終附愼門

知終易曰知終終之可與存義也乃終有慶伊訓曰其後嗣王罔克有終相亦罔終無初

有終愼始敬終靡不有初鮮克有終終之實難半塗而廢君子遵道而行半塗而廢吾不能已矣君

子之道思其始也思其終也愼終如始愼終追遠民德歸厚矣○鑒戒附愼門終日乾乾夕

惕若厲易視履考祥君子安不忘危存不忘亡治不忘亂人無水鑒當於民鑒鑒于后

羿殷鑒不遠在夏后之世鑒于后羿而用德度宜鑒于殷鑒明則塵垢不止亡國之社每國立亡國之社以爲鑒戒雖休

勿休日愼一日諸臣不佞晉入楚軍三日館穀范文子立於戎馬之前曰君幼弱諸臣不佞何以及此君其戒之申之憫戒小懲大戒

儆慢第五十二

天命祐敬人道惡盈禮不長傲神亦害盈傲很威儀而驕近亂傲不可長

禮記無怠無荒自暇自逸或敢侮予何以畀我傳彼皆偃蹇驕放之貌使驕

且吝其餘不足觀也已 ○驕 附傲 倨慢門 君子泰而不驕 不仁者不可以長處樂 自廣自滿 直而不

倨 倨傲也 敬親者 不敢慢於人 立無跛 跛不敬也 跛音祕 坐無箕 箕踞不莊敬也 荒怠傲 漫 安肆曰

偷 偷苟且也 肆恣也 忘僂傴之恭 肆偃蹇之傲 滿招損 謙受益 志自滿 無傲從康 荒怠

不敬 乃逸乃彥 敖彥也 位不期驕 不敬則何以承守其官位 燕褻威儀 何禮之拘 倨見長者

夷俟 夷倨也 俟待也 敬乃行 先傲爲禍始 斯須不敬 致禮以理躬則莊敬莊敬則威嚴嚴威 貌斯須不莊不敬則慢易之心入矣

失恭與義 信義苟而行之 既吝且驕 執幣 越椒來聘執幣傲叔仲惠伯曰必滅若敖其先君神不福也 獻俘 原叔

獻俘于王不敬劉康公曰不及十年矣必有大咎天奪之魄矣 取禍 苦成叔傲寗惠子曰取禍之道 怠位 滕成公來會葬甚哀多涕子服惠伯曰怠於其位而

哀已甚兆於死所矣 受玉惰 天王賜晉惠公命受玉惰召公曰晉侯且無後乎元自弃也 弃命 郤錡來乞師將來不敬孟獻子曰弃君命也不亡何待

受脤 成肅公將伐秦受脤於社不敬劉子曰能者養威儀以取福不能者敗以取禍今成子惰其不反乎 富而不驕者鮮矣 驕而不亡

者未之有也 戌也驕其亡乎 公叔戌 汲黯性倨少禮 長揖衞青 申脚局下 晉王武子與晉帝棊伸脚局下

問孫皓曰何以剝人面皮皓曰見無禮於君者則剝也 唐突諸侯 魏宣子景默常步入宮見植使問何官宣曰丞相軍謀掾也植曰應得唐突列侯否宣曰

王人雖微列在諸侯之上植復曰爲人父爽見其子應禮否宣曰臣子之例一也 箕踞 郭解出入人皆避有一人獨箕其倨視之解問其名客欲殺之解曰居邑之不見

敬是吾德不修 陵長吏 寧成爲小吏必陵長吏郅都爲濟南守成爲都尉直陵都出其上也 倨見長者 酈食其謂沛公曰方欲圖天下不宜

傳見長者 ● 狂 附傲慢門 楚狂接輿歌而過孔子 清狂不惠 晉宣時山陽太守呂邑王賀講清狂不惠 狂簡斐然成章 孔子在陳曰歸與歸與吾黨之小子狂簡斐然成章不知所以裁之 狂生 酈食其家貧落魄無衣食業爲監門吏皆謂狂生 佯狂爲巫 蒯通說韓信叛於沛公三分天下信不用其言乃佯狂爲巫 古之狂也肆 肆直意敢言也 今之狂也蕩 無所據也 一國之人皆若狂 狂狷 狂者進取 後漢仲長統 倜儻不務小節語默無常人謂之狂生 太公云大智似狂 不顯不狂其名不章 陳平 飲人狂藥 馳騁畋獵令人心發狂 老子 文子 姓辛氏狀 智不足而博學多聞 狂夫

勇第三十二

節 因危見節 以名聞 達德 智仁勇三者天下之達德 勇者不懼 用人之勇去其怒 仁者不必有勇 勇者不必有仁 率義之謂勇 見義不爲無勇也 威而不猛 雖猛何爲 勇而無禮則亂 致身事上 見危致命 好勇而不好學其蔽也亂 禮所貴於勇敢者 貴其能行禮義也故勇敢强有力者天下無事則用之於禮義天下有事則用之於戰勝用於戰勝則無敵用於禮義則順理外無敵內順理此之謂盛德故聖王之貴勇敢强有力如此也若不用於禮義戰勝而用於爭鬭則謂之亂人刑罰行於國所誅者亂人也 勇而不中禮 謂之逆 君子尚勇乎 君子有勇而無義爲亂小人有勇而無義爲盜 君子亦惡勇而無禮者 子貢惡不遜以爲勇者也 遜順 勇爵 設爵位以命勇士也傳曰齊莊公爲勇爵殖綽郭最欲與焉州綽曰臣平陰之役先二子鳴焉與於 謂乎 期死 期必也不顧義而期於必死也 供用之謂勇 供上之用 勇則害上 不登明堂死而不義非勇也 勇

不作亂　孝勇管子曰匹夫有孝勇股肱之力筋骨秀出於衆者有司以告有而不告謂之蔽才　勇夫伉佐勇夫射御不違親高不敬　[illegible]

陵雲精誠賈曰　銳敢精一勇　是無勇也　忘家忘身　一百夫之防萬人之敵　勇者若怯　[illegible]勇力

之士　時使晉侯使荀賓爲右　如虎如貔　桓桓　赳赳　容氣非眞勇也　素厲空猛無勇　陵[illegible]

非勇也　毛遂之氣然出三千　冠僚之才可當五百　內亂不興外患不避　我武惟揚　伉伉[illegible]

從伐武成　勇於敢則殺何壯也　一臨事而屢斷勇也　白刃可蹈　次飛之官　以斬蛟[illegible]

吳夷餘乃斬之楚王聞其勇乃致次飛之官　刺兩虎子曰卞莊子之勇可謂成人矣謂刺兩虎　賈餘勇齊高固入晉師桀石以投人以徇齊壘曰欲勇者[illegible]

賈子[illegible]勇　帶布主人縣布董父登之及堞而絕之蘇而復上者三主人辭焉帶其斷布以徇於軍三日　嗇禍子產曰小人之性釁於勇嗇於禍以足其性而求[illegible]

名置非圖家之剥也　子曰由也好勇過我　賈餘注見上　奪其志匹夫不可奪其志　動心孟子曰我四十不動心丑曰若是[illegible]

勇夫子勇適王賁　皆張血迸朱亥　髮植衝冠藺相如　攫戾執猛納壁推鋒　斬龍子羽澹臺滅明字[illegible]

江乃拔劍斬蛟　咀彘飲危樊噲之謂項羽　持璧睨柱相如之睨秦王　子路曰寧[illegible]執鐵由也能之子[illegible]

曰勇識　由之勇賢於丘　無拳無勇詩　州綽乃驟氏之勇郭最爲齊侯之隸　相如進[illegible]

缶以摑秦澠池之會　毛遂捧盤而盟楚遂按劍歷階捧銅盤而跪進令楚王歃血而盟　好勇太叔多材而好勇

袒裼暴虎詩　行行子路行行如也子曰由也不得其死焉行行剛強也　義勇冠三軍李陵李廣　斬蛟晉鄧遐[illegible]

蛟爲人害遂拔劍入水其又截蛟數段而出也 拔虎尾 刖 桓石虔 虎 猶 未 死 拔 箭 將 以 見 猛 獸 被 數 箭 伏 諸 將 知 其 勇 戲 令 拔 箭 石 虔 徑 往 拔 箭 獸 跳 虎 亦 跳

爲於獸獸伏又彼得一箭而歸 剸虎 上石季龍使劇 縛虎置 中 以 卹 縛 驚 虎 國 中 未 曾 見 令 出 之 好勇疾貧 止焉

亂也 好勇過我 是子之勇也 有勇 且知方也 以賢 智勇 無勇 附勇 是無勇也 何以

之 壯 素厲容氣 並見上注 非夫 非丈夫也 不武 臨事而懼 非戰陣無勇也 非孝 無孝無勇

孝勇力 末之卜也 末微也言其無勇而卜國 不占 失軾 崔杼作亂陳不占將往食則失哺車則失軾比至聞戰懼死於門外聞而死 蒯

聵投車 衛太子蒯聵與鄭人戰于鐵並見鄭師懼而自投車下子良授而乘之曰婦人也 趙羅之怙 作傳 無勇 麇之束 鐵之從 趙羅

御曰痞作而伏 麇束之也 淺 爲丈夫 傳 畏威若怯 勇者若怯 違 遭陵弱也 非勇 威暢 氣 奪

氣 有命出征 不畏 後勁 無剛 嘗冠 先奔 然慨 儒夫 儒弱也 宮之奇 爲人懦 勇於不敢則

活 老子 勇可習 晁錯 兖州春秋曰劉表攻西州州長杜子緒守拒時 杜子緒 恐入室 … 立而 … 二日 出 四五日 …

負 稱親 關 子路 曰勇可習者也 類 五十三 孔武有力 有力如虎 筋骨秀出 見下 注 蔽才 管子

曰 野有拳勇股肱之力 筋骨秀出於衆者有則以告 有司有而不告謂之蔽才 其罪五也 勇力時使 傳 晉悼公使荀賓爲右司士 屬焉使士訓勇力之士時使

之 壯有所用 禮 佐佐 勇夫 佐佐 壯武 方剛 及其壯也血氣 方剛 戒之在鬭 一百夫之特 之防 特秩 貔 勝人有

力 自勝 春秋 用於戰勝 注見上 萬夫之敵 一何 不務仁 人 是岩 投蓋於稷門 行

身於陸山　・壯士門附壯　角力壯士角力量其力也　拔論力或論其力　虓殷肱言出其膂以示壯也　小人用壯　拔

臺註見上　舉石舉石以投人　齊高固入晉軍　建大車之輪枚麗踊定夫而蒙之以甲以為櫓左執之布搬投以成一隊孟賁子曰有力如虎　挾

懸門叔梁紇投懸門使諸侯以出門　手搏熊羆三晉　虎豹蠻　挾輈公孫閼與潁考叔爭車考叔挾輈以走　六鈞顏高之弓六鈞

鈞三百斤　七札養由基蹲甲射之徹七札　負舟莊子曰藏舟於壑自以為固夜半有力者負之以趨寐者不知也　拔山項羽歌曰力拔山兮氣蓋世　扛

鼎烏獲扛鼎　舉千鈞　拔距甘延壽投石拔距絕於等倫　拔木楚辭曰一夫九首拔木九千子言多力曰拔木九千　盪舟奡能陸行舟也　項

羽力能扛鼎才氣過人　曳牛魏許褚仲康以牛與賊易食賊來取牛牛輒奔還褚乃以手逆曳牛尾行百餘步賊不敢取牛而走　力巨舒鉤

索鐵紂甚能也　・不尚力門附壯　子不語怪力亂神四者無益於教化　驥不稱其力而稱其德　恃

力者亡　無所用之　雖壯奚為　羿善射奡盪舟俱不得其死　自勝者彊　柔弱勝

剛　強梁者不得其死老子　拔山而終見自亡　盪舟而不得其死

白氏六帖事類集卷第八

古典研究會叢書　漢籍之部　第四十卷

白氏六帖事類集 (一)

平成二十年三月六日　發行

原本所藏　靜嘉堂文庫
解　　題　神鷹徳治
　　　　　山口謠司
出　　版　古典研究會
發 行 者　石坂叡志
印　　刷　モリモト印刷株式會社
發　　行　汲古書院
〒102-0072　東京都千代田區飯田橋二—五—四
電　話　〇三(三二六五)九七六四
ＦＡＸ　〇三(三二二二)一八四五

第三期八回配本

ISBN978-4-7629-1198-9 C3398

古典研究會叢書　漢籍之部

第一期

巻	書名	価格
1～3	毛詩鄭箋（靜嘉堂文庫所藏）	各13252円
4 5	論語集解（東洋文庫・醍醐寺所藏）	未刊
6	吳　書（靜嘉堂文庫所藏）	15750円
7 8	五行大義（穗久邇文庫所藏）	各14700円
9～15	群書治要（宮內廳書陵部所藏）	各13650円
16	東　坡　集（內閣文庫所藏）	12600円

第二期

巻	書名	価格
17～28	國寶史記（國立歷史民俗博物館所藏）	各16800円
29～31	國寶後漢書（國立歷史民俗博物館所藏）	各16800円

第三期

巻	書名	価格
32	王右丞文集（靜嘉堂文庫所藏）	13650円
33～35	分類補註李太白詩（尊經閣文庫所藏）	各13650円
36 37	李太白文集（靜嘉堂文庫所藏）	各13650円
38	昌黎先生集（靜嘉堂文庫所藏）	未刊
39	韓集擧正（大倉文化財團所藏）	13650円
40～42	白氏六帖事類集（靜嘉堂文庫所藏）	各13650円